国家科技支撑计划项目课题

江苏高校优势学科建设工程(地理学)

大学研究型课程专业教材

地理与海洋科学类

土地制度与政策研究导引

黄贤金　陈志刚　钟太洋　吕　晓　编　著

南京大学出版社

图书在版编目(CIP)数据

土地制度与政策研究导引 / 黄贤金等编著. —南京：
南京大学出版社，2016.9

大学研究型课程专业教材. 地理与海洋科学类

ISBN 978-7-305-17521-3

Ⅰ.①土… Ⅱ.①黄… Ⅲ.①土地制度-高等学校-
教材②土地政策-高等学校-教材 Ⅳ.①F301

中国版本图书馆 CIP 数据核字(2016)第 212090 号

出版发行 南京大学出版社
社　　址 南京市汉口路 22 号 邮　编 210093
出 版 人 金鑫荣

丛 书 名 大学研究型课程专业教材　地理与海洋科学类
书　　名 土地制度与政策研究导引
编　　著 黄贤金　陈志刚　钟太洋　吕　晓
责任编辑 田　甜　李鸿敏　　编辑热线　025-83593947

照　　排 南京紫藤制版印务中心
印　　刷 南京京新印刷厂
开　　本 787×960　1/16　印张 24.25　字数 365 千
版　　次 2016 年 9 月第 1 版　2016 年 9 月第 1 次印刷
ISBN 978-7-305-17521-3
定　　价 68.00 元

网　　址:http://www.njupco.com
官方微博:http://weibo.com/njupco
官方微信:njupress
销售咨询热线:(025)83594756

总　序

　　研究生是高校学术研究的主力军。他们的独特优势在于热情一旦被激发,巨大的能量将在瞬间释放,足以化解众多科学难题。纵观科学发展历史,多数学者后来取得的重要成果和学术声誉的基础,是在研究生阶段奠定的。当然,优势不会凭空转化为胜势,还需要一些基本的条件。

　　首先,研究生要有过硬的写作功夫。学术写作的要点是清晰表述事实、阐明逻辑关系。刻画事实如同画家给人画像,准确、逼真、神似是应追求的标准。各种事实之间、事实与理论之间、不同理论之间隐含着严密的逻辑,揭示这些逻辑关系要通过论说来实现,一篇论文的水平在很大程度上就是论说的水平,具体而言就是解释、比较、讨论的水平。平时多写短文,每年完成从一定数量的学术论文,这是提高写作水平的有效途径。

　　其次,研究生要有攻克科学难题的勇气。科学发展的历史就是不断克服困难的历史;如今,人类虽然获得了许多知识,但尚未攻克的难题更多。研究生是有能力应对其中部分难题的,他们不应该由于学校的考核标准压力而忽视了自身的潜力,限制了自身的发展。如果能够找到合适的研究切入点,从相对容易的论题入手,取得初步成果,然后逐步深入,以少积多,最终将能完成一项原本难以想象的任务。研究切入点的确定要靠研究生的主观努力,阅读文献、参加学术会议、与指导老师和同学进行讨论,这些活动都能引发许多有价值的论题,经过进一步消化、吸收和凝练,可转化为自己的研究内容。

　　最后,研究生应在发展新技术、新方法上有所作为。有了科学问题,下一步的任务就是明确要做哪几项工作、如何完成,也就是明确研究方案。研究工作涉及数据和样品采集、实验室分析和数据处理,因而需要掌握一定的操作技能,但要做出更具创新性的成果这还不够。有哪些前人没有采集过的数据、是否需要设计新的仪器来采集和分析数据、能否建立更新更有效的计算和模拟方法？研究生要经常思考这些问题，有意识地朝着研制新仪器、发展新方法的方向去努力。

我们出版这套"导引"系列教程的目的就是要帮助研究生们提高研究能力。与通常的教材不同，这套教程的重点不是专业知识的系统介绍，而是要在发现科学问题、寻找研究切入点、发展方法技术上提供线索。我们期待研究生能从中获益，促进他们早期学术生涯的发展。

南京大学地理与海洋科学学院

2013 年 5 月 20 日

目　录

1 绪 论

1.1 引 言

制度与政策尽管是两个词,但在理论界定和现实理解中,这两者却在一定程度上有着相似的内涵。在新制度经济学领域,制度被定义为一系列人为设定的行为规则。这种规则能约束、规范人们的相互行为,帮助他们形成对别人行动的预期。在约束人的行为时,制度表现为一定的行为规则和准则(林毅夫,2000)。而政策一词在公共政策领域也经常被定义为为达到一定目的而制订的行动计划或准则(李钦涌,1999)。此外,从以往的相关研究界定来看,制度的概念范畴在某种程度上要宽泛一些,而政策则相对较为具体。当然,为便于分析阐述,我们在本书中不再严格地区分制度与政策这两个名词的概念,而将更多地考察制度与政策的相关理论在土地领域的应用及其对土地利用和相关经济社会发展的影响等。

众所周知,制度与政策对于经济社会的协调持续发展有着十分重要的影响。这一论断也早已被古今中外大量的实证研究所证实。例如,产权学派的观点就认为,明晰财产权利对于资源的高效利用和环境的保护有着重要作用;而从广义的制度分析领域来看,有效的制度安排也可以激励人们的技术创新动力、协调人与人之间的利益关系,从而促进经济的增长和社会的和谐。土地作为经济社会发展的物质基础和空间载体,与其利用、保护和管理相关的制度和政策无疑也是影响整个国家发展的根本性制度之一。

从中国的现实情况来看,自改革开放以来,土地制度与政策在整个国家的发展中扮演的角色和发挥的影响越来越重要。一方面,正是在现行的土地制度下,地方政府运用几乎不受限制的征地权,"以地谋发展"推动了近年来的高速工业化和城镇化;另一方面,由于土地产权制度的不完善,特别是主体不明、权能缺失导致了土地资源的低效甚至是无效利用,更造成了当下日趋严重的土地及生态环境破坏问题;此外,也正是土地制度与政策的缺陷,致使土地利用冲突频发,尤其是农民的土地权益屡受侵害,引发诸多权益纠纷,成为不少社会矛盾爆发的根源。因此,掌握制度与政策研究的基本理论,并运用于对现实中的土地制度与政策问题的系统分析和探索中,对于实现经济社会的协调持续发展意义重大。

1.2　土地制度与政策的基本架构

著名经济学家舒尔茨曾对制度做了经典性的分类。他将制度分为四种类型:一是用于降低交易费用的制度,如货币、期货市场等;二是用于影响生产要素的所有者之间配置风险的制度,如合约、分成制、合作社、公司、保险、公共社会安全计划等;三是用于提供职能组织与个人收入流之间的联系的制度,如财产法,包括遗产法,资历和劳动者的其他权利等;四是用于确立公共品和服务的生产与分配的框架的制度,如高速公路、飞机场、学校和农业试验站等(舒尔茨,2014)。本书并不准备从这个角度来界定土地制度与政策的基本架构。从经济社会协调持续发展的角度来看,我们倾向于从制度功能,也就是制度与政策对经济、环境和社会影响的角度,将土地制度与政策的基本架构概括为三个方面,即土地经济制度与政策、土地环境制度与政策、土地社会制度与政策三个部分(Neufville,1981)。

(1)土地经济制度与政策

一直以来,土地制度与政策的初衷主要是有效地调节土地资源的分配与利用,以实现土地开发利用效率的最优化。然而,中国的特殊国情和基础性制度决定了我们不仅可以像西方国家那样通过货币政策和财政政策调控经济发展,还能够利用土地制度和政策参与宏观调控,从而影响经济发展的方方面面。土地经济制度与政策就是指那些能够对经济增长、产业发展以及社会投资等产生影响的具体制度与政策。概括地，土地经济制度与政策是为了使土地经济系统高效有序运行而制定的有关土地开发、利用和管理等方面的基本准则或拟采取的行动计划。建设用地审批制度、土地供应制度、地价和土地税收政策等就是这方面具有代表性的制度与政策，这些制度与政策的实施往往能够起到抑制或鼓励市场需求，引导投资和消费行为的变化（中国土地矿产法律事务中心，2007），从而对经济增长和产业结构变化等产生重要影响。

（2）土地环境制度与政策

生态环境事关人类未来的生存和发展，维护生态环境的安全不仅受到科学界的广泛关注，也已经成为政府和执政者在制定和实施相关制度政策时考虑的重要方面。土地资源本身是一个复杂的生态系统，同时作为自然界的基础性资源，土地的开发利用与大的生态环境系统有着密切的关联。因此，提出并实施有助于维护生态环境安全的土地制度与政策同样十分重要。土地环境制度与政策就是指那些能够对土地资源及其周边生态环境产生影响的具体制度与政策。概括地，土地环境制度与政策是为了使土地生态系统健康有序运行而制定的有关土地生态系统的开发、利用、保护、协调、管理诸方面的基本准则或拟采取的行动计划（黄贤金，2007）。耕地保护制度、土地利用生态补偿政策、水土流失防治与治理制度等就是这方面具有代表性的制度与政策，这些制度与政策主要在限制过度开发耕地资源、鼓励人们保护土地生态系统以及引导土地资源合理开发等方面能够发挥重要作用。

（3）土地社会制度与政策

土地资源的开发利用同样也事关人与人之间的社会关系与利益分配。改革开放初期，我们的土地制度与政策设计更多地考虑如何实现经济效益的最大化，后来随着污染的加剧和生态环境的逐步恶化，土地制度与政策的设计开始关注其对生态环境的影响。然而，从西方发达国家的发展经验来看，与土地开发利用相关的权益冲突与社会问题将会日益凸显。这就需要我们在制定和实施土地制度与政策的过程中也要关注这方面的内容。土地社会制度与政策就是指那些能够协调土地权益关系和促进社会稳定发展的具体制度与政策。概括地，土地社会制度与政策是为了使土地社会系统协调有序运行而制定的有关土地权益调配、社会阶层融合以及人地关系协调等的基本准则或拟采取的行动计划。征地补偿制度、包容性土地规划制度、土地开发利用中的公众参与机制等就是这方面具有代表性的制度与政策,这些制度与政策的实施对于我国社会和谐发展目标的实现同样有着十分重要的意义。

1.3   本书结构安排与主要内容

目前,有关土地制度与政策的著作和教科书已经有很多。而与以往的著作和教科书不同,本书侧重于探讨当前中国经济社会发展所面临的关键性土地制度与政策问题。本书对相关制度与政策内容的分析主要从以下两个维度展开:一是,基于上述土地制度与政策的基本架构角度,分别探讨土地经济制度、环境制度和社会制度领域的关键性问题;二是,基于土地制度与政策的过程视角,分别探讨土地政策的目标优化、方案创新、执行影响与实施效果评估等方面的内容。本书余下各章的主要内容如下:

第二章主要探讨了城镇化发展与土地管理制度供给侧改革问题。城镇化是未来比较长的阶段内,中国经济社会发展中的一项重要任务,尤其是随着近年来新型城镇化发展目标的提出,相应的土地制度与政策也将面临一系列的改革与创新。因此,这一章的内容既涵盖了经济、环境与社会领域的制度与政策问题,也是对未来土地制度与政策的目标和改革创新思路的具体探索。中国的城镇化曾被诺贝尔经济学奖获得者斯蒂格利茨誉为 21 世纪影响全人类的两件大事之一(丁向华,2009)。然而,过去快速推进城镇化的过程,出现了一系列土地问题,也引发了诸多土地矛盾。一是为满足城镇发展的用地需求,建设用地大幅外延扩张,但土地利用的总体效率却偏低、结构也不尽合理;二是,大量宝贵的耕地资源被占,土地污染加剧,生态环境面临威胁;三是,土地违法现象普遍,大量农民的土地权益因征地而受损。近年来,为避免重走过去片面追求城市规模扩大、空间扩张的城镇化老路,国家提出了新型城镇化的发展目标。新型城镇化是以城乡统筹、城乡一体、产城互动、节约集约、生态宜居、和谐发展为基本特征的城镇化,是大中小城市、小城镇、新型农村社区协调发展、互促共进的城镇化。[1] 从以往的经验来看,解决当前面临的上述众多土地问题,并有效应对可能面临的新的土地难题,将是实现新型城镇化发展目标的关键。事实上,城镇化发展中出现的上述土地问题既有共性,也与相应的土地制度及政策有着密切关联。因此,这一章我们在系统梳理城镇化发展过程中土地利用存在的典型问题基础上,分析了这些问题背后的制度诱因。研究指出,中国现行的二元土地制度、土地征收与征用制度的缺陷、土地利用规划的低效以及土地市场制度的不健全等制度和政策因素都是导致当前城镇化出现诸多土地难题的主要影响因素。值得庆幸的是,城镇化在继续推进,而破除土地制度和政策掣肘的努力也在进行中。成都市的"统筹城乡"实践、重庆的"地票"探索、广东的"三旧改造"以及浙江嘉兴的"两分两换"等一批地方改革实践业已在提升土地利用效率、协调土地权益关系等方面发挥了重要作用,并为有序推进城镇化发展提供了重要的制度支撑。因此,基于这些地方探索的制度和政策经验,我们也从助推新型城镇化发展的角度,提出了一系列土地管理制度和政策改革建议。

第三章主要探讨了新兴产业用地政策问题。新兴产业是随着新的科研成果和新兴技术的发明、应用而出现的新的部门和行业。由于这类产业的出现和发展往往难以准确预见和控制,因此在相应的用地管理上也较少有现成的措施和政策可以延用。这一章的研究内容就是为应对当前新兴产业发展所提出的政策目标,从推进和优化这类产业发展的角度,探讨相关的土地经济制度与政策问题。制度与政策的改革创新一般有两种思路:一种是在问题的逼迫下被动地启动改革;另一种则是前瞻性地主动启动改革。显然,该章有关新兴产业用地政策问题的探索更倾向于第二种思路。当然,目前来看"新兴产业"仍是一个抽象的概念,其产业内部涉及诸多方面,且有着显著的产业差异和用地特征,要针对各种具体的新兴产业类型研究提出相应的土地管理制度与政策无疑是一项庞大的系统工程。因

---

〔1〕 "新型城镇化",百度百科词条。http://baike.baidu.com/link? url=ViAY7ljqBZdaYuyAjXtX_gqiGSEZ-ml-0qQMgblQINNb0wdzmxB4Iy2-hqcMjWkq8nHTL1vakzZ4bYV2DJ2mEK.

此,这一章的研究只是希望能够提出一个探索新兴产业用地政策的总体框架,并通过对典型产业的深入分析为今后的相关制度与政策创新提供思路。我们首先从新兴产业整体发展的角度分析了当前新兴产业用地的现状、探讨了新兴产业发展可能面临的用地政策障碍,并进一步提出了未来完善相关制度与政策的路径。总体来看,目前我国的新兴产业用地主要面临着供给不足、利用粗放、布局失调等问题,而在这些问题产生的背后,制度与政策层面的影响和障碍尤甚。我们认为探索支持和规范新兴产业用地的制度与政策的关键是在土地产权制度、土地利用规划、土地供应政策和监管政策等方面加以不断完善。在此基础上,我们又进一步以文化创意产业为例,结合南京市文化创意产业园区的具体土地利用问题,深入分析探讨了促进文化创意产业有序发展并引导其合理利用土地资源的相关制度与政策创新方案。

十八届三中全会、五中全会提出了耕地休耕制度的建立问题。围绕这一制度建设要求,第四章探讨了耕地储备与休耕研究。耕地储备旨在为实现农产品安全、农产品市场平稳运行储备具有一定产出能力的耕地资源,据此,还就耕地储备制度的运行体系、政策保障等进行探讨;休耕是耕地储备政策的重要内容,是保持土壤质量、恢复地力、减少病虫害、减少农业污染以及增强农产品安全性的重要手段,结合中国耕地利用的主要问题,这里分别设计了污染型休耕、中低产田休耕、水土流失型休耕以及轮作型休耕等模式,并分别测算出相应的耕地保有量;同时,还结合经济社会发展对于耕地休耕的影响,提出了地方耕地虚拟休耕测算模型,并结合中国沿海地区的农业生产基地——江苏省通州市开展了实证研究,提出科学、合理推进耕地休耕的对策建议。

第五章主要探讨了土地利用生态补偿机制与政策。众所周知,当前许多土地开发利用行为旨在支撑经济发展和满足社会需求,而由此引起的土地利用变化则不可避免地会对周边的生态环境造成负面影响,特别是会影响生态服务功能结构,甚至削弱生态系统功能。如何将土地利用的这种负的外部性内部化就成为实现土地资源高效持续利用的关键。从已有的理论来看,完善相关制度与政策无疑是实现外部性内部化的重要途径。这一章的内容就试图探讨建立土地生态补偿制度,以促进区域土地资源的协调可持续利用。生态补偿政策的实施最初是为了促进自然生态系统的恢复,其本质是为促进生态环境保护而实施的经济手段和机制。借鉴这一概念,土地利用生态补偿就是指以保护和可持续利用生态系统服务功能为目的,以经济手段为主要方式,调节土地利用相关利益关系的制度安排。为深入探讨建立土地利用生态补偿机制,我们首先基于生态补偿理论,提出了土地利用生态补偿机制的一般分析框架,阐释了什么是土地利用生态补偿的内涵和实质,为什么要实施土地利用生态补偿,以及如何进行补偿等问题。在我们看来,土地利用生态补偿的实质是将土地利用的外部效益内部化,其目的就是消除土地利用对周边生态环境带来的负面影响,而建立实施土地利用生态补偿机制的关键就是要明确补偿的主体和客体、补偿的标准,以及补偿的具体分配办法等。基于对上述理论问题的探讨,这一章主要以江苏沿海地区为例,在分析区域土地利用变化对生态服务功能具体影响的基础上,运用多种方法探索确定了不同类型用地的生态补偿上限和下限标准,以及区际土地利用生态补偿标准;然后通过研究划定土地利用生态补偿的功能区,进一步设计提出了实施土地利用生态补偿机制的政策方案,包括补偿方式的选择以及补偿年限的确定等。

第六章主要探讨了公共地役权补偿的理论与方法。随着城乡建设的不断推进,政府公共服务能力的日趋完善,各种公共基础设施随处可见,各种行政管理政策和措施也越来越多,这些以公共利益为目的的设施和行政措施在惠及全社会的同时也存在一定的负外部性。受到影响而承受额外负担的居民、法人等组织机构与政府、城市建设部门、国家授权企业的冲突和矛盾频发,而这个难题已超越了我国相关法律制度等可以调节的范围。正是基于这一背景,我们试图引入公共地役权制度,探讨为公共利益财产权受到损失的居民进行公共地役权补偿的问题。这一章的研究无疑将弥补我国在公共地役权补偿制度方面的空白,从而为健全法制体系、促进社会稳定提供重要支撑。具体地,我们首先探讨了公共地役权及补偿的相关理论问题,一是通过借鉴典型国家或地区有关公共地役权的法律与政策实践,从权利主体、客体、成立要件、权利和义务等角度进一步明确和界定了公共地役权的概念、性质和特点;二是采用"定性概念描述+枚举式"的概括列举式标准对公共地役权的分类内容进行界定,将公共地役权根据公共利益具体目的的不同,分为基于公共经济利益的公共地役权、基于公共生态环境利益的公共地役权以及基于公共社会利益的公共地役权三个类型;三是对公共地役权补偿的相关研究做了阐述分析,通过对行政补偿、征地补偿、城市规划中邻避设施补偿、耕地保护生态补偿等类似补偿测算的归纳,总结建立了公共地役权补偿的技术框架,对补偿主体、补偿客体、补偿标准、补偿方式等进行了界定,在上述理论探讨的基础上,进一步建立了公共地役权补偿测算模型和指标体系。然后,以南京市的城市地铁高架部分和垃圾中转站作为营利性和非营利性公共地役权补偿量化的研究案例进行实证测算,得到了按照房价进行补偿的公共地役权补偿标准以及落实到地价的公共地役权补偿标准。

第七章主要探讨了土地督察制度对土地违法的影响。土地违法是我国经济社会转型期土地利用和管理面临的突出问题。在土地违法行为屡禁不止的同时,地方政府成为土地违法主体,这使我国土地违法形势更为严峻。为遏制土地违法尤其是地方政府土地违法愈演愈烈的势头,我国建立并实施了国家土地督察制度。这一章主要研究土地督察制度的实施对土地违法的影响,这对于完善土地督察制度、充分发挥土地督察的违法遏制效应具有重要的理论和现实意义。具体地,我们在探讨土地督察制度基本内涵及其对土地违法的影响途径与过程基础上,借助计量经济模型和空间统计分析方法,从土地违法规模、空间和结构三个方面分析了我国土地违法现象时空特征及其演变趋势,进一步讨论了土地督察制度实施对我国土地违法规模、空间和结构的影响,并评价了土地督察的违法遏制效果。结果发现,首先,土地督察制度的实施对于减小土地违法规模发挥了显著影响,土地例行督察覆盖度每提高1‰,约能减小违法用地规模(本年发现违法案件涉及土地面积)19982.28 hm²,而土地专项督察对于减少土地违法规模的作用不明显。其次,从土地违法的空间格局来看,土地督察制度的实施有助于减弱土地违法的空间集聚效应,打破土地违法的空间相似集聚格局,但当前土地督察的违法空间分散效应仍然较弱。土地督察制度的实施对遏制土地违法行为的空间蔓延态势有一定的积极影响,但其影响程度还较小,对违法空间蔓延的遏制效应有限。再次,从土地违法的结构来看,土地督察制度的实施对于减少地方政府土地违法行为、降低地方政府违法比重有显著影响。土地例行督察有助于降低买卖和非法转让土地、破坏耕地和其他违法三类案件涉案土地面积比重,降低破坏耕地和其他违法两类案件涉案耕地面积比重,但土地督察未能实现对未经批准占地行为的遏制效应。

第八章主要从空间吻合性的角度探讨了土地利用总体规划实施评价的理论与方法。土地利用总体规划是协调人地关系、协调土地利用空间冲突的重要手段(王万茂,2001),其实施有效与否更是事关土地资源能否可持续利用。探索并开展土地利用总体规划实施评价不仅有助于及时发现规划实施中的不足之处,从而有针对性地给出有效的改进规划和实施工作的对策,也有利于提高规划实施工作的科学性和有效性,更好地引导经济、社会的健康发展,使土地利用总体规划实施逐步进入一个动态的高效的良性循环状态,并最终保障土地资源的可持续利用。这一章的研究主要探讨评价土地利用总体规划实施的理论与方法,同时也为今后开展系统的土地制度与政策评估提供参考。我们首先探讨了土地利用总体规划实施评价的本质和内涵,并从空间吻合性的角度提出了土地利用总体规划实施评价的内容与方法。土地利用总体规划实施评价的内容包括评价年的规划执行过程评价和规划执行结果评价。规划执行过程中的空间吻合性为土地利用空间变化与规划目标的吻合程度,规划执行结果评价中的空间吻合性是指土地利用现状与规划的吻合程度。我们对空间吻合性用空间吻合度来进行度量,从地类图斑、功能区、区域层面分别构建了空间吻合性度量模型,并根据评价结果明确了规划执行过程与执行结果空间吻合度分级标准,此外,还将不同地理形态的空间吻合性差异归纳为三种模式:圈状模式、带状模式和点状模式。圈状模式主要表现在城市周边或开发区周边地区,带状模式主要表现在海岸带、产业带、道路或河流两岸,点状模式主要表现在居民点、开发区等。基于上述研究提出的土地利用总体规划实施评价模型和方法,我们也对江苏省南通市通州区内第三轮土地利用总体规划的实施情况进行实证评价,并进一步分析了研究区土地利用总体规划实施偏离的主要原因,有针对性地提出了相关的政策改革建议。

第九章主要探讨了耕地保护制度改革与机制创新问题。"要像保护大熊猫一样保护耕地。"十八大以来,耕地保护这一基本国策得到了强化与重视,数量、质量及生态并重的耕地保护战略得到确立。在我国,耕地保护问题既是一个老问题,也是一个新问题。之所以说是老问题,是因为从我国对土地资源进行系统管理开始,耕地保护制度就一直在整个土地制度与政策系统中占据着十分重要的位置;而又说是新问题,则是由于随着经济社会的发展,耕地保护又开始面临新的要求和任务,因此现行的耕地保护制度也就需要进行相应的改革与创新。这一章的内容不仅拓展了耕地保护的政策目标,也提出了多项创新性的制度与政策改革方案。确切地说,我国的耕地保护制度是随着人地关系的变化以及耕地资源重要性的日益凸显才逐步提出并建立的。从改革开放初期开始意识到要保护耕地,到第一部《土地管理法》正式形成耕地保护制度,后来又经历多次修改完善后形成了目前较为系统的耕地保护政策体系,分别是土地用途管制制度、基本农田保护制度、耕地占补平衡制度、土地开发整理复垦政策以及其他相关制度政策等。尽管如此,现行的耕地保护政策仍存在着不少缺陷:一是耕地保护政策的目标机制不完善;二是耕地保护制度的政策手段单一,不适应市场经济快速发展的需要;三是耕地资源公益性的财政特征尚未体现,耕地政策缺乏利益协调机制。针对这些问题,我们分析、修正了未来耕地保护的具体目标,并进一步提出了未来耕地保护制度改革与机制创新的重点方向和方案建议。一方面,从制度改革与创新的重点方向来看,我们提出要营造有利于耕地保护的外部制度环境;推进土地资源市场化配置,调整土地收益分配关系;完善耕地保护责任考核体系;构建耕地保护共同责任机制;实施差别化的耕地保护机制;以及健全耕地保护的社会约束机制等。另一方面,从具体的制度改革方案和建议来看,我们认为完善现行的基本农田保护制度,实施耕地保护经济补偿制度,探索建立耕地发展权有偿转移制度,构建耕地优势利用的集中保护机制,以及尝试建立耕地资源储备制度等是当前需要推动的重要改革内容。

20世纪90年代初,针对土地开发的过快发展,尤其是房地产的快速发展,我国中央政府积极实施土地调控政策,以期通过有效的宏观调控,实现房地产、土地开发的有序推进,以实现经济社会的全面协调可持续发展。但20多年来,土地调控对于经济发展的影响如何?面临哪些土地制度自身的障碍?土地储备政策转型的影响有哪些?如何通过有效的改革,完善土地调控机制?第十章结合供给侧结构性改革的要求,进一步反思了中国土地宏观调控"失灵"的原因,并认为现行土地产权制度、土地管理制度及土地市场制度均难以与土地调控政策形成合力。

2016 年实施的《关于规范土地储备和资金管理等相关问题的通知》体现了土地市场治理乃至政府土地治理的方向,是对土地储备制度改革所做出的长期性、战略性安排的第一步。当前,各级地方政府仍然是土地供应一级市场的主体,如何围绕《通知》精神,进一步推进供给侧结构性改革,完善土地储备制度,不仅使得《通知》的自身要求得以落实,还使得《通知》的精神得以落实,这样才使得土地储备制度日臻完善,并更精准地体现城市发展规律,引导城乡健康发展。

通过对上述内容的分析可以看出,土地政策与制度研究认知,需要有时空观,体现土地政策与制度形成的历史过程,揭示土地政策与制度的地域差异;需要有宏观思维,体现经济社会发展特殊阶段的客观需求,尤其是从经济社会、人类社会以及自然生态的协同发展需要考虑;需要有未来发展观,其关系"五位一体"战略落地、关系国家重大战略实施保障、关系土地可持续利用。但就本书而言,我们仅仅对有关问题做了些梳理与思考,有些理论、方法及观点也不够成熟,还需要商榷与发展。

2 城镇化发展与
土地管理制度供给侧改革

中国正在发生着世界上最大规模的城镇化运动。2001 年诺贝尔经济学奖获得者、美国经济学家斯蒂格利茨(Joseph E. Stiglitz)指出,21 世纪影响全人类的两件大事,除了新技术革命就是中国的城镇化。同时,他认为,新世纪对中国有三大挑战,居首位的是城镇化(丁向华,2009)。2015 年国务院发布了《国家新型城镇化发展规划(2014—2020)》。因此,如何通过土地管理制度供给侧改革推进新型城镇化发展,是中国在"十三五"期间乃至以后较长时期面临的重大课题。

2.1 城镇化与中国土地管理制度供给侧改革

1949 年以来,我国的城市化发展经历了六个阶段:1949—1957 年为城镇化起步和人口自由迁移阶段,城镇化发展缓慢;1958—1960 年为城镇化过快增长和人口过度迁移阶段;1961—1965 年为城镇化调整和人口返迁阶段;1966—1977 年为城镇化停滞和人口迁移受阻阶段;1978—1995 年为城镇化与人口加速流动阶段;1995 年以后,为不完全城镇化与人口自由流动阶段(唐茂华,2009)(图2-1)。全国第六次人口普查数据显示,2011 年我国城镇化率首次超过 50%,2015 年城镇化率达到 55%,城镇化步入快速发展时期,而根据大多数专家预测,若未来城镇化率达到 65%~75%是比较合理的,因此至少还有 1 亿~2 亿人口需要转移到城镇。

城镇化是中国经济发展的持久动力,是扩大内需、实现经济增长的有效途径。

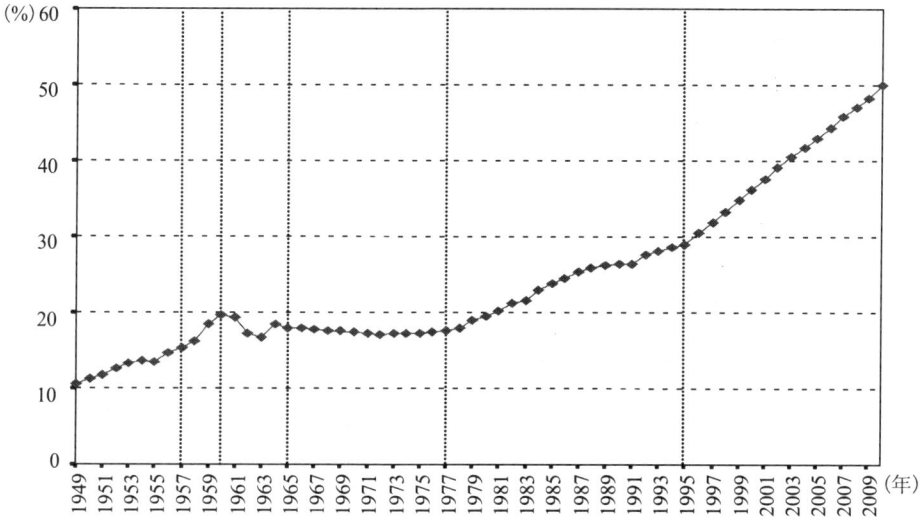

图 2-1　我国城镇化率的变化趋势(1949—2010 年)

城镇化不仅是消费需求和投资需求的有效结合点,而且可以推动结构调整和劳动者素质的提高。具体来说:一是城镇化有利于促进农村劳动力转移、提高农业生产率,从根本上提高农民收入,进而启动农村消费市场;二是城镇化有利于推动城镇基础设施投资,刺激旨在满足人口居住需求和企业发展需求的房地产投资,并产生极大的投资带动效应,有效拉动投资需求;三是城镇化有利于推进农业产业化,推动乡村工业的集聚发展和结构升级,并推进经济的服务化;四是城镇化有利于促进农民工作方式和生活方式的转变,提高农民素质,培育"新型农民"(辜胜阻,2010)。

由于城市人均用地远低于农村,减少农村人口、增加城市人口本身就可以节约大量的土地。从经济意义上看,由于城市的土地产出率比农村的高出几倍至几十倍,有的可达几百倍,城市土地的集约利用程度也远远高于农村;城市土地具有高投入、高产出的特点,所以城市土地的使用效率和集约利用水平比农业土地要高得多,土地集约利用是城市土地的基本特性。同时,城镇化要求城市土地资源合理配置,即指合理利用土地、资源、资本和技术,在空间和时间上充分挖掘城市土地潜力,获得城市土地最佳的综合利用效益。可见,城镇化过程本身是使用效率提高、土地集约利用的过程(崔凯等,2011)。但人们在土地上存在多元需求,各种需求之间的冲突,存在于从社区到国家甚至全球各个尺度上。从国家的宏观层面上看,土地需求间的冲突,在我国突出表现在城镇化和经济发展、粮食安全及生态保护三者之间(图 2-2),中国政府提出了一个原则,即"一要吃饭,二要建设,兼顾生态"(李秀彬,2009)。

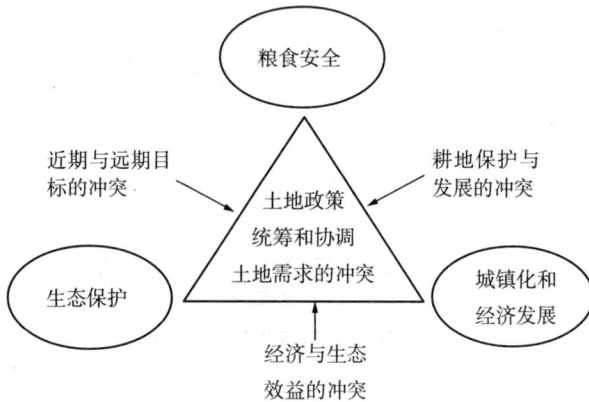

图 2-2　中国土地政策的三元悖论

　　围绕上述三元悖论,国家在各时期均不断探索合理的土地制度,改革的最终目标是实现土地节约集约利用、土地可持续利用和人地关系协调,实现过程是通过土地资源的优化配置;土地利用目标又会反馈到土地制度部分,推动土地制度改革和进一步完善(图 2-3)。制度完善与土地资源优化配置之间的关联体现在:土地金融是支持土地优化配置的有效手段,并以此指导土地配置的有序发展,促进土地的节约集约利用;土地税收是为了改善资源配置的效率,也是政府实现资源配置宏观调控的主要措施;市场是资源配置的基础手段,它通过土地产权制度和管理制度发挥作用。土地资源优化配置包括三个维度:时间上的优化配置、空间上的优化配置和结构上的优化配置。其中,时间上的优化配置,核心是土地、矿产等资源的开发时序问题,目的是实现资源利用的代际公平,实现资源的可持续利用;空间上的优化配置,主要考虑土地利用的空间优化布局,以实现最佳的经济效益、社会效益、生态效益,并且兼顾土地利用的代内公平;结构上的优化配置,是基于不同地类之间的数量构成关系,土地总面积是有限的,因此不同用地类型的转换,包括农用地向建设用地转变、建设用地内部不同产业用地的转换、农用地内部从分散经营向适度规模经营转变等是土地资源优化配置的核心。

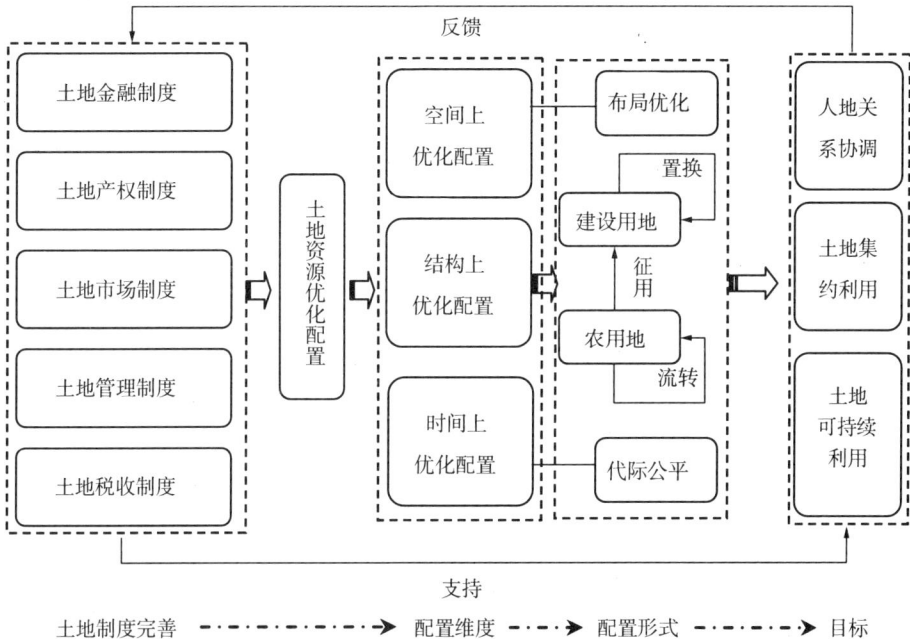

图 2-3 土地制度改革的内在关联和目标

总之,土地制度与城镇化存在紧密的内在联系。合理的土地管理制度能够促进城镇化的发展,相反则会形成城镇化健康发展的障碍。当前,在城镇化快速发展时期,需要明晰土地利用存在的问题,以及背后的制度根源。同时,要借鉴和总结国内外城镇化进程中先进的土地管理经验和教训,以此作为创新土地制度的依据,引导我国未来几十年高速的城镇化进程(王世元,2014)。

2.2 城市土地利用存在的问题

2.2.1 建设用地面积迅速扩张

伴随中国城镇化快速发展的是建设用地的大面积扩张。以建成区面积统计,1981—1991 年的 11 年间,共增加了 6573 平方公里,年均净增 597.6 平方公里;

1992—1999 年的 8 年间,共增加 6565.8 平方公里,年均净增 820.7 平方公里;2000—2007 年的 8 年间,共增加了 13030 平方公里,年均净增 1629 平方公里。值得注意的是,1996—2007 年,中国城市建成区面积年均增长 5.2%,城市人口年均增长 4.7%,两者相差 0.5 个百分点。以上海为例,全市实际建设用地总量从 1996 年的 1705 平方公里增长到 2009 年的 2830 平方公里,增长了 68%,建设用地总量相较于 2020 年规划指标(2981 平方公里)的增长空间十分有限(图 2-4)。"十一五"期间,我国新增建设用地测算汇总为 3774 万亩,比《全国土地利用总体规划纲要(2006—2020)》安排的 2726 万亩多出 1048 万亩,其中城镇工矿用地 2395 万亩和农村居民点用地 408 万亩,均大大超出纲要安排的数量(表 2-1)。

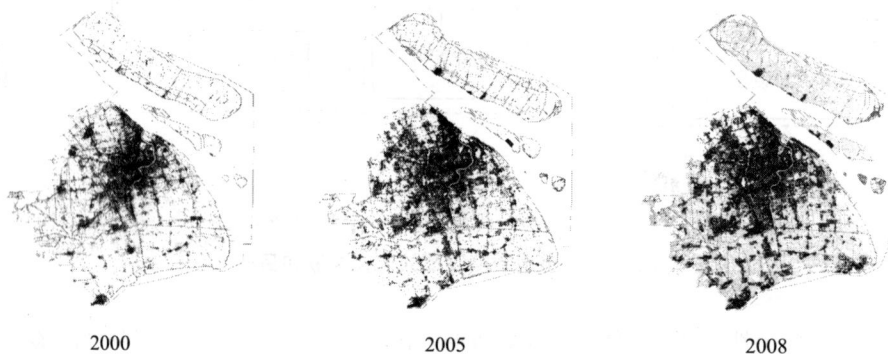

2000   2005   2008

图 2-4 2000、2005、2008 年上海市建设用地扩展情况
资料来源:上海市土地调查规划院:《土地利用规划实施管理与政策专题研讨会汇报稿》,2011 年。

表 2-1 "十一五"期间用地汇总(万亩)

地类	新增建设用地	城乡建设用地			交通水利及其他用地						
		小计	城镇工矿	农村居民点	小计	铁路	公路	民航	城镇工矿	水利	其他
测算汇总	3774	2803	2395	408	971	114	555	22	17	206	55
变更调查	3296	2466	2256	210	830	119	537	13	6	122	34
纲要安排	2726	1545	1815	−270	1181						
计划安排	2990										

资料来源:孙雪东:《科学有效实施规划》,北京:土地利用规划实施管理与政策专题研讨会报告,2011 年。

城镇化进程中,城乡建设用地转化和城乡人口转化相互协调才是健康的城镇化,才能避免建设用地过快无序增长,实现耕地保护目标。我国城镇化率由 1996 年的 30.48% 上升到 2010 年的 47.50%,年增速超过 1%(霍荟阁等,2011)。而农村居民点用地却并未随之减少,相反呈现不断增长态势(图 2-5)。农村大量迁移人口因无法支付城市高昂的房价,向城镇流动过程中,工作生活占用了城镇建设用地,在农村又保留有宅基地,造成"人地分离"的结果。

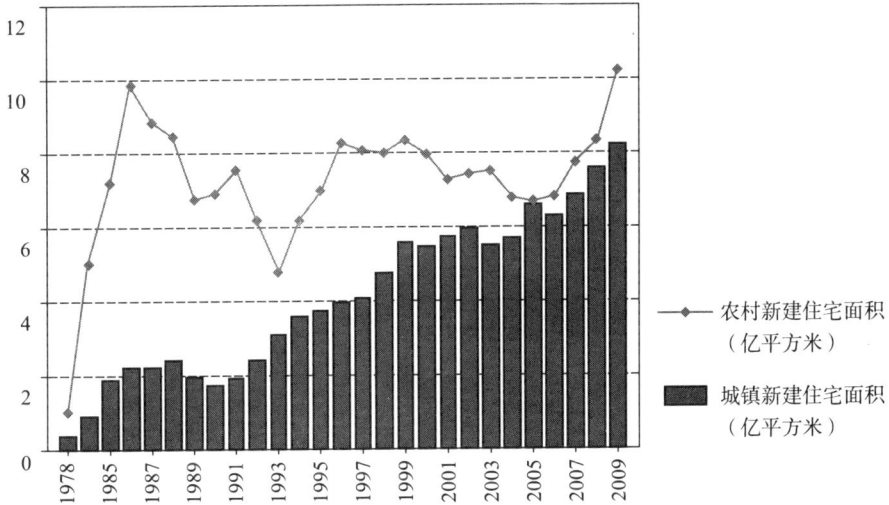

图 2-5　城镇和农村新建住宅情况

数据来自:《中国统计年鉴》。

同时,我国以低价土地支持工业化和出口导向性工业高速发展。地方政府以低价土地招商引资,以政府财力补贴工业用地的成本,降低工业企业的生产成本,为工业高速推进提供便利。以开发区为载体的生产空间组织模式,有利于专业化和协作化,共同利用基础设施,缩短交通运输线和工程管网,节省基建投资和降低生产成本,并综合利用原料、能源和"三废"资源,减少污染,统筹安排工业布局,减少不必要的土地浪费。但自 1979 年年初,招商局创办中国第一个对外开放的工业区——蛇口工业区以来,各类名目繁多的开发区则不断涌现,迅速膨胀(图 2-6、图 2-7)。地方政府在开发建设中大多选择外延式的发展道路,造就了很多超大型开发区。国外开发区的规模大多在 1 km² 左右,据对世界上 22 个国家和地区的 33 个出口加工区的统计,占地 1 km² 以上的仅有 1/4。其中,香港三个工区平均规模为 0.76 km^2，台湾工业区平均规模为 2.38 km^2。而我国开发区用地规模都较大，国家先后 6 次共审批了 222 个国家级开发区，累积审批用地 2323.42 km^2，平均每个开发区占地 10.47 km^2（表 2-2），远大于国外开发区的平均规模。

表 2-2　第 1～6 批国家级开发区数量及规模

数量及面积	第一批	第二批	第三批	第四批	第五批	第六批	合计
个数	52	43	46	44	20	17	222
面积（公顷）	71135.52	12141.40	64378.30	50908.66	28164.29	5613.60	232341.77
单个开发区面积（km^2/个）	13.68	2.82	13.99	11.57	14.08	3.30	10.47

资料来源：中国开发区网站：http://www.cadz.org.cn/。

图 2-6　国家级高新技术开发区地理分布

图 2-7　国家级出口加工区地理分布

2.2.2　土地利用效率低下

我国城镇化在盲目追求超规模发展而忽视内部建设的情况下,全国现有的城镇建成区大部分土地处于低效利用状态。特别是乡镇城镇化,城镇发展不集中,居民点分散,"空心村"现象严重,建筑容积率较低,人均建设用地占有率普遍偏高。对被征用的土地,存在占而不用、半拉子工程、荒废的房地产开发、荒弃的工业园、没有产业入驻的工业区、久建不成的城镇新区等,都浪费了大量的土地资源(沈建新,2010)。从1981—2010年的大约20年间,我国城市建成区面积和城市人口迅速增长,但建成区人口密度却不断下降,从1981年的每平方公里26849人降到2010年的16720人,降幅明显(图2-8)。

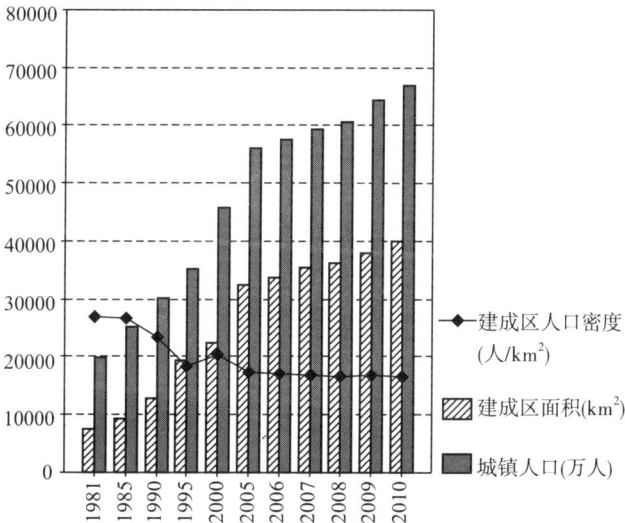

图2-8　城市建成区面积和人口变化
资料来源:《中国城市建设统计年鉴》,《中国统计年鉴》。

由于缺乏工业园区建设的经验,规划不够合理,加之后期建设不足,我国部分工业园区的土地利用效率较低,效益产出不高,制约了工业园区的进一步发展。我国有些开发区土地投资额不足30万元/亩,而法国的开发区平均投资是60万美元/亩,新加坡、中国台湾等地均在100万美元/亩,低投入必然导致低产出,引发低效率的粗放型土地利用方式。而在一些省级开发区,土地利用率不高和土地闲置问题则更加突出(卢新海,2004;康建宁,2010)。

长期以来,农村的土地制度与政策被视为稳定农村社会的重要基础,家庭承包责任制在一定时期内促进了农业生产效率提高,然而随着工业化和城市化的深入推进,以分散经营为主要特点的农地制度已越来越难以适应农业现代化的要求(黄祖辉等,2008)。除东北、西北以外,我国大部分地区户均经营耕地面积不足 10 亩(表 2-3),土地细碎化严重,制约了农业产业化发展和农业机械化推广,在农村人口大量流出的背景下,农业劳动人口不断减少,土地撂荒现象增加。

表 2-3　2008 年农民户均经营耕地面积

地区	农民户均经营 耕地面积(亩/户)	地区	农民户均经营 耕地面积(亩/户)	地区	农民户均经营 耕地面积(亩/户)
黑龙江	33.22	陕西	6.38	湖南	3.95
内蒙古	28.18	安徽	6.03	江苏	3.45
吉林	22.44	河南	5.92	重庆	3.13
新疆	15.49	江西	5.27	四川	3.09
宁夏	14.06	云南	5.19	福建	3.08
辽宁	10.11	湖北	5.08	广东	2.48
甘肃	9.37	山东	4.96	浙江	1.77
西藏	8.42	广西	4.95	北京	1.37
青海	7.42	海南	4.45	上海	0.8
山西	7.16	天津	4.42		
河北	6.63	贵州	4.07		

资料来源:《中国国土资源年鉴 2009》《中国统计年鉴 2009》。

2.2.3　土地利用结构不合理

经济全球化引发全球资源、市场、人才、技术的重新组合和配置,导致全球范围内新的国际劳动地域分工(薛凤旋等,1997;徐占忱,2014)。中国国内庞大的消费需求,廉价的劳动力,低廉的土地成本、原材料成本和政府强烈的发展意愿以及政策扶持等成为吸引国外资本、技术的重要条件,外资纷纷涌入,中国东部沿海、沿江城市借助国际产业转移之势,加快发展外向型经济,加工制造业获得快速发展,典型如珠江三角洲与港澳地区分工、合作形成的"前店后厂"模式,借助大城市的扩散影响发展起来的"苏南模式",依靠民营资本走向世界的"温州模式",中国被称为世界的"加工工厂"。同时,城镇化发展加快,城镇人口迅速增加,住房需求旺盛,房地产业获得快速发展,计划经济时期划拨的工业用地不仅占据大量的城镇内部空间,也造成景观破坏、环境污染等诸多问题。20 世纪 80 年代以来,沿海大中城市相继开始调整产业结构进行城市用地功能转换,特别是"退二进三"政策的实施使大城市的第二产业逐步向城市外围扩散。大量工厂外迁,产生新的用地需求,新兴企业发展又加剧了新老工业企业用地矛盾,工业用地呈现爆发式增长。2002—2006 年,中国城市年度土地供应用于工业用途的比重一直超过 40%。

基于上述背景,自改革开放以来,我国工业用地比重一直偏高,一些传统高耗能、高排放、低效益产业仍然占据大量空间。按照国外城市中心区的用地比例,工业用地一般不超过城市面积的 10%(表 2 - 4),而现阶段,我国城市普遍超过了 20%。但从趋势演变来看,工业用地占城市建设用地的比例缩小,从 1991 年的 25.13% 降低到 2008 年的 20.53%(图 2 - 9)。从建设用地审批情况来看,2003—2008 年的 6 年间,工业用地和交通运输用地占审批用地的 50% 以上,而第三产业、基础设施、城市交通、园林绿化、公共设施用地的比重过低,土地利用结构失衡(表 2 - 5)。

表 2 - 4　国内外城市工业用地比例(%)

城市	工业用地比例	城市	工业用地比例	城市	工业用地比例
美国大中城市	8.80	新加坡	2.40	大阪	15.35
美国小城市	5.70	伦敦	2.70	横滨	7.34
纽约	7.48	英国一般城市	7.00	香港	5.96
芝加哥	6.90	英国工业城市	10.70	波兰	17.20
东京都	2.64	英国新城	13.90	中国	＞20

资料来源:朱海明《城市工业用地节约利用及其评价研究》,武汉:华中科技大学硕士学位论文,2007 年。

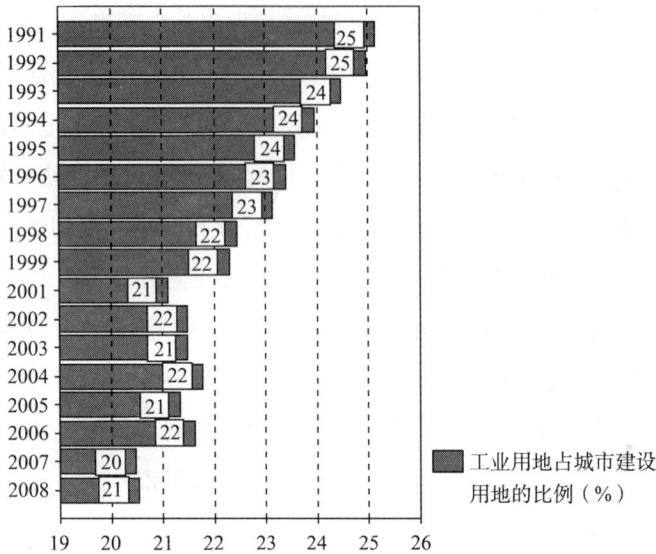

图 2-9 1991—2008 年全国城市工业用地占城市建设用地的比例

资料来源：(1) 根据建设部计划财务司《城市建设统计年报》(1982—1999 年)有关数据计算；(2) 根据《中国城市建设统计年鉴》(2001—2008 年)有关数据计算。注：设市城市统计范围不含市辖县。

表 2-5　审批建设用地情况　　　　　　　　　　（单位：公顷）

年份	2003	2004	2005	2006	2007	2008	总计
商服用地	6549.46	9119.5	10625.47	15681.46	12348.3	16622.82	70947.01
占审批用地的比重(%)	6.32	5.68	3.90	4.87	3.75	4.88	4.64
公用设施用地	6602.77	10251.09	14130.02	16778.68	20984.09	19729.25	88475.9
占审批用地的比重(%)	6.37	6.39	5.19	5.21	6.37	5.79	5.79
住宅用地	14409.65	19552.59	34117.64	44355.95	50979.72	57913.21	221328.8
占审批用地的比重(%)	13.90	12.19	12.53	13.78	15.49	17.01	14.49
水利设施用地	5084.25	7546.35	29299.12	61165.08	40339.01	34245.66	177679.5
占审批用地的比重(%)	4.90	4.70	10.76	19.00	12.25	10.06	11.63
工矿仓储用地	49626.1	54388.92	68380.51	108649.5	109645.2	116214.9	506905.2
占审批用地的比重(%)	47.87	33.90	25.12	33.76	33.31	34.13	33.18
公共建筑用地	6223.79	10751.87	18654.62	20136.88	22195.03	16188.44	94150.63
占审批用地的比重(%)	6.00	6.70	6.85	6.26	6.74	4.75	6.16

年份	2003	2004	2005	2006	2007	2008	总计
交通运输用地	15168.07	48838.52	96991.11	55086.14	72696.78	79601.2	368381.8
占审批用地的比重(%)	14.63	30.44	35.63	17.12	22.08	23.38	24.11
审批建设用地总计	103664.1	160448.8	272198.5	321853.7	329188.1	340515.5	1527869

资料来源:《中国国土资源统计年鉴2009》。

2.2.4　耕地保护形势严峻

2001年我国耕地面积为19.14亿亩,到2008年耕地锐减为18.26亿亩,年平均减少1100万亩(图2-10、图2-11)。从耕地面积变化的统计分析来看,建设用地扩张不是造成耕地减少的主要原因,而生态退耕造成的耕地面积减少占耕地减少总量的58.02%,农业结构调整占耕地面积减少的21.14%(表2-6、表2-7)。2001—2008年,建设占用耕地25987521.60亩,但通过整理、复垦、开发和农业结构调整增加的耕地面积是33286645.50亩,比建设占用多出7299123.90亩。可见,过去几年在城镇化发展中,城镇建设不仅没有使耕地减少,而且在最严格的耕地保护制度下,通过一系列高压政策和"增减挂钩""占补平衡"等措施整理补充的耕地比单纯的建设占用要多。生态退耕是对以往过度开发土地资源的补偿,结构

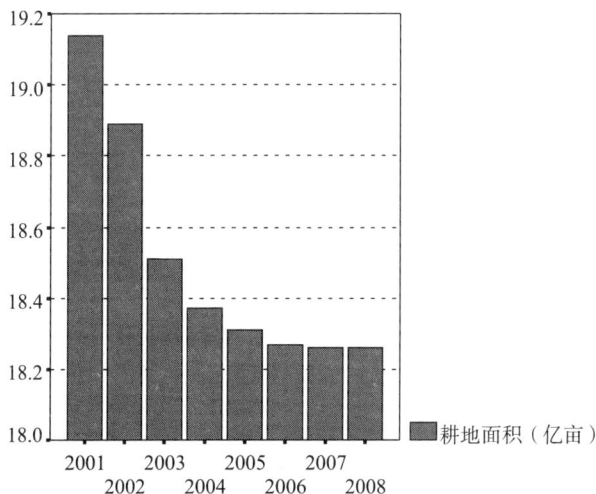

图2-10　我国耕地面积变化状况

调整是对过去农业结构单一化的调整,这两项尽管比例很大,争议却不大。因为这部分占用,有的是减少了低效益的耕地,有的是提高了土地用于其他农业项目的效益,而且这一项是属于阶段性调整,完全在政府的可控范围之内,今后不会大规模发生,多数还属于可恢复性调整(袁崇法,2011)。

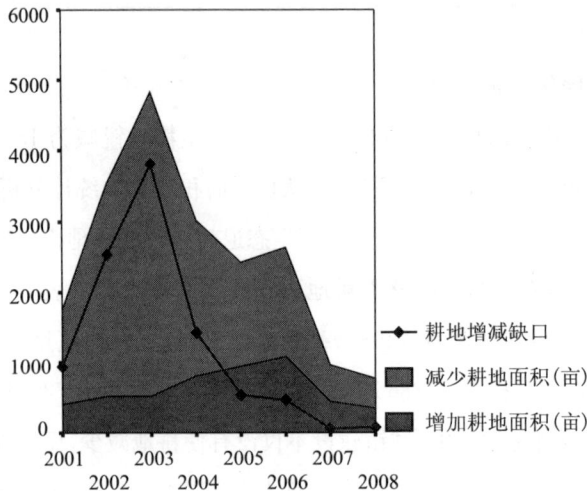

图 2 - 11　我国耕地面积增减状况

数据来源:《中国农业统计年鉴》《中国环境统计年鉴》《中国国土资源统计年鉴》。

表 2 - 6　历年增加的耕地面积　　　　　　　　　（单位:公顷）

年份	年内增加耕地面积	整理	开垦	开发	农业结构调整
2001	265943.72	43611.44	24450.72	134546.12	63335.44
2002	341190.15	52479.81	35042.88	173238.00	80429.46
2003	343603.13	64370.53	32514.10	213922.01	32796.49
2004	530366.21	57446.31	59710.87	228472.38	184736.66
2005	622901.46	71371.35	70663.55	164632.10	316234.46
2006	719790.02	78894.47	63645.81	224654.46	352595.27
2007	299985.25	45563.49	26345.99	123926.13	104149.64
2008	232505.41	61909.48	29334.05	138363.65	2898.24
总计	3356285.36	475646.87	341707.97	1401754.85	1137175.66

资料来源:《中国国土资源年鉴》(2002—2009)。

表 2 - 7　历年减少的耕地面积　　　　（单位:万公顷）

年份	2001	2002	2003	2004	2005	2006	2007	2008	总计
减少耕地面积	89.33	202.74	288.10	147.83	98.45	102.66	34.07	27.79	990.97
建设占用	16.37	19.65	22.91	29.28	21.21	25.85	18.83	19.15	173.25
占减少耕地比例(%)	18.32	9.69	7.95	19.81	21.54	25.18	55.27	68.90	**17.48**
生态退耕	59.07	142.56	223.73	73.29	39.03	33.94	2.54	0.76	574.92
占减少耕地比例(%)	66.13	70.31	77.66	49.57	39.65	33.06	7.47	2.73	**58.02**
灾毁耕地	3.06	5.63	5.04	6.33	5.35	3.59	1.79	2.48	33.27
占减少耕地比例(%)	3.42	2.78	1.75	4.28	5.43	3.49	5.26	8.92	3.36
农业结构调整	10.83	34.90	36.42	38.94	32.86	39.28	10.90	5.40	209.53
占减少耕地比例(%)	12.13	17.21	12.64	26.34	33.38	38.26	32.00	19.44	**21.14**

资料来源:《中国国土资源年鉴》(2002—2009)。

　　城市一般分布在自然条件较好的平原地区,自然资源组合条件好,也是农业生产的绝佳区位。城镇化进程中虽然通过土地整治实现了耕地的动态占补平衡,但城市扩展占据的都是优质耕地资源,而补充的耕地在生产条件上远远达不到被占用土地的标准,导致我国耕地的生产能力正在下降,优质耕地的比例变低。调查显示,全国耕地质量平均等别为 9.80 等,等别总体偏低。优等地、高等地、中等地、低等地面积占全国耕地评定总面积的比例分别为 2.67％、29.98％、50.64％、16.71％。全国耕地低于平均等别的 10～15 等地占调查与评定总面积的 57％以上;全国生产能力大于 1000 公斤/亩的耕地仅占 6.09％,耕地质量总体明显偏低。[1]

　　城市人口由于消费习惯、方式不同,对农产品的需要也不同。据测算,一个城市人所需要和消耗的农业资源远远超过一个农村人。比如说,城市人肉蛋奶吃得

[1]《18 亿亩红线——安全的只是数字》,http://viewpoint.inewsweek.cn/commentary/commentary-1732-p-1.html。

多,肉蛋奶要靠粮食来转换,3斤多粮食才能转换1斤猪肉,城里人蔬菜、水果、水产吃的多,这都需要好的农业资源、好的耕地来种植养殖。生产这些农产品需要占用更多的优质粮田,需要更多粮食进行转换。另外,饲料加工、工业深加工也增加了粮食需求,根据一期货公司统计,饲料需求方面,2008/2009年度国内需求量约9000万吨;而深加工需求方面,2008/2009年度国内需求量约3830万吨。[1]粮食需求增加使我国耕地资源保护压力增大,同时大规模的基础设施和城市建设,使城镇化过程中的耕地保护形势十分严峻。

2.2.5 土地污染严重

一方面,我国面临严峻的耕地保护形势,而另一方面,土壤的污染情况却正在恶化。时任国家环保部部长周生贤于2011年10月25日在十一届全国人大常委会第二十三次会议的正式报告中披露,中国受污染的耕地约有1.5亿亩,占18亿亩耕地的8.3%。污染最严重的耕地主要集中在耕地土壤生产性状好、人口密集的城市周边地带和对土壤环境质量的要求应当更高的蔬菜、水果种植基地。周生贤在报告中还指出,中国当前约有1.2万座尾矿库,其中危、险、病库占12.4%,对周围水和土壤环境污染严重。2002年农业部稻米及制品质量监督检验检测中心曾对全国市场稻米进行安全性抽检,结果显示:稻米中超标最严重的重金属是铅,超标率28.4%,其次是镉,超标率10.3%。2007年南京农业大学农业资源与生态环境研究所教授潘兴根和他的研究团队,检测在全国6个县级以上市场随机采购的91个大米样品,结果同样表明:10%左右的市售大米镉超标。镉是一种重金属,长期食用含镉的大米,会出现"软骨病"和"骨痛病",这是土壤遭到污水、废渣等污染的结果(林蒲田,2011)。

工业及采矿业污染、农业面源污染和生活废弃物排放,是土壤污染的三个主要源头。随着我国人口的增加及经济的飞速发展,汽油中添加的防爆剂四乙基铅会随废气排出污染土壤,所以行车频率较高的公路两侧会形成明显的铅污染带;杀虫剂、杀菌剂、杀鼠剂和除草剂大量使用;砷及硫化矿产的开采、选矿、冶炼,都

---

[1] 韩长赋:《一个城市人消耗的农业资源远超一个农村人》,http://www.caijing.com.cn/2011-12-15/111524135.html。

会使土壤中的砷含量一度升高;厂矿排放含汞废水;冶炼排放和汽车尾气沉降及磷肥导致镉、铅污染。据统计,我国受重金属污染的土壤面积已达2000万 hm²,占全国总耕地面积的 1/6,而工业"三废"污染的农田面积也已近700万 hm²,导致粮食每年减产 100 亿公斤。目前我国有机农药总施用量达 131.2 t(成药),平均施用量为 1.40 g/m²,已远远超出发达国家,蔬菜、瓜果的农药用量高出粮食作物 12 倍,超过 100 kg/hm²,有的甚至高达 219 kg/hm²,喷施于作物体上的农药,除部分被植物吸收或逸入大气外,约有 1/2 散落于农田,经检验,即使长期停用农药后,在土壤中仍然可以检出农药成分,农作物从土壤中吸收农药,然后积累到根、茎、叶、果实及种子中,最后通过食物、饲料等危害人体及牲畜的健康。早在 20 世纪 90 年代,全世界氮肥使用量为 8000 万 t 的时候,我国的氮用量就占到世界用量的 21.6%。目前,我国耕地平均施用化肥氮的量为 224.8 kg/hm²,其中有 17 个省的平均施用量超过了国际公认的上限 225 kg/hm²,有 4 个省甚至高达 400 kg/hm²。虽然化肥是农业增产的重要途径,但我国个别地区氮、磷等化学肥料的长期大量使用已经破坏了土壤结构,造成土壤板结、耕层变浅、耕性变差、保水肥能力下降等现象,部分不能被植物吸收利用的养分,都在耕层以下积累或转入了地下,在发生地面径流或土壤风蚀时,这些养分会转移到其他地方,如河流等,进而扩大土壤污染范围(陈路阳,2011)。

大气污染也会对土壤造成破坏,我国工业生产发展迅速,大量的二氧化硫、氮氧化物和颗粒物等有害物质直接排向大气,这些有害物质在大气中发生反应,形成酸雨,通过沉降或降水降落到地面,引起土壤酸化、营养元素流失等,直接导致土地质量下降。

我国农村经常将禽畜饲养场的厩肥和屠宰场的废物当作农作物的肥料,而且经常不进行物理和生化处理,就利用这些废物作肥料,致使其中的寄生虫、病原菌和病毒引起土壤和水域污染,并通过水和农作物来危害人群健康。

2.2.6 征地问题突出

中国现行征地制度在满足"两需"(经济现代化的资金需求、快速城市化的土地需求)的同时,也带来了严重的"两失"(农地的过度损失、农民利益的大量流失)问题。失地农民为维护自身利益的抗争行动所引发的大量社会矛盾已经影响到社会稳定,并侵蚀着经济发展的成果。严重的失地农民问题使中国城市化进程面临着一个如同周其仁(2004)所说的"两难困境":是不惜以社会矛盾、利益冲突为代价继续城市化和现代化进程,还是放慢这一进程以缓解社会矛盾和冲突?失地农民的激烈抗争以及由此导致的社会总福利下降,使现行征地制度处于严重的非均衡状态(晋洪涛等,2010)。

《中华人民共和国宪法》第10条规定:"城市的土地属于国家所有。农村和城市郊区的土地,除由法律规定属于国家所有的以外,属于集体所有;宅基地和自留地、自留山,也属于集体所有。"由于我国城市土地实行国家所有,农村土地实行集体所有,因此,城市化过程中对土地的需求必然要通过行政上对农村土地的征用来满足(蔡继明等,2006)。

随着法律、法规、政策日益完善,原住居民的市场意识、民主意识、法制意识和维权意识不断增强,特别是在拆迁补偿安置方面,出现了前所未有的博弈倾向(万勇,2006),征地补偿制度缺陷引发的矛盾纠纷问题逐渐显露、扩散并日趋尖锐化。据统计,目前征地问题引发的农村群体性事件已占全国农村群体性事件的65%以上,严重影响社会稳定。[1] 北师大的一份调查报告显示,中国的失地农民约4000万,新生代农民工中,16~25岁的41.4%没有承包地、36.4%没有宅基地,愿意回农村定居的农民工只占8.8%。1999年以来,64.7%失地农民得到一次性征地补偿,平均金额为每亩18739元,而征地卖地平均价格每亩778000元,是征收价格的40多倍。1993年以来,中国政府记录在案的每年"大规模群体性事件"从8700上升到90000。2011年的调查数据称,大约65%的类似事件是由土地争议引发。土地作为农民最重要的生产和生活资料,没有随着城市化和工业化浪潮为农民带来更多的增值收益。根据相关研究,土地作为农民最重要和最主要的财产,在土地流转过程中,相比土地增值总额,农民得到微不足道的收入和补偿。有资料显示,土地用途转变增值的权益分配中,地方政府得60%~70%,村集体组织得25%~80%,失地农民只得到5%~10%,甚至更少。[2]

---

[1] 中财办介绍社会主义新农村建设情况,http//www.china.org.com,2006-02-22。

[2] 《改革的下一站》,网易新闻两会策划之农地流转,http://news.163.com/special/reviews/nongdiliuzhuanlianghui0228.html。

2.2.7　土地供需矛盾突出

2006—2010 年,东、中、西部地区用地供应量均呈现不同程度增长,但占建设用地总量的比例有较大变化(表 2 - 8)。东部地区的各类用地占全国的比重开始下降,其中东部建设用地占全国的比重从 2006 年的 57.8% 下降到 2010 年的46.7%,工矿仓储用地从 65.4% 下降到 53.1%,而商服用地则从 39.3% 上升到51.0%(侯学平等,2008)。中西部地区的建设用地供应面积占全国总量的比例提高,其中工矿仓储用地的提高幅度最为明显,说明近年来支持西部开发的土地供应管理政策得到了较好的执行,预计中西部地区用地占总量比例还将提高,并且工业和基础设施用地的增长速度高于房地产用地。中西部地区人力、土地和矿产资源丰富,但城镇化和基础设施水平落后于东部地区,近年经济发展势头强劲,城镇化和工业化速度较快,并且承接了东部发达地区的产业转移,因此用地需求旺盛。东部地区受产业转移影响,增长放缓,但经济结构转型升级加快,新兴产业快速发展,产生用地需求,而落后产业在一段时期内具有黏滞效应,无法及时退出,因此,东部地区用地的绝对需求仍在增加。

表 2 - 8　2006 和 2010 年东中西部地区相应用地占总量的比例(%)

年份	区域	总量	工矿仓储用地	商服用地	住宅用地
2010	东部	46.7	53.1	51.0	49.9
	中部	26.4	25.7	24.4	26.3
	西部	26.9	21.2	24.6	23.8
2006	东部	57.8	65.4	39.3	51.5
	中部	22.6	19.4	33.2	24.6
	西部	19.6	15.2	27.5	23.9

注:表中各比例为东、中、西部地区各类型用地面积在全国该类型用地面积中的占比。

在部分经济较发达、地理区位条件较好的区域,经济的快速发展导致了建设用地的大规模扩张,现状建设用地面积甚至已经超过了规划下达的指标,新增建设用地指标不足,保障发展任务繁重。如随着海峡两岸经济区发展战略推进,福建省工业化、城镇化将处于快速发展阶段,经济社会发展对用地的需求将越来越大,而全省适宜建设的土地空间狭小,新增建设用地指标有限,尤其是新增城乡建设用地指标不足,难以满足未来经济社会发展和城乡建设发展的需要,建设用地供需矛盾加剧。河南省中原经济区建设上升为国家战略,重大基础设施处于建设高峰,城市新区、产业集聚区、保障性住房、新农村建设加快推进,经济社会发展对建设用地将保持强劲的刚性需求,二调显示的土地利用现状已使"规划近期目标"无法实现,规划确定的发展空间已远不能满足中原经济区建设需要。

"十一五"期间,我国经济发展势头很猛,建设用地增长较快,"十二五"时期,用地需求量依然较大,建设用地还将持续高位增长。"十二五"时期全国需新增建设用地 4604 万亩,年平均需要增加 920 万亩(表 2-9)。而《全国土地利用总体规划纲要(2006—2020)》安排的剩余 10 年可用规模为 2378 万亩,仅能保证今后 5~6 年的用地需求。以基础设施为例,根据国家中长期发展规划,十二五期间,我国将新建 2.9 万公里铁路,新增 51.6 万公里公路,3.4 万公里高速公路,45 个机场,440 个港口码头深水泊位,水利设施投资 2 万亿,大规模基础设施建设将引发土地的大量需求(表 2-10)。而国家先后批复的 20 个区域规划、15 个区域政策也将陆续实施,并要保证 3600 万套保障房开工建设,各地的新城、新区建设仍方兴未艾。总体来看,我国未来仍面临严峻的土地供应形势,供求矛盾将进一步加剧,经济发展过程中的土地制约将变得更加明显。

表 2-9 "十二五"建设用地需求规模(万亩)

	建设用地总计	城乡建设用地总计	城镇工矿	农村居民点	交通水利及其他
纲要安排	2378	1328	1828	−300	1050
修正后	4606	2501	2575	−74	2103

表 2-10 "十二五"基础设施建设规划

	单位	"十一五"	"十二五"
铁路营运里程	万公里	1.6	2.9
等级公路通车里程	万公里	63.9	51.6
其中:高速公路	万公里	3.3	3.4
港口码头深水泊位数	个	664	440
民用运输机场数	个	33	45
水利设施投资额	亿元	7249	20000

数据来源:孙雪东《科学有效实施规划》,北京:土地利用规划实施管理与政策专题研讨会报告,2011 年。

2.2.8　土地违法违规现象普遍

2001—2010 年的土地违法案件统计数据显示,国土资源违法总体呈下降趋势,但违法用地平均宗地面积有所上升(表 2－11)。另据《中国国土资源统计年鉴 2012》的相关统计数据,2011 年全国共发现违法用地行为 7 万件,无论是涉及土地面积还是占用耕地比例,同比均有所上升,其中西部地区违法用地比重大幅上升,东部地区违法比重下降,中部持平。从增幅比例看,东部跟 2010 年同比下降了 21.5%,中部持平,西部上升幅度达到 47.6%,西部违法用地占了全国的近一半,国家和省级重点工程项目违法用地问题依然突出。

表 2－11　2001—2010 年全国土地违法案件查处状况

年份	2001	2002	2003	2004	2005	2006	2007	2008	2009	2010
土地违法结案件数(万件)	13.0	11.6	12.6	8.4	8.0	9.6	9.2	6.0	4.2	4.2
结案土地面积(万公顷)	2.6	2.8	5.2	7.0	4.3	7.0	8.1	5.0	3.2	3.9
结案耕地面积(万公顷)	1.0	1.2	2.7	3.7	2.4	3.4	3.7	2.0	1.4	1.6

数据来源:《中国国土资源统计年鉴 2006》《2010 中国国土资源公报》。

根据我国《土地管理法》的有关规定,建设占用土地,涉及农用地转为建设用地的,应当办理转用审批手续。农村集体所有土地的使用权不得出让、转让或者出租用于非农业建设。《城镇国有土地使用权出让和转让暂行条例》第十八条规定:土地使用者需要改变土地使用权出让合同规定的土地用途的,应当征得出让方同意并经土地管理部门和城市规划部门批准,依照有关规定重新签订土地使用权出让合同,调整土地使用权出让金,并办理登记。然而现实中,随意变更土地的违法行为依然大量存在,尤其是在基层土地管理部门类似现象大量存在(Chen et al.,2015)。

国土资源部通知强调,土地承包经营权流转,不得改变土地集体所有性质,不得改变土地用途,不得损害农民土地承包权益。这既是承包经营权流转的基本原则,也是承包地流转中土地管理的基本要求。近年来,一些工商企业投资农业,从事规模化经营,出现个别企业大规模租赁农地,以各种名义圈占土地,擅自改变土地用途,违法违规进行非农建设的现象,违反了土地用途管制制度,影响了耕地保护,侵害了农民利益。

1998 年修订的《土地管理法》,以土地用途管制制度替代了原先的分级限额审批制度,强化了土地利用总体规划和土地利用年度计划的法定效力。该制度设立的初衷是严格限制农用地变更为建设用地,特别是要保护耕地,其核心是依据土地利用规划对土地用途转变实行严格控制。但是十多年来的实践表明,严格的土地用途管制制度并没有保护耕地。此外,为了获得地方经济发展所需要的用地指标,地方政府不得不通过"以租代征""城乡建设用地增减挂钩"和"用地指标交易"等方式获得所需要建设用地。这些创新虽然没有违背土地利用总体规划,但是在实际的操作过程中,除了土地用地指标交易之外,却都损害了农民的利益,各种违规案件导致的矛盾纠纷呈上涨趋势。

1999 年国务院办公厅下发的《关于加强土地转让管理严禁炒地卖地的通知》规定"农民的住宅不得向城市居民出售";2004 年国务院出台的《关于深化改革土地管理的规定》明确规定"禁止城镇居民在农村购置宅基地";国土资源部 2004 年下发的《关于加强农村宅基地管理意见》中规定"严禁城镇居民在农村购置宅基地,严禁为城镇居民在农村购买和违法建造的住宅发放土地使用证";建设部 2007 年 6 月 18 日提示消费者不要购买小产权房。一系列措施难以抑制小产权房的快速蔓延,2009 年中国城市发展高峰论坛暨《城市蓝皮书》发布统计数据,截至 2007 年上半年,小产权房已达到现存全国实有村镇房屋建筑面积 330 亿平方米的 20% 以上。[1] 而在限购令等房产新政下,开发商加大促销力度,小产权房房价上涨,引发小产权房热销。

2.2.9 土地利用缺乏统筹

地方政府在新城建设和选址上缺乏科学论证,没有协调好与旧城的空间关系,政府领导的主观意志对新区发展、建设影响很大。通常旧的开发区还未发展完全,又重新确定城市的发展方向,划定新的空间范围,导致城市摊子铺得很大,典型的如内蒙古康巴什新城和郑州新区(图 2 - 12、图 2 - 13)。在招商引资项目上,各地区缺乏协调,各自为政,经济发展都想转型升级,都优先发展电子

---

〔1〕 洛涛、王一娟:《通过立法解决小产权房问题》,http://jjckb.xinhuanet.com/gd/2009 - 06/24/content_165121.htm。

产业、信息产业、生物制药、新材料等新兴产业,产品和产业结构雷同,重复建设严重,没能形成明确的产业分工,比较优势无法得到发挥,经济发展的整体效率不高。由此产生土地利用跟随着项目跑,土地利用结构跟着产业布局走,规划与协调度不够,土地利用规划、城市规划等没有起到引导产业布局的作用,产生严重的土地浪费。

| 图 2-12　内蒙古康巴什新城 | 图 2-13　郑州新区 |

图片来源:卫星图集:中国鬼城,http://www.home898.com/topic/2011217/59362.html。

开发区是承载地区经济发展重要的空间载体,也是推动地方经济发展的"助推器",几乎所有的工业生产过程、技术研发和生产服务都集中在这块区域。土地是开发区发展的重要资源,尤其是在中西部地区,产业层次低,一些地区仍旧需要依靠要素投入来推动发展。国家给予开发区的政策优惠主要体现在减征所得税、货币灵活使用等方面。在国家给予国家级开发区一定优惠政策的同时,全国各地的省和省以下政府也给予自己批准设立的开发区不少优惠政策,主要体现为土地使用管理权、劳动人事工资管理权、对外贸易权下放给开发区。各地纷纷制定针对开发区的优惠政策的同时出现了开发区政策的攀比,为吸引投资,地方政府通过降低工业用地出让价格,甚至不惜零地价或负地价进行招商引资。

同时,近年来基础设施建设呈现爆发式增长,高速公路、港口、机场等不断增加,超过实际需求。长三角地区是我国基础设施最发达的地区之一,但在政府主导的重复建设下,不算军用机场和即将兴建的苏中机场,整个长三角地区有 17 个民用飞机场,分布在 16 个大中城市。有规划显示,到 2020 年,华东地区还将新建或改建 12 个机场,使民航机场数量达到 48 个,平均每间隔四五百公里就有一个机场覆盖。而在 2001 年至 2005 年,平均旅客运量的 73.8% 集中于上海的两个机场,平均货邮运量的 87% 也聚集于上海,货运量集中在浦东机场(超过 70%);其余的运量也只是依次分布在杭州萧山国际机场、南京禄口国际机场和宁波栎社国际机场,且几乎都小于 10%。[1] 环渤海区域北起辽宁丹东,南至山东青岛,包括三省一市(河北、辽宁、山东、天津)16 个较大的港口城市:大连、营口、盘锦、锦州、葫芦岛、丹东、秦皇岛、唐山、天津、沧州、滨州、东营、潍坊、烟台、威海、青岛。而据不完全统计,目前环渤海岸线有港口 79 个,平均 65 公里就有一个港口,港口距离最短为 19 公里,而且还有继续增加态势。[2] 一系列超常规、超理性的过热开发行为造成基础设施利用效率低下,土地资源大量浪费。

2.3 城乡土地制度分析

2.3.1 二元土地制度

中国实行的是城乡分治、政府垄断城市土地一级市场的土地制度。一方面,农村与城市土地分属不同法律约束,由不同机构管理,形成不同的市场和权利体系。另一方面,只要涉及农地变为建设用地,就要通过政府征地,任何单位建设用地都要使用国有土地。政府作为农地转为市地的唯一仲裁者,拥有获得农地并将其转给城市使用者的排他性权力,由此也形成中国土地市场城乡分割、政府主导的独特格局。20 世纪 90 年代以来,中国这种独特的二元土地制度为高速工业化和快速城市化做出了重大贡献,但也带来土地市场发育不完善、农民土地财产权利被侵犯和土地利益矛盾加剧等问题。

---

〔1〕《机场建设浪潮背后——长三角究竟需要多少机场》,http://news.carnoc.com/list/155/155178.html。

〔2〕《沈丽荣代表建议整合环渤海口岸资源》,http://www.dlxww.com/newscenter/content/2011 - 03/11/。

农村集体土地所有权作为一种受到严格限制的产权,国家对其用途、流转、处置、收益进行了严格管制,即使集体土地被征用,其交易地位也极不对称,使其所有权并不具有完整的产权性质,即缺乏产权所有者的绝对支配权和处置权,其使用权和收益权也受到极大限制(蒋华东,2010)。一方面,我国农村建设用地闲置、粗放利用和非正常交易大量存在,农民的财产利益无法得到体现。另一方面,我国建设用地供应管理是自上而下的指标分级控制,并以建设占用耕地"规划指标""补充耕地量"和"基本农田保护任务"为3个基本要素,在粮食安全、生态安全条件限定下,规划指标紧缺,补充耕地和基本农田保护压力巨大,各地城镇建设用地指标紧张,发达地区建设用地指标紧缺程度更为严重(肖碧林等,2011)。现有的制度设定,既不利于城市化发展,也不利于有效推进城乡统筹的一体化建设,延缓了农民市民化进程,阻碍了二元经济结构转变(徐万刚等,2009)。

以农村宅基地为例,1978 年以来,国家从法律和制度上进一步强化了宅基地的集体所有制,对宅基地做出了严格的限制性规定(表 2-12)。宅基地是农村的农户或个人用作住宅基地而占有、利用本集体所有的土地。根据我国法律规定,宅基地属于农民集体所有,公民个人没有所有权,只有使用权,不得买卖、出租和非法转让。农户对宅基地上的附着物享有所有权,有买卖和租赁的权利,不受他人侵犯,房屋出卖或出租后,宅基地的使用权随之转给受让人或承租人,但宅基地所有权始终为集体所有(图 2-14)。我国农村宅基地类似于福利性质,居民无偿、无限期获得宅基地,获得房产价值和有限的产权,却只能自住而不能够自由处置房屋。这种封闭性的土地市场禁锢了资源的合理流动和高效配置,在城镇化快速发展地区,各种隐性不规范交易大量存在,产生诸如小产权房、城中村等弊病,农村地区建设用地使用粗放、布局散乱、土地利用效率极低。

表 2-12 相关法规对农村宅基地的规定

法规	条款	内 容
宪法	第 13 条	国家保护公民的合法收入、储蓄、房屋和其他合法财产的所有权
	第 10 条第四款	土地的使用权可以依照法律的规定转让
民法通则	第 71 条	财产所有权是指所有人依法对自己的财产享有占有、使用、收益和处分的权利

法规	条款	内　容
土地管理法	第62条	农村村民一户只能拥有一处宅基地。农村村民出卖、出租住房后,再申请宅基地的,不予批准
	第63条	农民集体所有土地的使用权不得出让、转让或者出租用于非农业建设
担保法	第37条	耕地、宅基地、自留地、自留山等集体所有的土地使用权不得抵押
物权法	第153条	宅基地使用权的取得、行使和转让,适用土地管理法等法律和国家有关规定
	第155条	已经登记的宅基地使用权转让或者消灭的,应当及时办理变更登记或者注销登记
	第184条	耕地、宅基地、自留地、自留山等集体所有的土地使用权不得抵押,但法律规定可以抵押的除外

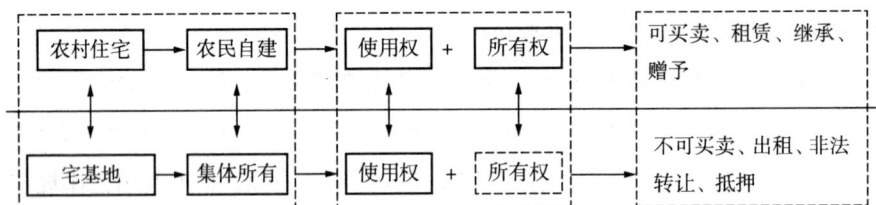

图2-14　农村宅基地使用权权能特征

2.3.2　土地征收与征用制度

二元土地制度在土地管理上把城市土地和农村集体土地截然分开,根据宪法规定,农村土地属于集体所有,城市土地属于国家所有,国家为了公共利益的需要,可以对农村土地实行征收或者征用并给予补偿。但《土地管理法》未对"公共利益需要"做出明确界定,导致土地征用权的滥用,使实际征地从"公共利益需要"扩大到包括非公共利益需要的用地项目,既包括公益性用地,也包括商业性用地,征地目的人为泛化。

由于城乡土地市场被人为割离,形成城市土地市场和农村土地市场界线分明的两个不同的市场体系,而地方政府可以以国家的名义行使从集体土地到国有土地的转化和转让的权力并垄断土地一级市场,而在补偿方面,《土地管理法》规定要按土地原用途给予补偿,并且土地补偿费和安置补助费总和不能超过土地被征用前三年平均年产值的三十倍。但是,目前农业年平均产值却是这样一个概念,它既不是地租又不是地价,而且在目前农业发展呈现多元化的情况下,农地的年平均产值既无法体现又无法衡量土地的稀缺性和土地真正的价值(张海峰,2006)。政府在征收时压低对农民的补偿价格,在转让时则极力抬高国有土地使用价格,两种价格之间产生的巨大的增值收益,成了地方政府土地财政的源泉,但是农民和集体利益却被极大地损害了。征地补偿额度过低和结构失衡、补偿程序和结果不合理、被征地农民再就业困难等引发大量的土地纠纷。而土地权利主体的地位模糊,为各利益主体与民争利找到了合理的借口;司法救济渠道梗阻,被征地农民的正当诉求权力得不到保障;政绩考核机制畸形片面,助长了地方政府的征地动机;被征地农民组织松散,既削弱了谈判力量又增加了社会交易成本,这些都是征地问题的内因所在(吴靖,2010)。

2.3.3 财税分权制度

权力下放、市场化改革和财税分权等是影响政府参与土地管理和决策的重要因素。从中央集中决策和资源自上而下的分配模式,向地方经济自主转变,对政府行为有显著影响。Walder 把中国政府看成经济人的集合体,指出政府官员扮演着企业家、公司管理层、私有经济合作者和投资者的多重角色(Walder,1997)。而始于 20 世纪 80 年代末的土地有偿使用制度改革以及后来的住房制度改革为地方政府积累发展资本和进行大规模城市建设、更新创造了制度条件。由于城市建设资金的短缺,土地的作用已经不只是用来盖房,而是衍生出其他一些功能,从地方政府对土地的认识和经营来看,先后出现"以地养路[1]""以地生财""以地养地[2]"等模式(杨保军等,2008;刘守英,2014)。城市领导者希望通过城市发展和建设来彰显其政治业绩,城市吸引的投资越多,城市建成环境越新、规模越大,地方政府就可能获得越大的政治与经济利益。

---

〔1〕"以地养路"模式:为应对城市基础设施滞后,而政府财政投入不足,土地有偿使用制度实施后,通过出让部分土地可以获得建设道路和相关市政设施所需的资金;或者,以开发沿路相邻地块为条件,直接把道路建设交给开发商。

〔2〕"以地养地"模式:在土地出让金用于城市其他建设项目的情况下,为了使出让的地块得到顺利开发,不得不出让另一块地,用得到的出让金来完成前一块地的配套建设,"以地养地"的模式由此形成,并引发出"开而未发"、"占而未用"等一系列问题。

表 2 - 13　土地出让收益占财政收入比重

年份	土地有偿出让面积 （公顷）	土地有偿出让收益 （亿元）	全国财政收入 （亿元）	土地出让收益在财政 收入中的比例（％）
1993	57338	405.3	4349	9.32
1994	49432	359.2	5218	6.88
2000	161190	625.0	13395	4.67
2001	90394	1295.9	16386	7.91
2002	124230	2416.8	18903	12.79
2003	193604	1799.1	21715	8.29
2004	181510	2339.8	26396	8.86
2005	165586	2184.0	31649	6.90
2006	233018	2978.3	38760	7.68
2007	234961	4541.4	51322	8.85
2008	165860	3611.9	61330	5.89

资料来自:《中国国土资源年鉴》《中国统计年鉴》。

城市化发展过程中,土地使用功能转变产生的大量级差地租收益,使城市政府实现了大规模融资。土地出让收益占国家财政收入的比重达 5％ 以上(表 2 - 13),而一些地方政府土地出让收益甚至占到地方财政收入的 50％ 以上。地方政府的土地出让金、土地租金和以土地作为抵押品向银行融资获得的银行抵押贷款,被用于道路、桥梁、医院、学校、市政管线、电力设施、公园绿地、机场、港口等基础设施和公共服务设施建设,形成巨大的存量资产,这些资产奠定了经济发展的基础条件;同时,土地收益很大一部分,被地方政府用来作为优惠政策的一部分,招商引资,补贴企业(赵燕菁,2011)。

在财政分权下,城市政府和农村集体经济组织都成为城市化的微观主体之一,为了最大限度地获得由城乡土地产权结构产生的"土地租金剩余",城市政府具有成本最小化激励;农村集体经济组织具有利用最大化的行为激励,由此,城市获得低成本的扩展,被征地农民获得土地非农收益权利(李郇等,2008)。城市政府的大规模圈地行为、新城开发行为不断涌现;集体经济组织也利用廉价的土地资源和广阔的发展空间引进资本、发展工业、参与竞争等,一系列过热和超理性开发行为以及不合理的利用导向,造成土地闲置、粗放利用。

2.3.4 土地产权制度

土地产权是土地资源配置的制度安排,其重要意义是在城镇化背景下由土地资产化体现出来的。市场经济条件下,土地具有了资产与资本的属性。土地产权也正是在这个背景下,由单一的所有权发展为包含使用权、发展权等一系列权利的权利束。不同的产权结构决定着当事人不同的经济行为,进而形成不同的制度绩效,改革开放后我国农地产权结构沿着不断强化农民土地产权的方向演进,无论是土地使用权,还是土地受益权或土地交易权,在政策指向上都更多地指向了农民,呈现出不断强化农民土地产权的特征(冀县卿等,2010)。

叶剑平等人(2011)提出,我国当前各种土地问题的产生,特别是农村土地问题,或多或少都与产权制度的不完善有关。首先,产权主体虚置,农民利益得不到保障,并引发征地补偿等社会问题,土地的资产溢价分配不合理催生了一大批食利阶层、寻租群体,进一步加剧了社会财富的不合理极化;其次,产权权利束不完整,土地产权中很重要的发展权得不到重视,公权主体政府、私权主体市场都聚焦于土地所有权或使用权,较少关注涉及未来的发展权,特别是农村集体土地,对发展权的忽视是很多问题产生的根源;再次,国有土地与集体土地产权权能的不统一是现在农村土地改革诸多壁垒的根本,由于固有产权条件约束,农村土地产权权能极不完整的,使农村土地的市场化流转面临着诸多瓶颈。通过研究提出:2003年《农村土地承包法》实施后土地产权的主要特征为交易性,但土地产权不安全性成为制约土地租赁市场发育的重要产权因素,土地的社会保障功能放大了农地产权不安全性对土地租赁市场发育带来的负面影响(马贤磊等,2010)。

中国土地产权制度的重要特征是模糊性,主要表现为:国有土地所有者名义上为全体劳动者共同所有,实际为各级政府所占有;随着村级集体经济合作组织的异化,政府通过对集体土地权益的直接侵占、村庄合并和干部任免等方式的间接侵占等形式,影响了集体建设用地权益的保障与实现;农村集体土地权益关系不够明晰;土地产权与其他资源产权的关系不够明确。模糊产权的绩效突出表现在为政府集聚土地收益发展工业化、城市化提供了重要基础。过度引导产业、金融、财政资本的投入,低水平重复建设,降低了经济发展的竞争能力和可持续增长能力。将土地产权制度清晰化可以达到产权主体清晰、权益关系清晰、市场关系深化和权利关系明确等目标,从而实现土地权益与产权成本的聚焦(黄贤金,2009)。

2.3.5　土地利用规划

当前土地利用总体规划在土地管理中未能充分发挥应有的效用。由于在规划编制过程中,缺乏对未来项目的全局把握,对后期经济社会发展的预测不足,规划难以满足发展的需要,直接导致规划修改的频繁发生。同时,规划编制历时较长,规划科学性、时效性不够强,宏观经济政策的不连续性可能导致土地利用格局发生很大改变,土地利用总体规划的控制性大大减弱。规划设置的专题研究脱离实际,矿产资源规划、地质灾害规划、生态保护规划、土地整治规划等专项规划滞后,专题研究对规划编制支撑不够。

当前,国家并未出台相应的土地利用规划管理专门法规,没有细化的土地规划条例,从而难以对土地利用活动进行有效的规划管理,规划实施的法定依据不足。主要体现在:一是土地利用总体规划的法律地位不高,土地规划的严肃性、权威性得不到保障。目前有关土地利用总体规划的法律只有《土地管理法》,而《土地管理法》也只有明确土地利用总体规划的基本原则和各级人民政府必须编制规划的义务,对土地规划的法律属性、法律效力并没有明确界定。二是由于缺乏强有力的法律手段,违法规划用地的行为得不到有效遏制。由于法律规范的缺失,违规现象的处理中也容易滋生权力腐败,使最有效的社会监督力量得不到充分利用。

长期以来,我国土地利用规划工作一般由专家和技术人员参与规划的讨论和定案,社会公众知晓度和透明度不高。公众基本处于被动地接受调查,了解官方宣传的信息和规划成果的状态,以至于由于缺乏规划方面的相关经验和专业知识,影响了公众对规划的监督、维护。即使个别群众意识到规划的重要性,但由于缺乏合法的参与方式,其意见或者建议也很少能够受到政府或规划人员的重视。规划公众参与度不高是导致依法用地、管地意识薄弱,同时也是少数行政人员违规管地的一个重要原因。

2.3.6　土地市场机制

我国的土地市场尚不成熟,这是当前土地市场建设存在的最大问题(赵康,

2008)。土地市场存在的问题主要集中在政府干预过多,资源配置、运行效率没有达到最佳,管理机制存在问题等方面。

有学者认为政府干预土地市场的目的在于克服市场机制自身的缺陷,防止外部不经济和土地资源分配不公等问题,同时还要尽可能减小干预对土地市场运行效率的负面影响。而现实情况表明,中国政府对土地市场干预的结果偏离了这一目标,这不仅是由于干预手段缺乏科学性和预见性,更深层次的原因在于土地管理体制和市场机制自身的不完善(王文,2008)。当前我国农村土地管理制度结构中,政府的直接行政干预政策安排偏多,而土地市场运行的基础性制度安排与间接干预政策安排不足(朱木斌,2008)。我国土地使用权出让市场(一级市场)是一个复合型的市场。就中央政府而言,它是一个完全垄断市场;对省级政府而言,可以认为是寡头垄断市场;对于地方政府而言,它接近于垄断竞争市场。政府要把握好土地供求机制,找到适合自己的"生态位"来共同管理好土地(刘帮友等,2008)。有学者通过构建一套评价指标体系来定量测算我国城市土地市场的发育程度,对我国东、中、西部城市土地市场发育程度进行了比较、分析。研究发现:我国东、中、西部经济发展水平的梯度并不必然带来土地市场的梯度发育;事实上目前我国城市土地市场的发育在很大程度上具有政策导向的特点,而土地市场发育的自发性和政策性相结合宜成为今后土地市场培育的重要方向(赵珂等,2008)。还有学者分析了土地市场运行对经济增长的影响,认为主要是通过经济要素投入与配置的改变展现出来的,包括土地一级市场运行对经济要素投入的规模扩张效应,土地二级市场运行对经济要素配置的结构优化效应,以及土地市场化程度发展对经济要素利用的经济激励效应。对经济增长的贡献率分别为规模扩张效应＞经济激励效应＞结构优化效应(王青等,2008)。

黄祖辉等人(2008)根据浙江省56个行政村(社区)320个农户的调查数据和资料认为经济比较发达的农村土地市场已经呈现出了土地流转方式的多元化、土地流转过程的市场化、土地流转工作的规范化、土地流转价格的合理化等新特点。但虚化的利益主体、分散的流转形式、无序的中介服务组织以及落后的社会保障体系是影响土地市场的障碍因素。

2.3.7 土地金融制度

土地金融是金融业的一种形式,它是指利用土地为信用或担保所获得的资金融通。土地金融是支持土地流转的有效手段,发展以土地抵押为特征的农村土地金融,有利于为农业发展注入资金,也有利于农村土地资源的优化配置,对农业、农村和农民的发展具有重要意义。同时,"柔性"的土地金融政策能够对严格的、行政主导性的土地管理制度做辅助和补充,有望解决以往单纯靠行政指令性制度难以解决的诸多问题(陈霄等,2009),并以此指导土地市场的有序发展,促进城市存量土地的集约、节约利用。

丰雷等人(2010)指出目前中国土地金融市场和政策存在的问题可归纳为以下3个方面:(1)土地金融工具单一,土地金融市场体系不完善。中国土地金融市场主要依赖于信贷手段,特别是与政府的土地收购储备相联系,很少涉及债券、信托、基金等其他金融手段。有关创新金融产品、拓宽土地融资渠道以及如何进行金融创新等也没有明确指向。单一的土地金融工具以及与政府存在千丝万缕联系的土地金融市场,不利于土地金融工具作用的发挥以及土地金融市场体系的完善。(2)土地金融"重城市、轻农村"。中国土地金融政策的重点集中在城市土地信贷,农村土地金融发展远远落后。中国法律明确规定禁止农地抵押,阻碍了农户用其土地权利作抵押以获取必要的信贷,进行土地流转或增加农地投入。信贷是农民进行中长期投入并提高生产力的重要支持,允许农民用其土地产权作为抵押或信贷的担保,将大大提高农地价值并促进农地投入和农地流转,从而促进农业增长。(3)中国特有的土地供应制度和金融制度,加剧了土地金融风险和宏观经济波动。中国城市土地国有以及地方政府对农村集体土地的实际控制,加上政府与银行的紧密关系,使得土地金融成为政府的"第二财政",土地收购储备制度进一步为土地与金融、政府与市场的联系创造了条件。地方政府将征地纳入土地储备范围,新征用地取代城市存量建设用地成为土地储备的主要来源。而无论是土地一级开发资金还是城市基础设施投资,银行贷款均为主要资金来源。对金融的过度依赖不仅加大了政府的财政风险,而且带来巨大的金融风险隐患。

实际上,目前放开农地抵押的客观条件已初步具备:(1)农地30年承包经营权基本稳定,全国约3/5的农户拿到了土地确权证书,未来的发证工作预期将有较大进展;(2)农地流转市场初步形成,规范的有偿交易比例上升,农地的市场价格逐步显化;(3)有关法律法规提供了初步的保障支持。缺乏农地的抵押权是农民依靠信贷手段扩大投资,增加农业产出的一大障碍。当然放开农地抵押后可能的风险是增加金融风险;土地兼并集中。可能的好处是农地产权更加完整清晰,土地价值提高;增加农民土地投入,农业产出增加;提高农民收入,促进消费和扩大内需等(叶剑平等,2008)。

2.3.8　土地税收制度

土地税收是国家进行土地宏观调控的一把利剑,我国土地宏观调控中涉及的土地税收包括土地占有(取得)环节的土地税、土地保有环节的土地税和土地转让环节的土地税三部分,其中属于土地使用权取得税类的有耕地占用税;属于土地使用权保有税类的有城镇土地使用税、房产税,还包括原来的农业税;属于土地使用权流转税类的有土地增值税、契税、印花税、营业税、企业所得税、个人所得税。

拓宽地方政府财源、成为楼市调控的长期措施之一和调节收入分配曾被看作房产税启动试点后的三大期待实现的目标,但从试点效果来看,目前房产税的效果与上述目标尚有一定差距。以重庆市为例,公开的数据显示,2011年重庆市地方财政收入超过2900亿元,增幅超过40%,其中,房产税收入仅有1亿元,与此同时,数据显示,2011年重庆市土地出让收入为1344.2亿元,增长47%。中国法学会财税法学研究会会长刘剑文教授分析表示,房产税改革试点的初衷,除调控房价外,拓宽地方政府财源,让其摆脱对土地财政收入的依赖也是其主要目的之一,但从现实的实验效果来看,房产税改革试点对地方政府的财政收入贡献有限。由于应税面窄、税率过低,目前征收房产税对降低房价的影响微乎其微,对改善地方财政收入也收效不大。[1]

土地增值税是对转让国有土地使用权及地上建筑物的增值额征收的税种,征收对象主要是房地产开发企业。但土地增值税征管难点存在于:(1)房地产价值评估工作相对滞后,导致评估与征管工作不同步,土地增值税的计算和征收缺乏

---

[1]《房产税扩容成定局:谁是下一个城市》,http://www.xj71.com/2012/0206/658408.shtml。

操作性；(2) 房地产业中的交叉、重复课税问题，导致税种之间不平衡，使土地增值税的征管受到"人治"的影响；(3) 相关职能部门工作缺位，部门管理与税收管理不协调，导致土地增值税征收管理缺乏有效的监控手段(李锐，2010)。

2.4　城乡土地管理制度改革实践

2.4.1　成都市的"统筹城乡"实践

2007 年 6 月，成都市经国务院批准成为"推进统筹城乡综合配套改革试验区"。自此，成都市土地制度改革拉开序幕。

概括起来，成都的试验形成了一条土地制度改革的路线图：在对农村土地和房屋实施确权登记和颁证的基础上，推动土地有偿流转，将农民和土地的财产权落到实处，创立耕地保护基金，建立起以耕地保护为重点的新型土地保护制度、农村产权制度。以土地指标交易带动农村土地综合整治，推动土地资源的市场化配置，同时加大集体土地流转。城市则加快建设步伐，并把更多的城市化土地收益返回新农村建设，政府则提供城乡全域规划、确权和其他公共服务，形成了在政府、农民、农村、城市之间良性互动的新局面。

(1) 模式和进展

统筹城乡建设中成都市在土地管理制度改革方面进行了有益探索，形成多种创新模式(严金明等，2011；张毅等，2015)，见表 2 - 14，取得了以下进展。

表 2 - 14　成都统筹城乡综合配套改革试验区土地管理制度改革创新试点的几种模式

模式类型	区域	核心思路	主要成效	问题与政策风险
城乡用地"一张图"模式	各区(市)县	以城镇地籍数据库及土地利用现状调查数据库为基础，整合规划、征地、地价、执法等要素，实现规划、审批、利用、登记、监察的全程跟踪管理，坚持三规合一，统筹城乡和产业发展	充分发挥了规划在统筹城乡发展中的龙头作用；实现了"三大规划"基期一致、目标一致，克服了城乡规划"两张皮"、工业项目随意布局的现象，为土地利用和城乡建设提供了科学依据	城乡规划和产业规划审批级次较土地规划低，修编也较为频繁，冲击土地利用总体规划的严肃性

模式类型	区域	核心思路	主要成效	问题与政策风险
集体建设用地使用权流转模式	锦江区	采取"拆院并院"项目管理,通过实施土地整理取得集体建设用地,进行流转	集体建设用地初次流转后,土地收益归集体经济组织享有,纳入集体资产管理;有利于整合集体建设用地,显化集体建设用地的资产价值,促进地方经济发展	会影响地方政府的土地出让收益;对商业房地产的项目难以界定,有造成小产权房的危险;土地增值收益如分配不合理会带来一系列问题
城乡建设用地增减挂钩模式	郫县	开展"拆院并院"土地综合整理,将整理出的农村建设用地等量用于城镇建设	有利于统筹城乡用地,优化城乡建设用地空间结构,提高土地集约利用水平,改善村民生产生活条件,促进农村劳动力转移	如果管理不规范,容易出现拆少建多、复垦耕地质量较差、侵害农民合法权益、农民"被上楼"等问题
土地综合整治模式	邛崃市	因地制宜对田、水、路、林、村实行综合整治,提高农业生产条件,提高农民生活水平	有利于优化用地格局,促进耕地集中和质量提高,促进农村经济发展,建设新居工程对农民进行集中安置也有利于改善农民的生活条件	如果管理不规范,可能侵害农民合法权益;农民新居建设中存在规划单一、轻农业产业发展和居住区生活配套等问题
双放弃一退出模式	温江区	鼓励、引导农民自愿放弃宅基地使用权和土地承包经营权,突破村、镇区域界限,跨区域集中居住	有利于优化城乡建设用地结构,提高集约用地水平;有利于缓解用地供求矛盾,促进经济发展;有利于农民增收,改善农民居住环境	如果补偿标准不合理,可能引发农民对立情绪,不利于政策执行;零星建设用地整理置换目前还有政策性障碍;监管面大,易造成监管不到位
生态搬迁模式	龙泉驿区	腾笼兴农,跨村整合,实施零星宅基地整理	有利于山区生态保护,提高农民生活水平,改善农民生存条件,带动产业发展	农民下山后如后续保障措施跟不上,容易引发社会不稳定
耕地保护基金的创设模式	中心城区以外区县	签订《耕地保护基金合同》,基本农田补贴标准为每年每亩 400 元、一般耕地补贴标准为每年每亩 300 元	调动了农民保护耕地的积极性;实现城市反哺农村,增加农民收入;增强了对违法用地的监督和发现机制,有助于大幅度减少违法用地;促进了农民对土地的投入	落实耕地保护补偿机制,加重了地方财政的负担;增加了征地的成本,征地工作面临阻力

　　创新耕地保护经济机制。成都市建立了耕地保护基金制度,由市、区(县)两级财政每年从土地出让收益、新增建设用地土地有偿使用费等收入中拿出 26 亿元,补贴给承担保护责任的农户和集体,用于农户养老保险等。这一制度的实施,有效解决了农民保护耕地责任意识不强、动力不足的问题,对地方政府强制征地形成有效制约,同时推动了农村土地产权制度建设、农村社会保障体系完善等相关改革,广东省佛山市也建立了类似制度。

搭建农村土地综合整治平台。成都市将土地整理与城乡建设用地增减挂钩、灾后恢复重建特殊支持政策等综合运用,采取以国土资源部门的项目资金为主并整合相关部门项目资金的运作模式,搭建统一的资金和政策平台,大规模推进农村土地综合整治。天津东丽、浙江湖州、湖南长沙、山东肥城、江苏昆山、安徽肥西、重庆江北等地也出现了一批整村、整乡(镇)推进土地整治的典型。这些举措,不仅有效提升了耕地保护和节约集约用地水平,也有力促进了新农村建设和城乡统筹发展,并成为当前扩内需保增长的重要途径。

规范推进集体建设用地制度改革。针对以不同形式自发流转集体建设用地的行为呈上升趋势,广东省以政府规章形式对集体建设用地流转加以规范和引导,江苏、浙江、安徽、河南等地结合试点进行了积极探索。中共十七届三中全会《决定》颁布后,各地探索步伐加快。成都和重庆加快流转制度建设,并在搭建服务平台、建立公开交易市场方面进行了尝试,对推进市场化配置土地资源、激活农村土地资本、繁荣城乡经济等具有重要意义。

稳妥推进征地制度改革。各地在界定公益性和经营性建设用地,缩小征地范围,完善征地补偿机制和建立被征地农民就业、住房、社会保障等方面继续深入探索。全国有 30 个省(区、市)完成了统一年产值标准或征地区片综合价的制定,天津、河北、黑龙江等 12 省市已开始执行。浙江、广东等积极探索农业安置、留地安置等方式,拓宽安置渠道。

此外,各地还在土地规划计划动态管理、农村土地产权制度建设、城镇和工业用地二次开发、土地执法监管长效机制建设等方面进行了富有成效的改革创新。

(2) 改革的基本经验

综观成都的改革实践,主要有以下基本经验:一是统筹发展与保护,保障和促进科学发展。保障发展是前提,没有发展保护就没有意义;保护耕地是基础,保护得好才能确保发展的质量和持续性,两者统一于科学发展。辩证地处理好二者关系,改革措施才有强大生命力。二是坚持市场化改革方向,发挥市场配置土地资源的基础性作用。市场化配置程度越高,用地就越集约,投机、寻租行为就越少,管理成本和社会代价就越小。市场化改革过程中存在的问题,应当用进一步改革来解决。三是坚持规划先行，发挥土地利用规划的统筹和管控作用。建立严格的土地用途管制制度，是确保市场化改革稳妥推进的基础。土地利用规划是土地用途管制的依据，落实土地用途管制制度首先必须科学编制规划、严格执行规划。四是坚持产权明晰，奠定坚实的土地产权制度基础。强化农户耕地保护责任、规范集体建设用地流转、推进农村土地整治等，都离不开清晰稳定的产权保障。要加快土地确权登记颁证，推进产权制度建设，保障改革有序推进。五是坚持群众首创，尊重和依靠农民推进改革。农民是最富有创意、创建和创造精神的，在土地确权、承包地调整、历史问题处理、流转收益分配等工作中，都要尊重农民意愿，引导农民积极参与，"还权赋能"而非"代民作主"。[1]

2.4.2　重庆的"地票"探索

重庆农村土地交易所创设两年多来，地票交易日趋活跃。截至 2011 年上半年，重庆农村土地交易所共组织成交地票 103.3 亿元，共有 1.7 万亩地票获征（转）批复，其中 1836 亩完成招拍挂，正组织开发建设。作为城市反哺农村的新途径，重庆地票交易在土地利用机制上的创新引起社会各界广泛关注。[2]

（1）地票运行模式

所谓地票是指包括农村宅基地及其附属设施用地、乡镇企业用地、农村公共设施和农村公益事业用地等农村集体建设用地，经过复垦并经过土地管理部门严格验收后所产生的指标。企业购得的地票，可以纳入新增建设用地计划，增加相同数量的城镇建设用地。[3] 先在农民自愿和村集体同意的前提下对闲置的农村集体建设用地进行专业复垦，然后经土地管理部门会同农业部门严格验收后，腾出的建设用地指标作为"地票"的来源，再通过农村土地交易所交易，竞得单位凭地票选择符合两规的地块，按照现行征收、招拍挂制度竞买国有建设用地使用权，并按规定使用（图 2-15）。

---

〔1〕　董祚继：《全方位思考和推进土地管理制度改革》，http://www.mlr.gov.cn/zt/yw/cdtdggyth/200906/t20090609.htm。

〔2〕　《重庆地票，开辟反哺农村的新途径》，http://news.ifeng.com/gundong/detail_2011_06/25/7242778_0.shtml。

〔3〕　《地票交易》，http://baike.baidu.com/view/3664424.htm。

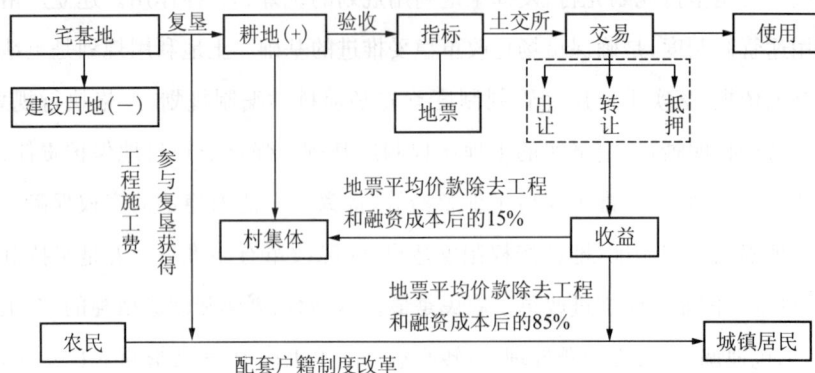

图 2-15　重庆"地票"交易模式

（2）"地票交易"制度的意义

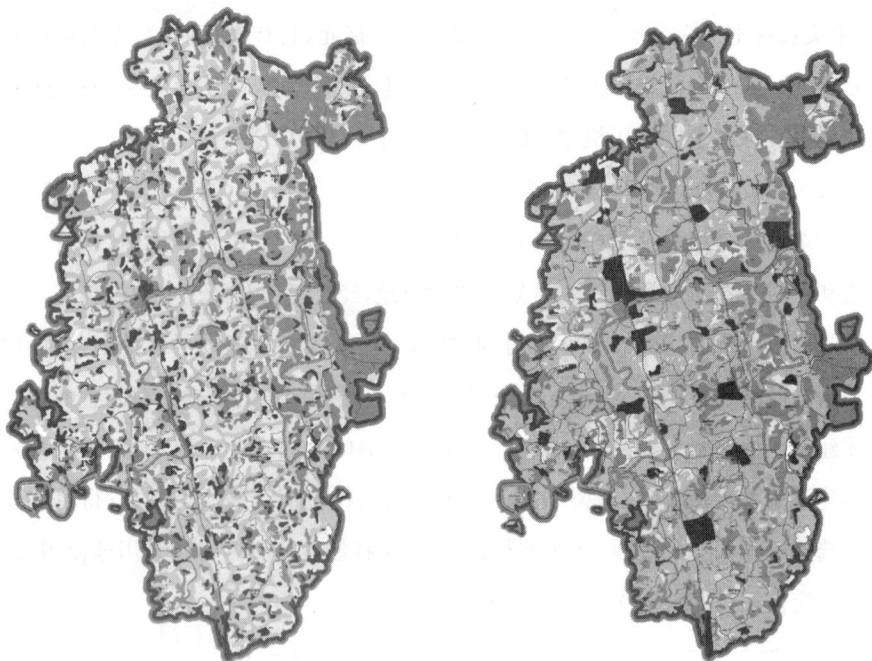

图 2-16　重庆市江津区孔目村置换前后的土地利用对比

资料来源：易和平，《重庆市地票交易探索》，重庆：中国自然资源学年会，2010 年。

重庆"地票"交易模式是提升远郊农村宅基地价值，并与城市近郊需求相结合的一种典型模式。地票交易制度以"先补后占"替代"先征后补",在城市化过程中切实保护了耕地,有效缓解了建设用地需求和耕地保护之间的矛盾;优化了农用地、建设用地空间布局,将以前分散的建设用地集中布置,同时将细碎的农用地进行整合和规模化经营,促进了新农村建设和农业发展(图2-16);打破了城乡建设用地二元格局,激活了城乡土地要素市场;妥善解决了转移户口农民退出集体土地的途径缺失问题,增加了进城农民的生存资本。地票交易模式通过城乡建设用地远距离、大范围的置换,利用级差土地收益提升偏远农村的土地价值,实现了城市反哺农村、主城支持远郊,增加农民收入,改善农民生活条件等目标。

2.4.3 广东的"三旧改造"

作为改革开放的先行地,珠江三角洲是我国城市化程度最高的区域之一。城市化快速推进,乡镇工业迅速发展,城市用地已十分紧张,发展进程中面临的土地资源约束越来越明显。"三旧"改造是广东特有的土地整合改造办法,通过"三旧"改造,腾笼换鸟,挖掘现有土地资源潜力,实现土地利用价值最大化,以缓解土地压力,实现可持续发展。三旧分别指的是:旧城镇、旧厂房、旧村居。"旧城镇"主要是指各区、镇(街道)城区内国有土地上的旧民居、旧商铺、旧厂房等。"旧厂房"主要指镇(街道)、村和工业园区内的旧厂房以及严重影响城市观瞻的临时建筑。"旧村居"主要指城市规划控制区范围内的城中村,大量用地被城市工业区、物流园等产业园区占据的园中村,不再适宜生活居住、村民须逐步迁出或整体搬迁形成的"空心村"。根据改造主体的不同,广东省的"三旧改造"大致分为三种模式(中国土地矿产法律事务中心调研组,2011):

(1)权利人主动自行改造

一是旧城镇改造范围内,在符合土地利用总体规划、城乡规划和"三旧"改造规划的前提下,鼓励原土地使用权人自行进行改造,或者由各宗地的使用权人共同成立项目公司联合自行改造。涉及的划拨土地使用权和改变土地用途(包括经营性用途)以及延长土地使用年限可免土地收购储备和公开交易,采取协议出让方式出让,并按现行规定缴纳土地出让金。二是属于"三旧"改造和节能减排项目的旧厂房在符合规划前提下改为经营性用途的,原用地单位可向区"三旧"改造办提出自行改造申请,改造的相关规定和办理程序参照上述自行改造的规定执行。

三是土地利用总体规划确定的城市建设用地规模范围外的旧村庄改造,在符合土地利用总体规划和城乡规划的前提下,除属于应当依法征收的外,也可由农村集体经济组织或者用地单位在建新拆旧的前提下,依照规划自行组织实施改造。

(2)市场主体收购集中改造

在符合土地利用总体规划、城乡规划和"三旧"改造规划的前提下,市场主体与其他土地权利人协商签订土地转让合同,只要落实相关补偿安置措施,可在自行收购改造范围内的多宗地块及地上房屋建筑后,申请对收购的地块取得拆迁许可后进行集中改造。区以上国土资源部门根据收购人的申请,将分散的土地归宗,为收购人办理土地变更登记手续。收购改造范围内的多宗地块涉及出让年限不一致的,统一出让年限,涉及补交地价款的按规定办理。

(3)政府主导改造

一是为了城市基础设施和公共设施建设或实施城市规划进行旧城区改建需要使用土地的,由政府依法征收或者收回、收购土地使用权之后,纳入土地储备,土地前期开发要引入市场机制,按照有关规定,通过公开招标方式选择实施单位经过前期开发的土地,依法由市、县人民政府国土资源部门统一组织出让。二是针对个别涉及主体多、拆迁难度大、改造工作十分复杂的大型项目,采取"政府主导、统一规划、市场运作"的改造方式,由政府先行征收土地使用权再出让,力争做到和谐拆迁,打破以往的单体翻建、小修小补的旧城改造模式。

2.4.4 浙江嘉兴"两分两换"

近年来,浙江嘉兴市探索出"两分两换"的农村土地综合整治模式,成效显著、特色明显,引起社会各界广泛关注。"两分"就是把宅基地与承包地分开,搬迁与土地流转分开;"两换"就是以土地承包经营权换股、换租、增保障,以宅基地换钱、换房、换地方。

嘉兴市位于长三角的发达地区,农民不仅渴求城镇居住环境和公共服务,而且希望享受城市居民一样的社会保障。耕地和农业如何在星罗棋布的城镇和工业园区的夹缝中得以保护和生存,是城乡发展中必须统筹考虑的具体又复杂的难事。"两分两换"相比天津的"宅基地换房",特点是明确并增强了承包地和社会保障的处理力度,这是根据当地民情和经济社会发展特点提出的办法。实际做法是农民以退出承包地,获得社会保障;政府集中承包地,引入企业实现规模经营,以土地有偿、规模流转的资金筹集社保基金,同时全面推进农业的产业化和现代化。在具体操作中,嘉兴更注重农民自愿。

嘉兴的试验在发达地区尤其大城市郊区具有极大的吸引力。例如北京和上海近郊,年轻的农民早已不务农,继续务农的农村劳动力岁数越来越大,他(她)们思虑的是今后如何老有所养。由于儿女们出走进城就业,留守农村的农民一旦失去劳动能力,土地不仅不能成为依靠,而且成了负担,并不像有些人想象的把土地作为唯一的依靠,而是愿意将土地交换为社会保障。

争议也就在这里。有人认为社会保障属公共福利,应该由政府统一提供,不能用农民的承包地交换,否则是对农民的歧视,不能体现城乡社会的平等。听起来有道理,也很得人心,而其实不然。社会保障基金是纳税人缴纳的资金,缴纳水平越高,支付水平相应也越高;缴纳人数越多,覆盖范围越广,支付能力相应也越强。我国的社保体系刚刚建立,历史没有积累,目前只能现收现付。尽管低水平支付,依然入不敷出,就连经济最发达的上海也如此。城镇缴纳的社保资金支付城镇人口都捉襟见肘,用它再去解决农民社保根本不现实。再说,农民目前不缴税,靠其他纳税人供给社会保障,也更谈不上公平。是否非得用承包地去换取社会保障完全可以讨论,但除了少数贫困人口,通过日常的各种形式缴纳税收,或以不同形式一次性补缴应缴未缴的社保基金,应该是健全完善城乡社保制度的基本原则(袁崇法,2011)。

2.5　城乡土地政策改革建议

2.5.1　构建城乡一体的土地市场制度

城乡统筹的关键是能够让市场机制在城乡资源配置上起到基础作用,提高资源的配置效率,同时农民能够从这种资源利用效益提高中获得收益,分享社会福利的增加,即效率与公平的统一。这就要求从制度上建立新型的城乡关系,使资源自由流动,农民的权益受到保护(曲福田等,2011)。现有的二元土地制度,客观上造成了社会的不公平、不经济,已经不再适合城镇化背景下社会的需求和城乡居民的愿望,导致资源配置效率低下,农民权益受损,有碍于城镇化进程和统筹发展要求,需要对其制度进行重构(陈克峰,2010)。农村集体建设用地(包括宅基地)不能上市流转,不利于土地的高效集约利用,造成土地资源的浪费,农民的土地财产权利也无法得到有力的保障。将处分权的功能加入用益物权,强化集体建设用地用益物权的属性功能,并尽快建立城乡统一的建设用地市场,通过明晰的产权界定,激励产权主体并约束侵权人的行为,一方面提高资源配置效益,另一方面,保护农民财产权益,逐步缩小国家行政性征地的范围,在符合法律和城乡统筹规划的条件下,允许农村集体建设用地进入市场,改变用途但不改变性质,和国有建设用地同地同权同价。

通过对国家关于农村宅基地的政策(2004—2011 年)演变分析(表 2-15)可以发现,随着社会经济发展,国家对农村宅基地从严格限定流转到 2004 年中央文件第一次明确提出集体建设用地使用权流转,2006 年为适应新农村建设鼓励各地进行试点,2008 年与成渝签订《推进统筹城乡综合配套改革工作备忘录和协议》探索宅基地退出和补偿机制,2010 年后探索宅基地管理新机制,在保护农民合法权益的基础上,国家正不断尝试制度改革,以促进农村土地资源的市场化配置,推进城乡统筹发展。

表 2-15　国家关于农村宅基地的政策演变(2004—2011 年)

政策名称	日期	与宅基地有关内容	影响
关于加强农村宅基地管理的意见	2004/11	严禁城镇居民在农村购置宅基地,严禁为城镇居民在农村购买和违法建造的住宅发放土地使用证	中央文件第一次明确提出集体建设用地使用权流转的政策
关于深化改革严格土地管理的决定	2004/12	禁止城镇居民在农村购置宅基地	限定流转对象
关于坚持依法依规管理节约集约用地支持社会主义新农村建设的通知	2006/03	适应新农村建设的要求,经批准稳步推进集体非农建设用地使用权流转试点,不断总结试点经验,及时加以规范完善	与新农村建设相配套的政策引导,鼓励各地进行试点
关于进一步加快宅基地使用权登记发证工作的通知	2008/07	于 2009 年完成全国范围内宅基地使用权的登记和发证	为农村宅基地流转做好基础准备工作

政策名称	日期	与宅基地有关内容	影响
国土资源部与重庆市、成都市签订《推进统筹城乡综合配套改革工作备忘录和协议》	2008/08	提出共同探索建立和完善宅基地退出和补偿机制,完善宅基地使用权流转后的土地登记办法,确保农村土地依法合规流转	为农村宅基地流转的试点准备做好了政策铺垫
中共中央关于推进农村改革发展若干重大问题的决定	2008/10	"依法保障农户宅基地用益物权"	确立了保障农村宅基地流转的政策导向
关于进一步完善农村宅基地管理制度切实维护农民权益的通知	2010/03	落实土地用途管制、改进计划分配方式、满足农民建房的合理用地需求以及探索宅基地管理新机制创新	制度创新的开始
关于2010年深化经济体制改革重点工作的意见	2010/05	深化土地管理、户籍制度改革,建立城乡统一的建设用地市场和人力资源市场	消除城乡协调发展的体制性障碍
关于加快推进农村集体土地确权登记发证工作的通知	2011/05	加快农村集体土地所有权、宅基地使用权、集体建设用地使用权等确权登记发证工作	明晰产权,保障农民权益
国务院关于2011年深化经济体制改革重点工作意见的通知	2011/05	积极稳妥推进户籍管理制度改革,保护农民承包地、宅基地等合法权益,充分尊重农民在进城和留乡问题上的自主选择权	保护农民利益,稳步推进改革
"十二五"规划纲要	2011—2015	完善农村集体经营性建设用地流转和宅基地管理机制	探索宅基地管理新机制

2.5.2 统筹区域土地利用与布局

加快推进区域一体化建设,加速区域内部各城市之间的融合,细化产业分工与合作,优化产业布局,推动产业结构调整和升级建立区域协调管理部门,避免相互之间的恶性竞争和产能过剩行业的盲目扩张以及基础设施的低水平重复建设,以此来提高整个区域土地的集约利用水平。

通过城市用地规划中的功能空间布局,引导新区开发中要素的集聚。以基础设施建设引导和控制土地开发规模、方向和结构;以近期规划和土地供应计划具体调控新区开发的规模和旧城改造进度,实现旧城改造和新区开发的协调发展,促进城市经济发展和土地集约利用(何为等,2011)。

综合协调各类型用地的比例,优化用地的比例结构和空间结构。减少工矿建设空间和农村生活空间,适当扩大服务业、交通、城市居住、公共设施空间,扩大绿色生态空间。控制城市蔓延扩张、工业遍地开花和开发区过度分散。优化城镇布局,进一步健全城镇体系,促进大、中、小城市协调发展。借鉴国外城市化进程的先进经验,布局和推动城市群、都市区、城市带等空间组织形式的发展,促进土地集约紧凑利用。

以主体功能区规划为依据,合理确定区域经济职能和发展方向,严格限定禁止开发区和限制开发区土地的过度使用,增加重点开发区的土地供应能力,通过用地转化和拆旧建新等途径挖掘优化开发区存量土地利用潜力,提高土地产出效益,并适当减少新增土地供应。

2.5.3 推进农村土地流转

只有实行土地流转,才能实现土地相对集中,扩大农业的规模经营,因此,土地流转和规模经营是农业现代化的基础和前提,舍此,没有第二条道路可走。虽然农业现代化的发展有快有慢,大部分还处在起步阶段,但所有案例都预示了这样的发展方向(北京天则经济研究所"中国土地问题"课题组,2010)。

农村土地流转制度改革已经成为我国农业现代化过程中亟待解决的问题。杜朝晖(2010)提出促进我国农村土地流转制度改革的相关建议:(1) 制定和完善《农村土地流转法》,规范土地流转过程;(2) 完善土地流转机制,首先改革和完善农村土地产权制度和土地管理制度,其次,建立一个开放、竞争、公平、有序的农村土地产权交易和租赁市场,建立健全农业投入保障制度、农产品价格保护制度、农业生态环境补偿制度,为了降低农业经营和土地流转的风险,引入农业保险机制,大力加强和完善农村土地流转仲裁体制建设,从编制、经费上给予保证;(3) 促进农村土地流转组织建设,健全土地流转市场;(4) 加大政府对土地流转的政策和资金支持的力度,加快土地流转步伐;(5) 建立和完善农村土地流转的社会化服务体系,降低土地流转风险;(6) 加快城乡户籍制度改革,调动农民土地流转的积极性。

肖大伟(2010)研究了土地流转补贴政策,指出:实施土地流转补贴政策,促进农户增产增收,利于改进农业生产方式,利于解决农业劳动力老龄化问题,促进劳动力转移,实施土地流转补贴政策必须克服过度扩大经营规模和引入非农经营主体的错误倾向,由国家进行规范,并通过农村社会保障制度的建设来推动。

农村土地承包经营权流转受制于相应的宏观经济环境,城乡一体化进程不断丰富着农村土地承包经营权流转的内容,农村土地承包经营权流转有改变家庭经营主体地位的发展倾向。确立农村土地承包经营权流转与城乡一体化进程协调发展的理念,确保家庭经营主体地位,加强农民土地权利保护是今后农村土地承包经营权流转制度创新的路径选择(袁铖,2010)。

2.5.4 完善土地股份合作制

所谓土地股份合作制,即以集体所有制为基础,利用股份制多层产权结构的特点,将土地分解为价值资产和实体资产,进而将土地所有权分解为土地股权、经营权和使用权。在"三权分立"的基础上,形成农民拥有土地资产的股权、集体经济组织掌握土地经营权、租佃农户或其他经济组织享有土地使用权的权力制衡关系的新型产权结构,从而实现土地股份制与土地经营租佃制相结合的双层产权制度(伍友琴,2011)。

土地股份合作制的制度运作模式是:(1)从构建完整的土地财产权利出发,土地股份股权设置三个层面的权利:首先设定土地所有权层面,在此基础上把现行的农地承包经营权平滑转移设置为农地使用权层面,再在土地使用权上设置承包权、出租权、抵押权等权利。在具体股份价值的确定上,第一步确定土地要素在所有要素组合中所占的价值份额;第二步确定在三个权利层面上的各自分割的价值份额。(2)根据股份量化到人的要求,将土地股份分割成集体股和个人股,双方份额根据合作的方式和实际情况确定。集体股的收益按照公平原则,均分给集体的每个成员;个人股的收益,按照效率原则,分配给个人,这里"个人"指在该土地投资的经营单位主体。(3)按租赁制的要求规范双方的权利和义务后,由集体土地公司出面,通过认可的方式变集体所有、家庭承包经营为集体所有、家庭承租经营,集体与农户的关系由发包、承包关系变为出租、承租关系。集体土地公司根据股东大会决议,履行职责,对全村的土地进行统一管理,土地公司出租土地将采用招标、拍卖或协议出让的方式,承租的对象可以是无地村民、有地农民、他村农户、城镇居民、工商企业等。土地租赁时,集体土地公司要与承租对象签订租赁合同,明确双方的责、权、利,以及租赁期限、地租额及变化模式。依照租赁合同,集体土地公司为土地所有者行使土地所有权,承租人拥有完整的经营使用权。集体土地公司根据土地股份获得收益,股利的分红由土地公司统一掌握,依据规定,收益的分配要体现出国家、集体和个人的利益。一般是上缴国家规定的税费后,按照规定的比例,提取公司发展的公积金和集体发展的公益金,剩下的按照确定的比例分配给集体成员。规定土地股份属于自己的财产,受法律保护,可以继承、转让、抵押(杜新波,2003)。

2.5.5 加强土地综合整治

对于农村土地整治,要引入市场行为,建立评估机制,以便于公开透明。为了保障土地整治规模化,应建立集农村居住用地、农村废弃土地、集体建设用地于一体的基于土地整治需求的农地资源潜力、生产能力、规模利用等评价机制,为实施土地综合整治提供土地利用潜力、土地质量和不同产权约束下的农地资源价值支撑。对整治成效进行可行性评估,确保整治区内农民生产生活条件有提高,增加耕地有效面积,提高耕地质量,改善生态环境(郧文聚等,2010;严金明等,2014)。

在土地整治过程中,土地出让收入要优先用于农业土地开发和农村基础设施建设,改善农村环境,从而提高农村土地整治的积极性;严格执行新增建设用地土地有偿使用费全部用于耕地开发和土地整理。在增减挂钩方面,农村宅基地和村庄整理后节约的土地,仍属农民集体所有,积极开展适度规模化经营,提高农民收入水平;农村宅基地和村庄整理所节约的土地,首先用于补充耕地,耕地收益归集体所有;调剂为建设用地的,在街道内按照土地利用总体规划使用,纳入年度土地利用计划,主要用于产业集聚发展。

土地整治中要保证生态环境优先、基础设施优先、基本农田优先。生态环境优先是社会发展要求之一,土地整治由微观的土地利用逐渐转向宏观的生态效应,整治的重点转向以土地为核心的生态保护,达到提高农地永久持续生产能力、优化农地生态结构、保护生物的多样性以及生态平衡的目标是发展的必然趋势。按照统筹规划、合理布局、集约高效的要求,优先保障基础设施用地。同时,也应优先安排基本农田,防止各类非农建设包围、切割基本农田保护区,实现基本农田基地化管理(高向军等,2011)。

按照"谁受益、谁负担"的原则,多渠道、跨领域地鼓励和吸引社会力量投资、投劳,共同参与土地开发整理复垦,保障土地整治的资金需求。一方面要保障现有资金渠道的资金保障,设立专项基金,把耕地开垦费、新增建设用地有偿使用费、土地出让金用于土地开发整理的部分集中起来,作为资金的固定来源;地方财政补贴、土地增值税和土地收购储备经营收入提取适当比例纳入农村建设用地整理基金。另一方面要开辟集体、农民和经济实体共同投资的多元投资渠道,通过项目招标、合作、合资等形式,广泛吸引多方资金参与;允许农村住房抵押贷款,缓解农民建房资金压力;利用土地综合整治项目为平台,探索融资模式,为农村土地整理提供资金支持。

2.5.6 土地产权制度改革

黄贤金等人(2009)认为中国土地产权制度的改革进程符合德姆塞茨演进模型,土地产权制度运行的效率不断提高(图2-17)。吴次芳等人(2010)提出,未来土地产权制度改革的方向应该是通过他物权制度建设,促进土地产权制度与其他物权制度的深度结合,积极促进和发展土地公有制条件下的多种实现形式。中国现行土地产权制度存在的法理冲突和现实矛盾,是导致土地利用出现规律性扭曲的主因。在既定的法制框架内重构中国土地产权的物权法体系是唯一的制度改进路径。重构土地产权制度的基本框架可以分两步走:首先,明确土地产权,即现行的所有权、使用权、出租权、转让权及其他与财产有关的权力,是一束权力。通过强化使用权权益的规定,实现使用者的财产权,使土地产权主体之间在法律上完全对等,由此增强公民保护自己财产的意识和手段。其次,细化现有的土地使用权并使之物权化。比如,相对于城市国有土地使用权来说,农村土地的家庭承包权在实际中的权益更易受侵害。这主要是因为农村土地缺少像城市土地那样具体的土地登记制度、完善的地籍管理体系以及独立的法律保障体系。没有细化到农户的土地登记制度(现阶段农村土地登记仅停留在行政村级别)不利于产权的明晰、流通和保护。缺少地籍管理体系不利于土地行政、流转的管理。没有独立于政府的处理土地征收冲突的司法体系减弱了法律法规对产权的保障效果。所以,在现阶段农地产权制度改革中,亟须加强对农村土地产权的登记制度、地籍管理体系和法律保障体系建设,将城市和农村的土地使用权物权化则是保障产权和提高产权效率的必然选择。

图中内容：

```
外         所         否认个人物质利益，
部         有         纯粹的土地公有制
性         制
内         外         承认个人的物质利益，改革人民公社土地所有制，
部         结         土地不能转让的农村家庭承包制
化         构
、         调         ----------------------------------
成         整            协作  生产
本                     土地使用权可以转让的农村家
和         所         庭承包制，国有土地可以出让
利         有
益         制         组建农村土地股份合作制企业，农民以土地入股；
不         内         农村土地可以流转给集体外部成员或国企；
断         部         国有土地使用权入股
聚         结
焦         构         构建以土地为股本的有限责任公司或经营
的         调         企业等现代企业制度形式
过         整
程
```

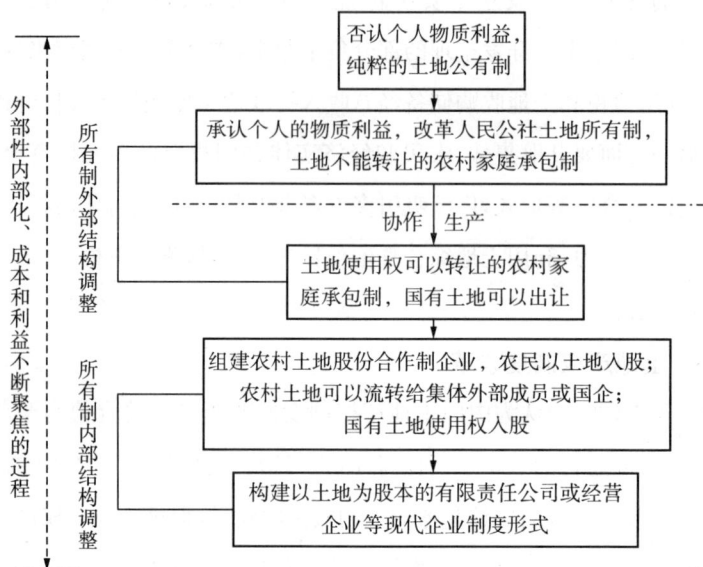

图 2 - 17 中国土地产权制度改革轨迹

2.5.7 完善保障制度

在农村社会保障体制尚有待健全的前提下，土地制度的保障功能是农村"拉力"的主要来源。在城市无法得到保障的农民工往往把土地作为最后的保障，倾向于维持与土地的长久联系，而不愿割断同土地的"脐带"。这就形成农民工在脱离农业关系时出现"退难"的问题。城市的"推力"主要表现为，由于户籍制度的阻碍，进城农民不能实现地域、职业和身份的同步转换，很难融入城市生活，逐渐被"边缘化"。

土地制度改革应和其他配套制度改革同步，在人口管制方面，取消农村户口和城镇户口的管制制度，允许居民在城乡间和不同地区迁移；在人口管理方面，从目前的农村和城镇两类户籍管理加临时居住证制度，改革为人口和户籍按照居民身份证加固定居住制，对于居民的城乡和地区间迁移，实行自由登记和备案管理，对身份证、教育学历、社会保障、纳税、驾照、护照、住所、就业、信用等信息进行整合，建立居民个人信息管理系统；在公共服务和社会保障方面，实现农村人口与城市居民的就业和工作机会平等，子女接受教育的机会平等，基本医疗卫生服务平等，养老保障、最低生活保障等基本社会保障平等，其他公共服务，包括交通出行、

水电气服务、环境卫生、生活物价等方面的服务、补贴等,达到法定工作和居住时间的农民工,都有平等享受的权利(图2-18);住房条件与住区改善尤为关键,一方面住房条件体现了农民工的就业收入水平和生活质量,另一方面,一个好的住区又是教育、医疗等公共服务的空间依托,同时也是形成社区文化、促进社会融合、提高社会认同度的物质性基础,因此需要加快住房制度与机制改革,使农民工"住有所居",将城市房产获取与农村建设用地退出挂钩。

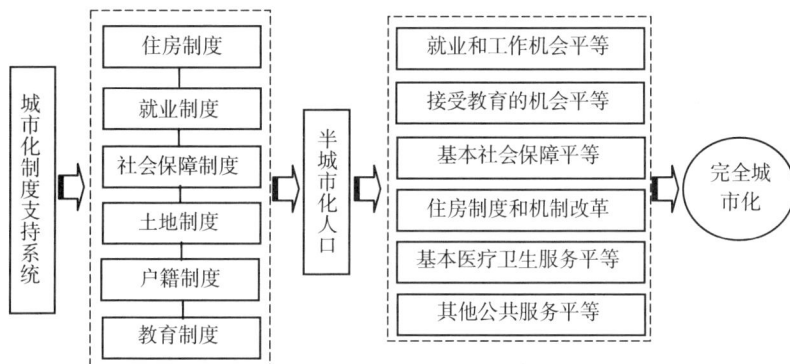

图2-18 农民工市民化的路径选择

农村人口的城市化,实际是城市公共资源的一种再分配。要将过去只有城市居民人口享受的公共资源,扩大到向城市转移的农民人口。因此,人口转入的地区和城镇,只要是在本城市合法工作和居住的人口,无论是原居民,还是农民工,政府都应当提供平等的公共服务(周天勇等,2011a)。

2.5.8　完善税制改革

改革税收和地方财政体制,以税代替出让金和其他收费,扭转地方政府有关房地方面的收入渠道。应清理目前在房地产上的各种税费,简化征收各种房地税费,改为三种税:房地产交易增值税(把土地出让金改为增值税,房产交易也征收增值税),房产税,因占地过多的土地使用税。即使开始税率低一些,应该先在住宅上开征,且开征房产税的税率由地方决定。对低收入者的房产税,在合理的面积范围内,政府要进行补贴,先征后补,但不能免,对其他收入超面积居住的人群进行累进征税。当然,考虑到工薪阶层的负担,开征房产税要以适当增加其工资为前提。对企业、事业单位、社会团体、自收自支机构等的人员增加工资或补贴,现在不算小产权房,全国城镇房屋面积总共大约 200 亿平方米,如果按照 2009 年全国平均价格 5000 元每平方米计算,那就是 100 万亿元的资产,如按照 1‰征房产税,就是 1 万亿元,再加上土地和房产交易增值税,以及占地过多的土地使用税,总共就是 1.5 万亿元,这样就可把目前地方土地财政的渠道替换过来。在逐步理顺到三级政权和三级财政的基础上,有关土地的各种税收的大部分还是应当留给地方使用,中央财政考虑集中一小部分用于中央财政向失地农民的转移社保支出,以及用于未来农民工进入城市及农村养老社保资金的缺口。只有这样,才能使地方有关土地的财政可持续化,并且避免投资规模过大、土地浪费使用、房地价格过高等种种问题,并防止有关地方财政和土地资源危机的爆发(周天勇等,2011b)。

尽快建立、完善并出台关于利用农村集体所有的耕地进行农业规模化、产业化经营,实行财政补贴及一系列免税政策,鼓励全社会对农业的投入和开发,高效利用农村土地,为城镇化奠定厚实的农业基础。研究制定农村集体建设用地转变成城镇建设用地后的税费价政策,公平合理调节土地收益,保证农村集体、村民和用地者利益的公平。积极探索土地增值收益分配的调节税制度(温国勇,2010)。

2.5.9 提高土地集约利用水平

"土地不够用"是国内许多城市发展最大的制约因素。土地资源集约利用是有效缓解土地供需矛盾,提高土地利用效益的重要途径。可以从以下几方面入手:

确立合理的土地供应机制,扩大国有土地有偿使用范围,稳步推进工业用地的招标、拍卖、挂牌出让和经营性基础设施用地有偿使用,加快集体建设用地使用制度改革步伐。设置土地闲置税,充分发挥税收的调节作用,加大土地保有的机会成本,促进集约利用。

实施旧城改造,调整产业结构。旧城区的大量存在已与现代化城市土地利用的基本规律不相适宜,因此城市政府有必要适时进行存量土地置换和再开发,实现经济结构调整和城市功能转变。同时,要加大对污染土地的净化处理和再利用。

倡导建筑向高空发展,谋求内涵式发展,严格限制单层厂房、花园厂房,鼓励支持建造多层、高层公寓、厂房。合理布局城市用地和人口的聚集程度,发挥基础设施和公共服务设施所产生的规模效益,节约土地投入,充分利用现有土地,提高容积率。

立体规划,开发地下空间。开发城镇地下空间不仅可以提高土地利用率,而且具有众多优点,如节省土地资源,缓解中心区高密度,人车立体分流,疏导交通,扩充基础设施容量,减少环境污染,保持城镇景观,增加城镇绿地,改善生态环境,等等。在城镇建设中,应注重地下空间,把开发地下空间资源作为城镇规划建设中的一项重要战略予以高度重视并逐步实施。

传统高污染、高消耗的工业发展模式,无法实现生态环境改善和经济持续增长,要将循环经济思想、低碳发展理念等不断渗入工业用地规划与布局中,推动工业用地集约化新的革命,将生态理念与可持续发展观有机融合,具体表现在工业用地的合理布局,规划与工业用地规模的科学定位,企业群的集聚规模与产业链的有机形成等。

2.5.10 完善土地征收补偿制度

宏观经济研究院"经济体制改革动态跟踪与改革建议"课题组认为我国当前征地制度改革的基本方向是:缩减征地范围,完善补偿机制,做好社会保障,逐步建立城乡统一的建设用地市场。当前,征地制度改革的主要着力点是:改进和完善建设用地政府征购的政策框架,建立规范的农村集体建设用地一级市场(宏观经济研究院"经济体制改革动态跟踪与改革建议"课题组,2010)。

晋洪涛等人(2010)认为征地制度改革应该考虑以下几点:(1)限制政府强行征地权,在公益性征地中,政府和农民没有达成征地补偿协议时应慎重实施强制性征地;(2)赋予农民拒绝征地权,在非公益性征地中,允许农民拒绝征地,允许征地谈判破裂;(3)取消政府首先提出补偿方案的权利,吸收农民参与补偿方案的拟定,直至允许农民首先提出补偿方案;(4)取消村委会在本村土地问题上的决定权,允许农民自由委托征地谈判代理人;(5)加强有关公平的非正式制度建设,树立正确的意识导向。

土地征收补偿问题是保障农民利益、维护社会稳定的一个关键问题。陈莹等人(2010)基于经济学的供给和需求理论,通过从供给角度的农地总价值测算和需求角度的农地功能价值测算,得出征地补偿的参考值,按照理论研究,基于供给理论的农地总价值可看作征地补偿的上限,基于需求理论测算的农地功能价值可以看作征地补偿的合理参考值。因此,从目前来看,征地补偿标准要逐步提高至能够解决失地农民的基本生活保障的水平,从长远来看,补偿要使其真正接近被征收农地的价值水平。张晓芳等人(2010)建议将中国征地补偿原则扩展为对农地发展权进行补偿,不仅要补偿现状农业用途,并要补偿潜在发展收益,满足被征地单位失地农民就业和各种社会保障要求,使征地补偿的基本原则真正能体现"合理补偿"的精神。

张占录(2009)提出借鉴台湾的市地重划和区段征收的基本经验,尝试征地补偿新模式——留用地安置补偿制度。它是对留地安置模式的补充和完善,具体做法是,按照被征收土地的一定比例将一部分土地返还给农村集体经济组织自行经营管理,用于发展第二、三产业,产生长期稳定的经济收入和就业岗位,返给失地农民。我国深圳和上海等地区已经进行了探索,初步调查表明,以货币补偿基础加上经营预留地产生的收入的做法,尽管还是沿袭了一贯的征地补偿思路,但是留用地安置补偿提高了征地补偿标准,并且能够使农民获得长期稳定的收益回报。

2.5.11 发挥土地资本化的作用

张莱楠认为(2010)农村土地资本化制度保障比经济反哺更重要。国家每年都下大力气保障"农业增产、农民增收",但提高的效益和幅度却并不尽如人意,好的制度依靠的不是政府的经济反哺,而是制度保障的经济自由、产权自由和流动自由等。盘活资产,让更多的要素流动起来。土地资本化增强了其流动性,成为拉动农村消费和投资的润滑剂;通过发行土地债券,建立土地银行等方式来促进我国的金融市场改革,这是土地资本化的高级阶段;土地资本化可以改变以往城市化的"体内循环"拉动城市需求的不断上升,推进中国城镇化进程。

统筹城乡土地是统筹城乡建设的重要内容,土地要素在经济增长中的作用是通过资源和资本两方面来发挥的,通过土地资本化实现土地资源的集约化、规模化,以及土地城镇化、工业化,利用土地资本化,加速土地资源向土地资本转化,促进消费、投资、政府支出等进而带动经济增长(龚晓红等,2010)(图 2-19)。农村

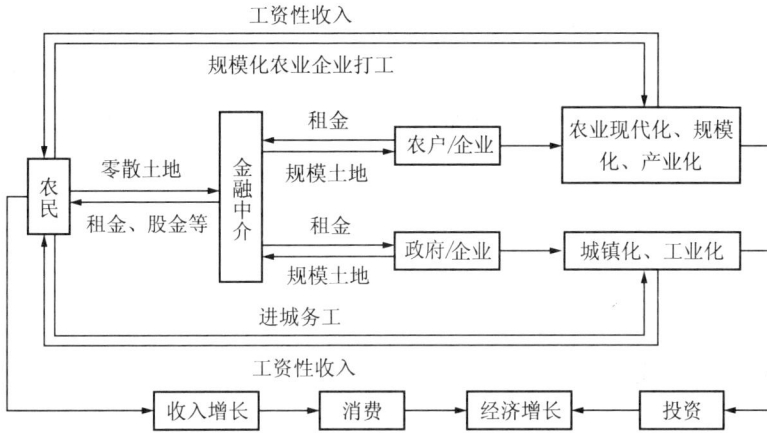

图 2‑19　土地资本化过程

土地资本化作为盘活农村资产、提高农村土地资产运用效益并有效组织生产力发展的制度创新方式,成为当前农村经济发展的一种必然选择(何志军,2010)。针对当前农村集体建设用地流转中的福利损失问题,程世勇提出了用地票交易来解决城乡土地交易中的价格扭曲问题,保障农民的土地权益。认为地票交易通过城乡建设用地实物资产的证券化,以指标交易的模式,在当前体制内能有效缓解城乡建设用地的结构失衡,有助于降低集体建设用地流转的福利损失,是土地资产货币化的一条新路径(程世勇,2010)。

2.5.12　提高土地规划的指导作用

首先,拟定一部专门用于指导土地利用总体规划的《土地利用规划法》,对规划的法律地位和编制程序等进行法律规范与约束,使土地规划有效贯彻执行(李扬章,2010)。同时,要体现编制程序的民主性,鼓励公众参与。其次,调整并简化目前的指标控制体系,建议以省为单位重新调整各市(地)的土地规划控制指标,并简化目前的指标控制体系。建议去除园地、林地、牧草地、城乡建设用地、城镇工矿用地、交通水利及其他用地、人均城镇工矿用地等7项控制指标,保留耕地和基本农田保护面积两项约束性指标,保留建设用地总量、单位建设用地二三产业产值年均增长率、单位建设用地固定资产投资年均增长率3项预期性指标,补充人均建设用地、建设用地复垦为农用地面积2项预期性指标,将新增建设占用耕地调整为预期性指标(吕维娟,2011)。再次,在编制规划的过程中应注重与城市规划、生态环境保护规划、区域社会经济发展规划等相关规划的衔接和协调,加强前期专项规划研究,将各部门的用地意愿和发展决策考虑在内,避免规划的被动调整。此外,还应该加强土地利用规划的数据库建设,将土地利用变化的信息及时、准确地落实到图纸上,实现土地利用总体规划的"一张图管理"模式,增强规划实施的后期监管,并实施领导问责制。

3 新兴产业用地政策探索
——以南京市文化创意产业园区土地利用为例

3.1 概　　述

新兴产业主要包括三类：一是新技术产业化形成的产业。新技术一开始，属于一种知识形态，在发展过程中其成果逐步产业化，最后形成一种产业。如生物工程产业、IT产业等。二是用高新技术改造传统产业，形成新产业。如改造钢铁行业，就成了新材料产业，生产复合材料以及抗酸、抗碱、耐磨、柔韧性好的新兴材料；用新技术改造传统的商业，就成了现在的物流产业。三是对我们原来认为是社会公益事业的行业进行产业化运作。如现代传媒业和文化教育产业等。[1]

目前，世界各国普遍认识到，新兴产业的发展是决定国家力量和发展前景的重要因素，直接影响到包括政治、经济、科技、军事和文化等方面在内的综合国力。各国纷纷加大对科技创新的投资，加快对新兴技术和产业发展的布局，力争通过发展新技术、培育新产业，率先走出危机，抢占新一轮经济增长的战略制高点。对于我国而言，发展战略性新兴产业，不仅是我们立足当前、应对危机的权宜之计，更是面向未来、着眼长远的重大战略抉择。依靠科技创新培育战略性新兴产业，造就经济增长的内生动力，是走出危机、实现新一轮经济繁荣的根本途径。

---

〔1〕 百度百科"七大新兴产业"，http://baike.baidu.com/link? url＝jL6mb_A1Z9gjz24SFUGmo Qp93oPcIUuqUfSEZFkqps2ryfz5870YvxMIrx8Q2mpRjdyRKpHPO9wOShno4Bip7a。

然而,由于是新出现的产业,其发展势必会遇到诸多困难和挑战。因此,在新兴产业的发展过程中有必要依据其自身的成长规律做出超前部署,构建一个良性的体制、机制和政策环境,以促进其茁壮成长。这其中,土地政策无疑是支撑新兴产业发展的一项基础性政策。土地要素具有的资源和资产双重属性不仅能为新兴产业的发展提供资源承载,而且也能提供相应的资产保障。本研究就试图基于对我国新兴产业用地的现状分析,深入剖析当前新兴产业用地的制度障碍,以此进一步探讨有助于推动我国新兴产业尤其是战略性新兴产业健康发展的土地政策优化路径。

3.1.1 新兴产业用地现状分析

由于缺乏对全国层面新兴产业用地的权威统计资料,因此这里对于我国新兴产业用地的现状分析将基于一些典型调查的结果具体展开。

(1) 供给不足,大量用地被落后淘汰产业挤占

目前,虽然我国相关部门正在编制战略性新兴产业发展规划,但很多省(直辖市)或一些城市,如上海、江苏、重庆、甘肃、浙江省宁波市等,都明确提出用地指标向高新技术、优势新兴产业倾斜,大力促进工业产业结构优化升级,保障企业发展的用地需求的指导方针。但新增建设用地日趋紧张,导致符合产业升级换代发展方向的新兴产业的供地明显不足。我们对北京中关村创意园的调研也发现,园区企业(主要是银行研发用地)普遍认为宗地规模小,无法满足企业的需求。

另外,占地耗能型落后产业一旦获得土地就将长期低效占有,落后产业用地的退出机制尚未建立,部分落后产业甚至还以新兴导向产业的名义获取了大量土地。如某些大规模圈地的所谓"现代"物流产业园区其实就是简单的货物堆场与停车场,土地利用效率低下现象较为突出。

(2) 以租代购,长远发展面临土地和资本瓶颈

正是土地供给的严重不足,致使不少新兴产业在发展的初期主要依靠租用存量土地搞建设。根据我们的调查,国内不少城市的文化创意产业园区是在原来工业企业老厂房的基础上进行改建的,然后以租赁的形式给研发、设计、创意等企业。如北京的 798 艺术区,南京的创意东 8 区等。应该承认,这些新兴产业的发

展在一定程度上提升了旧城区中低效甚至是闲置的存量建设用地,但通过租赁用地方式发展起来的新兴产业不可避免地会在未来的发展中面临土地和资本的瓶颈。

一方面,由于是租赁用地,若租赁期满后无法续期,企业势必要另外寻找发展空间,从而造成不小的损失。此外,即使企业租赁的土地可以获得长期的使用权,但由于存量建设用地有限,当企业发展需要扩大规模时,将不可避免地遭遇土地瓶颈。另一方面,通过租赁土地发展起来的新兴产业由于不能以土地作为抵押物获取贷款,因此在长远发展过程中也将无法借助土地金融的途径获取资金支持。

(3)利用粗放,真实用地需求存在信息不对称

不少地方政府作为土地供应方,在土地征收、出让的财富效益及政绩驱动下,往往不按经济规律办事,盲目铺摊子、上项目,大面积占用土地。特别是一些处于起步发展阶段的新兴产业,由于产业形象好,即使当前发展规模不大,也往往容易获得大片的建设用地。从而,不仅造成大量土地被低效或无效利用,甚至还产生了大量的闲置用地。

此外,目前对于新兴产业用地的真实用地需求仍存在信息不对称的问题。这也是导致不少新兴产业大量"圈地",粗放用地的根源之一。众所周知,不同的新兴产业具有不同的用地需求特征,虽然国家和各省市已经制定了各产业用地标准,但目前的标准试验基础和前瞻性都不够,且经常直接套用别国或地区的标准。因此,对于新兴产业用地有效需求的标准量化不足,以致出现个别企业借发展新兴产业名义,圈地囤地,变相搞房地产开发。

(4)布局失调,区域土地利用的整体效益不高

目前,大部分地区的新兴产业往往是通过园区开发模式发展的。也正因为如此,各地不顾重复建设带来的土地浪费,争着开建新兴产业园区。然而,由于远离建成区,新兴产业园区基础设施建设投入不足,居住与公共服务设施相对滞后于产业建设,无法形成完备的金融服务体系、技术交换市场、产品市场,以及辐射范围较大的商务活动设施。居住生活环境虽有较大改善,但开发区离现代化城区的要求还有一定距离,差异甚大,造成了开发区大量的职工每天往返于开发区与建成区的局面。这不仅引发了城市运行成本,而且也增加了职工时间成本,影响了

工作的效率,不利于集聚效益的形成。

此外,不少新兴产业园区也缺乏对产业发展的长远战略考虑,缺乏对自身功能的科学定位和整体策划,使得不少园区缺乏特色,导致同质化竞争加剧。很多园区甚至为了收回投资,放低了入园企业的土地利用和建筑要求。所有这些既影响了开发区土地利用整体效益的提升,也不利于新兴产业的有序成长。

3.1.2 新兴产业进一步发展面临的用地政策障碍

目前,我国新兴产业用地主要面临以下几方面政策障碍:

(1) 产权制度不完善

一方面,土地产权权能界定不完善。特别是对于一些"以租代购"的新兴产业用地,其通过租赁获取的土地使用权往往缺乏长期、稳定的权益保障。甚至有些企业在刚刚获得几年租赁期后,因业主的违约而被迫中断其美好的发展蓝图。另外,对于承租土地使用权的抵押权也有诸多限制。现行法律规定,地上房屋等建筑物、构筑物依法抵押的,承租土地使用权可随之抵押,但承租土地使用权只能按合同租金与市场租金的差值及租期估价,抵押权实现时土地租赁合同同时转让。

另一方面,土地产权交易被过多干预。目前,我国城市土地产权交易的二级市场发展相对滞后,特别是存量建设用地的二次流转往往受诸多政策条件的限制,或是直接被地方政府垄断,这也导致新兴产业在发展的过程中很难通过二级市场获取土地。此外,集体存量建设用地无法入市流转,也使得新兴产业无法借助集体土地资源获得发展空间。

(2) 布局规划缺弹性

对于新兴产业的发展,由于其具有前瞻性和不确定性,因此在编制规划的过程中,很难明确掌握未来相关产业发展的用地需求。从国外的经验来看,不少国家或地区一般是通过在规划区内设置预留用地或建设用地扩展区的方法为新兴产业的发展提供建设空间。然而,目前我国不少地区的土地利用规划刚性有余、弹性不足,在其编制过程中并没有考虑对产业发展用地的预留问题,也没有针对新兴产业的发展专门划定用地扩展区。

不仅如此,在新兴产业的用地布局方面,也存在着重复建设、功能单一等问题。目前的规划体系过于强调要有明确的功能分区,但对于一个新开发的产业园区而言,功能的过于集中也就意味着功能的单一化,会造成其他配套功能跟不上,从而导致园区运行成本的增加和土地利用效益的低下。

(3) 供地政策有欠缺

主要是现行政策中没有明确新兴产业用地的供地类型,由于新兴产业类型多样、涉及面广,到底是按工业用地标准供地还是以商服用地或其他用地标准供地,目前并没有一个明确的规定。如果按照工业用地供应,那么必须采用"招、拍、挂"出让模式,这样一来土地取得成本就比较高,大部分处于发展初期的企业往往难以承受。根据我们对北京永丰产业基地和中关村创意园的调查,不少新兴产业领域的企业若以工业用地的名义申请用地的话,仅土地补偿就要 60 万元/亩,企业土地净出让金达到了 160~190 万元/亩,远超出了处于加速孵化期的企业的承受能力。

此外,目前的土地审批程序复杂,也不利于新兴产业发展。据调查,企业从有用地意向到真正落实土地供给,前期的审批程序时间一般需要 1~1.5 年。作为处于生长期的新兴企业,由于其发展的生命周期不同,土地落实过程中,产业很可能从"朝阳产业"变成了"夕阳产业",企业往往因此错过了最佳发展时机。

(4) 用地监管存漏洞

目前对于新兴产业用地,在"申请—供地—用地"的各个环节,用地管理和监督措施都存在着不少缺陷。首先,就当前新兴产业用地管理的现状而言,已经呈现出多头管理的弊端。例如,就用地"招拍挂"而言,整个招拍挂流程从制订年度计划、确定出让地块、设定产业准入条件、用地预审、确定出让方案到最终土地出让,整个过程涉及国土局、发改委、规划局、环保局等诸多政府管理部门,各个部门存在诸如信息共享不足、沟通机制不畅等问题。各管理部门如何携手建立一个新兴产业用地管理平台,强化各部门之间的分工与合作机制尚需进一步讨论。

其次,新兴产业领域的企业在用地过程中,其产出效益如何? 土地利用的节约集约程度如何? 对此相关部门尚未建立一套有针对性的评价体系和监督机制。我们在调查中发现,北京海淀区稻香湖服务区聚集了国内大部分银行的金融后台,但每家银行都在抱怨用地不够,那他们究竟需要多少用地? 目前的土地利用水平如何? 相关管理部门却并没有掌握这些信息。

再次,对于低效或闲置的产业用地缺乏相应的退出机制。在新兴产业发展过程中,由于企业在孵化过程中往往会遇到各种各样的问题,比如由于产业发展规律的差异,不同行业生命周期不同。在加速孵化过程中,有的企业面临被淘汰的局面,有的企业孵化较好,有的企业在园区发展定位偏离规划目标,由于利润等问题,企业会改变发展目标,不符合规划的新兴产业的行业划分要求。对待这些问题,地方政府并没有建立具体细化的土地退出机制。

3.1.3 新兴产业用地政策优化路径

针对目前我国新兴产业用地的现状以及新兴产业用地过程中面临的主要政策障碍,提出以下政策优化路径:

(1)完善产权制度:保障用地权益、拓展市场空间

一是完善承租土地使用权的权能,对于通过租赁方式取得土地使用权以发展新兴产业的企业,要保障其稳定可靠的土地使用权权益。同时,在一定范围内赋予承租土地使用权独立的抵押权,允许并支持企业通过抵押土地使用权获得信贷资金,并为其提供必要的担保。

二是拓展土地产权市场交易范围。对于城市存量建设用地使用权,允许其在一定的条件下可以自由流转,并在市场交易环节给予相应的政策优惠,从而为满足新兴产业用地需求提供一条重要途径。

此外,更为重要的是,要积极探索集体存量建设用地的入市政策,在条件许可的前提下,鼓励新兴产业发展使用集体存量建设用地。同时,赋予集体建设用地享有国有土地同等的权利,特别是增加集体土地的抵押权。

(2)完善土地规划:优化用地规模、结构与空间布局

国土资源管理部门在今后的规划中应对新兴产业用地给予充分的重视和考虑,发挥土地利用总体规划的"龙头作用",有针对性地编制产业用地专项规划。一方面,在横向角度上,土地利用规划要与城市规划、产业发展规划相互协调、衔接,为产业用地特别是新兴产业用地提供充分的保障。另一方面,在纵向角度上,全国土地利用规划的五级规划要上下衔接,在严格控制建设用地面积增加、切实保护耕地的前提下,要考虑到新兴产业今后的发展态势,将新兴产业用地需求纳入土地利用总体规划中,统筹安排用地。

具体地,一是要在土地利用总体规划指导下,结合新兴产业用地的供给和需求,根据年度土地利用计划和土地储备计划,确定新兴产业用地的规模,并及时公布供地信息,确保新兴产业企业用地及时准确的投资;二是要根据各类新兴产业的发展实际,合理安排用地结构,优先保障一些潜力大、效益高的产业用地;三是要合理规划,优化新兴产业用地布局,不仅要考虑到新兴产业用地的空间集聚和专业化,也要考虑到产业发展的相关配套用地需求。

(3)完善供地政策:明确用地标准、保障用地需求

目前,对于供地政策的完善而言,首先就是要明确新兴产业应该按何种地类供地? 该供多少? 显然,现行的供地政策是无法找到对应的地类规定和标准的。因此,必须要及时开展对新兴产业用地的系统调查,并基于此明确新兴产业用地的类型及相应的利用特点,有针对性地编制新兴产业用地的供地类型及用地标准。

其次,在新兴产业用地的出让年限上,建议可以实行弹性供应年期,推行土地年租制或短租制。新兴产业的发展规律不同,企业孵化周期也存在差异。政府可以给予企业一定的自主空间,允许其选择不同出让年限。当新兴产业用地到期时,政府可根据实际需要决定是否予以续期,并且通过合理的约束条件和经济杠杆进行引导和规范。同时,实行标准厂房租赁制,对土地加以灵活使用,提高土地利用率。

再次,在新兴产业用地的出让方式上,建议政府可以实施差别化的政策。政府不应仅仅局限于"招、拍、挂"模式,对于特殊的新兴产业用地可以采用划拨的方式(比如新兴产业用地园区的生活配套用地)。另外,对于部分研发与生产相结合的企业,应该严格区分供地方式,对生产用地按照工业用地"招、拍、挂"的出让方式,对于研发类用地可以给予协议出让。

(4)完善监管制度:建立用地监督、评价与退出机制

首先,加强土地供应审批。按照新兴产业的用地指南和供地目录,对不同新兴产业进行严格审批,认真落实用地的规模、选址和布局,切实保障土地的集约节约利用。特别是要建立土地会审制度,由国土、发改委、规划和环保等相关部门组成会审小组,定期召开新兴产业供地项目会审。

其次，严格用地评估监督。对于新兴产业用地实行供地后的动态跟踪监测评估，建立适当的奖惩机制，并建立产业园区和企业信用数据库。国土管理部门进行定期评估考核，监督产业园区和企业是否按照规定要求进行土地利用建设，土地节约集约利用程度如何？对于考核不合格的，给予限期改正和罚款等处罚，考核合格的给予今后用地审批、下年供地优惠等奖励。以此为依据建立产业园区和企业信用体系，引导新兴产业合理用地。

再次，构建完善可行的企业用地退出机制。新兴产业项目与产品有其自身的生命周期，是一个动态的概念，本身也是一个优胜劣汰的过程，这就要求建立相应的退出机制，以确保高新区的土地资源动态配置。政府在供地前可以法规条例的形式规定企业用地的退出机制。退出机制应体现差异化、多层次的特点。对于因为企业成长不利，发展水平低于行业的平均水平，已经不属于新兴产业类的，或者企业发展过程自行改变原来发展方向的，政府和园区应该责令其强行退出，并且按照企业拥有的土地使用年限给予相应的土地退款；对于企业孵化较好，但当地发展环境不适合企业发展的，应通过土地置换、退还土地款等方式配合企业退出。

3.2　文化创意产业及其园区化发展

创意产业（Creative Industries）的提法最早出现在 1998 年出台的《英国创意产业路径文件》中，该文件明确提出"所谓创意产业，就是指那些源自个人创意、技巧及才华，通过知识产权开发和运用，具有创造财富和就业潜力的行业"。具体而言，创意产品是新思想、新技术、新内容的物化形式，特别是数字技术和文化、艺术的交融和升华，技术产业化和文化产业化交互发展的结果；创意企业人员主要是知识型劳动者，拥有能激发出创意灵感的设计手和特殊专才；创意产品是文化与技术相互交融、集成创新的产物，呈现智能化、特色化、个性化、艺术化的特点；产业技术向数字化、知识化、可视化、柔性化方向发展；企业管理向信息化、网络化、知识化管理的方向发展（宋泓明，2009）。目前，文化创意产业已经成为我国城市产业发展的重要领域，所引起的用地问题也开始凸显和受到关注。但是，文化创意产业作为新兴产业,其相关理论研究尚不成熟,相关的土地利用及土地政策等研究更少,很多方面仍处于探索和发展的阶段。

3.2.1 文化创意产业的相关概念及行业细分

所谓文化创意产业,就是要将抽象的文化直接转化为具有高度经济价值的"精致产业"。根据联合国教科文组织的定义,文化产业是"按照工业标准生产、再生产、存储以及分配文化产品和服务的一系列活动"。我国理论界对文化产业做了如下界定:文化产业是生产文化产品、提供文化服务的经营性行业,主要包括广播影视、文化出版、文化艺术、文化旅游等四个领域(周莉华,2005)。

有学者认为,文化创意产业是涵盖文化产业核心价值的产业,也是极具发展潜力的特殊产业。复旦大学姜义华教授认为,文化创意产业是文化产业的一部分,它并不等同于文化产业。上海社科院徐清泉研究员认为:创意产业,狭义地理解,大体上等同于内容产业、文化产业的高端。广义地理解,它就是思想产业、观念产业、核心产业、关键产业、高端产业,它不仅仅局限于文化产业的某一领域或门类,而且涉及具有高科技、高文化附加值和丰富创新度的任何产业,体现了知识经济时代和信息时代最为鲜明的特征。早期的创意产业被称为文化创意产业,说明二者之间有着密切的渊源关系。在香港尤其是台湾,还有其他的一些地方,都把文化加入到创意产业里面,叫作文化创意产业。中国社会科学院张晓明研究员认为,文化产业和创意产业在英国是完全不同的,在中国一般认为这两个概念是可以互换的。文化创意产业的主要特征是重视发展现代文化产业的高端,重视将现代文化产业与传统产业相结合,以增加传统产业的文化附加值(陈倩倩等,2005)。

不同国家根据各自国情对其文化创意产业行业有不同的界定,文化创意产业的分类也存在差异性(徐建国,2005)。英国的创意产业包括 13 个行业:广告、建筑、艺术及古董市场、工艺、设计、流行设计与时尚、电影与录像带、休闲软件游戏、音乐、表演艺术、出版、软件与计算机服务业、电视与广播。我国台湾地区的创意产业也包括相类似的 13 个产业:视觉艺术产业、音乐与表演艺术产业、文化展演设施产业、工艺产业、电影产业、广播电视产业、出版产业、广告产业、设计产业、数字休闲娱乐产业、设计品牌时尚产业、创意生活产业、建筑设计产业。与英国的

"创意产业"相比,美国则采用"版权产业"(Copyright Industries)的分类方法,按此新分类方法,英国所指的 13 项文化创意产业,几乎已全部列入美国所指的版权产业。美国国际知识产权联盟(简称 IIPA)利用"全系版权产业"的概念来计算文化创意产业对美国整体经济的贡献,并将其分成核心版权产业(Core Copyright)、交叉版权产业(Interdependent Industries)、部分版权产业(Partial Copyright Industries)、边缘版权产业(Non-dedicated Support Industries)。美国还将文化创意产业分成六大部门:博物馆与收藏;表演艺术;视觉艺术与摄影;电影、广播与电视;设计与出版;艺术学校与艺术服务。澳大利亚采用"澳大利亚与新西兰标准产业分类"(简称 ANZSIC)体系,将文化创意产业归为"版权产业",并将其分为三小类:核心版权产业;部分版权产业;版权分销产业。其中:"核心版权产业"是指那些将版权作品的创作作为其原始产品的产业。包括报纸印刷或出版、广播服务、电视服务等 16 个产业。"部分版权产业"是指那些只有部分活动与版权作品的创作相关的产业。包括印刷、计算机咨询服务、测量服务、广告服务等 8 个产业。"版权分销产业"是指那些与版权产品的分销相关的产业。包括摄影设备批发、书籍杂志批发、报纸书籍文具零售、图书馆、博物馆等在内的 18 个产业(林琳,2014)。丹麦将文化创意产业归纳为 9 大领域,其中每一领域包括从产品制造、关联产业部门到相关服务的产业链的详细定义。香港文化创意产业在狭义上分为三大类,包括 11 个行业。第一类是文化艺术类,包括艺术品、古董与手工艺品、音乐、表演艺术。第二类是电子媒体类,包括数码娱乐、电影与视像、软件与电子计算、电视与电台。第三类是设计类,包括广告、建筑、出版与印刷。然而以广义的角度来思考,香港也将健身美容、美食、文化旅游等服务业称为创意行业(宋阳,2012)。

在我国,2004 年 3 月 29 日,国家统计局在同有关部门共同研究后,制定了《文化及相关产业分类》。之后为推动文化创意产业的发展,建立规范的文化创意产业分类标准和统计体系,北京市统计局、国家统计局北京调查总队结合北京市具体特点,联合制定了《北京市文化创意产业分类标准》,将文化创意产业分成 9 大类,即文化艺术,新闻出版,广播、电视、电影,软件、网络及计算机服务,广告会展,艺术品交易,设计服务,旅游、休闲娱乐,其他辅助服务。这是我国内陆地区第一个文化创意产业分类标准,该分类标准是基于《国民经济行业分类标准》的派生分类,是立足北京发展实际的地方标准,是从产业链角度研究制定的分类标准,在范围上跨越了二、三产业的传统分类。但随着产业的细化,我国现有分类体系尚不完善,诸如建筑的外形设计及室内设计、时装设计、工业设计等未能被完全包含,在原有目录中没有提到。上海市借鉴欧美、亚太等发达国家和地区的分类统计标准,结合 2002 年国家统计局公布的《国民经济行业分类》标准和上海产业发展重点和趋势特点,确立了以促进工业化、城市化和现代化为主要特征的创意产业统计分类体系,重点发展研发设计创意产业、建筑设计创意产业、文化传媒创意产业、咨询策划创意产业、时尚消费创意产业等五大行业。具体而言,与工业生产和计算机软件领域相关的研发设计活动,包括工业设计、工艺美术品设计、软件设计、电脑动画设计、服装设计、广告设计等;与建筑相关的创意设计,如房屋建设工程设计、室内装饰工程设计、住宅小区规划设计,以及道路、隧道、桥梁等工程设计、景区规划设计、园林规划设计、交通规划设计等;文化传媒创意产业主要包括媒体策划、艺术创作、影视制作、动漫设计等;咨询策划创意产业,主要是为企业或个人提供各类商业、投资、教育、生活消费及其他咨询、策划服务的创意活动,包括市场调查、证券咨询、保险咨询、会展策划等重点行业;时尚消费创意产业主要指在引导消费、丰富生活中体现创造性及其价值的创意设计活动,包括旅游、休闲、时尚、美容、美食、婚庆、节庆、摄影等行业的设计策划(张一钒,2010)。

3.2.2 文化创意产业的发展前景

进入后工业化时代,随着各国,特别是发达国家对产业结构的调整,文化创意产业在国民经济中的重要性日益凸现,由于文化创意产业具有高附加值、高创意、高流通性的特点,它是一类低能耗高产出的新型绿色产业,市场前景十分明朗。当今世界上许多发达国家和地区都认识到了文化创意产业与国家竞争力的紧密联系,纷纷出台各种政策扶持文化创意产业的发展。文化创意产业的发展迅速,使得其经济价值迅速提高。创意产业已经发展成为 21 世纪一个生机无限的经济增长点,蕴涵着巨大的利润空间。在众多发达国家中,它已经成为国民经济的支柱性产业(王伟年等,2006;阮毅娟,2007)。从国际经验看,人均 GDP 超过 3000 美元后,人们对于文化创意型产品与服务的需求将开始加速增长。当前,国内已有很多地区和城市将发展文化创意产业作为"立市之本""立区之本"。北京、上海、深圳、成都等地在积极推动文化创意产业的发展,并着手建立一批具有开创意义的文化创意产业基地,取得了明显成效。北京、上海、深圳、杭州、南京等城市都已将文化创意产业列入了发展战略。

表 3‐1　全球部分国家和地区文化创意产业发展情况

地区	产业类型	在经济中的地位	增长情况
全球	文化贸易	1998 年占总商品贸易量的 7.16%	年复合增长率达到 17%(1980—1998)
美国	版权产业	2002 年产业增加值达到 12500 亿美元,产业产值占 GDP 的 12.5%	1997—2001 年,产业平均增长率 3.19%,同期 GDP 增长率 1.39%
纽约	新媒体产业	1999 年产值 170 亿美元	产业年收入增长 45%
英国	创意产业	2001 年产值达到 1125 亿英镑	年增长率 9%(1997—2001)
伦敦	创意产业	2002 年产值达到 260 亿英镑,是伦敦的第二大产业	年增长率 11.4%(1995—2000)
加拿大	版权产业	2002 年产业增加值 534 亿美元,产业占 GDP 5.38%	1997—2001 年,版权产业的就业增长率是整个就业增长率的三倍多
香港	创意产业	2001 年产业增加值 461 亿港元,占 GDP 3.8%	1996—2001 年,媒体业年增长率 10.7%,娱乐业年增长 4.2%

资料来源:根据相关文献整理[1]。

　　我国文化创意产业起步较晚,产业发展尚不成熟,发展创意产业是促进我国城市产业结构升级的需要。城市产业结构是决定城市经济功能和城市性质的内在因素。目前,我国的城市产业结构还存在着第一、二产业比重大,第三产业比重相对较小的现象。国内许多城市的"退二进三"以及"土地置换"都是为了进行城市产业结构调整,将集聚效益最高的中心地带让位于新兴产业及高附加产业。由于过去在计划经济体制下,城市用地实行的是行政划拨、无偿无限期使用,各工业企业占据着城市区位优越的土地,使得土地价值无法得到体现。工业用地比例偏大,而道路交通、生活居住、休闲娱乐、绿化等非生产用地比重较低,土地利用结构不尽合理。城市工业用地"退二进三"面临着遗留下来的大量的工业厂房,拆迁成本巨大。而文化创意产业的快速发展对于促进城市产业结构升级、完善城市各种

─────────────────

　　[1]《香港文化创意产业》,http://www.tianshannet.com/edu/content/2007—07/19/content_2085675.htm。

服务功能具有相当重要的作用(褚劲风,2007)。

3.2.3　文化创意产业园区基本的发展模式

文化创意产业发展的一个主要趋势就是集聚化,形成文化创意产业园区。各种类型的文化创意产业园区在世界大都市中已经出现一定规模的集聚化现象。文化创意产业园区是产业集聚的载体,是一种文化创意产业的空间集聚现象。它具有较为完善的基础设施、社会网络和管理系统,并以密集的创造性劳动为主,为文化创意产业人群创造提供多样化的工作空间、交流空间和休闲空间。它将文化界、产业界和消费者结合起来,并且使得进入园区的各个企业密切相关,在产业园区内能够构成产业运行链条(赵云飞,2009)。目前国内外文化创意产业园区的建设大致可以分成市场主导型和政府主导型模式。在我国各地的建设实践中,往往受到市场和政府的双重导向作用的影响,具体有以下形式(严建强,2009)。

(1)空降兵型:政府主创或大力推动,并实行统一管理

对于中国的文化创意产业聚集区来说,"空降兵型"适用于政府主创并实行统一管理的园区。这些园区一般有着雄厚的实力基础、良好的政策支持、天然的发展优势,并肩负着区域发展的重大使命等。如中关村科技园、北京数字娱乐产业示范基地,它们代表了很多园区的发展轨迹,都是由政府大力推动,在某区域内空降下一个创意产业聚集区。作为我国第一个国家级高新技术产业开发区,中关村科技园区覆盖了北京市科技、智力、人才和信息资源最密集的区域,而石景山北京娱乐产业示范基地则是通过分析国内外产业发展现状及市场需求,在政府推动下,决定从网络游戏、手机游戏和动漫制作等产业切入,在传统娱乐基础上,发展现代娱乐,将科技、文化和娱乐结合在一起。

(2)池塘型:企业自动聚集和自行孵化,而后由政府保护

"池塘型"的聚集区如同自然形成的生态群落。政府后来的介入,旨在调整"池塘"的生态平衡,使其向着更健全、更平衡的方向发展。其典型代表是"艺术家的地盘"——北京798。北京798的位置及包豪斯建筑特色等先天条件,也是能够发展为国际文化艺术交流平台的基础。798目前已容纳了画廊、设计公司、特色酒吧、高档餐馆和个性化的家居服饰品店,是明星、雅客、文艺青年和国内外游客的时尚文化区和旅游景点。可以说北京的798即中国的SOHO地带。

（3）大树型：根植于某一区域的特定文化

"大树型"的聚集区通常沉淀了一个区域上百年的文化积累。上百年的历史、饱经沧桑的文化变迁，根植特定的文化并深深的扎根，在老文化中不断融入新创意。例如老北京文化聚集区：琉璃厂、什刹海。南京晨光1865科技创意园的前身为清朝末年李鸿章于1865年创建的金陵机器制造局，新中国成立后，这里成为晨光集团厂址所在地。晨光集团逐步搬迁至江宁开发区后，秦淮区将置换出的老厂房进行改造和资源整合，将其打造成创意产业园。这里也是省级文化保护单位，园区拥有包括9幢清代建筑、27幢民国建筑在内的60余幢风格迥异的建筑物，如同一座工业博物馆。

（4）蜂聚型：企业因为行业内龙头的入驻慕名蜂聚而来

以苏锡常地区的许多动漫产业园区为例，通常是一个园区内进驻了1～2家著名的大型动漫企业，其他中小企业就会慕名而来，快速跟进，像蜜蜂一样聚集到一起。苏锡常地区的动漫产业园区是通过"蜂聚"逐渐形成了本体部门群、动漫产业的交叉产业链（以动画及其副产品形态为主要资源和手段向相关产业纵向递增或横向延伸形成的部门与产业）以及动漫产业的延伸行业网（在创意产业交叉产业链的基础上进一步向其他产业行业拓展形成的综合产业网络）。

3.2.4　文化创意产业发展的空间布局模式

（1）文化创意产业的空间布局影响因素

有研究认为交通条件、房屋租金、配套服务、产业基础等因素都是文化创意产业选择空间区位时考虑的方面。具体而言，小型化的以创意产生为主体的创意企业和创意工作室往往选择有特色且租金相对低廉的场所（例如废旧厂房、衰败的工业区等）；以零售、租赁为主要特征的企业需要经常性地会见客户，因此对于交通区位以及配套设施的要求比较高；文化艺术类企业更为关注上下游企业与其空间布局的便利性（黄鹤，2008）。

汪飞等人（2007）利用GIS空间分析法分析了南京市文化创意产业空间布局的原因：艺术创作行业要求工作空间较宽敞，有较重的文化气息氛围，对房租等费用的承担能力不大，多分布在一些临近文化气息较浓的城市边缘地区；创意设计行业由于发展较早，企业经营效益比较好，能承担较重的房租费用，多集聚分布于城市的商业中心;数字创意行业由于在创作方式上接近技术创作行业,在经营方式上接近创意设计行业,所以在空间分布上既在文化气息较重的地区分布,也由于资金不足需要政府扶持,所以还有一部分分布于政府设立的文化创意产业园;传媒内容多属于国有经济,空间布局受行政和历史因素影响比较大,在空间上随机分布。

(2)文化创意产业园区空间布局模式

• 高校依托型

大学的作用可以提高 R&D 的转换能力,Florida(2005)认为大学是"3T"(Technology、Talent and Tolerance)高的地区,成为区域创意的源泉。而 Landry(2000)在论述《创意城市》时认为,城市 R&D 可以为创意产业区的发展提供研发能力和技巧创造力,大学对城市 R&D 转换的作用主要包括高新技术和时尚产业两个方面(汤培源等,2007)。因此,许多创意产业园区往往依托于高校等科研机构。如美国的"硅谷"、北京的"中关村"创意产业园区、南京的南京工业大学科技创新园等。

• 旧城改造型

城市"退二进三"和产业结构升级,使得旧城区产生了大量的遗留的废弃土地、厂房、仓库和旧楼宇。通过对留下的工厂、仓库等进行保护性开发,为这些老厂房注入新产业元素,使得这些工业老建筑所特有的历史底蕴、想象空间和文化内涵得到充分的诠释和延伸,为文化创意产业的发展提供得天独厚的空间载体。如北京的 798 工厂、杭州的 LOFT49、南京的晨光 1865 科技园等。上海市通过保护性开发的老厂房、老仓库和老大楼占创意产业园区的 2/3 以上,并逐渐形成了区域产业特色(黄智雯,2011)。

• 新区增长极型

政府主导开辟新的文化创意产业园区。例如南京高新区软件园动画产业基地以南京软件园为依托,发挥人才和基础设施的优势,努力开发具有核心文化和创新竞争力的作品,建设总面积为 3.5 万平方米的动漫大厦,聚集 30 家以上具有一定规模和技术水平的动漫企业,建设成为集产业发展、教育培训和科学研究于一体的国家动画产业基地和教学研究基地。

3.2.5　发达国家文化创意产业园区的发展概况[1]

美国——纽约 SOHO 区。SOHO 区是美国最知名的创意园区之一,它曾是一个被废弃的地下工厂,因有大量闲置房屋且价格极其低廉,被一些从欧洲移居纽约的艺术家看中,发展成一个艺术家集聚区。20 世纪 50 年代,为了促进园区发展,纽约市政府出台法规,规定非艺术家不得入驻。全盛时期,面积不足纽约市区 1% 的园区内,居住全纽约 30% 以上的艺术家。如今,SOHO 区成为一个集商业与艺术于一体的完善社区。

英国——伦敦西区。英国是文化创意产业发源地,也是仅次于美国的世界第二大文化创意产业产品生产国。最负盛名的伦敦西区是世界两个戏剧中心之一,集聚了 49 家剧院,平均每晚约 3 万人前去观演(张光照,2012)。

德国——鲁尔工业区。鲁尔工业区曾是德国重要的老工业区,随着时代的变迁逐渐衰败,国际建筑协会(IBA)对鲁尔工业区实施再造计划,将老厂房进行改造,运用灯光装置艺术改变厂区气氛,在废弃的高架顶端放上圆形碟状建筑,最终使鲁尔工业区成为德国新城市的地标。

加拿大——BC 省动画产业园区。加拿大不列颠哥伦比亚省(简称 BC 省)是北美动画产业中心。全省共有 12 所动画电脑学校、60 多家动画制作公司。发展初期,BC 省动画产业只为美国提供代加工服务,到 20 世纪 90 年代后期,原创作品增多。动画产业园区的另一种运作模式为本土制片,投资及制作的所有权均属于 BC 本地动画公司所有。

韩国——数字媒体城。2000 年开始,韩国投资 60 多亿韩元分别在釜山、光州、大田、大邱等城市建立“文化创意产业支援中心”,推动文化创意产业的发展。而首尔政府开发的数字媒体城(DMCA),将打造世界一流的数字媒体技术研发中心,主营媒体娱乐广播、游戏、电影、动画制作、音乐和 Cyber 教育,与世界其他国家的媒体业形成差异化竞争。

3.2.6　国内文化创意产业及产业园区的发展概况

国内文化创意产业在发达城市较为集聚,以上海、北京、深圳、杭州等城市为

---

[1] 百度文库:《国外文化创意产业园区建设》,http://wenku.baidu.com/view/eccd9d3ee518964bcf847ca6.html。

典型代表(张京成,2008;林琳,2014)。

(1) 上海

上海创意产业发展思路源于 1997 年上海的第一次重大的产业结构调整,即都市产业结构调整。1998 年,上海市政府提出"都市型工业"新概念,2000 年确定了 600 km² 的中心城区优先发展现代服务业、6000 km² 的郊区优先发展先进制造业的布局。2005 年上海首批文化创意产业园区开始成型,首批文化创意产业园区 18 个,占地面积 487 亩,建筑面积 41 万 m²,近 30 个国家的 400 多家各类设计创意产业入驻,容纳创意产业人才 1 万多人。作为国内最早发展创意产业的城市,上海将创意产业发展定位国际化,目标是要与伦敦、纽约和东京在一起,成为"国际创意产业中心"。目前,上海已经成型四批文化创意产业园区,有各类文化创意产业园区 74 个。上海市确定"十一五"上海创意产业发展重点是:研发设计创意、建筑设计创意、文化传媒创意、咨询策划创意和时尚消费创意。

(2) 北京

作为国内另一最早文化创意产业发展的城市,北京市文化创意产业更多地定位于影视、出版等行业。于 2006 年年底首批认定了 10 个文化创意产业园区:中关村创意产业先导基地、北京数字娱乐产业示范基地、国家新媒体产业基地、中关村科技园区雍和园、中国(怀柔)影视基地、北京 798 艺术区、北京 DRC 工业设计创意产业基地、北京潘家园古玩艺术品交易园区、北京宋庄原创艺术与卡通产业集聚区和中关村软件园。首批认定的 10 个文化创意产业集聚区,入驻企业总数已经近 6000 家,实现营业收入 478 亿元,利润超过 48 亿元,上缴税收超过 19 亿元。2008 年北京又增加了北京 CBD 国际传媒产业集聚区、顺义国展产业园、琉璃厂历史文化创意产业园、清华科技园、惠通时代广场、北京时尚设计广场、前门传统文化产业集聚区等 11 个文化创意产业园区。

(3) 深圳

深圳早在 2004 年就建立了大芬油画村,被国家文化部评为国家文化产业示范基地,目前深圳已经建立大芬油画村、华侨城创意产业园、宝安西乡国际摄影产业基地、大望文化高地、雅昌艺术馆等文化创意产业基地。其目标定位为"创意设计之都",深圳将发展创意产业重点放在传媒产业、动漫游戏产业、出版发行产业、创意设计产业、印刷产业、视听产业、歌舞娱乐产业、旅游休闲产业。

（4）杭州

杭州市政府推行"一谷多点"发展，目前已经有 LOFT49、西湖创意谷、杭州创新创业新天地、西湖数字娱乐产业园、之江文化创意园、西溪创意产业园、杭州运河天地文化创意产业园、白马湖生态创意城、湘湖文化创意产业园等多家文化创意产业园区。杭州明确着力发展信息服务业、动漫游戏业、文化休闲旅游业、文化会展业等八大行业。

3.3 文化创意产业园区土地利用现状分析

文化创意产业园区用地作为新兴产业用地，强调对技术和管理等的投入，相应减少对土地的密集性投入，以提高土地产出效益，符合"紧凑城市"和"土地集约利用"的特点。同时，文化创意产业用地能够充分挖掘城市存量土地，优化城市用地结构和布局，促进城市"退二进三"的要求，并具有与园区及其周边环境协调一致以及提升周边土地价值的作用。此外，文化创意产业园区通过对工业遗存建筑的改造利用，注重园区绿化环境建设，具有较好的生态效益（图 3-1）。

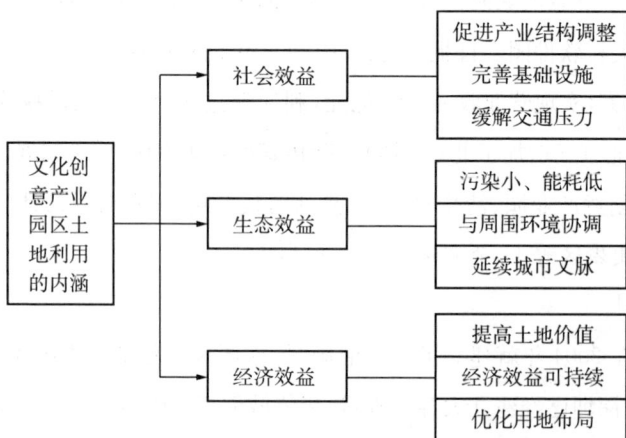

图 3-1 文化创意产业园区土地利用的内涵

3.3.1 文化创意产业园区土地利用特征

（1）挖掘存量土地、影响城市空间

文化创意产业用地与城市更新、旧城改造、城市中心"退二进三"的土地利用密切相关。文化创意产业用地可以作为城市精明增长政策重要组成部分，可以有效地挖掘城市存量土地，实现产业用地再生。纽约的 SOHO 已经成为一个专门的概念，在世界范围内得到使用，成了工业遗产利用的经典案例。英国利物浦阿尔伯特码头区复兴计划的实施，德国鲁尔工业区的更新计划为全世界的旧工业区改造提供了范本（黄昌勇，2006）。

文化创意产业园区的形成，在空间上对城市环境产生了巨大的引力。一方面，文化创意产业园区在城市中产生了巨大的影响，这主要体现在文化创意产业园区重塑城市形象、增加了城市文化含量并提升了城市文化品位；另一方面，文化创意产业园区也成为催生城市内在布局优化的牵引力，使得由于产业结构调整闲置在城市中心区的场地被文化创意产业园区所替代，形成了以文化和创意产业为核心的城市中心区氛围，同时文化创意产业园区也以其独特的集聚形态促使城市运转机制产生一系列变化，从而改善城市内部结构，提高城市竞争力（郑斌，2008）。

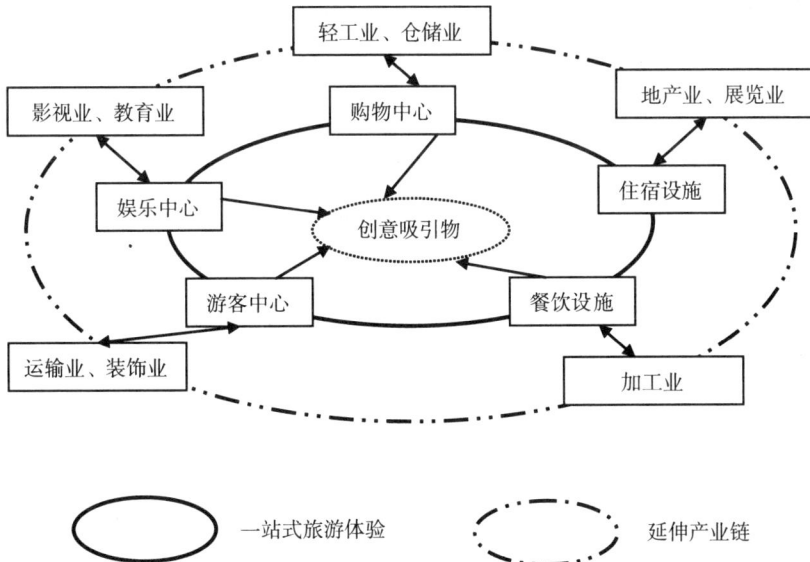

图 3-2　文化创意产业园区产业关联示意图

(2) 占地规模小、附加值高、外部经济效益明显

文化创意产业用地所需要的经营面积并不大,黄鹤(2008)对北京 217 家文化创意企业进行调查统计发现,一半左右的各类文化创意企业经营面积在 100～300 平方米。文化创意产业区通过对城市旧区"被抛弃了"的老建筑注入文化激情和创造力因素,从而推动了旧区功能的转换,成为新的城市经济增长点。创意产业区作为一种集约式发展模式,十分贴切地体现了"精明增长"思想。同时打破了传统产业区对物质资源或有形资源的依赖和投入,转而依赖文化、技术等无形资源,大大节约了土地、能源、资金等有形资源的消耗。对于创意产业区来说,个人创造和生产的空间相对于工业等制造业生产空间是较少的,特别是由于对自然资源投入的依赖较少,为城市集约和可持续发展提供了捷径(肖雁飞,2007)。

文化创意产业园区不但能够营造新的现代时尚生活氛围,而且可以改善一个城市及社会的面貌。一方面,这些创意产业园区,为城市创造了时尚的文化生活环境,促进了城市整体品味的提升,也改善了人们的生活环境。另一方面,文化产业创意用地的发展,还可以提升周边的基准地价。一般来说工业地价属于城市用地中地价最低层,特别是针对划拨土地使用权下的工业用地,由于不需要缴纳高额地租,因而位置级差地租被人为地除去了。而文化创意产业用地往往属于工业、居住和商业混合型,有利于提升城市土地价值。如上海创意产业中心秘书长何增强指出"创意产业最早拿到的工业厂房租金每平方米每天只有几毛钱,现在涨到一块钱左右"。早期的一些著名的创意产业园区,如 8 号桥,日租金目前已经达到 6～7 元/平方米,直逼周边甲级写字楼的租金水平。[1]

(3) 优化城市用地结构、提高土地利用综合效率

文化创意产业园区用地能够促进城市产业结构升级和优化旧城空间秩序,可以明显改善城市内部结构,提高土地节约集约利用,从而实现城市的可持续发展(褚劲风等,2007)。文化创意产业用地往往具有工业用地、商业用地和居住用地混合等综合性的特点,具有空间上使用的混合性(工作、休闲、居住、服务等),这促

---

〔1〕《创意办公租赁空间需求旺海派产业园倍增》,http://www.51money.org.cn 2006 年 12 月 24 日。

进了城市内部用地的优化(黄鹤,2008)。

文化创意产业集聚地区还往往体现出混合发展的典型空间特征,其中包括了文化生产与文化消费的混合;空间使用的混合(工作、休闲、居住、服务等);不同时间段活动的混合,创造"24 小时城市";市内室外富有新引力的空间的混合,这些空间吸引人们驻足停留,观赏集聚等,从而大大提升了土地利用的综合效率。

综上所述,文化创意产业园区用地作为城市用地的一部分,集合了工业用地和城市用地的综合特点,而文化创意产业用地往往具有生产、居住、办公等综合性用途,因此其节约集约利用评价应该综合工业、商业、服务业和居住用地等节约集约利用评价的综合特性(表 3 - 2)。从指标构建看,除了对城市用地和工业用地的指标进行考虑外,还应该结合文化创意产业自身的特点,考虑到对存量土地的挖掘利用、优化城市土地结构、提升土地基准地价水平等方面进行完善。

表 3 - 2 文化创意产业园区与开发区对照

比较指标	文化创意产业园区	开发区
空间布局	多为城市中心区	城市郊区
占地规模	占地面积小,土地并非完全连片	占地面积较大,土地连片
土地来源	多以城市"退二进三"留下的存量土地为主	新增建设用地
产业关联	互补共生、共存共荣的产业网络	相对独立的产业体系
土地租赁模式	以定期租赁为主	通过招拍挂取得土地使用权

3.3.2 文化创意产业园区土地利用效益

文化创意产业园区土地集约开发利用不仅仅是体现在经济效益上,同时也带来了明显的社会效益和生态效益。以北京市为例,截止到 2007 年 9 月,北京市 2006 年 12 月挂牌的 10 个文化创意产业集聚区入驻企业 4687 家,其中挂牌后新入驻 1101 家。2006 年集聚区营业收入为 478.5 亿元,利润为 48.8 亿元,单位土地的产出效益达到了 2521.1 万元/公顷,单位土地的利润水平达到了 257.1 万元/公顷。在上海,根据上海创意产业中心 2007 年 1 月对 75 家创意产集聚区的调查,前三批 48 家创意产业集聚区总投资 29.3 亿元,建筑面积 119.6 万平方米,按照平均租价 2.5 元/(平方米·天)计算,每年集聚区租金收入约为 10.9 亿元,大概 2 年零 8 个月就可以收回成本(陈舒雯,2009),具体体现在:

(1) 促进资产保值增值

大量的老厂房多数产权属于国有企业,城市产业结构调整,大量厂房闲置。通过改造成为文化创意产业集聚区后,其经济收益可以提高,实现了国有资产的保值增值。

(2) 增加地方财政收入

依靠原有工业厂房租赁的模式,经济效益低下,地方政府的税收往往较低。经过改造成为文化创意产业集聚区之后,地方政府的税收明显增加。比如,8 号桥属于第一批授牌的创意产业集聚区,2005 年 8 号桥的税收为 380 万元,地方税收为 199 万元;2006 年税收达到了 730 万元,增加了 92%,地方税收为 380 万元,增加了 91%;2007 年 1—4 月税收近 400 万元,同比增长了 170%。

(3) 带动社会就业

原有老厂房的产业结构滞后,难以吸收新的就业人员,而新的文化创意产业集聚区可以提供更多的就业岗位。据上海创意产业中心的调查分析,前三批 48 家创意产业集聚区总从业人数近 2.7 万人,如果企业入驻率达到 100%,可以吸纳近 5 万人就业。

(4) 改善园区周边环境

改造后的老厂房大多经过重新设计改造,其优雅现代的外观设计或者古朴庄严的外观,使得部分集聚区成为创意产业旅游示范基地,大大提高了城市的文化风貌和影响力。

3.3.3　文化创意产业用地的相关政策实践

为完善土地供应政策,促进土地节约集约利用,加强土地供应政策与产业政策的协调配合,国土资源部和国家发改委联合发布了《关于发布实施〈限制用地项目目录(2006 年本)〉和〈禁止用地项目目录(2006 年本)〉的通知》,建立用地政策与产业政策的联动机制,依据《产业结构调整指导目录》和国家产业政策、土地供应政策,适时修订限制目录和禁止目录,发挥用地政策的调控作用。此外,全国土地利用总体规划修编工作委员会提出依据国家产业发展政策和土地资源环境条件,合理制定产业用地政策,优先保障技术含量高、社会经济效益好的产业发展用地,重点保障与地区资源环境条件相适应的主导产业用地。鼓励利用原有工业用地发展新兴产业,降低用地成本,促进产业升级。调整优化工矿用地布局,改变布局分散、粗放低效的现状(表3-3)。

表3-3 我国部分文化创意产业园区土地利用优惠政策

园区名称	土地、房租优惠政策
广州市越秀区文化创意产业园区	对入驻园区的文化创意产业企业给予一定额度的房租补贴,并根据企业年缴税额及其增长幅度适当提高补贴比例。
长沙市西街文化创意产业园区	入驻艺术家每人可免费获得一间由房地产开发商提供的30平方米的个人工作室,超出部分按每平方米20元/月收取房租。
成都市天府软件园	凡是开零购买天府软件园办公用房的,按基准价出让;整层购买,按基准价优惠5%出让;整栋购买,按基准价优惠10%出让。 凡租用天府软件园办公用房的,按以下标准享受房租补贴:2005年签约入驻按15元/(平方米·月)补贴房租两年,第3~4年减半补贴;2006年签约入驻企业按10元/(平方米·月)补贴房租两年,第3~4年减半补贴。

(1)广东省:动漫制作产业用地可按协议方式出让

广东省国土资源厅近日出台《关于促进扩大内需支持现代产业发展的若干意见》(以下简称"意见"),对现代服务业、先进制造业、高新技术产业、优势传统产业、现代农业、基础产业等六大产业以及中央和省财政新增投资计划项目(合称"现代产业项目")的发展用地提出六点意见。《意见》提出,将现代产业项目纳入新一轮土地利用总体规划统筹安排,优先安排用地,重点予以保障。其中,由省立项的现代产业项目,由省安排用地指标;而单独设立的研发中心、科研机构以及产品设计和动漫制作产业的用地,可按协议出让方式供地。

(2)深圳市:将出台多项创新产业用地出让方式具体措施

从2009年起,深圳计划采用以土地供应引导需求的土地出让新模式,并对深圳市鼓励发展的项目,由产业主管部门核发一年内有效的项目准入通行证。从2009年起,采用以土地供应引导需求的土地出让新模式,将年度产业用地供应50%以上的指标用地,采取提前规划选址落地,只针对产业准入、不针对具体企业或项目设置出让条件,一次性公示、分批次公开出让的土地出让方式,借鉴上海等城市的成功经验,会同发改、规划、国土、环保等部门和行业专家共同评审,深圳市将对鼓励发展的项目,由产业主管部门核发一年内有效的项目准入通行证,可在有效期内参与竞买项目所属产业类别的用地。

（3）上海市：完善产业用地用途变更机制

进一步细化以确定上海市优先发展的产业，并对相应产业进行优先供地。为缓解产业用地供求紧张的局面，上海市对城市中心原有的老厂房、老仓库等第二产业用地进行用途变更，通过授牌成立创意产业园区或者现代服务业集聚区，来促进产业结构的升级和产业布局的优化。

（4）宁波市：用地指标向高新技术优势产业倾斜

为加大扶持企业发展的用地，更好地整合、集聚当前工业用地，宁波市政府抓住新一轮土地利用规划修编机遇，留出空间，对具有带头作用的行业、高科技产业等经政府批准，可享受特定的准入条件。鼓励企业整合改造现有的工业用地，凡符合政策规定进行挖潜改造、提高投资强度、增加容积率的企业，市国土资源部门将不再增收土地价款，免收市政基础设施配套费，并允许房产变更登记，同时鼓励企业将土地、厂房进行合资、合作、企业重组等改造利用，并鼓励建立工业用地退出机制。

3.4 南京市文化创意产业园区发展概况与用地现状

2006年9月，南京市人民政府在《南京市文化创意产业"十一五"发展规划纲要》中提出了南京发展文化创意产业的基本模式，即"保护南京历史文化名城的独特风貌，传承六朝古都的历史文脉"；"使每一个人的创意都受到鼓励，使每一个好的创意都有市场化和产业化的机会，使每一个创业者都得到有力的制度保护和良好的政策支持"；"着眼于培育创意、创新、创业的制度环境、法律保障和文化氛围"。而2006年3月，创意东8区的启动改造，标志着南京市文化创意产业园区建设正式拉开帷幕。

3.4.1 南京市文化创意产业园区概况及空间分布特征

（1）南京市文化创意产业园区概况及分类

2005年南京市文化创意产业开始逐步兴起，为了给文化创意产业的发展打造新的空间，积极投入这一朝阳产业，南京市文化创意产业园也如雨后春笋般纷纷创建。2006年南京市政府下发《市政府办公厅关于加快都市型产业园区建设的若干意见》,并于 2006 年确定创意东 8 区等 10 个园区作为首批重点推进的都市产业园区,2007 年确定了垠坤西祠数字网络产业园等 13 个园区为重点推进的都市产业园区,2008 年南京市确定了江苏工程创意产业园等 12 个园区为第三批重点推进的都市产业园。截止到 2007 年 12 月,南京市有各类建成和在建文化创意产业园区 42 个,投资总额已达 80 亿元,占地面积约 240 万 m²,建筑面积约 250 万 m²。垠坤西祠数字网络文化产业园,利用西祠胡同的网络文化资源,打造了全国首家网络线下创意街区。南京世界之窗创意产业园(创意东 8 区)入选 2007 年全国十佳最佳园区。

依据国民经济行业分类,根据文化创意活动的特点,从产业链的角度,结合南京市文化创意产业发展现状和南京市文化创意产业"十一五"发展规划纲要,对相关类别进行重新组合。这里将南京市创意产业分为:建筑设计、工业设计、工艺美术、计算机软件设计、动漫游戏、广播影视、广告设计、时尚设计、表演艺术、出版发行等十个门类(表 3 - 4)。

表 3 - 4　南京市重点推进都市产业园区概况〔1〕

建设阶段	园区名称	类　型	建筑面积 (万 m²)	占地面积 (万 m²)
2006 年首批 重点推进 都市产业园	晨光 1865 都市产业园	动漫游戏、广播影视、广告设计	—	21
	南京金城航空科技园	工业设计	—	20
	华电都市产业园	工业设计(芯片)	—	16
	南京长江科技园	工业设计(电子)	22	4.6
	南京世界之窗创意产业园	综合性	4.8	6.13
2007 年第二批 重点推进 都市产业园	南京工业大学科技创新园	工业设计企业	—	0.8
	南京国际中医药科技产业园	药物研发		6
	南京高新生物创业园	生物医药研究	—	5.33
	南京节能科技产业园	环保节能产业	—	0.65
	南京宏光织造创意产业园	高新技术、现代物流、创意研发	4	13
	南京都市创意产业园	广电网络、园林设计、高科技研发	2.4	1.14

〔1〕　由于数据有限,这里的文化创意产业园区数据根据南京市政府公布的都市型工业园区数据进行整理。

建设阶段	园区名称	类　型	建筑面积（万 m²）	占地面积（万 m²）
2007 年第二批重点推进都市产业园	垠坤西祠数字网络产业园	数字创意	3.2	3.3
	南京幕府智慧产业园	绘画产业	7	12.2
	724 所创意产业园	艺术展示、综合商务、时尚餐饮	1.98	1.4
	南京创立置业策划创意园	科技产业园、时尚广场	2.8	3.37
	华宏科技创意产业园	科技创意	—	3.3
	南京普天通信科技产业园	高科技电子、信息技术、生物芯片技术	15	16.67
	雨花科技创业园	工业设计	—	0.89
2008 年第三批重点推进都市产业园	南自高科技软件园	电力自动化设计	—	5.4076
	石城西区时尚创意产业园	时尚创意产业	2.5	2.2
	江苏工程设计创意产业园	工程设计创意	50.0	13.4
	南京世界之窗软件园	科技性企业	4	6.6
	金陵生物医疗科技产业园	生物医疗	2.8	1.5318
	南京环保科技创业中心	环保节能产业	3.1	3
	创意东 8 区科技动漫园	动漫游戏	2	1.7
	南苑都市产业园	综合性	5.4	3
	南京曙光科技创意产业园	科技创意	1.2	0.92
	南京山泉健康文化产业园	生物医疗	3	2.997
	南京天安工业创意园	工程设计创意	5	11.6
	现代绿色生产性服务业产业园	先进制造业和现代服务业	60	20
	熊猫集团都市产业园			11.8
	南京汽车服务贸易产业园			1.1
	南京汽车文化创意产业园			9.5
	中电工业设计园			2
	南京三乐科技服务园			10.2

数据来源：http://www.njec.gov.cn/cyfz/scxfwy/dscyy/200811/224.html 加以分类整理。

（2）南京市文化创意产业园区空间分布特征

南京创意产业集聚区的发展由于产业特性、资源依托平台、建筑空间要求、政策导向等因素呈现圈层分布与点状分布并存的特征。圈层分布主要集中于城市的中心区域，呈现以"中山北路—中山路—中山南路为主轴"，以"汉中路—中山东

路为副轴"的椭圆形圈层,由市中心新街口、鼓楼向外围扩散态势。具体而言,南京市文化创意产业园区空间分布特征具有以下特征:

一是城市中心区域集聚度最高,依次向外辐射。目前,南京市重点推进的都市产业园区全部分布在主城区的江南八区。其中仅鼓楼区就有重点都市产业园区 10 个,占全市的 28.6%。新街口、鼓楼等中心地区的交通便捷、商业发达、基础设施配套齐全,使得南京市文化创意产业的萌芽在此发展较早,而市中心"退二进三"的发展战略为文化创意产业园区的建设提供了很好的空间载体。

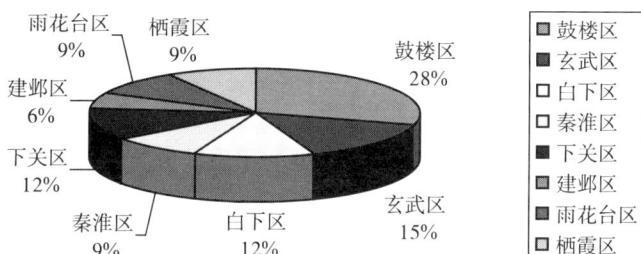

图 3-3　南京市文化创意产业园区分布结构图
数据来源:根据南京市人民政府《关于加快都市型产业园区建设的若干意见》整理。

二是交通便利,区位优势明显。晨光 1865 科技园位于南京市中心地区南侧,距离夫子庙仅 1.2 公里,距离禄口机场仅 38 公里,离地铁中华门站约 500 米,规划中的地铁 3 号线和 8 号线在东部交会,与亚洲最大火车站——南京南站仅隔 2.4 公里;通济都市创意产业园位于通济门隧道进口与高架出口结合部,直达禄口机场仅 20 分钟车程,城市公交十余条线路直达园区。

表 3-5　部分文化创意园区交通条件

园区名称	周边交通优势
南京晨光 1865 科技·创意产业园	位于南京市中心地区南侧,距离夫子庙仅 1.2 公里,距离禄口机场仅 38 公里,离地铁中华门站约 500 米,规划中的地铁 3 号线和 8 号线在东部交会,与亚洲最大火车站——南京南站仅隔 2.4 公里
普天通信科技产业园	连接内环高架和机场高速,紧邻地铁南延线和未来的京沪高速铁路
南京通济都市创意产业园	园区南邻白鹭公园,北邻东水关名胜景区,西面与明城墙秦淮河滨水相依,东沿龙蟠中路景观大道,位于通济门隧道进口与高架出口结合部,直达禄口机场仅 20 分钟车程,城市公交十余条线路经过园区,交通便捷畅通

园区名称	周边交通优势
华电都市型产业园	地处南京市商业副中心迈皋桥地区,园区占地面积 239 亩。距离地铁迈皋桥站 200 米,向东距离沪宁公路 3 公里,向北距离南京港 10 公里,向南距离火车站 2 公里,距离南京禄口机场 15 公里
南京长江科技园	距离火车站 1.5 km、新模范马路地铁站 0.5 km,周围有南京邮电大学、南京工业大学、南瑞电力自动化研究院等多家高校和科研院所,科技、文化氛围浓厚

三是历史文化底蕴浓厚或科研基础雄厚的地区集聚明显。清朝金陵机器制造局、江南水师学堂等一批明清遗存成为晨光 1865 科技园和 724 所创意产业园的依托载体;而南京鼓楼国家大学科技园、南京中医药大学、南京工业大学依靠其雄厚的科研力量成为江苏工业设计园、南京国际中医药科技产业园和南京工业大学科技创新园的创意平台。

3.4.2　南京市文化创意产业园区土地利用现状分析

作为新兴产业用地的文化创意产业园区用地,其土地节约集约利用应该符合城市土地集约利用的内涵,即在当前和可预见的条件下,在满足城市发展规模、使城市获得最大规模效益和集聚效益基础上,以城市合理布局、优化用地结构和可持续发展为前提,通过适度增加存量土地投入、改善经营管理等途径,不断提高城市土地资源利用效率,以期取得更高的综合效益(黄贤金等,2008)。文化创意产业被称为"头脑经济",更加注重技术投入对产品产出的贡献,通过追加更多的技术投入,实现产品的价值增值。因而,文化创意产业具有技术密集型特点,减少了对土地的依赖。文化创意产业园区能够在城市中心区域生存和发展,并且与城市功能和生态环境相协调,属于就业容量、税收、环保等兼顾的绿色环保产业。

南京市文化创意产业园区建设处于起步状态,大部分园区都没有完成主体建设,园区很多土地仍处于"占而未用"状态。作为南京市文化创意产业园开篇之作的创意东 8 区目前完成了一、二期建设,并投入招商,三、四期仍处于建设中。与此同时,由于统计口径的差异,对于文化创意产业的经济产值没有详细的统计。

文化创意产业园区土地集约利用评价将结合已有资料,从地均累计投资额、地均税收、综合容积率、园区企业入驻率等指标进行定量分析(见图 3-4,图3-5,图 3-6,图 3-7)。

表 3 - 6　南京市文化创意产业园区土地集约利用定量评价指标

评价指标	单位	指　标　说　明
土地投资强度	万元/km²	园区累积固定资产投资额/园区土地面积
单位面积税收	万元/km²	园区上缴利税额/园区土地面积
综合容积率	无	建筑用地总面积/园区占地面积
园区入驻率	％	园区出租面积/园区总面积

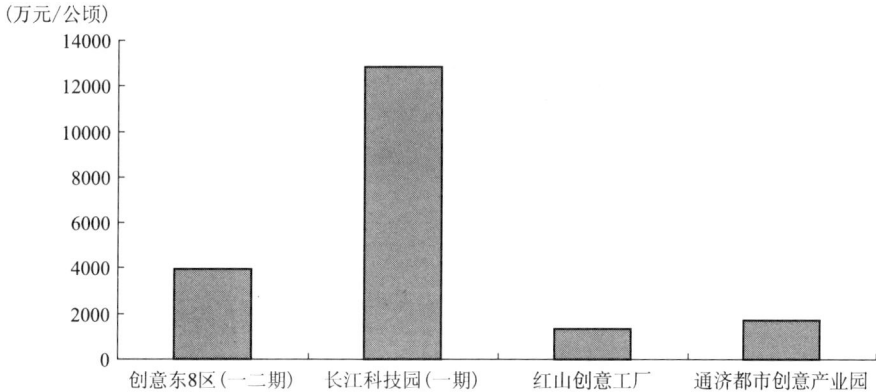

图 3 - 4　部分园区地均固定资产投资强度

数据来源:根据 2008 年南京市各区都市产业园发展情况汇报整理。

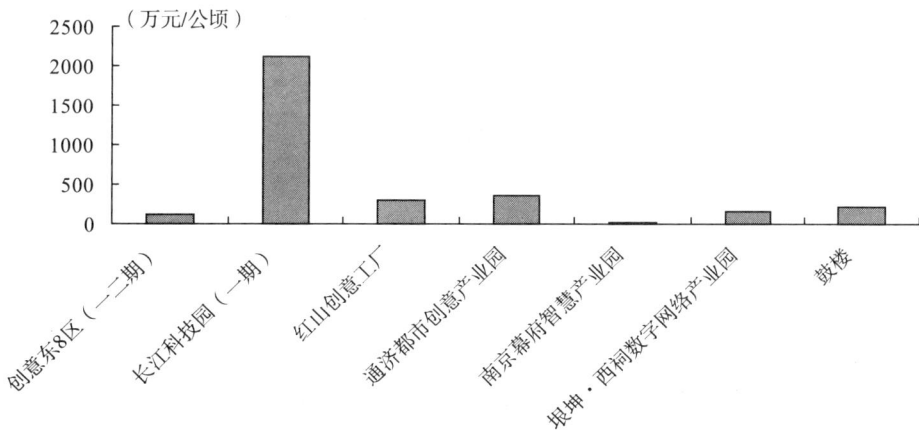

图 3 - 5　部分园区地均利税强度

数据来源:根据 2008 年南京市各区都市产业园发展情况汇报整理。

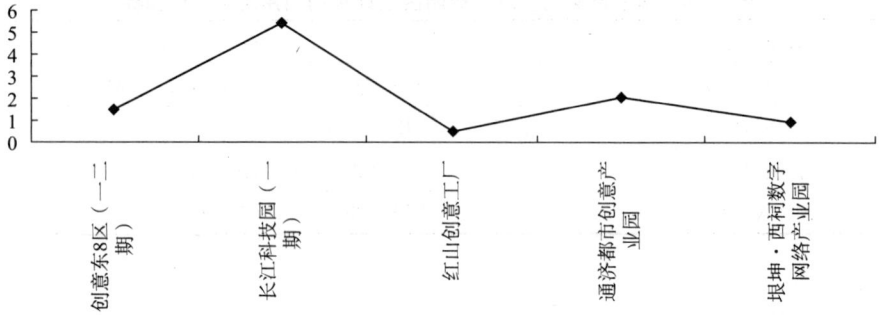

图 3-6　部分创意产业园区容积率

数据来源:根据 2008 年南京市各区都市产业园发展情况汇报整理。

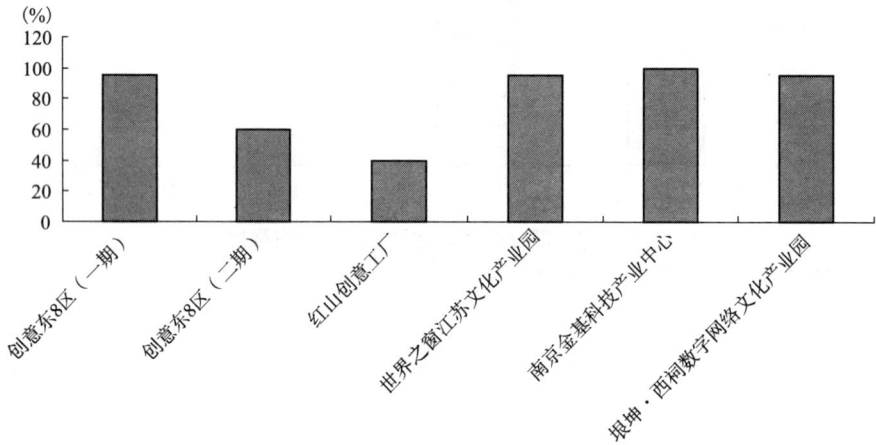

图 3-7　园区企业入驻率

注:截止到 2008 年 10 月的数据。

　　如图 3-5 所示,南京市已经建成运营的文化创意产业园区固定资产投资强度较高。长江科技园区固定资产投资达到 3.9 亿元,园区地均累计投资强度达到了 10869.6 万元/公顷。创意东 8 区作为南京市首家文化创意产业园区,一、二期投资 1.6 亿元,地均固定资产投资达到 3993.8 万元/公顷。园区充分利用原有工厂的旧建筑,对其进行最大限度地保留和再利用,并通过重新设计来强化场地及景观作为特定文化载体的意义,建立环形商业街区,创造了"下店上厂"的经营新模式。与此同时,园区还利用月牙湖公园的优势,打造动漫主题公园。在目前已经投入招商的园区中,红上创意工厂地均累计投资强度较低,但是仍然达到了1352.9万元/公顷,远远高于南京市工业开发区的投资强度。[1]许多文化创意产业园区由于往往以改造旧工业遗存,需要投入较大成本对园区原有的建筑进行修缮和保护,以保护和延续园区古建筑,凸显园区历史文化特色。

园区地均利税最高的是长江科技园,2008年地均利税达到了2121.2万元/公顷,其他园区处于120万元/公顷~350万元/公顷之间,幕府智慧产业园由于只有部分招商,入驻园区企业数量较少,地均利税为16.7万元/公顷。鼓楼区文化创意产业园区平均[2]地均利税额达到了217.4万元/公顷。

文化创意产业园区的综合容积率处于较高的水平,园区容积率大多高于1[3]。长江科技园(一期)容积率达到了5.45,这主要是由于其园区主导产业以地理信息、精密加工设备、软件等产业为主,容积率较高。红山创意工厂在改建过程中十分重视环境建设与园区的和谐统一,在保留了原有的丰富自然植被的同时,结合花卉苗木,使之成为与红山森林公园和谐一致的绿色空间,因而建筑容积率相对较低,但仍然达到了0.5,高于城市综合容积率水平。

园区的企业入驻率可以从侧面反映园区土地利用程度。从图3-7可以看出,南京市目前投入招商运营的部分文化创意产业园区招商势头较好,南京金基科技产业中心园区入驻率达到了100%,红山创意工厂由于投入运营时间较晚(一期于2008年年初投产)入驻率较低,为40%,其他园区入驻率达到了60%以上。

南京市文化创意产业园区从土地投入产出(地均累计投资、地均税收)、土地利用强度(容积率)和园区企业入驻率来看土地集约利用强度较高。随着南京市文化创意产业园区的建设改造进一步完善,招商引资力度加强,园区土地利用将更加集约。

---

[1] 《2007年南京市土地集约利用评价》,南京市国土资源局,2008年。

[2] 鼓楼区包括世界之窗软件园、江苏工程设计创意产业园、南京工业大学科技创新园、长江科技园等6家都市产业园。

[3] 2008年南京市开发区容积率以南京市高新技术产业开发区最高,为1.06[《南京市土地集约利用评价(第二稿)》,南京市国土资源局,2008]。

3.4.3 南京市文化创意产业园区土地利用存在的问题

（1）园区同质化竞争、低水平重复建设问题明显

由于缺乏对产业发展的长远战略考虑，缺乏对自身功能的科学定位和整体策划，不少文化创意产业园区都把重点放在了创意、动漫等行业，缺乏特色，导致了同质化竞争加剧。很多园区为了收回投资，放低入园企业的要求，使得园区特色无法体现，这也不可避免地造成了土地资源的浪费。

（2）园区土地利用结构、建筑面积等规定"门槛较低"

《上海市创意产业集聚区认定管理办法（试行）》中规定，创意产业园区建筑面积必须达到 1 万平方米以上。园区建设改造完成，出租率必须达到 70％以上。园区配套服务设施面积不超过园区总建筑面积的 20％。而《南京市都市型产业园区、企业认定标准（试行）》中规定，要求入驻园区企业不少于 10 家，出租、出让建筑面积超过 30％。与上海市文化创意产业园区规划发展相比，南京市文化创意产业园区土地在利用结构、建筑面积、厂房出租等方面"门槛"仍然较低，有待于进一步规范提高。

（3）土地产权性质模糊

南京市的文化创意产业园区大多是在原来工业企业老厂房的基础上进行改建的，然后以租赁的形式给研发、设计、创意等企业，用地性质模式，作为第三方的投资者而言，由于没有完全意义上的土地使用权，更不能以土地作为贷款的抵押物，因而限制了文化创意产业的发展。

（4）缺乏相关的产业用地规划

在编制城市总体规划、调整工业布局时，基本没有考虑在主城区如何保留产业用地，如何利用原有工业厂房建设适合于在城区发展的创意产业园区等方面问题。另外，在规划城市产业用地时既没有针对文化创意产业的详细规划和操作性强的操作规范，也没有对各类创意产业园区的发展数量和空间布局做出设计。

3.5　南京市文化创意产业园区土地利用政策完善建议

3.5.1　科学合理制定园区土地利用规划

合理有效配置和利用文化创意产业园区土地,必须有科学合理的土地利用规划做指导。一是在制定城市土地利用规划过程中,考虑到文化创意产业的产业用地预留,并且将工业用地的"退二进三"结合,鼓励企业实行土地置换,并将工业企业闲置土地纳入城市土地储备当中,实行统一的"一个池子放水",为主城区发展文化创意产业提供空间。除此之外,还要积极鼓励挖掘城市中闲置的教育用地等。二是合理制定园区用地结构,配置合理的基础设施用地和道路、绿化用地,对于园区内的配套服务设施用地面积适当限制。[1] 三是要明确规定园区建筑用地出租率,并适当提高出租率水平[2],促进园区土地利用率;四是对园区土地利用规模、区位进行合理布局规划。文化创意产业园区规模要适中,规模过大,不利于土地集约利用,规模过小难以凸显园区的集聚效应。园区布局要体现与城市环境协调一致,尽可能靠近交通便利、基础设施完善的地区。

3.5.2　制定合理的产业用地政策

产业政策的科学性对开发区土地集约利用的程度有着重要的影响,科学合理的产业政策,有助于优化产业结构,促进产业结构升级换代。一些园区实质上并不存在主导产业,或者产业类型不明晰,他们为了招商引资盲目地将一些毫无关联的产业引入园区,各开发区不同程度地存在着功能定位不清、结构趋同、土地利用效率不高等弊端,规模效应均未能得到充分体现。文化创意园区应在下一步发展中,根据各自的优势,选择最有利的产业集群模式,明确开发区主导产业,促进

---

〔1〕 上海市文化创意产业园区中配套的服务设施面积不超过园区总建筑面积的20%,《上海市创意产业集聚区认定管理办法(试行)》,2008。

〔2〕 上海市规定园区建筑用地出租率达到70%以上,南京市规定建筑面积出租率为30%以上。

优势产业的形成[1]，通过集聚效应，真正降低生产成本，实现规模经济，促进土地的高效集约利用。政府、园区、企业三者之间应该建立统一协调机制，整体联动、互动式发展，积极引进规模大、有影响的龙头企业，形成分工协作的产业链，显现企业集聚带来的规模效应。同时开发区在招商引资过程中，设立"入园门槛"，实行高科技、低能耗、低污染企业优先入园的政策，综合考虑将企业用地数量与企业的投资强度、科技含量、土地产出率挂钩，吸引占地少、产值及附加值高的企业，最大限度地提高单位土地面积的利用率。

3.5.3　明确产权关系，确保土地权益

针对通过土地置换或者土地储备获得的园区用地，贯彻落实"三个不变"的政策，即对园区中涉及的房屋产权关系、房屋建筑结构和土地性质实行"三个不变"。针对企业利用自有工业、仓储等存量国有土地进行文化创意产业园区建设改造的，可以经过审批单位和规划部门批准，通过补差价等方式补办出让手续。

3.5.4　创新土地开发利用、园区租赁模式，实现土地可持续利用

在具体的园区土地开发利用模式上，建议采用灵活多变的土地招商模式。改变传统的"招商引资，土地先行"的陈旧观念，对"以商引商"模式进行积极探索完善[2]，有利于园区土地得到可持续利用。此外，积极探索园区土地租赁新模式。改变过去"一对多"的租赁契约关系，积极推进具备条件的企业与投资经营方建立长期的战略合作关系，推行"一对多"模式，便于投资经营方对园区进行更好地管理和服务，以大大提高闲置土地资产利用的经济效益。

---

〔1〕《上海市创意产业集聚区认定管理办法（试行）》规定产业园区有鲜明的特色和定位，园区主导产业门类的企业应该占全部企业总数的 70% 以上。

〔2〕南京市栖霞区山泉健康产业园引进从事生物医药投资企业，并凭借企业的已有资源，成功引进相关企业，显现产业集聚效应。

4 耕地储备与休耕研究

4.1 耕地储备制度及其政策选择

20 世纪 90 年代初期以来,工业化、城市化发展所导致的农地非农化加速,我国耕地资源安全尤其是粮食安全也相应地引起了人们足够的重视。耕地保护、农产品安全政策的陆续出台,不但有效地实现了耕地资源保护及农产品安全战略,而且极大地丰富了农副产品的数量。当前农产品供求关系中的主要矛盾,已经从供给总量短缺、需求无法满足条件下的数量问题,转化为供求之间因品种和品质不适应而形成的结构、质量问题。此外,由于农产品质量低,社会对优质农产品的需求又不得不依赖进口来满足。这些问题的存在与现行耕地保障制度体系不无关系。主要是粮食区域自给的耕地总量动态平衡政策,使主产区优势未能发挥。非粮食主产省份投入巨资,有的甚至以牺牲环境为代价来增加粮食产量。生产地污染严重,难以为安全、优质农产品生产提供有效的土地供给。这也在一定程度上对农民富裕、农业增收、农村发展带来影响。十八届三中、五中全会高度重视耕地休耕等耕地储备制度建设。据此,笔者认为必须构建耕地储备制度,以适应农业结构调整的客观要求,同时又可以保护农民利益,保存农业生产能力,从而促进农业土地的可持续利用和农业可持续发展。

4.1.1 耕地储备与农业可持续发展

(1) 耕地储备制度的内涵及储备形式

耕地储备制度构建问题已经引起有关学者的关注,并对其积极意义做了初步阐述(黄贤金等,2001)。根据相关阐述。我们提出,耕地储备旨在为实现农产品安全、农产品市场平稳运行,储备具有一定产出能力的耕地资源。有学者仅仅将农地储备界定在流转、集中状态下的土地承包经营权(孟祥舟,2002),我们认为涵盖面显得不够完整。耕地储备形式具体来说,主要内容应包括:① 结构型储备。指将现有的部分耕地在不损坏其耕作能力的前提下,根据农业结构调整的要求,种植比较效益高的农作物,当粮食紧缺时,再转换为种植粮食作物。② 休耕型储备。为了保有地力、降解污染等的需要,一段时期内停止种植的耕地。据对水稻田休耕期间蓄水对休耕后土壤肥力之影响的研究,休耕后水稻根系腐化,造成土壤有机质以及有效磷显著的增加(Gao Y.J.等,2001)。由于我国耕地土壤污染问题比较严重,休耕也将有利于降解污染,为生产无公害农产品提供保障。农民自愿撂荒的耕地,也自然达到保有地力、降解污染的效果。③ 流转型储备。当前农地流转发展迅速,在农地流转中将出现作物种植的季节性休耕,这也是储备状态的农地资源。④ 开发型储备。这是指在农业资源开发、土地整理等过程中,工程实施、市场影响等使耕地处于未利用状态的储备形式。

(2) 当前我国实施耕地储备制度的积极意义

当前我国实施耕地储备制度的积极意义:① 农产品市场的平稳发展。当前我国农产品处于供过于求的状态,通过实施耕地储备制度,适当核减当前用于农业生产的耕地面积,可以有效缓解可能在较长时期内存在的农产品供过于求的状况,实现农产品市场的平稳运行,从而达到富裕农民、增强农民进行农业生产投资信心的作用。② 推进农业结构调整。我国农业已经从数量农业过渡到质量农业的发展阶段,因此,通过实施耕地储备制度,适度控制粮食等大宗农产品的生产面积,将更有效地推进农业产业结构调整,从而适应市场需求对于农业发展的客观要求。而将部分难以确定种植方式的农地加以储备,也将减少农业结构调整的盲目性,提高农业产业结构调整的效率。③ 提高农民收入。近几年来,我国城乡居民收入差距拉大。差距从1988年的2.17∶1拉大到1995年的2.71∶1、2002年的 3.11∶1(章国荣等,2003),并且,农民的收入增长速度一直呈下降趋势:1997—2000 年,农民收入增速分别为 4.6%,4.3%,3.8% 和 2.1%。其中,纯农户和以农业为主的兼业户人均纯收入连续 2 年绝对减少,1999 及 2000 年分别比上年减少 13 元和 20 元(潘盛洲,2003)。由于农业的比较利益偏低,农民若继续留在土地上已难以获得更多的比较效益。因此,通过实施耕地储备,适当减少农产品产量,减少了农户的农业投入,并可以提高单位土地面积的农业纯收入,乃至增加农户的整体性收入。④ 增强农业生产储备能力。耕地储备也是增强农业生产的储备能力,从而变农产品储备为农业生产能力的储备,不仅可以节约农产品储备的成本,而且农产品生产收益的提高,还有利于推进农业科技进步,从而在更大程度上提升了农业生产储备能力。树立粮食生产适度发展的思想,在粮食过剩的年份,实施粮食生产能力储备计划,运用经济手段,让农民将部分粮田暂时退出粮食生产,进行农田的养护和生态建设,以在需要时可以重新投入粮食生产。⑤ 推进农地适度规模经营。我国农地规模偏小,不仅增加了单位面积的农业生产成本,而且影响了农业技术的推广、应用和农产品的市场竞争力。有关研究表明,如果劳动力人均规模从 0.2 hm^2 扩大到 2 hm^2,在目前的生产力水平下,其收入水平就有可能与国内的非粮生产经营相当(严瑞珍,2001)。通过对储备的耕地资源进行整理,重新分配,就可以在相当大的程度上提高农地规模经营水平;而对于开发型耕地储备,由于实行企业化、专业化经营,对于提高规模经营水平将起到积极作用。

4.1.2　国外耕地储备的实践及其对我国的启示

不少国家都十分注重在特定的时期采取恰当的耕地储备方式,来推进农业的持续发展。美国、前联邦德国都在这方面取得了成功的经验,这里分别予以介绍。

(1) 美国的土壤银行计划

为了平衡农产品市场供过于求的矛盾,并推进安全农产品的生产,1936 年,美国国会通过了《土壤保护和国内配额法》。该法把农作物分为"消耗地力的"和"增强地力的"两种。通过补贴,鼓励农场主将种植"消耗地力的"作物的土地改种"增强地力的"作物,从而将土壤保护和控制生产的政策有效地结合了起来。1956 年的土壤银行计划则是美国战后最重要的土壤立法之一。该计划包括两个方面内容:① 耕地面积储备计划。对于农场主休耕一部分种植"主要农产品"的土地予以补贴。这是一项短期计划,为期三年。② 土壤保护储备计划。这是一项长期计划。法律要求农场主同政府签订土地退耕计划,期限的长短取决于退耕后的用途。1985 年美国在《食物保障法》的第 7 章中再一次提出了土壤保护计划,这是美国历史上土壤保护规模最大的计划之一。它的主要内容如下:① 土地保护储备计划。计划规定:到 1990 年年底要把 4000 万～4500 万英亩土壤严重侵蚀的土地退出耕种。② 不鼓励农场主耕种其他水土流失严重的草地和林地,也不鼓励他们在沼泽地上排涝和种植作物(徐更生,2001)。

(2) 联邦德国的休闲地补贴政策

1980 年以后,联邦德国农业出现农产品全面过剩,联邦政府实行限量配额生产制度。政府采用积极的经济政策来保护土地生态系统。除了对"替代农业"(即利用有机肥、生物防治和机械除草来代替化学品,包括化肥、农药、除草剂等,直接减少污染农田)实行价格补贴外,政府还设有休闲地补贴,如对于未种植作物的休闲地每年每公顷补偿 750 马克;对于不适宜农业生产并造成水土流失的土地实行退耕还林的,给予长期的补贴(黄贤金等,1995)。

(3) 国外经验对我国的启示

从国外耕地储备制度的运行实践可以看出,耕地储备对于农产品市场的平稳运行、改善地力、实现农业可持续发展以及从根本上保护农民利益具有积极作用。我们可以从以下几个方面得到借鉴:第一,土地休耕可以涵养地力,使农地的生产能力得到恢复;第二,通过价格支持政策提倡种植"增强地力"的农作物,减少种植"消耗地力"的农作物,并积极进行农业结构调整;第三,减少农地化肥、农药、除草剂的使用,减少对土地的污染,如通过休耕可以暂停对土地的污染,以前的土壤污染也可逐步缓解,恢复耕作以后可以用来种植无公害的农作物;第四,政府应采取适宜的补贴政策,保护农地的可持续利用。

4.1.3　我国实施耕地储备制度的可行性分析

如前所述,耕地储备制度的确立有其独特的社会经济背景,从我国社会经济发展的实践来看,当前实施这一制度也是可行的。

(1) 国家经济总量已达到一定水平

国际上一般用"农业生产者补贴等值"(PSE)来测度政府对农业保护的力度。

PSE 指标表示政府从每 100 元农业生产者价值中抽取或补贴的资源数量,正值表示为补贴,负值表示为抽取,零值表示为平衡。PSE 为正,表示国家对农业的保护为正保护;反之,则为负保护。按国际经验,一般当人均国民生产总值(GNP)超过300 美元,农业就应进入正保护阶段,人均 GNP 达 1000 美元时基本完成向全面的农业保护政策转变。我国 1980 年的人均 GNP 开始超过 300 美元,按国际经验应该进入农业正保护时期,但实际的情况是 1980 年至今我国的 PSE 都为负值(庄小琴,2000)。根据综合计算,20 世纪八九十年代,我国农业领域净转出资金(资源)年均在 1000 亿元以上,PSE 基本上都是负值。最典型的是 1986 年和 1993年,PSE 值低至 −38.5% 和 −24.1%(见表 4 - 1),而 1986 年发展中国家平均为 6,发达国家平均为 51(庄小琴,2000)。通过耕地储备政策的实施,辅以有效的价格政策和财政政策,可以使得农业获得一定的支持,农民的收入也能相应地得到一些提高。

表 4 - 1　20 世纪八九十年代中国"生产者补贴等值"(PSE)% [1]

年份	1982	1984	1986	1988	1990	1993	1994	1995	1996	1997
PSE	−12.3	−26.0	−38.5	−21.9	−20.7	−24.1	−7.8	−5.0	−4.5	−4.8

(2) 建立粮食储备的需要

1990 年我国建立了粮食专项储备制度,其直接动因明显在于缓解大丰收之后的卖粮难问题。根据联合国粮农组织的建议,世界粮食储备的最低线至少应为全球粮食年消耗量的 17%～18%,根据这一标准,我国的国家级的粮食储备应以全国消费量的 20% 左右为宜。一般以市场贸易量来代表粮食消费量,我国常年粮食储备量一般都在全年市场贸易量的 50% 左右,远远超出了联合国粮农组织的标准。这还不包括农民自己的储粮(中国科学院国情分析研究小组,2001)。过多的粮食储备不仅增加了储备成本,而且也影响了农民收入的提高,消耗了更多的资源。因此,必须实施适度的粮食储备政策。尤其是当前我国不具备粮食生产的比较优势,在粮食问题上应采取"基本自给、适度进口、促进交换"的方针。

---

〔1〕 资料来源:财政部科研所《研究报告》,2003 年 3 月 18 日,转引自安体富《积极财政政策的淡出:必要性、条件与对策》一文,《当代财经》2003 年第 10 期。

（3）制度推行的阻力小、成本低

由于国家、地方、农民各自的利益追求在耕地储备的问题上容易取得一致，所以耕地储备制度运行的成本较低。不管哪种类型的耕地储备，都必须以有效的财政政策和农民自愿为基础，这样才能得到储备区域全体农民的拥护。从国家来说，保护耕地是我国的基本国策，耕地储备可以有效地保存农业生产能力。地方政府可以利用耕地储备促进土地规模经营、促进农业结构调整。

（4）耕地储备的潜在效益

通过耕地储备，可以促进规模经营以及农业结构调整，除可使农户收入增加外，同时也可提高土地的潜在收益，增加农业发展的后劲。主要是耕地储备可以促进生态环境改善。目前土地利用上面临着水土流失、肥力流失、盐碱化以及土壤污染等土壤退化问题。对水土、肥力流失严重的地区除由国家实施的生态退耕外，可通过阶段性休耕以及改种适宜性强的农作物进行培护、治理，保护生态脆弱的农业土地，从而可以有效地改善生态环境，实现社会、经济、环境的协调发展。经过较长时间休耕的土地，由于化肥、农药的停施，加上可采取一定的水利、生物措施，降低土壤现存的污染程度，耕地能够作为有机农业或绿色农业的生产基地，使农产品品质得到有效改善，增强我国农产品在国际市场上的竞争力。

4.1.4 我国耕地储备运行体系的构建

耕地储备制度的有效运行，还依赖于运行体系的建设。当前耕地储备运行体系的建设可以从以下几个方面着手：

（1）耕地储备的运作体制：政府＋企业

针对不同目的的耕地储备，其运作体制也要有所差别，主要有两种，即政府主导型和企业主导型。政府主导型耕地储备主要以休耕型储备、结构型储备和开发型储备为主，包括对于重要的、面积较大的，或者是省际、国际的农地进行储备。这又可以分为两种类型：① 政府主导、政府运作。如目前国家要求对大于 25 度的坡耕地实行全面退耕政策，这对于减少水土流失、保持生态平衡具有积极的意义。我们认为，鉴于当前农产品供过于求以及生态环境问题严重的状况，对于大于 15 度、小于 25 度的坡耕地可以实施阶段性的生态休耕政策。当农产品供应紧张时，再对这些土地进行适当耕作。对适合恢复为湿地的耕地也可以采取这样的方式。② 政府主导,企业运作。如借助农业资源开发、土地整理等项目的实施,通过政府主导、企业化运作、产业化经营的方式,提高耕地储备的运行效率。此外,我国还可以探索在国外实行耕地储备,在国外租用或购买的土地上建立农场,以我国廉价的劳动力进行生产,生产的粮食可以直接供给我国国内市场,也可按比较优势原则参与国际交换(严瑞珍,2001)。企业主导型主要是企业通过自有资金、政府财政补贴资金等从事农业开发。通过企业主导的方式进行运作。例如,由于从事有机农产品开发具有良好的市场前景,在政府进行政策引导的基础上,鼓励企业进行土地流转、集中,经过土地整理和必要的转化期(一般可为 2 年)休耕后,再进行有机农业生产。

(2)耕地储备的价格机制

在制定耕地储备的收购价格时,必须严格区分各项权能。在有条件的地方,可以用农用地分等定级的成果来确定收购价格。完善农地收益评估机制。由于目前的农地比较利益低,土地流转的收益一般不要一次性支付,并且要随着物价的上涨而有所变化。租金可实行与将来的利息、农产品价格联动的动态租金,即分成租金制,实行风险共担。在农地转出有经济效益的地方,有偿转让费要坚持以农户得"大头",以从经济上充分体现农民 30 年的承包权益。只有让转让土地承包经营权的农民在经济上得到实惠,才能吸引更多的农户转出。

(3)耕地储备的期限设置

政府主导型的国家级耕地储备,因为考虑到全国的大局以及粮食安全、土壤转换期、生态保护等,时间可以长一些,例如在美国,休耕的土地可以签订短期合同(如 1 年)或长期合同,但通常不超过 15 年。对打算未来作为有机农业生产使用的耕地,可根据对土地环境质量的检测进行设定。开发型储备可结合土地开发整理的规模、项目完成所需时间等进行安排。与国家级储备相比,地方性的耕地储备时间则可以短一些。对属于农业产业结构调整的耕地储备则可结合农业生产的需要、农民的意愿等进行确定。

4.1.5　耕地储备数量的确定及政策保障体系

适度的耕地储备是保存农业生产能力的基础。从资源观点看,长期的粮食安全问题实际上是一个如何保护和发展土地生产力的问题,而不能仅仅看短期的粮食产出。真正粮食安全与否，即使从狭义的角度看，也不取决于粮食进口多少，而是看我国是否成功地使土地自然生产力得到保护和发展(戴星翼，1998)。对于农地资源及耕地资源数量的保护，应该根据区域产业结构尤其是农业产业结构合理确定。耕地总量动态平衡战略的实现也必须考虑到区域社会经济发展的特征(罗昀，2003)。耕地储备数量的确定必须综合考虑粮食安全、农民生产、生活条件改善和农业结构合理调整等因素，确保农业的可持续发展。中国科学院国情分析研究小组研究结果表明，我国的粮食自给率的近期目标可以定为 95％，中远期可以定为 90％或 90％以下。按粮食自给率 90％～95％计算，可以减少粮食播种面积1 亿～2 亿亩。粮食、经济作物、饲料作物的种植业结构则可从目前的 6∶2∶2 调整为 4∶3∶3 再到 3∶3∶4(中国科学院国情分析研究小组，2001)。根据上述观点，我们可以将全国耕地储备的总量上限定为 2 亿亩。而要实现这一目标，推进我国耕地储备制度的规范运行，必须从以下几个方面构建耕地储备的政策保障体系。

(1) 建立有效的耕地保护机制

建立合理的耕地保护机制是确保耕地数量安全的重要保证。耕地保护机制包括规划机制、行政机制、制度机制和市场机制等。规划机制改革包括：改革规划操作系统，由政府包办转化为人大、专家和政府共同操作，提高规划的透明度，并赋予规划书以法律文件地位，增强其权威性；行政机制改进包括：设立全国性的耕地预测预警系统，建立并完善土地监察网络，加大土地执法力度；制度改革包括：将农地承包权法定为农户对土地的当然权利，受法律保护；市场机制包括：充分利用市场机制配置耕地资源，通过完善耕地质量价值评估，实现耕地使用权合理流转(赵其国等，2002)。

(2) 明晰农村土地产权，确保产权安全

产权明晰是开展耕地储备工作的基础。因此，必须切实落实《中华人民共和国农村土地承包法》中提出的"赋予农民长期而有保障的土地使用权"，防止在耕地储备中造成农户承包经营权的不当流失。这就有必要尽快起草、出台《土地确权规定》。对现行各项土地权利的称谓、主体和客体、取得和丧失、权力和限制等做出统一明确的规定(黄祖辉，2002)。而产权的明晰，也是以农地价格评估为基础的。因此,必须将实物化的农地产权进行价值化,以提高农地产权配置效率。

(3) 建立健全农用地流转制度

目前农地流转市场发展迅速,但是,缺乏有效组织引导以及过多政府干预的农地流转市场,存在着一定的盲目性。通过农户的自发流转来实现土地的规模经营和农业结构调整,往往交易成本比较大,所需时间比较长。由于土地转让关系不稳定,期限短,缺乏制度保障,所以土地经营者在土地上的投资积极性不高,不利于土地的有效利用(黄祖辉,2002)。由于农户自发流转存在着上述种种缺陷,借助充分发挥耕地储备机构的力量,能够以较小的交易成本进行农地流转,实现土地集中连片和专业化规模经营。

(4) 逐步建立农村社会保障制度

应当逐步建立、健全农村社会保障制度,推进耕地储备制度的发展。土地作为重要的生产要素,现阶段依然发挥着养老保障和"退农保障"的作用。但是,这种传统的土地保障已经不适应社会、经济发展的要求。应当建立和完善农民的农业退出机制:① 对于农民中分化出来的非农化从业人员,通过建立农民工的社会养老保险制度,逐步割断其与土地的经济联系,推进土地规模经营(傅崇兰等,2003)。② 老年农民退出农业生产领域。对于年老农民可以用土地换保障的办法,实行退休制度,使其退出农业生产领域(陈颐,2000)。农村社会保障制度确立之后,使耕地储备获得了可靠的农地来源,有助于实现农地的优化配置。

(5) 公共财政下的支农政策

国家应加强农业的科技投入。粮食单产增加的根本动力是科技进步,包括作物良种化及农业化学化等。农业科技的突飞猛进,可以较大幅度地提高粮食单产,从而减少用于食物安全保证的耕地使用量(周炳中,2003)。在耕地储备期间,要通过实施积极的公共财政政策,改善耕地利用的基础设施条件和生态环境条件。对于阶段性生态休耕的耕地,要借助生态环境补偿机制的实施,推进生态环境的建设。

(6) 创建农地金融制度

农地金融制度可通过开展土地证券化以及信托、典当等业务,使已经从事非农产业的农户通过农地金融手段实现土地的流转,使耕地储备能够顺利实施。通过发展农地金融,能够为土地流转提供一种适当的方式,使土地资源与其他生产要素重新组合,实现土地资源的优化配置,并有利于实现土地的规模经营,提高农业的集约经营程度(黄小彪,2002)。农地金融制度的建立既可为耕地储备、农业生产提供足够的资金,又有助于耕地储备制度以及整个农业的长期、稳定发展。

4.2　中国耕地休耕及耕地保有规模

休耕是耕地储备的重要内容,是保持土壤质量、恢复地力、减少病虫害、减少农业污染以及增强农产品安全性的重要手段。1961 年美国政府规定农场主至少要停耕 20％的土地(钟农簿,2006);1986 年开始实施环保休耕计划(CRP),其主要是针对土壤极易侵蚀或环境敏感的农业用地,并通过对农民进行补贴的方式使其实施 10～15 年的休耕还林、还草等长期性植被保护恢复措施,最终达到控制土壤侵蚀、改善水质、改善野生动植物栖息地环境等目的。1986—1989 年,全美国共有 1360 万 hm² 农用地实施了休耕计划,到 1990 年,美国农业部对容易发生土壤侵蚀的耕地全部进行了退耕还林(草)或休耕,总面积达 4777 万 hm²,2002 年在参与 CRP 的所有土地中,87％实施了休耕还草,8％实施了休耕还林,另外的 5％划为湿地保护区(向青等,2002)。欧盟的耕地保有量根据粮食安全状况在不断调整。1992 欧盟规定农场主每年必须将一定比例的土地休耕,以保护环境。根据粮食的供应情况,1993 年休耕 15％,2000 年以后均为 10％。由于近期粮食问题日益突出,2007 年秋季至 2008 年春季期间欧盟将境内土地休耕率由过去的 10％降为零。粮食是保障国家经济安全的重要战略物资,粮食安全则是一个地区战略安全的重要组成部分(杜娟,2006)。我国人多地少,耕地资源一直处于高强度乃至过度开垦的利用状态,这也带来了农业面源污染严重、水土流失、土壤质量下降、病虫害增加以及农产品安全等问题,休耕问题更没有引起有关研究的系统关注。但是,忽视休耕问题,往往导致农业生产成本以及农业环境成本持续增长,农业生产效率难以提高,农产品安全问题也更加严重。因此,当前分析我国休耕问题,有利于社会进一步认识到耕地保护尤其是耕地质量保护的重要意义。为此,本节开展了一些探讨性的研究。

4.2.1　研究方法

针对我国耕地资源利用中的主要问题,这里分别设计了污染型休耕、中低产田休耕、水土流失型休耕以及轮作型休耕等模式,并分别测算出相应的耕地保有量,具体是:

（1）影响耕地保有量的因素分析

耕地的供给能力取决于农作物的单产水平,复种指数及耕地面积,而农产品的需求量取决于粮食消费水平和人口数（钟农簿,2006）。2020 年中国人口总数将达到 14.36 亿人,人均需求的粮食消费水平将达到 420 kg 左右（封志明,2007）。根据图 4-1 中耕地复种指数和粮食作物占总播种面积的百分比变化趋势,发现复种指数呈逐年增加趋势,而粮食作物的播种面积占总播种面积的百分比呈现出下降的趋势,两者与年份有显著的线性关系,根据线性关系估计出到 2020 年复种指数将达到 1.4 左右,但是复种指数的提高会增加耕地的生态压力,所以假设复种指数保持不变,为 1.3 左右。而粮食作物所占百分比到 2020 年将减小到 61%左右。

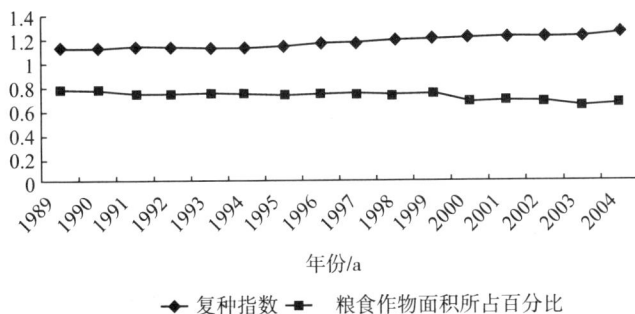

年份/a

◆ 复种指数 ■ 粮食作物面积所占百分比

图 4-1　1989—2004 年全国复种指数以及粮食作物所占百分比[1]

对粮食单产的预测有多种方法,见（表 4-2）。根据表 4-2 中预测,到 2020 年我国粮食单产将达到 $5760 \sim 6210$ kg·hm^{-2},这里取预测结果的中间值,按 6000 kg·hm^{-2} 来计算。

----

〔1〕　数据来源:中国统计年鉴。

表4-2　不同方法的粮食单产预测　　　　　　　　　　（kg·hm⁻²）

不同预测方法	2010	2020	2030
按历史年平均增长预测	5004	5776.5	6504
按品种更新换代预测	5130~5370	5760~6210	6240~6450
按主要粮食作物预测	5215.35	5914.35	6567
按主要粮食产区预测	5310	6000	6450
多种预测方法的综合结果	5004~5370	5760~6210	6240~6570

（2）基于休耕的耕地保有量的计算方法

假设 Y_1 为需求的粮食总量；Y_2 为保证粮食充足所需要的粮食作物播种面积；Y_3 为保证粮食充足所需要的耕地面积；Y_4 为休耕而需要再增加的耕地面积；Y_5 为休耕地2020年的耕地保有量；I_1 为总人口数；I_2 为粮食单产；I_3 为复种指数；I_4 为粮食作物面积所占比例；I_5 为人均粮食需求量。计算公式为

$$Y_1 = I_1 \times I_5$$

$$Y_2 = Y_1/I_2 = (I_1 \times I_5)/I_2$$

$$Y_3 = Y_2/(I_3 \times I_4) = (I_1 \times I_5)/(I_2 \times I_3 \times I_4)$$

$$Y_5 = Y_3 + Y_4$$

其中：$I_1 = 14.36$ 亿人，$I_2 = 6000$ kg·hm⁻²，$I_3 = 1.3$，$I_4 = 61\%$，$I_5 = 420$ kg·人⁻¹。

4.2.2　不同休耕模式下的耕地保有量

（1）模式1:严重污染的耕地进行多年休耕

土壤污染主要包括农药污染和重金属污染。受污染的土壤恢复需要的时间比较长，许多有机化学物质的污染也需要较长的时间才能降解。被某些重金属污染的土壤可能要100~200年时间才能够恢复。但是很多植物具有修复功能，可以通过吸收、降解、过滤和固定等功能来净化土壤中的金属元素、有机污染物以及放射性物质。因此可以种植特殊植物来降解污染。如印度的芥菜可以吸收 Zn、Cd、Cu、Pb 等，在 Cu 为 250 mg·kg⁻¹，Pb 为 500 mg·kg⁻¹，Zn 为 500 mg·kg⁻¹ 的条件下能生长；高杆牧草能吸收 Cu；英国的高山莹属类，可以吸收高浓度的 Zn、Cd、Cu、Pb、Mn、Co、Se 等（蒋先军，2000）。在 DDT 污染浓度为 0.215 mg·kg⁻¹ 的

土壤中种植 10 个品种的草本植物,发现丹麦产的多年生黑麦草(Taya)与美国产的高羊茅去除农药能力最强(安凤春等,2002)。可见,如果对污染严重的耕地进行常年休耕,并且在休耕期间种植特殊的植物,能在很大程度上降解土壤的污染,取得良好的生态环境效益。考虑到土壤污染,在这种模式下把我国污染严重的土壤进行多年休耕,休耕期可以根据污染物降解的时间进行调整。目前中国土壤污染状况也十分严重。数据表明,目前中国受重金属污染的耕地面积近 2000 万 hm^2,其中镉污染耕地 1.33 万 hm^2,汞污染耕地 3.2 万 hm^2,涉及 15 个省份 21 个地区(常学秀等,2001)。受农药污染的耕地面积达 1600 万 hm^2,其中严重污染的耕地面积达 2187 万 hm^2,大约占耕地总面积的 20%。在这种模式下,假设把污染严重的大约 20% 的耕地休耕,受污染耕地的粮食单产按照平均产量来计算,12000 万 hm^2 耕地的大约 20% 严重污染的耕地进行多年休耕,根据上述公式计算则有:

Y_3=12673.3 万 hm^2;Y_4=12000×20%=2400 万 hm^2;Y_5=12673.3+2400=15073.3 万 hm^2

(2)模式 2:中低产田休耕,高产田不休耕

耕种多年的土壤休耕一段时间之后肥力则得到一定恢复。不同地区,由于自然条件、耕作条件的不同,所产生的结果也有很大的差异。对实施 5 年的冬春季休闲田蓄草养草肥田技术的田块进行跟踪调查。稻田有机质含量达到 2.21%,试验初稻田的有机质含量为 1.96%,5 年净增加有机质含量达 0.25%,平均年递增0.05%。试验期间,同一地块连续 5 年栽培水稻,土壤肥力没有递减,反而提高了。试验结果证明,冬春季休闲田实施蓄草养草肥田技术,土壤肥力显著提高(张景樽,1999)。江苏省张家港市农业科学院进行了一次实验,实验时间为 1983—1995 年 12 个年份,分别测定了不同土层深度上在不同土地利用方式下,土壤中的有机质、全氮、可矿化氮、速效磷、速效钾等含量的变化(高亚军,2001)(表4-3)。

表4-3　不同土地利用方式下土壤中营养物质含量的对比

项 目	土层/cm	休耕土壤	连续耕作土壤（不施用肥料）	连续耕作土壤（施用化肥）
有机质含量	0～5	55.70	23.80	25.70
	5～15	28.30	16.90	15.20
全氮含量	0～5	2.89	1.48	1.61
	5～15	1.61	1.12	1.03
可矿化氮含量	0～5	217.40	58.00	19.10
	5～15	61.60	21.00	12.80
速效磷含量	0～5	12.40	2.30	8.00
	5～15	5.70	1.80	2.10
速效钾含量	0～5	179.30	55.60	90.10
	5～15	102.50	51.90	56.40

表4-3结果表明休耕条件下土壤当中的有机质、全氮含量、可矿化氮含量、速效磷含量、速效钾含量均高于在连续耕作条件下的含量。可见，休耕对恢复土壤肥力、改善土壤质量具有重要的作用。

目前中国中产田比例为30.3%，低产田比例为41%，两者占耕地总量的71.3%。虽然各地的标准不同，但总体来说，中低产田的产量与高产田地的比较，每年粮食单产仅为高产田的40%～60%（张琳，2005）。如果按中低产田的产量为高产田的50%计算，中低产田的产量大概为平均产量的78%左右。中低产田的休耕比例也可以根据粮食产量进行调节，假设拿出12000万 hm^2 耕地中20%的中低产田进行休耕期为一年的轮流休耕。则有：

$$Y_3 = 12673.3 \text{ 万 hm}^2; Y_4 = 12000 \times 20\% \times 71.3\% \times 78\% = 1334.7 \text{ 万 hm}^2; Y_5 = 12673.3 + 1334.7 = 14008 \text{ 万 hm}^2。$$

（3）模式3：水土流失严重的耕地进行多年休耕

水土流失地区生态环境脆弱，粮食产量很低。如果对这部分耕地进行多年休耕，就可以根据情况在上面种树种草，从而改变地表植被状况，减少水土流失，保持土地生产能力。陕西省吴起县1999年实施退耕还林（草）工程10.33万 hm^2。到2003年年底，森林覆盖率由13.2%提高到了18.7%，土壤侵蚀模数由1.53万 t·km^{-2}·a^{-1}下降到了0.88万 t·km^{-2}·a^{-1}（胡普辉，2007）。宁夏彭阳县建县初期,水土流失普遍发生,每遇暴雨必发山洪,据测算年平均土壤侵蚀模数大于 6400 t·km^{-2}·a^{-1},通过 20 多年的生态建设,土壤侵蚀模数明显下降,年保水能力比建县初提高 38%以上,保土能力提高 40%以上,相对于 2000 年未开展大面积退耕还林草工程之时,保水能力提高 8%以上,保土能力增加约 10%(马德仓等,2007)。可见,休耕以及退耕对水土保持具有重要的作用。全国第二次土地普查的数据显示,中国耕地水土流失面积 4541 万 hm^2,占全国耕地总面积的 34.26%;沙化耕地面积 256.21 万 hm^2,占全国耕地总面积的 1.93%。两者加起来占我国耕地总面积的 36%左右。美国自 1986 年开始实施环保休耕计划,主要针对那些土壤极易侵蚀或环境敏感的农业用地,对农民进行补贴使其实施 10～15 年的休耕还林、还草等长期性植被保护恢复措施,最终达到控制土壤侵蚀、改善水质、改善野生动植物栖息地环境等目的。我国部分耕地的生态环境也非常脆弱,建议也实行 10 年以上的长期休耕。由于水土流失与沙化土地的单产比较低,不能按照平均产量来计算,根据中国统计年鉴上的数据计算,2003 年 25 度以上坡耕地和沙化耕地平均单产分别为 2025 kg 和 1215 kg(西北部一些干旱地区则更低)。2003 年的粮食单产为 4332.6 kg·hm^2,两者分别为平均水平的 46.7%和 28%。把水土流失耕地和沙化耕地和在一起估算,假设需要休耕的 36%的耕地单产为平均水平的 45%。则有:

$$Y_3=12673.3 \text{ 万 hm}^2;Y_4=12000×36\%×45\%=1944 \text{ 万 hm}^2;Y_5=12673.3+1944=14617.3 \text{ 万 hm}^2。$$

(4)模式 4:轮作休耕方式

轮作是休耕的一种方式,由于作物的生物特性不同,长期耕种一种作物会使土壤当中的某些营养元素持续下降,影响粮食产量。通过轮作,更换作物品种,可以有效改善土壤环境。而且有些作物对地力还起到保护作用,比如说豆科植物,豆科植物能与根瘤菌共生固氮,改良土壤结构,提高土壤肥力,尤其在干旱地区有些豆科植物还可作为先锋植物,豆科植物在各自最适条件下的固氮量为 40～400 kg·hm^{-2}(Shearer G,1986)。在豆科与禾本科混播草地上,豆科植物固氮最多可达到草地上部氮积累总量的 46%,被认为足以维持系统的生产力(Cadisch G R,1994)。试验发现单作麦类作物能引起土壤肥力的匮乏和土壤侵蚀,一个很好的修复办法就是在休闲季种植豆科绿肥,结果表明:土壤水分含量、无机氮含量及休耕后的小麦产量,都得以提高。豆科植物所固定的氮还可以对下茬植物产生有益影响,据报道第一茬禾谷类作物中有 280 g·kg^{-1} 的氮是直接从上茬豆科植物中得到的,第二茬为 110 g·kg^{-1}(Glasener K M,2002)。可见采用轮作的休耕方式,如果种植一些特殊的农作物,也能对土壤肥力起到一定的保护作用。而且还能节省化肥的使用,对土壤环境起到保护作用。在这种模式下假设拿出 12000 万 hm^2 耕地总量的 20% 进行休耕,休耕期间可以种植一些对地力恢复比较好的农作物品种,比如说豆科植物。如果以大豆为例来进行计算,根据统计年鉴上的数据计算,我国大豆的平均产量大概为粮食作物平均产量的 40% 左右,大豆是油料作物,也可以经过加工进行食用,在这里把它看作粮食作物。则有:$Y_3 = 12673.3$ 万 hm^2;$Y_4 = 12000 \times 20\% \times (1 - 40\%) = 1440$ 万 hm^2;$Y_5 = 12673.3 + 1440 = 14113.3$ 万 hm^2。通过以上几种不同的休耕模式分析,如果要保证粮食充足,需要的耕地面积分别为 15073.3、14008、14617.3、14113.3 万 hm^2。在这几种模式下,如果考虑到需要休耕的耕地的面积,12000 万 hm^2 的耕地红线难以保障国家的粮食安全。重视粮食安全不等于要追求现实的粮食产量增加,而是要保护粮食生产能力,培育粮食生产潜力和可持续性。在短期内休耕可能对中国的粮食安全带来一定的负面影响,如果从长期的时间尺度来看,休耕保护了耕地的生产能力,保护了土壤环境,具有可持续发展的长期效应。

4.2.3　政策建议

从以上论述可以看出,耕地资源休耕不仅是耕地资源保育的客观要求,也是农产品安全的要求,但由于我国当前耕地保护的压力较大,这一工作的开展需要合理推进,并且在这一过程中要更加重视农业生产能力的建设,相关建议是:

(1)科学评价耕地休耕的成本与效益

耕地休耕需要政府进行必要的财政补贴,但其可以减少政府在水土保持、土壤质量改良以及农产品安全等方面的投入,需要从多角度科学评价耕地休耕的意义。由于我国幅员辽阔,耕地资源禀赋差异性大,因此需要针对不同区域的情况规划耕地休耕计划。如生态环境较为脆弱、土壤贫瘠的西部地区,侧重于生态保护型休耕;土壤污染较为严重的东部地区或城市郊区侧重于环境修复型休耕;当粮食供应紧张时,侧重于市场调节型休耕,等等。

（2）不断提高农业生产的科技支撑能力

培育和推广高产良种是保证粮食产量持续增长的关键。优良品种的培育和推广是提高作物单产最直接和有效的途径。如杂交水稻之父袁隆平通过培育良种,解决了新中国成立后中国当时面临的粮食紧张问题。1949年以来主要作物单产变化趋势表明,进一步提高作物单产变得越来越困难,必须努力应用现代生物技术培育高产优质作物品种,以保持作物单产的增长潜力,才能实现我国未来粮食供求平衡。

（3）积极改善农业生产基础条件

对粮食生产尤其是农田水利建设的投入保持稳定递增是实现我国未来粮食安全的保证。化肥、农药投入已经比较大,今后主要是提高利用效率,减少浪费和对环境的污染;复种指数继续提高有一定潜力但很有限。目前全国农田灌溉面积比例只有50%左右,而且以机械灌溉为主,水利灌溉仅约为30%,而美国90%为水利灌溉。而且灌溉的区域差异性比较大,广大的北方地区耕地面积广大,但水资源比较匮乏,有效灌溉率非常低;我国的水利设施也不完善,大水漫灌造成了对水资源的大量浪费,应该吸取发达国家的技术,发展滴灌技术。"水利是农业的命脉",加强水利建设,提高农田灌溉面积比例,是提高我国21世纪粮食作物单产的根本所在。通过南水北调缓解我国北方地区的缺水状况,有希望逐渐提高灌溉率。

4.3 地方耕地虚拟休耕测算模型及实证案例

长期以来,我国通过落实耕地保护、推进农地综合整治等措施改善农业生产条件、提高农地利用效率,为国家粮食安全提供有力的保障。当前的农业和农村经济已从主要农产品全面短缺转变为总量大体平衡、部分农产品自给有余、一些农产品相对过剩的状态(谭淑豪,2001),人们更加注重品质优良的多元目标的追求(黄贤金,2000)。粮食安全已经由供给总量短缺的数量问题,转化为供求之间的食品安全(粮食质量)问题。而这一问题的存在,与作为"基础载体"的耕地资源的质量退化不无关系(蔡运龙等,2002)。长期不合理的化肥农药等施用造成土壤污染问题突出(赵其国等,2006)。为了实现耕地资源的可持续利用,借鉴国外成熟的耕地管理经验,探讨我国未来耕地保护的可选模式——对部分宜耕性低的耕地开展休耕,以提高耕地的综合产能。

休耕最早开始于美国,1961年美国规定农场主至少停耕20%的土地(周明建,2005),1985年《食品安全法案》中将其分为短期和长期休耕,前者为了调节国内农产品产量,后者主要是针对土壤侵蚀严重的土地开展养护(Steiner F,1989)。1992年欧盟开始"麦克萨里(Ray Macsharry)"改革,鼓励农民休耕(5~20a),以改善土壤质量,保护自然栖息地(肖主安,2004)。休耕计划初始考虑的主要是水土流失程度,伴随计划的开展发现休耕还具有改善耕作区水质、维持良好的生物多样性、调节农产品产量等环境和经济效益(Swanson D A 等,1999;USDA);Landgraf 等研究休耕期内土壤营养成分流动发现休耕地土壤侵蚀有效减少,微生物量明显增加;Karlen 等和 Randall 等通过休耕前后的土壤成分对比试验发现,与连续耕作和季节性休耕相比,休耕计划中微生物的碳含量要高出17%~64%,土壤呼吸作用增强。也有研究表明休耕可以产生良好的生态环境效益,如恢复破碎化的景观,维护生物多样性,创造野生动物栖息地以及区域碳通量排放向有利方向逆转等(Dunn C P,1993);并且对于农业面源污染如农药、化肥等污染具有明显的改善作用(Lant C L,1991)。国内学者近年来也开始关注休耕,大多从耕地储备的角度进行理论探讨(揣小伟等,2008),尚未开展休耕的实证研究。本章试图在国内外研究成果的基础上,探讨区域休耕的规模与空间布局。由于休耕在我国当前国情下尚未有相关的经济和政策支撑条件,因此本研究为区域虚拟下的休耕研究,以期为未来开展土地休耕进行前期的实证探讨。

4.3.1 休耕及其规模与空间布局

休耕作为耕地储备的一种形式(揣小伟,2008),不同于轮耕、退耕和季节性休耕,是对耕地养护的长期过程。通过在休耕期内对农田取消耕作,并投入技术、资金对休耕地进行修复并开展养护管理,促进耕地资源的可持续利用;同时采取相关政策,对休耕的农民进行适当的农业补贴,保证农民的生产生活不因休耕而降低。国外的休耕期限从 5～20a 不等,根据已实施休耕的效果评价的研究成果来看,休耕期为 3～10a 对耕地质量、区域生态环境产生的积极效果最为明显;考虑到科学技术的进步、休耕技术的日趋成熟,以及我国国民经济和社会发展的计划时限,初步将我国休耕期限设定为 5a。

(1) 休耕的规模

美国在 1990 年采用环境效益指数(environmental benefits index)作为评价休耕地的标准,重点考虑了水土流失、空气质量、地表水地下水可能造成的污染、野生动植物多样性、可能的实施成本与实施的长期效益等评价指标(Haeze D, et al.)。由于国外更重生态环境的改善,因此休耕的规模相对较高。借鉴耕地保护理论的相关成果,本研究认为休耕的规模可以分为理论规模和现实规模。理论规模主要考虑在不同自然资源禀赋下耕地的宜耕性程度,对宜耕性指数低如有机质含量过低、pH 值超标等受自然因素限制的耕地采取休耕政策。现实规模则需考虑当前我国将保证粮食安全作为长期战略性任务的背景,以保障国家粮食安全为前提,从而实现耕地保护与经济社会的协调发展。借鉴耕地保有量的测算方法(钟太洋等,2006),我国休耕现实规模测算模型如下:

$$S = E - \frac{P_t \cdot D_t \cdot r_t}{n_t \cdot k_t \cdot m_t} + \Delta E' - \Delta C'$$

式中:S——耕地休耕量(hm^2);

E——现有耕地面积(hm^2);

P_t——休耕目标年人口数(10^4 人);

D_t——休耕目标年人均粮食需求量(kg/人);

r_t——目标年粮食自给率(%);

n_t——目标年粮食作物播种面积占农作物总播种面积的比例(无量纲);

k_t——目标年复种指数(无量纲);

m_t——目标年粮食播种面积单产(kg/hm^2);

$\Delta E'$——休耕期新增耕地面积(hm^2);

$\Delta C'$——休耕期耕地减少面积(hm^2)。

(2) 休耕空间布局的影响因素分析

合理的空间布局是休耕顺利实施的关键。休耕区域的选择本质上取决于区域耕地宜耕性程度,对宜耕性低的耕地应采取休耕措施以恢复地力。而在粮食安全对休耕规模的约束下,休耕区域的选择不仅要考虑耕地自然质量条件,还应考虑社会、经济等因素对耕地利用时空变化的影响。通过对休耕适宜程度开展综合评价,优先对适宜程度高的区域实行休耕。

① 自然条件与休耕区域选择 不同的气候、地貌、土壤、水文、地质等条件下,耕地质量呈现空间异质性分布的状态。我国耕地利用自然限制性的时空差异较大,如西北地区的耕地资源面临荒漠化的风险;东北地区耕地资源水土匹配度差,盐渍化严重;西南地区宜耕地比例小,生态环境较差;东部沿海地区普遍存在不同程度的盐渍化问题。因此,休耕自然适宜性评价指标应当结合区域耕地具体自然质量条件和问题有针对性地选取。

② 人类活动与休耕区域选择 人类耕作活动是影响耕地质量的重要因素,不同的利用方式、投入强度、利用程度直接影响耕地质量的变化(孔祥斌等,2007)。随着人地矛盾的加剧,为了在有限的耕地上获取更多的收益,人类对耕地的利用强度越来越高。尤其是在当前农户耕地经营以获取纯收入的最大化为目标的前提下,农户更加注重耕地的即时产出率和短期的经济效益,其往往以牺牲长远效益为代价,采用非持续性的利用方式。中国农业科学研究院土壤肥料研究所的调查显示,全国已有 17 个省氮肥平均施用量超过国际公认的上限225 kg/hm^2。而伴随着化肥施用量的增加,单位质量化肥投入所带来的边际粮食产量不断减少(张利庠等,2008)。因此,对于耕地利用强度过高导致不可持续利用的区域应当优先开展休耕。

③ 经济社会发展与休耕区域选择 人类对耕地资源的认识伴随着经济社会的进步而不断深化。从最初的仅仅注重耕地产出的经济价值到逐渐意识到耕地的伦理价值、社会保障、生态涵养、文化承载等方面功能,人类对耕地资源的要求已经从单一的经济价值逐渐转向整体的综合价值(黄贤金等,2009)。因此,经济社会的发展有助于提升人们保护耕地的理念,从而有助于休耕的顺利开展。而休耕的实施涉及政府对采取休耕行为的农民进行补偿以及在休耕期间对耕地投入资金、技术以及相关配套设施进行养护,是一个典型的经济行为。因此,能否有充分的经济支持,决定了休耕最终目标能否实现。

4.3.2 虚拟实证研究

（1）研究区概况和数据来源

通州市位于江苏省的东南部，长江三角洲的北翼，地处北纬 $31°48'35''\sim$ $32°15'25''$，东经 $120°37'50''\sim121°25'35''$，东临黄海，西部平潮地区南濒长江，全境地势低平，地面高程一般为 3.2～4.3 m，2008 年全区辖 19 镇，总人口 124.89 万人，耕地总面积 76510 hm²，全区垦殖率约为 52.9%，第一产业产值为 25.54 亿元，占 GDP 总量的 8.14%。数据来源于通州市国土局提供的 2008 年通州市 1∶1 万土地利用数据库，通州市 1∶1 万 DEM 图，1∶5 万通州市土壤类型图，有机质含量图，盐渍化程度图，通州市统计年鉴（2000—2008 年）。

（2）休耕现实规模测算

根据《通州市"十二五"人口和计划生育事业发展规划》和 2008 年通州市常住人口数据，采用人口自然增长法测算至 2013 年快速发展、中速发展、低速发展 3 种情景下的人口规模：全市人口出生率稳定在 5.5‰，人口自然增长率继续保持负增长，分别定为 −2.31‰、−2.52‰、−2.72‰；低方案人口机械增长数为 6 万、7 万和 8 万人，中方案人口机械增长数为 12 万、14 万和 16 万人，高方案人口机械增长数为 18 万、21 万和 24 万人来预测人口规模；借鉴卢良恕等（卢良恕，2003）关于不同发展阶段食物安全目标的研究成果，2013 年（基本小康水平）粮食人均需求量采用 391 kg 估算；2000—2007 年通州市复种指数在 1.68～1.77，且伴随农田基本建设和水利事业的开展，以及国家惠农政策的实施，复种指数会有所提高，预测 2013 年复种指数为 1.79；全区粮播比基本稳定在 62%～59%，考虑到农业生产的经济效益，至目标年粮播比略有降低，预测 2013 年粮播比为 58%；通过对历年的粮食作物的产潜比分析，确定目标年粮食播面单产年均产潜比增长率为 0.00048，至 2013 年单产为 6380 kg/(hm² · a)，根据《全国粮食生产发展规划 2006—2020 年》设置粮食自给率分别为 100% 和 95%，参考《通州市土地利用总体规划（2006—2020 年）》，至 2013 年土地整理复垦开发可新增耕地面积为 4860 hm²，建设占用等造成耕地减少面积为 3852 hm²；由上述可影响参数计算可以得到不同情景下通州市 2013 年休耕现实规模（表 4 - 4）。

表4-4　不同发展情景下通州市休耕现实规模

发展情景	目标年人口/10⁴人	人均粮食需求/kg	粮播比	复种指数	粮食单产/(kg·hm⁻²)	新增耕地/hm²	耕地减少/hm²	粮食自给率/%	休耕规模/hm²
低速发展	126.8	391	0.58	1.79	6350	4860	3852	100 95	2668 6410
中速发展	126.3	391	0.58	1.79	6350	4860	3852	100 95	1782 5569
高速发展	130.2	391	0.58	1.79	6350	4860	3852	100 95	661 4530

（3）休耕适宜性空间决策

① 休耕自然适宜性评价　休耕区域的自然适宜性分析主要考虑在自然质量条件下耕地休耕适宜性的等级。评价指标的选取以反映耕地质量的全面性、代表性,评价因子的相对独立性、稳定性及资料的可获取性为原则。参照农用地分等规程和江苏省农用地资源分等研究,结合通州市实际选取地形坡度、土壤质地、有机质含量、土壤耕作层厚度、pH值、盐渍化程度6个评价因子,指标级别标准的划分见表4-5。评价单元的划分利用 ArcGIS 9.3 软件的空间分析功能,从数据库中提取有关评价因子图,叠加之后产生的最小多边形(封闭的图斑)即评价单元。

表4-5　休耕自然适应性评价级别

级别	地面坡度	土壤质地	盐渍化水平	土壤有机质级别	土壤耕作层厚度	pH值
Ⅰ	0°～2°	壤质土	无盐化	≥2.5	≥100	6.5～7.5
Ⅱ	2°～6°	壤质偏黏或偏沙	轻盐渍化	1.5～2.5	80～100	6～6.5; 7.5～8
Ⅲ	6°～15°	黏质土或沙质土	中盐渍化	1～1.2	60～80	5.5～6; 8～8.5
Ⅳ	15°～25°	砾质土	重盐渍化	0.4～1.0	30～60	4～5.5; 8.5～9.5
Ⅴ	25°以上	石渣土	盐土	0～0.4	<30	<4;>9.5

注:地面坡度级别的划分参考了《土地开发整理项目规划设计规范》(TD/T1012—2000),土壤质地级别的划分参考了《中国土壤质地试行分类》;盐渍化水平、土壤有机质级别、土壤耕作层厚度、pH值划分参考了《农用地分等规程》(TD/T1004—2003)。

根据评价的级别和标准划分,遵循经济学中"木桶效应"理论,以最小限制因子的适宜等级作为评价单元的休耕适宜性等级。适宜类共分为5类,从Ⅰ～Ⅴ依次表示:不适宜休耕、较不适宜休耕、中适宜休耕、较适宜休耕和适宜休耕(权重见表4-6),根据评价单元的属性提取评价信息,建立空间属性数据库。

表4-6 休耕适宜性空间评价体系[1]

目标层	因素层(权重)	指 标 层	权重
休耕区域适宜性空间评价	自然质量条件(0.4)	适宜休耕Ⅰ	0.513
		较适宜休耕Ⅱ	0.171
		中适宜休耕Ⅲ	0.128
		较不适宜休耕Ⅳ	0.103
		不适宜休耕Ⅴ	0.085
	耕地利用强度(0.3)	单位面积化肥使用量	0.427
		单位面积农药使用量	0.214
		单位面积农膜使用量	0.214
		机械化动力水平	0.143
	经济保障水平(0.3)	一般预算内财政收入/10^4元	0.429
		人均GDP/10^4元	0.214
		农民人均纯收入/(元·a^{-1})	0.214
		第一产业所占比重	0.143

② 休耕适宜性空间综合评价 选择单位面积耕地机械化动力水平、单位面积耕地化肥施用量、农药施用量、农膜施用量表征耕地利用强度;选择人均GDP、农民人均纯收入、第一产业所占比重和一般预算内财政收入表征开展休耕地区经济社会发展水平。结合休耕自然适宜性的评价结果标准,采用层次分析法,得到休耕区域适宜性空间评价指标体系及其权重(表4-6)对于耕地利用强度和经济社会保障水平的因素层,首先对原始数据进行极差标准化处理以消除量纲影响。由于该标准化处理值反映的是一种比较的趋势,因此参评因子指标最小值的标准化值不按零考虑,而是根据各因子层的衰减程度采用经验数据。采用加权求和法

[1] 注:$CI=0.028$,$RI=0.9$,$CR<0.1$,判断矩阵通过一致性检验。

得到休耕区域适宜性综合分值,反映了区域之间开展休耕的先后次序、优先级别的趋势,建立休耕区域适宜性空间评价的属性数据库。

(4)休耕区域空间表达

根据前文中速发展情景下休耕现实规模测算结果,结合休耕区域适宜性综合分值,利用 ArcGIS 9.3 空间查询和筛选命令,可分别测度中速发展情景下,不同粮食自给率控制指标的土地休耕区域。在中速发展且粮食自给率 100%的情景下,通州市的休耕区域除二甲镇以外,其余各镇均有分布,主要集中在石港镇、骑岸镇和川姜镇;在粮食自给率 95%的情景下,休耕区域在各镇均有分布,主要集中于石港镇、骑岸镇、川姜镇、兴东镇和兴仁镇。石港镇和骑岸镇休耕规模较高主要是由于土壤有机质含量较低,且近年来作为通州市主要的农业生产基地,耕地一直处于高强度利用状态;而川姜镇、兴东镇和兴仁镇自然条件下耕地质量较高,但耕地的利用强度高,尤其是化肥和农药的施用量近年来增速较快,存在耕地不可持续利用的潜在威胁,因此休耕的规模也相对较高。

4.3.3 结论

当前过度利用、土壤污染等问题造成我国耕地质量不断下降,直接影响国家长期的粮食生产能力和食品安全。基于上述背景,借鉴国外研究成果和较为成熟的休耕实践经验,提出开展土地休耕是我国未来耕地保护的可选模式,以缓解我国耕地长期重用轻养的压力,提高耕地质量,改善区域生态环境,促进耕地资源的可持续利用。以江苏省通州市为例开展区域实证分析,基于目标年人口规模、粮食需求、粮食播种面积比例、复种指数、耕地增加来源和减少去向等因素确定不同发展情景下区域虚拟休耕规模为 $661 \sim 6410 \text{ hm}^2$。中等发展情景下休耕空间集中在石港、骑岸和川姜等镇。通过对通州虚拟休耕区域分布的研究发现,耕地自然质量的相对较低和利用强度过高是休耕布局的主导因素。研究对区域虚拟休耕进行了初步探索,为我国未来开展土地休耕提供有益的参考。

在休耕规模的测算中,粮食需求仅采用了 100%和 95%的自给率 2 种方案,对全国尺度的休耕规模测度可作参考,但在地域分析尤其涉及粮食主产和非主产区的分析中有欠稳妥,若采用实地历年的粮食自给水平更切合实际;此外,农民作为实施休耕的微观主体,其开展休耕的意愿是能否顺利实现休耕目标的重要影响因素,而政府的政策措施、补偿力度等直接影响农户的选择,如何结合农民意愿进行休耕活动的探讨是下一步需要研究的重点;同时,由于缺乏当地土壤污染等资料,受土壤污染因素影响的休耕规模及空间布局也未加论述。

5 土地利用生态补偿机制与政策

5.1 土地利用生态补偿及其实现机理

十八届三中全会、五中全会所确立的生态文明发展战略,以及《生态文明体制改革总体方案》的实施,为完善生态补偿机制、推进绿色发展提供了制度保障。早在 20 世纪 90 年代初,我国就开始了有关生态补偿机制问题的理论和实践探索。但截至目前,土地利用生态补偿机制还没有形成,何为生态补偿机制、为什么要建立生态补偿机制和怎样建立生态补偿机制三个基本问题并没有得到较为系统的回答。为此本章首先从建立土地利用生态补偿机制面临的紧迫现实问题及其解决对策的结构性短缺问题出发,论述土地利用生态补偿机制内涵和外延及其理论基础等问题,进一步揭示土地利用的生态补偿机理。

5.1.1 土地利用生态补偿的内容与特征

(1)土地利用生态补偿概念与内涵

生态补偿最初源于自然生态补偿,指自然生态系统抗干扰性和恢复能力,后来逐步演变为促进生态环境保护的经济手段和机制(庄国台等,1995;王向阳,2010)。尽管已有针对生态补偿的研究和实践探索,但没有关于生态补偿较为公认的定义。生态补偿有广义和狭义之分。广义的生态补偿实质上是对保护生态系统和自然资源所获得利益的奖励或破坏生态系统和自然资源所造成的损失的赔偿,也包括对造成环境污染者的收费。狭义的定义为前者。综合国内外学者的研究并结合我国土地利用的实际,这里将土地利用生态补偿(Land use ecological compensation)定义为以保护和可持续利用生态系统服务功能为目的,以经济手段为主要方式,调节土地利用相关利益关系的制度安排。确切来说,土地利用生态补偿以保护生态环境,促进土地可持续利用,实现人与自然的和谐发展为目的。根据生态服务功能、生态保护成本、土地机会成本,运用政府和市场手段,调节土地生态保护者、受益者与损害者之间的利益关系。

从土地利用生态补偿的内涵来看,包括以下几个方面:一是土地利用造成了生态服务的外部性,包括正外部性和负外部性;二是土地利用生态补偿目的是通过经济手段刺激土地利用生态外部性内部化,即对生态系统本身保护(恢复)、破坏的成本进行惩罚性补偿,或对提供生态服务效益进行福利性奖励;三是实施土地利用主体的生态环境保护和环境投入或放弃发展机会的损失的经济补偿等措施。生态补偿机制的建立是以内化外部成本为原则,对保护行为的外部经济性的补偿是以改善生态服务功能所付出的额外成本,以及由此而付出的发展机会成本;对破坏者的外部性的补偿是以恢复生态服务功能的成本和因破坏者造成的被补偿者发展机会损失的成本。土地利用生态补偿与国际上使用的生态补偿付费(payment for ecosystem services)或生态效益付费(payment for ecological benefit)相似(何可等,2013)。

(2) 土地利用生态外部性特征

以鲍莫尔和奥肯区分公共外部性和私人外部性理论为基础(张宏军,2007;郭守亭等,2007)。这里根据外部性效益生产者和接受者的数量,我们将外部性分为4个维度。在Ⅰ—私人外部性区域存在少数土地生态效益产生者和土地生态效益接受者;Ⅳ—公共外部性区域存在数量庞大的土地生态效益生产者和接受者;Ⅱ、Ⅲ—中间外部性区域是少量土地生态效益生产者(土地生态效益接受者)和土地生态效益接受者(土地生态效益生产者)。土地利用生态环境问题本质上是外部性问题,土地利用生态外部性具有以下基本特点(表5-1):

表 5 - 1　土地利用生态外部性维度分析

生产者/接受者		土地生态效应接受者	
		少数	数量庞大
土地生态效应生产者	少数	Ⅰ—私人外部性区域 土地利用造成相邻土地污染	Ⅱ—中间外部性区域 土地利用造成流域污染
	数量庞大	Ⅲ—中间外部性区域 农业使用农药影响鱼塘	Ⅳ—公共外部性区域 森林砍伐对区域生态影响

①　土地利用生态外部性属于公共外部性。土地利用过程中,外部性往往有庞大的土地生态效益产生者,也有很多的接受者。土地利用生态外部性具有公共物品属性,试图通过土地生态效益生产者和接受者之间的谈判解决外部性显得十分困难。

②　土地利用生态外部性的交互性。在Ⅳ—公共外部性区域,每个土地生态效益生产者都受到其他土地效益生产者施加的外部影响,同时每个生产者又是土地生态效益的接受者。由于土地利用生态外部性具有公共物品属性,其产权不易界定,难以达到次帕累托最优。

③　土地利用生态外部性的空间扩散效应。一般来说,土地生态效益接受者不一定在生产区域附近显现,而是在空间的其他地方显露出来,具有空间扩散效应。例如:森林砍伐者导致的区域乃至全球气候变化的生态外部性成本由社会成员承担。

④　土地利用生态外部性的时间累积效应。从时间维度上看,有些土地利用产生的生态环境对人类的危害逐渐累积的,产生了土地利用生态外部性的代际传递。

5.1.2　土地生态损害的根源:产权、制度与市场缺陷

(1) 土地产权缺陷

土地产权是人们在土地占有、使用、转让、收益分配方面的权利关系,产权具有激励和约束功能,权责对称安排可以成功使外部性内部化(魏晶雪,2008)。《宪法》和《中华人民共和国土地管理法》规定,国有土地、森林、草地由省、市、自治区及县以上各级政府代理,形成国有土地所有权多级代理。农村集体土地名义上属于集体所有,实际产权行使主体模糊,产权处置存在多重性。产权主体的不明确

会造成"公地悲剧",在大家都主张所有权的情况下,竞相掠夺性地利用土地,造成第三方土地公益品收益有部分发散为社会收益,从而导致部分福利的损失。另外,从资源的宏观角度来看,土地作为经济、社会和生态功能的综合体,土地产权不仅包括经济、社会权利部分,还包括生态权利部分。然而生态权利部分长期被忽视,被界定为公有形式,在此假设前提下,人们得到生态"公有公用"的概念和逻辑,事实上,我国土地利用安排正是基于这种逻辑做出的。尽管土地产权明晰,不同利益实体在价值规律中寻求自己行为目标的盈利化,忽视土地生态功能,土地生态价值未能通过土地利用得以实现。

（2）土地制度结构性缺陷

经过30年的发展,中国已经建立了较为完整的环境污染防治政策体系,对主要环境污染问题的管理都有了法律和政策依据。但在土地生态保护方面,中国面临着利益结构性不平衡的挑战,特别是对土地生态价值的忽视,很难从根本上解决土地利用变化的生态环境。这类生态保护及其治理背后,有一个共同的利益关系规律在发生着作用,即土地利用受益者、破坏者之间的利益不公平分配,导致受益者无偿占有环境资源,保护者得不到应有的经济回报,保护缺乏经济激励;破坏者未能承担破坏环境的责任和成本,受害者得不到应有的经济补偿,责任人丧失保护环境的压力。这种环境及其经济利益关系的扭曲,不仅是中国的生态保护面临很大的困难,而且也威胁着地区间和不同人群间的和谐发展,要解决这类问题,必须建立一种能调整相关主体环境利益及其经济利益的分配关系,实施生态保护行为的政策,这就是生态补偿机制的政策含义和目标。

另外,运用西方新制度经济学和产权学派的理论考察中国历代土地制度变革,可以看出,土地制度都是围绕产权来进行变革,更多的是强调土地作为物权的"用益",这些争论关注的焦点仍然是凸显土地的资本化功能。在制度构思上偏重"以利益目标"为主导的"选择激励机制"（邓伟志等,2008）。长期以来,以效率为取向的"选择性激励机制"的制度安排使人们只注重土地资源的经济价值和社会价值,忽略了其使人类社会可持续发展的生态价值。现有经济发展模式中,土地资源产生巨大的经济效益,但生态价值往往不被考虑,无论主动或被动的生态保护者一般都不能从市场上自动获得生态效益的经济补偿,生态受益地区的经济发展又未考虑应承担的生态环境成本,从而助长了资源开发者把土地开发造成的生态破坏的外部不经济性转嫁给整个社会。这意味着偏离公平和可持续发展价值的土地制度的基本框架下,任何追求经济效率忽视生态服务价值的制度安排,都将导致整个生态、经济社会系统处于不稳定的状态。因此,土地政策结构性短缺是制约社会经济发展的重要因素,迫切需要建立土地利用生态补偿机制来有效保护生态环境和土地可持续利用。

(3)土地利用市场性缺陷

土地不仅是社会经济承载,又是生态环境的载体,它对地球生命系统起着根本的支持作用。经济社会发展过程中产生的污染等外部性影响到土地资源生态环境功能的实现,破坏了土地资源的内在价值,增加了土地利用的风险。土地资源开发只注重土地资源的经济价值和社会价值,忽略了其使人类社会可持续发展的生态价值,这将产生土地利用的正外部性和负外部性(张涛,2003)。

一方面土地开发损害行为导致的负外部性,即市场主体对土地所造成的不利影响往往转嫁给全社会而其自身不承担相应的责任。如林地和草地开发成建设用地导致生态环境退化,其生态外部性成本通常都是由全社会共同承担,而相应的收益却被造成破坏的经济主体独享。这种情况下边际私人成本 MPC<边际社会成本 MSC,私人边际成本和边际收益决定的交点 Q_0,大于社会帕累托最优量 Q(图 5-1)。从理论上讲,纠正外部不经济性,使市场量降低到最优量,必须提高供给价格或成本。

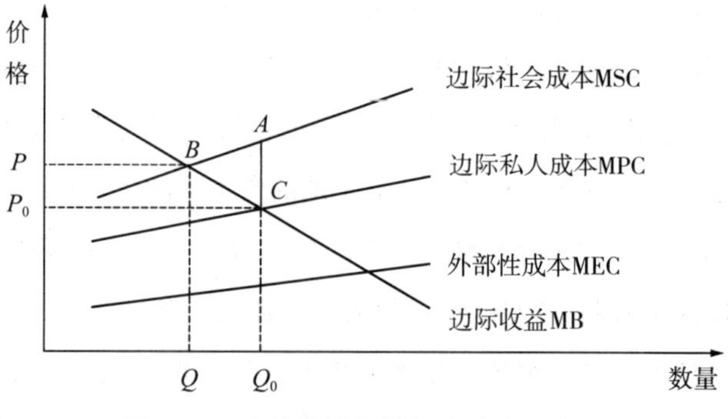

图 5-1 土地负外部性与土地市场失灵

土地利用生态效益也是一种为社会提供集体利用的公共物品,这种效应不能通过市场行为得到体现,如植树造林在涵养水分、保持水土、调节气候等方面产生的效益。这种物品一旦生产出来,往往会出现"搭便车"的现象,生态效益由他人或整个社会无偿享用,而土地使用者则无法收回生态成本。如图5-2,也就是私人土地利用者的行为改善了生态系统的服务功能,该行为的社会边际收益(MSB)>个人边际收益(MPB),二者之差为外部收益 MEB,即社会无偿享用的那部分收益。如果在完全竞争的市场经济条件和生态服务功能有价并可以进行自由市场交换的情况下,土地利用行为由 MPB 和边际成本 MC 决定,也就是市场量 Q_0,小于社会最优量 Q。然而,私人作为决策单元,不会自动将生态服务水平从 Q_0 提高到 Q,因为那样的话边际成本增加到 P。由此得出一个基本结论,要使土地市场量达到社会最优量达,则必须降低外部性成本或进行有效补偿,才能达到社会福利最优。

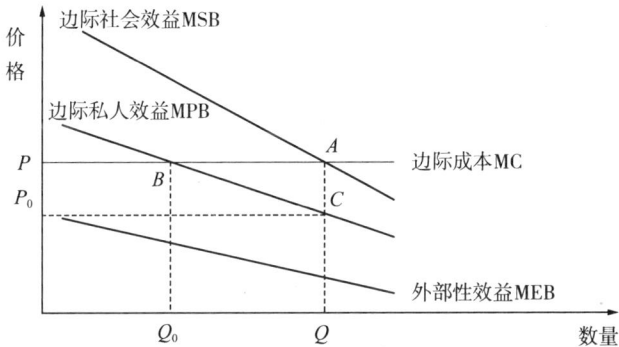

图5-2 土地正外部性与土地市场失灵

从土地利用生态外部性特征来看,外部性是一种经济力量对于另一种经济力量的非市场性附带影响,界定生态环境关系的契约成本过高,"科斯定理"所需求的条件在土地利用外部性问题上不可能得到满足,市场交易很难进行,这表明即使在完全竞争的条件下,市场也不可能使资源配置达到帕累托最优。一旦社会准则和市场机制矫正外部性具有相当的缺陷时,政府公共干预便成为解决土地利用外部性问题的必然选择。

5.1.3　土地利用生态补偿的实现机理分析

（1）土地利用生态补偿的理论框架

基于生态补偿理论和土地利用生态补偿的内涵，构建了图5-3所示的土地利用生态补偿机制的一般分析框架。概括地说，土地利用生态补偿机制主要是解释什么是生态补偿，即生态补偿的内涵和实质；为什么要生态补偿；如何生态补偿三个方面的问题。

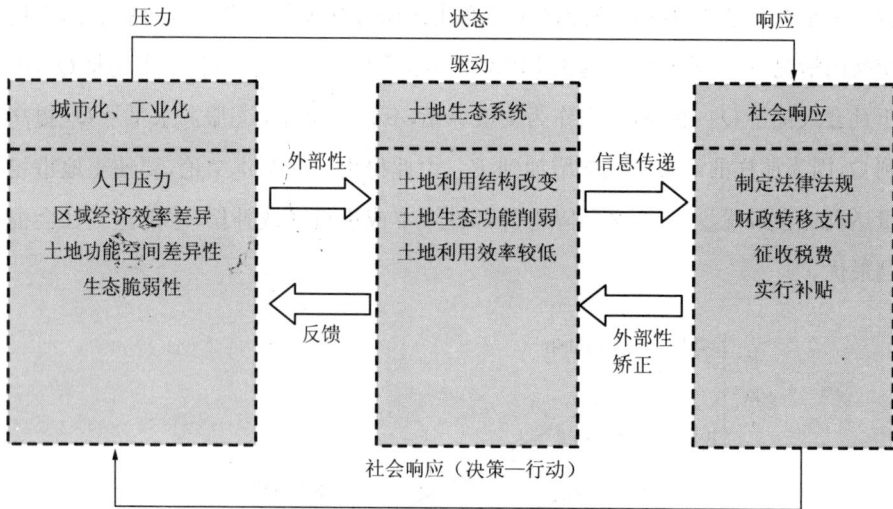

图5-3　土地利用生态补偿理论框架

人与土地之间的相互关系，首先是人类为获得基本的物质资源与条件，对土地展开一系列的土地开发利用与改造活动。在传统的发展模式中，土地资源的生态价值往往被忽视，土地生态保护与经济发展的"两难"，阻碍和制约尤其是经济欠发达地区的经济发展。无论是主动还是被动的生态保护者一般都不能从市场上自动获得生态经济补偿，这助长了土地利用的外部性成本或效益转嫁给整个社会。土地利用外部性的存在，影响着环境质量以及自然资源的数量（状态）。反过来，社会通过意识和行为的改变、环境政策的实施矫正环境外部性行为。

由于土地利用功能的空间差异性和生态脆弱性，经济落后地区往往是生态环境良好的区域，承担着重要的生态功能，而经济发达地区注重的是土地利用的社会和经济效益，形成了土地生态保护与经济发展的"两难"矛盾。在各种压力导致土地利用外部性的同时,这些变化又会影响人类的活动,比如导致土地利用结构的无力改变和土地低效率利用,削弱土地生态功能。另外,社会响应受到人类活动影响的这些行为要达到三个目的:① 减轻或防止人类引起的土地利用的环境外部性;② 使已经发生的环境损害不再在区际和代际转移;③ 促进土地可持续利用。鉴于此,在土地利用过程中,解决土地利用过程中的"市场失灵"的方法和途径有政府管制、经济刺激手段、产权途径、社会准则或良心效应。然而,在土地产权体系相对较为完善的条件下,经济刺激手段更受到理论和实践的偏爱。一般来说,生态补偿机制正是从影响成本和收益入手,利用价格机制,采取鼓励性或限制性措施,使土地利用外部效益内部化的一种资源环境管理手段。而补贴和征收税费都是政府调控和市场力量的结合,是应用于资源环境管理的主要手段。比如:由于人口压力,我国早期大规模的围湖造田和退林退荒等活动导致湖面缩小,加上植被破坏,土壤流失加剧,加速了湖底的淤积,致使水文失调,丰水期缺乏足够的储蓄场所,导致洪水位升高,出现了如1998年百年一遇的洪灾。之后中国政府通过财政转移支付的方式直接补贴农民,实施"退耕还林""退耕还湖"等一系列重大工程。

(2) 土地利用生态补偿实现机理

这里基于土地利用外部性相关理论,剖析土地利用与生态补偿之间的关系可以从以下两个方面进行,一是剖析土地利用生态补偿的实质,解释什么是生态补偿机制;二是揭示土地利用生态补偿机制对土地利用的影响,也就是说明为什么要生态补偿的问题。

① 土地利用生态补偿的实质:外部效益内部化 在土地利用过程中,会不可避免地带来外部性问题。解决土地利用过程中"市场失灵"的方法和途径有政府管制、经济刺激手段、产权途径、社会准则或良心效应。然而,在土地产权体系相对较为完善的条件下,经济刺激手段更受到理论和实践的偏爱。一般来说,生态补偿机制正是从影响成本和收益入手,利用价格机制,采取鼓励性或限制性措施,使土地利用外部效益内部化的一种资源环境管理手段。而补贴和征收税费都是政府调控和市场力量的结合,是应用于资源环境管理的主要手段。

当土地利用产生生态外部性时,向产生外部经济主体进行 t 单位补贴或征

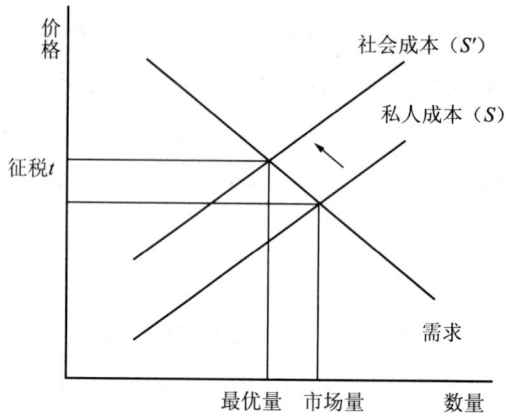

图 5-4 生态补偿对负外部成本的矫正

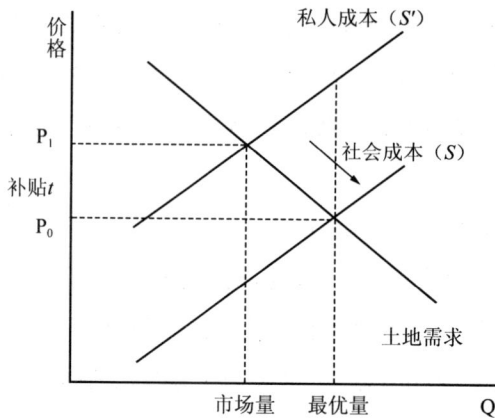

图 5-5 生态补偿对正外部成本的矫正

税,供给曲线 S' 移向供给曲线 S,土地利用的私人成本与社会成本一致,提高土地利用的整体福利水平(钟太洋等,2007)。

② 生态补偿对土地用途转变的影响分析   根据土地的质量和功能,土地在社会经济、文化环境中被赋予了不同的属性。在土地利用决策过程与土地资源配置过程中,土地由于属性上的差异性被赋予了不同的转换途径,基于市场供求关系所确定的价格来决定其配置,导致了土地在用途上的改变和调整,即土地低效益用途向高效益用途转换。在图 5-6 中,OQ 为土地总量,假设社会存在两种土

地用途 A 和 $B(A+B=OQ)$。未进行生态补偿之前,市场均衡点在 L。但对土地进行生态补偿,两种用途配置的新均衡点在 L' 和 L'',土地用途 A 和 B 相互转换。若存在正外部性,通过生态补偿增加土地社会供给,以增加社会整体福利;若存在负外部性,通过生态补偿土地低效率用途向高效率用途转换(况伟大,2005)。

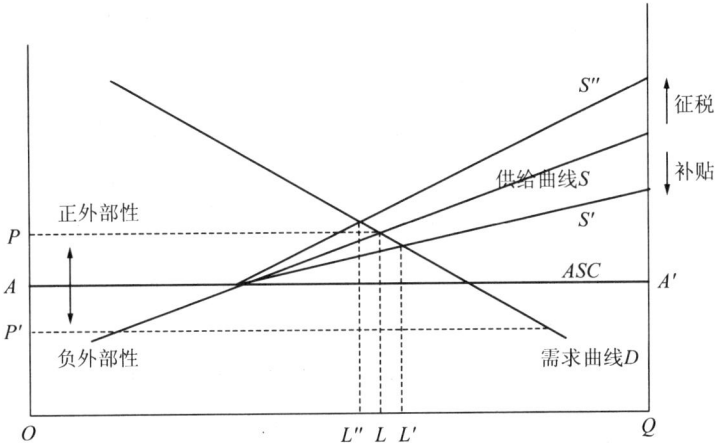

图5-6　生态补偿与土地用途转换的影响

③ 土地利用生态补偿对区域土地配置的影响　土地功能划定存在差异性,导致不同的土地利用方式带来的收益差距很大。在经济发达区域 A,其土地利用经济效益高于经济欠发达区域 B,生态保护成本也要高于区域 B。假设 A、B 区域土地存在两种用途,即高经济效益用途和高生态效益用途,两者在 L 处进行土地功能的初始配置,区域生态服务功能最优。

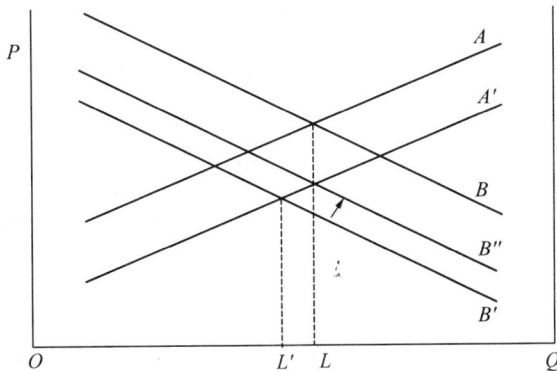

图5-7　土地利用生态补偿对区域土地资源配置的影响

随着社会经济发展,同时由于区域 A 的生态保护成本高于区域 B,区域 A 土地用途向高经济效益转换至 A',区域 B 也向高经济效益用途转换到 B',新的平衡点为 L'。这样就会导致为了追求经济效益,忽视生态效益,导致土地生态产品供给不足,土地生态服务功能降低的局面。通过经济发达区域 A 向经济欠发达区域 B 进行生态补偿,那么区域 A 和 B 的土地转换均等划一地移动,A 移动到 B,保持原有的土地功能区域配置 L。从这个理论模型中可以看出,区域注重经济发展,忽视生态功能保护导致了区域生态利益短缺性的不足(钟太洋等,2007)。

④ 生态补偿标准、依据 土地利用生态补偿标准是生态补偿机制的一个关键问题,即补多少才能达到改善或恢复生态服务功能的目标,才能有效矫正生态保护领域相关的环境及其经济利益分配关系。在此建立概念模型,建立实际补多少的经济概念(中国生态补偿机制与政策研究课题组,2007)。

一方面土地开发损害行为导致的负外部性,即市场主体对土地所造成的不利影响往往转嫁给全社会而其自身不承担相应的责任。如林地和草地开发成建设用地导致生态环境退化,其成本通常都是由全社会共同承担,而相应的收益却被造成破坏的经济主体独享。这种情况下边际私人成本 MPC ＜ 边际社会成本 MSC,私人边际成本和边际收益决定的交点 Q,大于社会帕累托最优量 Q_0。从理论上讲,土地利用者需要支付相当于阴影部分 ABC 的面积大小的补偿量,纠正外部不经济性,使市场量降低到最优量,必须提高供给价格或成本。

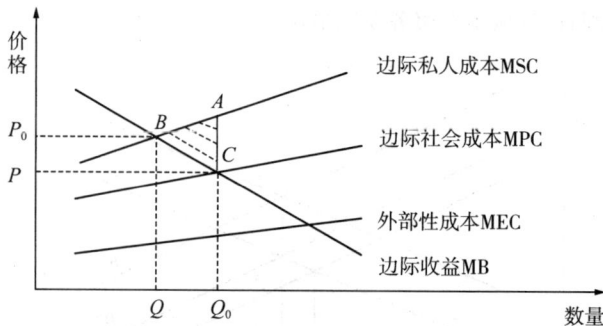

图 5-8　土地负外部性与土地市场失灵

另一方面,土地生态效益也是一种为社会提供集体利用的公共物品,这种效应不能通过市场行为得到体现,如植树造林在涵养水分、保持水土、调节气候等方面产生的效益。这种物品一旦生产出来,往往会出现"搭便车"的现象,生态效益由他人或整个社会无偿享用,而土地使用者则无法收回生态成本。如图 5-9,也就是私人土地利用者的行为改善了生态系统的服务功能,该行为的社会边际收益(MSB)>个人边际收益(MPB),二者之差为外部收益 MEB,即社会无偿享用的那部分收益。如果在完全竞争的市场经济条件和生态服务功能有价并可以进行自由市场交换的情况下,土地利用行为由 MPB 和边际成本 MC 决定,也就是市场量 Q_1 小于社会最优量 Q_0(边际社会收益和边际成本的交点)。然而,私人作为决策单元,不会自动将生态服务水平从 Q_0 提高到 Q,因为那样的话边际成本增加到 P。由此得出一个基本结论,要使土地市场量达到社会最优量,则必须降低外部性成本与有效补偿。假设生产生态服务产品 E,生产成本为 P,最后得到的经济回报是 R,则保护者完成了一个简单的生产过程和资本实现形式 $E-P-R$。实际上厂商为了实现利润,R 必须大于 P,否则无利可图,在厂商可实现净利润 R_n $=R-P$。也就是说生态补偿受益者支付了一个相当于 R 的价格购买保护者的产品,生态保护者获得了 R_n 的净利润,生态补偿也就实现了。生态保护者在没有获得补偿的情况下,也要获得一个相当于 Q 水平的生态服务,其对应的成本是 P,而不是 P_0。换句话说,受益者实际上要购买,或者说只要购买相当于 Q_0 与 Q 之差的生态服务量就可以了,这时补偿价值为 ΔR,它等同于图中阴影部分 ABC 的面积,即 $\Delta R=\Delta P+\Delta R_n$。$\Delta R_n$ 是保护者因多产生了生态服务而得到的净回报,它可以用保护者不多生产生态服务,而是生产其他产品的机会成本来衡量,也就是保护者多产生生态服务功能而牺牲的发展机会成本。

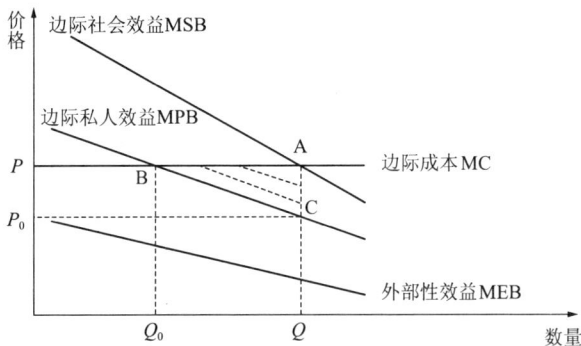

图 5-9 土地正外部性与土地市场失灵

5.2 区域土地利用变化对生态服务功能的影响

人类活动胁迫下的生态环境变化已成为近年来全球地理学界研究的焦点和前沿,而作为具有自然和人文双重属性的土地利用/覆盖变化(LUCC)是人类活动与自然环境相互作用的集中体现(李秀彬,1996)。土地是各种陆地生态系统的载体,土地利用是人类生产与发展不可缺少的活动,土地利用变化以及由此导致的土地覆盖格局和生态系统结构的改变,同时也导致了生物多样性损失、生态系统生产力下降,对生态系统服务功能起着重要的作用(Daily,1997;王新华等,2004)。随着城市化和工业化的快速发展,大量的耕地、林地、草地和湿地被开发利用,尤其是转为建设用地,土地利用变化和景观破碎化导致一系列的生态环境问题。本章以江苏沿海地区为例,旨在分析土地利用变化对生态服务功能的影响,重点分析土地利用动态变化以及土地利用变化引起的土地生态系统服务价值变化态势,为沿海地区土地资源可持续利用和生态环境管理提供决策支持。

5.2.1 江苏沿海地区土地利用变化分析

(1) 土地利用现状分析

根据江苏省沿海地区 2007 年土地利用变更调查获得的数据[1],江苏沿海土地利用总面积为 350.07 万公顷,其中农用地 225.16 万公顷(其中耕地面积为 166.45万公顷,园地面积为 8.03 万公顷,林地面积为 4.94 万公顷,牧草地面积为 0.06 万公顷,其他农用地面积为 45.68 万公顷),占总用地面积的 64.32%;建设用地面积为 56.33 万公顷(其中,居民点工矿占地面积 45.96 万公顷,交通运输用地面积为 3.01 万公顷,水利设施用地面积为 7.36 万公顷),占总用地面积的 16.09%;未利用地面积为 68.58 万公顷(其中,河流水面面积 23.85 万公顷,滩涂面积 29.69 万公顷,其他未利用地面积为 15.04 万公顷),占总用地面积的

---

[1] 江苏沿海地区土地利用变更数据来源于南通市土地利用变更数据(1998—2007 年)、盐城市土地利用变更数据(1998—2007 年)和连云港市土地利用变更数据(1998—2007 年),其中沿海地区各市土地利用变更数据包含其所属县、区、市。

19.59%。沿海土地利用现状表明,耕地面积最大,其他依次为居民点及工矿用地、其他农用地、滩涂、河流水面、其他未利用地、园地、水利设施用地、林地、交通运输用地、牧草地。

从连云港市、盐城市和南通市土地利用结构来看,可以进一步发现江苏沿海地区土地利用的数量结构特征:

耕地面积较大,土地垦殖率较高。连云港市、盐城市、南通市和沿海地区农用地分别占区域土地面积的 69.69%、65.76%、58.17% 和 64.32%,其中耕地占51.45%、48.51%、43.21% 和 47.55%,农用地在沿海土地利用中占主导地位,体现江苏沿海地区垦殖率高的特点。

建设用地占比较大。连云港市、盐城市、南通市和沿海地区建设用地占土地总面积的 21.14%、13.53%、16.63% 和 16.09%。其中,居民点及独立工矿用地占15.70%、10.89%、14.90% 和 13.13%,这一方面体现了沿海城乡建设快、工业规模大,但另一方面与沿海地区农村居民点分散、占地面积大也有关系。连云港市、盐城市建设用地占比大与盐田面积大有关系;水利设施用地比重 4.58%、1.98% 和0.53%。另外,连云港、盐城和南通交通运输用地面积为 0.65 万公顷、1.11 万公顷和 1.26 万公顷,分别为当地总用地面积的 0.87%、0.65% 和 1.20%,南通市为积极融入长三角区域经济联动系统中,策应沿江、沿海开发,基本形成现代化大通道空间格局的基本框架,交通运输用地占比大。

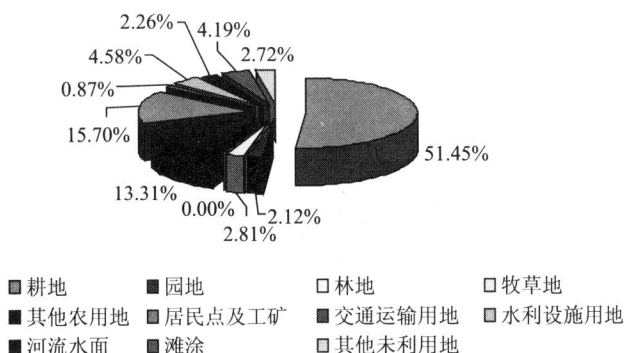

图 5‑10 连云港市土地利用结构比例

7.96%　　　6.38%

6.37%

1.98%

0.65%

10.89%

48.51%

14.12%

0.03%　　1.47%　　　　1.61%

■ 耕地　　　　　　■ 园地　　　　　　□ 林地　　　　　　□ 牧草地
■ 其他农用地　　　■ 居民点及工矿　　■ 交通运输用地　　■ 水利设施用地
■ 河流水面　　　　■ 滩涂　　　　　　□ 其他未利用地

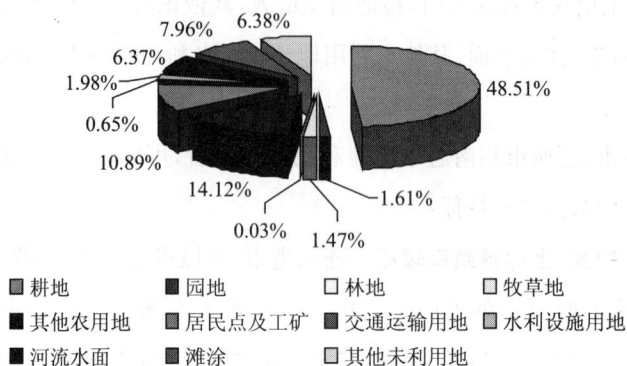

图 5-11　盐城市土地利用结构比例

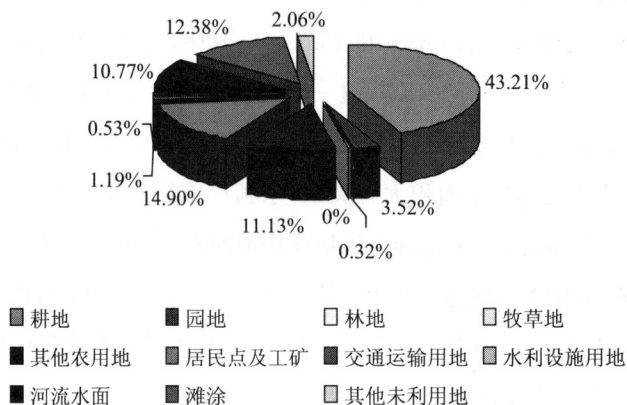

12.38%　　　2.06%

10.77%

0.53%

1.19%

14.90%

43.21%

11.13%　　　　3.52%

0.32%　　0%

■ 耕地　　　　　　■ 园地　　　　　　□ 林地　　　　　　□ 牧草地
■ 其他农用地　　　■ 居民点及工矿　　■ 交通运输用地　　■ 水利设施用地
■ 河流水面　　　　■ 滩涂　　　　　　□ 其他未利用地

图 5-12　南通市土地利用结构比例

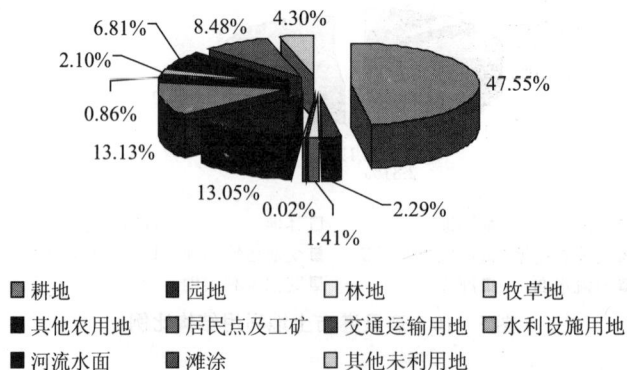

6.81%　　　8.48%　　　4.30%

2.10%

0.86%

13.13%

47.55%

13.05%

0.02%　　2.29%

1.41%

■ 耕地　　　　　　■ 园地　　　　　　□ 林地　　　　　　□ 牧草地
■ 其他农用地　　　■ 居民点及工矿　　■ 交通运输用地　　■ 水利设施用地
■ 河流水面　　　　■ 滩涂　　　　　　□ 其他未利用地

图 5-13　沿海地区土地利用结构比例

未利用土地面积占比大。连云港市、盐城市、南通市未利用地占土地总面积的 9.16％、20.71％ 和 25.20％，其中河流水面所占比重为 2.26％、6.37％ 和 10.77％，滩涂资源所占比重 4.19％、7.96％ 和 12.38％。江苏沿海地区滩涂资源丰富，且每年仍以 1330 多公顷（2 万多亩）的速度淤涨，是我国不可多得的土地后备资源，特别是盐城沿海和南通北部沿海地区更具备大规模围垦的条件。但是未利用地很大部分为河流水面、湖泊水面和其他难以开垦的未利用地，后备土地资源持续开发利用仍受到严重约束。

（2）土地利用结构变化

在自然和人为因素的影响下，区域各种土地利用类型的数量在不同时间段变化的幅度和速度是不同的，而且存在空间差异。土地利用变化的速度可以通过土地利用类型动态模型进行度量，它既可以表征单一土地利用类型的时间序列变化，也可以对区域土地利用动态的总体状况及其区域分异进行分析。这里我们引用如下模型进行分析（刘纪远等，2002；刘纪远，2003；宋开山，2008）：

$$K = \frac{U_a - U_b}{U_a} \times \frac{1}{T} \times 100\% \qquad\qquad (式 5-1)$$

式中：K 为研究时段内某一种土地利用类型的动态度；U_a 和 U_b 分别为研究期初与期末某一种土地利用类型的数量；T 为研究时段长度；当 T 的时段设定为年数，则 K 表示该研究区土地利用类型的年变化率。

土地利用类型的数量变化反映在不同类型面积总量的变化上，通过分析土地利用/覆被类型的总量变化，可以掌握土地利用变化总趋势及其结构变化特征。本研究对江苏沿海地区 1998—2007 年段的土地利用变化分布进行统计分析，得出如表 5-2 的结果。1998—2007 年江苏沿海地区土地利用类型变化显著。南通市耕地、湿地和水面、水利设施用地面积减少，其中耕地和湿地面积减少较多，达24150.81 公顷和 15715.53 公顷，动态度达到 −0.56％ 和 −1.16％；而园地、林地、草地、居民点工矿用地和交通用地面积均有增加，其中居民点及工矿、园地、交通用地、林地和草地面积分别增加 14442.53 公顷、8276.23 公顷、6435.57 公顷、724.63 公顷和 2.2 公顷。盐城市湿地、园地、草地和水利设施用地面积减少，动态度分别为 −4.37％、−2.77％、−8.47％ 和 −2.68％，而耕地、居民点及工矿用地及

表5-2 江苏沿海地区土地利用类型面积及其变化

（单位：公顷）

沿海地区		耕地	园地	林地	牧草地	其他农用地	居民点及工矿	交通运输用地	水利设施用地	湿地	水域	其他未利用地
南通市	2007年	455155.31	37039.24	3320.04	10.02	117295.30	156989.66	12552.57	5571.35	134719.73	113431.66	17355.01
	1998年	479306.11	28763.01	2595.41	7.82	111792.71	142547.13	6117.00	5703.31	150435.25	118201.85	6836.94
	变化量	-24150.81	8276.23	724.63	2.20	5502.59	14442.53	6435.57	-131.96	-15715.53	-4770.19	10518.07
	变化率(%)	-0.56	3.20	3.10	3.13	0.55	1.13	11.69	-0.26	-1.16	-0.45	17.09
盐城	2007	823404.06	27311.44	24989.29	577.98	239731.07	184876.56	11072.53	33659.00	157075.21	109597.07	84947.93
	1998	794623.67	36396.08	18907.37	2428.39	231046.53	163962.99	7949.30	44367.65	258878.03	104271.48	29251.31
	变化量	28780.39	-9084.64	6081.92	-1850.41	8684.53	20913.57	3123.23	-10708.65	-101802.82	5325.59	55696.61
	变化率(%)	0.40	-2.77	3.57	-8.47	0.42	1.42	4.37	-2.68	-4.37	0.57	21.16
连云港市	2007	385904.42	15927.83	21041.52	0.17	99791.39	117732.71	6520.31	34345.72	46061.98	16914.92	5749.54
	1998	382367.23	16022.55	21520.82	0.17	104648.33	117510.77	4978.25	34690.25	41418.99	17529.01	8817.45
	变化量	3537.19	-94.72	-479.30	0.00	-4856.95	221.94	1542.06	-344.53	4642.99	-614.09	-3067.91
	变化率(%)	0.10	-0.07	-0.25	0.00	-0.52	0.02	3.44	-0.11	1.25	-0.39	-3.87
沿海部分	2007	1664463.79	80278.51	49350.85	588.17	456817.75	459598.93	30145.41	73576.07	337855.92	239943.65	108052.48
	1998	1656297.01	81181.64	43023.60	2436.37	447487.57	424020.90	19044.55	84761.21	450732.28	240002.34	44905.71
	变化量	8166.77	-903.13	6327.25	-1848.21	9330.18	35578.03	11100.86	-11185.14	-112875.36	-58.69	63146.77
	变化率(%)	0.05	-0.12	1.63	-8.43	0.23	0.93	6.48	-1.47	-2.78	0.00	15.62

注：表中将沼泽、滩涂、苇地归并为湿地；水域包括河流湖泊水面，其他未利用地为未利用地中除了湿地和水域的其他利用类型。

交通用地面积呈增加的趋势,动态度分别为 0.4％、1.42％和 4.37％,但耕地面积净增 28780.39 公顷。连云港市水域、园地、林地和水利设施用地面积分别减少614.09 公顷、94.72 公顷和 479.30 公顷,动态度分别为－0.39％、－0.07％和－0.25％;耕地、居民点用地、交通设施用地和湿地面积分别增加 3537.19 公顷、221.94 公顷、1542.06 公顷和 4642.99 公顷,动态度分别为 0.1％、0.02％、3.44％和1.25％。

总体上看,江苏沿海地区居民点和交通设施用地面积增加最为显著,分别增加 35578.03 公顷和 11100.86 公顷,其动态度分别为 0.93％和 6.48％。耕地在沿海地区也表现为增加,面积增加 8166.77 公顷,这主要是由于沿海滩涂淤涨围垦开发补充耕地所致。同时,沿海湿地面积减少也是最为显著的,为112875.36 公顷,这主要是沿海滩涂大规模围垦所致。其他用地面积变化相对较小。江苏沿海地区过去近 10 年来交通设施用地和居民点工矿用地增加剧烈,耕地由于滩涂围垦也略有所增加,其他用地面积都不同程度上减少,尤其是湿地、水利设施用地和草地变化明显,这些土地利用显著变化对土地生态系统结构产生了重要影响。

(3) 土地利用程度

土地利用程度既能反映不同地区自然地理情况对土地利用的制约作用,又能反映人类对土地的开发利用状况,进而表示对不同类型的生态系统造成的影响。这里参照刘纪远等人提出的土地利用程度分级标准进行分级,计算土地利用程度综合指数,从而量化土地利用程度的高低,具体计算公式为(庄大方,1997)

$$D = \sum_{i=1}^{4} A_i \times CC_i / HJ \qquad (式 5 - 2)$$

式中:D 表示土地利用程度综合指数;A_i 为第 i 类土地利用程度分级指数;CC_i为第 i 类土地利用面积;HJ 为土地利用评价区域土地的总面积。

表 5 - 3 土地利用程度分级赋值表

类型分级	未利用土地级	林、草、水用地级	农业用地级	城市聚落用地级
土地利用类型	未(滩)利用地	林地、草地、水域	耕地、园地、人工草地	城镇居民点、工矿、交通用地
分级指数	1	2	3	4

经计算可以看出,江苏沿海地区土地利用程度总体上呈上升的态势,土地利用程度综合指数均有所增加,特别是湿地面积减少快速的盐城市土地利用程度指数由 1998 年的 2.65 上升到 2007 年的 2.71,南通由 1998 年的 2.62 上升到 2007 年的 2.66,连云港市的土地利用程度指数则维持在 3 左右。这些差异对生态系统的服务价值具有很大的影响。

5.2.2　研究方法概况与选择

(1)生态服务价值核算

目前,国内外关于生态系统价值定量评价的方法主要有三类:能值分析法、物质量评价法和价值量评价法(赵景柱等,2003;王丹君等,2011)。能值方法可以使不同类别的能量转换为同一客观标准,从而可以进行定量的比较。但是能值反映的是物质产生过程中所消耗的太阳能,不能反映人类对生态系统所提供的服务的需求性,也不能反映生态系统服务的稀缺性。物质量评价方法是指从物质量的角度对生态系统提供的各项服务进行定量评价,能够比较客观地评价不同的生态系统所提供的同一项服务能力的大小,但是该方法得出的各单项生态系统服务的量纲不同,不能在同一水平上进行比较,很难作为生态系统的综合生态系统服务评价结果。而价值量评价方法是从货币价值量的角度对生态系统提供的服务进行定量评价,价值量评价方法主要包括市场价值法、机会成本法、影子价格法、费用分析法、人力资本法、资产价值法、条件价值法等(杨光梅等,2006)。相比前两种方法,价值量评价既可以进行不同生态系统与同一项生态系统服务的比较,也能将某一生态系统的各单项服务综合起来。这种方法大量运用在生态服务价值评价,本研究也主要是以价值量为评估理论基础。

自从生态系统概念提出之后,注重生态系统结构的研究逐渐向生态功能和效益的研究方向发展。Holder 等人(1974)和 Westman(1977)先后对全球环境的服务功能、自然服务功能进行研究,指出生物多样性的丧失将直接影响着生态系统服务功能。Daily(1997)的著作 *Nature's Service:Societal Dependence on Natural Ecosystem* 和 Costanza(1997)等人在 *Nature* 上发表的论文"The value of the world's ecosystem services and natural capital"兴起了世界范围内研究生态服务功能和效益的热潮。Costanza 等人则对全球生态系统服务功能进行了划分和评估,他们将生态系统服务功能归纳为 17 种类型,并按 10 种生物群系以货币形式进行估算,这也是其他研究生态服务价值的基础性研究成果。我国学者谢高地等根据中国实际,参考 Constanza 等的研究成果,分别于 2002 年和 2006 年对中国 700 多位具有生态学背景的专业人员进行问卷调查,得出了新的生态系统服务评估单价体系(谢高地等,2003;谢高地等,2008)。Costanza、谢高地等人的研究使生态服务功能价值的原理和方法从科学意义上得以明确,但该项研究中某些数据存在较大偏差,与地区差异不相适应,国内外从各方面进行了热烈的讨论。其中,Costanza、谢高地等人的研究成果中并未考虑建设用地和交通用地,事实上,建设用地作为整个生态系统的很大一部分,其对生态系统功能仍然产生重要的影响,主要体现在大气调节、水分调节、废物处理方面。对于这些功能的核算采取替代成本法、防治成本法、影子价格法等间接市场法来估算各类建设用地的生态服务价值的影响,从而为生态服务价值的修正提供依据。

• 居民点及工矿用地

居民点及工矿用地对生态服务功能的影响主要包括大气调节、水分调节、废物处理、文化娱乐等方面。大气调节主要是以污染气体(如 SO_2、氮氧化物、CO_2、粉尘等)排放对生态系统服务的影响价值应用工程费用法,结合替代成本法进行估算,根据江苏沿海地区总排放量的影响价值与总工矿用地面积之比得出−35283.25元/(公顷·年)。水分调节为−6678 元/(公顷·年)。废物处理以三废和噪声治理投资额运用防治成本法测算为−5411.69 元/(公顷·年)。文化娱乐以单位居民点工矿用地的文化娱乐 GDP 为标准,为 11543.81 元/(公顷·年)。综合得出,江苏沿海地区居民点工矿用地生态服务价值指数为−35829.13 元/(公顷·年)。

• 交通用地

交通建设对于生物栖息地、生物多样性、水文影响等的影响难以定量化,为此采用交通生态足迹的方法进行分析。计算方法采用"热值比较法",即用世界上单位化石燃料生产土地面积的平均发热量为标准,将各种燃料消费所消耗的热量折算成一定的化石燃料土地面积的方法。$A = \dfrac{C_i \cdot \eta_i}{k_i}$,式中:$A$ 为计算年内交通工具的土地占用面积;C_i 为交通工具计算年内第 i 种燃料消费量;η_i 表示第 i 种燃料单位热值(参考中国能源统计);k_i 表示第 i 种燃料世界平均生态足迹(孙鹏等,2008)。

交通生态足迹 $TEF = A \cdot \lambda_f \cdot \gamma_f$。式中:$\lambda_f$ 表示林地的等量因子;γ_f 表示所研究区域林地产量系数。交通用地生态服务价值系数由江苏沿海地区交通仓储GDP除以沿海地区交通生态足迹,得出 -5848.11 元/(公顷·年)(徐中民等,2001;徐中民等,2003)。

江苏沿海地区生态服务价值估算公式为

$$ESV = \sum_{i=1}^{n} A_i \times VC_i \qquad (式5-3)$$

式中:ESV 为研究区生态系统服务总价值;VC_i 为第 i 类土地利用类型单位面积的生态功能总服务价值系数,单位:元/(公顷·年);A_i 为研究区第 i 类土地利用类型的面积,单位:公顷;n 为土地利用类型数目。

表5-4 土地利用类型对应的生态服务功能价值指数

(单位:元·公顷$^{-1}$·年$^{-1}$)

土地利用类型	耕地	林地	园地	草地	水域	湿地	居民点及工矿	交通用地	未利用地
相应的生态系统类型	农田	温带林	园地	草地	湖泊/河流水面	湿地、滩涂	建设用地	建设用地	荒漠
生态服务功能指数	3547.89	13462.7	7354.8	5241	20366.69	24597.21	-35829.13	-5848.11	624.25

注:居民点工矿及交通用地通过修正测算得出,其他土地利用类型生态服务功能价值指数依据谢高地等人的研究成果整理得来。

(2)土地利用的生态灵敏度分析

为了分析土地利用随时间的变化对生态服务功能价值指数的影响程度,参照相关研究成果,选取经济学中常用的弹性系数概念来计算价值指数的灵敏度指数(CS)。研究中将各类土地利用类型的价值指数分别调整50%,来衡量总生态系统服务价值的变化。若 CS＞1,表明 ESV 相对于 VC 具有弹性,生态服务价值的变化大于土地利用的变化;若 CS＜1,ESV 被认为是缺乏弹性,生态服务价值的变化大于土地利用的变化。灵敏度系数计算公式如下(马育军等,2006):

$$CS = \left| \frac{(ESV_j - ESV_i)/ESV_i}{(VC_{jk} - VC_{ik})/VC_{ik}} \right| \qquad (式 5 - 4)$$

式中:ESV、VC、k 的含义同前,i,j 分别表示现有的生态服务功能价值和生态服务功能价值指数调整后的价值。

5.2.3 土地利用变化与生态服务价值

(1)生态服务价值的空间差异

运用前人的研究方法,对江苏沿海地区生态服务价值进行计算,生态服务价值区域差异很大,就生态服务价值总量来看,基本规律是南通＞盐城＞连云港,而且南通市和盐城市生态服务价值有所下降,连云港则稍微上升。从单位面积生态服务价值来看,其基本规律也表现为南通＞盐城＞连云港,其中盐城降低幅度较大。这表明土地利用类型生态服务功能价值指数的差别和各地区的土地利用变化存在密切的关系,比如水域和湿地面积比例南通总体上要高于盐城、高于连云港,而盐城湿地面积减少幅度较快。

(2)生态服务价值的动态演变

从时间变化来看,1998—2007 年沿海地区生态服务价值均有较大变动,南通市和盐城市生态服务价值减少 6.53 亿元和 23.50 亿元,而连云港生态服务价值增加0.91亿元。从区域层面来看,生态服务价值差异明显,南通市耕地、水域、湿地、交通用地、城镇用地和荒漠地生态服务价值减少,而林地、草地生态服务价值增加;盐城耕地、林地、草地和水域生态服务价值均减少,而湿地、交通用地、城镇用地和荒漠地生态服务价值减少;连云港市耕地和湿地生态服务价值增加,但林地、草地、水域、交通用地、城镇用地和荒漠地生态服务价值则减少。其中,湿地、城镇居民点用地、耕地和水域是生态服务价值减少的主要土地利用类型,湿地生态服务价值变化占总服务价值变化的59%以上,耕地变化为 4.3%～13.8%、水域变化为 4.6%～14.9%、城镇用地变化为 1.8%～16.4%。生态服务价值变化是土地利用类型转换的结果,这主要是因为南通和盐城滩涂淤涨潜力大,而连云港海涂则

表 5-5 江苏沿海地区各类型土地利用生态服务价值及变化

区域	类型	耕地	园地	林地	草地	水面	湿地	交通用地	城镇用地	未利用地	总价值	单位面积价值（元/公顷）
南通市	1998 年	17.01	2.12	0.35	0.05	24.07	37.00	-0.04	-10.57	0.69	70.7	6717.3
	2007 年	16.15	2.12	0.45	0.37	23.10	33.14	-0.08	-11.64	0.55	64.2	6090.2
	价值变化	-0.85	0.00	0.10	0.32	-0.97	-3.87	-0.04	-1.07	-0.14	-6.53	
	变化率（%）	-5.04	0.00	27.92	594.35	-4.04	-10.45	105.21	10.13	-20.26	-70.69	
盐城市	1998 年	28.19	2.68	2.55	0.69	21.24	63.68	-0.05	-12.16	1.44	108.3	6397.7
	2007 年	29.21	2.68	3.36	1.26	22.32	38.64	-0.07	-13.71	1.05	84.8	4993.5
	价值变化	1.02	0.00	0.82	0.57	1.08	-25.04	-0.02	-1.55	-0.39	-23.50	
	变化率（%）	3.62	0.00	32.17	82.14	5.11	-39.32	39.29	12.76	-26.77	-21.71	
连云港市	1998 年	13.57	1.18	2.90	0.20	3.57	10.19	-0.03	-8.71	0.64	23.5	3134.4
	2007 年	13.69	1.18	2.83	0.17	3.45	11.33	-0.04	-8.73	0.52	24.4	3253.4
	价值变化	0.13	0.00	-0.06	-0.02	-0.13	1.14	-0.01	-0.02	-0.12	0.91	
	变化率（%）	0.93	0.00	-2.23	-11.36	-3.50	11.21	30.98	0.19	-18.97	3.86	
沿海地区	1998 年	58.76	5.97	5.79	0.94	48.88	110.87	-0.12	-31.43	2.77	202.4	5793.9
	2007 年	59.05	5.97	6.64	1.81	48.87	83.10	-0.20	-34.07	2.13	173.3	4950.7
	价值变化	0.29	0.00	0.85	0.87	-0.01	-27.76	-0.07	-2.64	-0.65	-29.12	
	变化率（%）	0.49	0.00	14.71	91.98	-0.02	-25.04	58.29	8.39	-23.34	-14.39	

趋向平稳,南通和盐城海涂围垦面积较大,导致湿地生态服务价值降低过快。从沿海地区总体上看来,因为土地利用变化总体趋势是耕地和建设用地大量增加,水域和湿地减少,而其他土地利用类型的生态服务功能价值指数小于湿地和水域,因此生态系统服务总价值降低。

（3）生态服务价值灵敏度分析

根据敏感性指数的计算公式,这里把各种土地利用类型的生态价值系数分别上下调整50%,计算出江苏沿海地区1998年和2007年生态服务价值的灵敏度指数,以此分析某一土地利用类型的变化对生态系统服务价值变化的重要程度。从图5-14和图5-15来看,不同类型区域生态系统服务价值对生态系统服务功能价值指数的敏感性指数的影响不大,但不同年份之间差别较大。1998年和2007年江苏沿海地区土地利用生态服务价值灵敏度指数均小于1,这表明研究区内生态系统服务价值对生态服务功能价值指数是缺乏弹性的,研究结果是可信的,符合现实情况。总体看来,沿海地区湿地＞耕地＞水域＞建设用地＞园地＞林地＞荒漠地＞草地＞交通用地,其中耕地、水域、湿地和建设用地灵敏度较高,是影响生态服务价值的主要土地利用类型。其他土地利用类型灵敏度系数均较小,表明林地、园地、草地、交通用地和荒漠用地对生态服务价值减少的贡献不大。

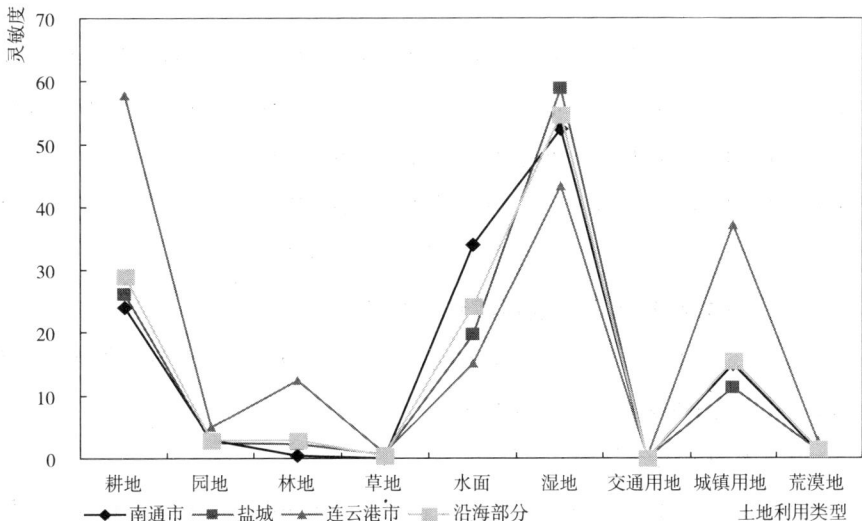

图5-14　1998年沿海地区生态服务价值灵敏度

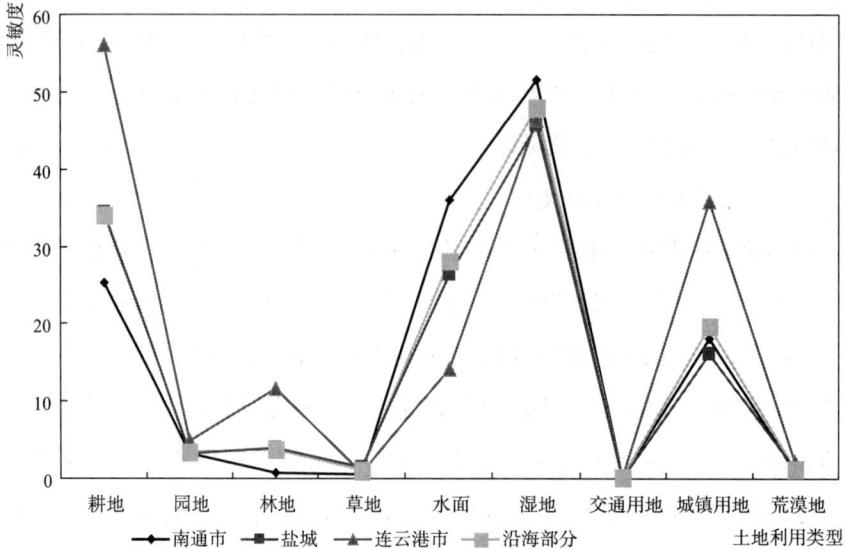

图 5‑15　2007 年沿海地区生态服务价值灵敏度

5.3　区域土地利用变化的生态补偿标准研究

前面讨论了土地利用的生态效应,土地利用变化尤其是建设用地扩张、湿地面积萎缩是导致生态服务价值减少的主导因素。这里将在前文的基础上,讨论"补多少"的问题。从未来发展趋势看,需要建立市场补偿标准。但在土地利用生态补偿机制起步阶段,需要科学地确定基准补偿标准。为此,这里主要分析土地利用生态补偿标准,并在此基础上进行理论和实证分析。

5.3.1　土地利用生态补偿标准确定方法

生态补偿标准主要有三种,一是事后性生态补偿标准,二是事先性生态补偿标准,三是区间土地利用生态补偿标准。

（1）土地利用生态补偿上限标准

土地利用活动会造成一定范围内的土壤损失、植被破坏、水土流失、水资源破坏,直接影响到区域的水源涵养、水土保持、景观观赏、气候调节、生物供养等生态服务功能。针对这种土地利用事后性生态外部性，可以通过生态服务功能价值核算，主要是针对生态保护或环境友好型的生产经营方式所产生的水土保持、水源涵养、气候调节、生物多样性保护、景观美化等生态服务功能价值进行综合评估与核算，国内外已对相关的评估方法进行了大量研究。以美国马里兰大学的 Costanza 为代表的学者认为可以用替代成本法、准市场价格法以及通过观测真实市场价格进行间接推断方法计量世界生态系统的总价值。此外，我国学者在 Costanza 研究成果的基础上，结合国内学者经验进行系数修正，从而提出我国的生态系统服务功能核算体系。理论上，由于估算的结果与当地的 GDP 往往有数量级的差别，一般作为生态补偿的最高标准，以此对生态损失进行恢复性补偿。

（2）土地利用生态补偿下限标准

土地资源具有自然、资源、环境属性，承载着经济、社会和生态功能，因此土地利用生态补偿覆盖面很广。土地资源是有限的，并且具有多种用途，假如选择了一种用途就意味着放弃了其他方案的机会，必然造成经济上的损失，也就失去了获得相应经济效益的机会。对此，土地利用下限标准以土地利用变化造成的经济损失为生态补偿标准。

（3）基于生态足迹法的区际土地利用协调补偿标准

生态足迹（Ecological footprint）最早由加拿大生态经济学家 Willian Rees 于 1992 年正式提出，并由其博士生 Wackernagel 于 1996 年完善一种生态学角度来评测区域可持续发展状况的方法（Wackernagel et al.，1996；Wackernagel et al.，1997）。随后，兴起了世界范围内的生态足迹的测算工作，其方法也得到了人们的认可。生态足迹是一定范围内生产这些人口消费的所有资源和吸纳这些人口所产生的废弃物所需要的生态生产面积。该方法于 1999 年被引入中国（张志强，2000）。在区际生态补偿中，计算其生态补偿量，可以依据生态足迹赤字和盈余，补偿标准化应该根据赤字或盈余面积，按照单位面积的平均生产收益进行确定。

综上所述，以机会成本和生态服务功能为主要依据，初步确定土地利用生态补偿基准标准，机会成本与直接成本为土地利用生态补偿标准的下限，而生态服务功能为上限，一般生态补偿标准介于上限与下限之间。由于土地利用功能差异化，区际土地利用生态补偿标准以生态足迹法进行确定。

5.3.2　土地利用类型转换的生态补偿标准

补偿的方法、依据和标准是生态补偿机制的另一关键问题,即补多少才能达到改善或恢复生态服务功能的目标,才能有效矫正生态保护领域相关的环境及其经济利益分配关系。然而,方法是确定补偿依据和标准的工具;依据是确定标准的基准;标准是根据特定的基准用一定工具确定的结果,三者是解决补偿多少问题的不同环节,是递进的关系。

实践中,补偿标准更趋近于机会成本,这是对补偿主体的最低保障,往往导致补偿不足。虽然许多研究者尝试以新增生态服务价值作为生态补偿的标准,但计算结果往往很高,难以实施,也不能简单地把其视为生态补偿标准。理论上讲,土地利用生态补偿标准应介于受偿者的机会成本与其所提供的生态服务价值之间,生态补偿应以这个标准为基础,通过补偿返还给自然本身使其维持持续再生能力。

(1) 土地利用生态补偿标准的上限

关于生态服务功能的内涵和分类,国内外基本形成了较为权威的认识,主要包括土壤保持、气候调节、污染物降解、水源涵养、物质循环、生物多样性维持等功能(赵军等,2001)。生态系统服务(ecosystem services)是指人类直接或间接从生态系统得到的利益,包括向经济社会系统输入有用物质和能量,接受和转换来自经济社会系统的废弃物,以及直接向人类社会成员提供的服务。一般按照生态服务功能计算出的结果较大,只能作为确定补偿标准的理论上限值,是最高的补偿标准,比如中国学者对全国流域地表水 7 项生态服务功能进行评价,其价值为 2000 年国内生产总值的 11%(赵同谦,2003)。随着生态经济学、环境和自然资源经济学的发展,生态系统服务功能评估方法有市场价值法、基本成本法、机会成本法、人力资本法、生产成本法、置换成本法等,土地生态服务功能价值其计算公式为

$$P_{ij} = (b_j / B) P_i \qquad (式 5 - 5)$$

式中:P_{ij} 为单位面积生态系统的生态服务价值,$i = 1, 2, \cdots, 9$ 分别代表气体调节、气候调节、土壤保持、水分涵养等,$j = 1, 2, \cdots, n$ 代表不同土地利用类型的生态系统;b_j 为 j 类生态系统的生物量;B 为我国一级生态系统类型单位面积平均

生物量；P_i 不同生态系统服务价值的基准单价。

采用表 5-5 的结果，作为江苏沿海地区生态补偿标准的上限，同时考虑到价格的时间因素，利用物价指数进行再次修正。

（2）土地利用生态补偿标准的下限

以机会成本法评估的土地利用收益损失作为补偿的下限，是最低的补偿标准，也是对开发区域居民利益的最低保障，低于此标准实际上是对居民利益的剥夺。

• 耕地

耕地机会成本以种植业收益损失为基础进行核算，评价思路是将粮食生产单位面积总收益，扣除投入（劳动力、化肥、机械和其他）和地租，获得耕地经济产出效益 449.1 元/(hm² • a)（胡瑞法等，2006）。同时，粮食作物秸秆也能作为原材料，其价值大约为 175.15 元/(hm² • a)。耕地收益损失为 624.25 元/(hm² • a)。

• 园地

根据谢高地的测算结果，园地与耕地机会成本相同，园地提供食物产品的价值约为 449.1 元/(hm² • a)，提供原材料约为 175.15 元/(hm² • a)，园地机会成本为 624.25 元/(hm² • a)。

• 林地

林地可以为人类提供食物，价值为 148.2 元/(hm² • a)。森林每年也产生大量木材，根据经验数据森林年产木材量 3.55m³/hm²，出材率为 70%（李文华，2006）。依据 2008 年年初木材价格的平均值和众数值，综合确定木材价格为 1200 元/m³（中国木材网，2008），森林原材料收益损失为 1200×3.55×0.7＝2982 元/(hm² • a)。另外林地管护费用为 150 元/(hm² • a)。根据以上的计算，得出森林的直接机会成本为 3280.2 元/(hm² • a)。

• 草地

根据谢高地（2008）的测算结果，草地食物提供价值为 193.11 元/(hm² • a)，原材料价值为 161.68 元/(hm² • a)，草地收益损失为 354.79 元/(hm² • a)。

• 湿地

江苏沿海地区湿地多为海涂，沿海湿地生态系统中的自然生长的植物产品主要有芦苇、盐蒿、米草(茅草现已基本被围垦殆尽)。根据湿地调查和相关文献成果,以盐城市为例测算滩涂植物价值,三种主要植物的分布率分布为 8.48%、24.24% 和 3.01%(江苏沿海地区综合开发战略规划土地利用政策专题研究课题组,2008),出材率以 70% 计算,单位面积滩涂植物价值=面积×价格×分布率×出材率。湿地中的有重要经济价值天然动物产品,盛产经济鱼类、软体类生物、环节类动物,以 2007 年连云港市渔业统计资料为例,渔业增加值为 282781 万元,当年滩涂面积 130404.41 公顷,以 20% 利润率计算,单位滩涂渔业产值为 5523.67 元/(hm² · a)。那么其他湿地收益损失为 6110.38 元/(hm² · a)(如表 5-6)。

表 5-6　江苏沿海地区滩涂动植物单位价值

种　类	单位面积产量(吨/公顷)	价格(元/吨)	分布率(%)	出材率(%)	单位价值(元/公顷年)
芦苇	9.75(干重)	540	8.48	70	312.53
盐蒿	6.1(鲜重)	250	24.24	70	258.76
米草	46.2(鲜重)	15.9	3.01	70	15.42
渔业生产					5523.67
合计					6110.38

• 河流、湖泊水域

河流、湖泊等水域不仅为人类提供水资源、食品、纤维、燃料、医药资源等商品,同时还能提供水力发电、运输货物和客流等功能。提供的水产品依据谢高地的研究成果,取 238.02 元/(hm² · a);供水价格 $p = \dfrac{q_1 p_1 + q_2 p_2}{S}$,$S$ 为水域面积,q_1 为生活和工业用地表水量,p_1 为生活和工业用地表水价格,p_1 取江苏省规定的水资源费 0.2 元/m³;q_2 为农业生产及其他用地表水量,p_2 为 0.03 元/m³(新华日报,2006)。通过计算得到三市水资源收益平均值 3525 元/(hm² · a)。另外,河流湖泊还有客运和货运功能,河道运输在江苏沿海地区主要涉及货运,客运量较少不予考虑,沿海三市河道运输单位价值相差不大,以平均值计算,三市平均值为 163 元/(hm² · a)。

• 荒漠地

根据谢高地的研究成果,未利用地(荒漠)也能提供产品和原材料,价值分别为

8.89 元/(hm² · a)和 17.96 元/(hm² · a),荒漠地收益损失为 26.85 元/(hm² · a)。

通过采用影子工程法、替代法等方法,对各地类机会成本测算,得出如表 5-7 的结果:

表 5-7 各地类机会成本 （单位:元·公顷⁻¹·年⁻¹）

土地利用类型	相应的生态系统类型	核算标准	机会成本
耕地	农田	作物生产、原材料	624.25
林地	温带林	食物产出、木材提供、管护费用	3280.2
园地	园地	食物产出、原材料	624.25
草地	草地	食物产出、原材料	354.79
水域	湖泊/河流水面	渔业生产、航道运输、水资源消耗	3926.02
湿地	湿地、滩涂	动植物生产、原材料	6110.38
居民点及工矿用地	建设用地	—	0
交通用地	交通用地	—	0
未利用地	荒漠	食物生产、原材料	26.85

(3) 土地利用类型转换的生态补偿标准的矩阵

土地利用与生态系统服务实质上是互相影响又互相制约的一对矛盾统一体,土地是各种陆地生态系统的载体,生态系统类型在土地利用上表现为土地利用类型。土地利用结构变化引起各种土地利用类型、面积的变化,即导致了各类生态系统结构和功能的改变。生态系统为人类提供的福利多是公益性的,现阶段土地利用则大多是以经济利益为目的的,在这种目标下的土地利用对土地利用类型的影响导致了生态功能和效益,由此产生了土地利用的外部性。理论上讲,土地利用类型转换的外部性,是转换后的土地利用类型与转换前类型的差额,土地利用转换的生态补偿标准矩阵如表 5-8、表 5-9。

表 5-8 土地利用类型转换的生态补偿标准下限矩阵 （单位:元·公顷⁻¹·年⁻¹）

转换前＼转换后	耕地	林地	园地	草地	水域	湿地	居民点及工矿用地	交通用地	未利用地
耕地	0	2655.95	0	−269.46	3301.77	4299.45	−624.25	−624.25	−597.4
林地	−2655.95	0	−2655.95	−2925.41	645.82	1643.5	−3280.2	−3280.2	−3253.35
园地	0	2655.95	0	−269.46	3301.77	4299.45	−624.25	−624.65	−597.4
草地	269.46	2925.41	269.46	0	3571.23	4568.91	−354.79	−354.79	−327.94

转换后 转换前	耕地	林地	园地	草地	水域	湿地	居民点及 工矿用地	交通 用地	未利 用地
水域	−3301.77	−645.82	−3301.77	−3571.23	0	997.68	−3926.02	−3926.02	−3899.17
湿地	−5486.13	−2830.18	−5486.13	−5755.59	−2184.36	0	−6110.38	−6110.38	−6083.53
居民点及 工矿用地	624.25	3280.2	624.25	354.79	3926.02	4923.7	0	0	26.85
交通用地	624.25	3280.2	624.25	354.79	3926.02	4923.7	0	0	26.85
未利用地	597.4	3253.35	597.4	327.94	3899.17	4896.85	−26.85	−26.85	0

表5-9　土地利用类型转换的生态补偿标准上限矩阵

（单位:元·公顷$^{-1}$·年$^{-1}$）

转换后 转换前	耕地	林地	园地	草地	水域	湿地	居民点及 工矿用地	交通 用地	未利 用地
耕地	0	9914.81	3806.91	1693.11	16818.80	21049.32	−39377.02	−9396.00	−2923.64
林地	−9914.81	0	−6107.90	−8221.70	6903.99	11134.51	−49291.83	−19310.81	−12838.45
园地	−3806.91	6107.90	0	−2113.80	13011.89	17242.41	−43183.93	−13202.91	−6730.55
草地	−1693.11	8221.70	2113.80	0	15125.69	19356.21	−41070.13	−11089.11	−4616.75
水域	−16818.80	−6903.99	−13011.89	−15125.69	0	4230.52	−56195.82	−26214.80	−19742.44
湿地	−21049.32	−11134.51	−17242.41	−19356.21	−4230.52	0	−60426.34	−30445.32	−23972.96
居民点及 工矿用地	39377.02	49291.83	43183.93	41070.13	56195.82	60426.34	0	29981.02	36453.38
交通用地	9396.00	19310.81	13202.91	11089.11	30445.32	30445.32	−29981.02	0	6472.36
未利用地	2923.64	12838.45	6730.55	4616.75	23972.96	23972.96	−36453.38	−6472.36	0

5.3.3　基于生态足迹法的区际土地利用生态补偿标准

根据生产力大小的差异,生态足迹分析法将地球表面生产型土地分为耕地、林地、草地、化石燃料用地、建筑用地和水域6大类进行核算,生态足迹EF的计算公式:

$$EF = N \times ef = N \times \sum_{i=1}^{n} (aa_i) = \sum r_j \times A_i = \sum (c_i/p_i) \quad （式5-6）$$

式5-6中:EF 为总的生态足迹;N 为人口数;ef 为人均生态足迹;c_i 为种商品的人均消费量;p_i 为消费商品的平均生产能力;aa_i 为人均i种交易商品折算生物生产面积;i 为所消费商品和投入的类型;A_i 为第i种消费项目折算的人均占有的生物生产面积;j 生物生产性土地类型;r_j 为均衡因子,按文献(徐中民等,

2001;徐中民等,2003)均衡因子的取值:化石能源地和森林为1.1,耕地和建设用地为2.8,牧草地为0.5,水域为0.2。

生态承载力 EC (Ecological capacity)是指一个区域实际提供人类的所有生物生产土地面积(包括水域)的总和。生态承载力的计算公式:

$$EC = N \times ec = N \times \sum a_j \times r_j \times y_j \qquad (式5-7)$$

式5-7中:EC 为总的生态承载力;N 为人口数;ec 为人均生态承载力;a_j 为人均生物生产面积;r_j 均衡因子;y_j 为产量因子,按文献(苏臣等,2008)对中国生态足迹计算取值:耕地、建设用地为1.66,林为0.91,水域为1.00,化石燃料用地为0,出于谨慎考虑,在生态承载力计算时扣除12%的生物多样性保护面积。

如果区域的生态足迹超过了区域所能提供的土地生态承载力,就出现生态赤字,即产生社会经济发展的负外部性。反之,则表现为生态盈余,社会经济发展的正外部性。生态赤字的计算公式:

$$ED = EF - EC \qquad (式5-8)$$

式5-8中:EC 为区域总生态承载力,EF 为区域总生态足迹,ED 为区域总生态赤字水平。

社会经济发展水平的差异,导致区域土地利用功能有所差别。以生态赤字或生态盈余为外部性变量,那么在其外部性变量的基础上产生的效益(以 GDP 代替)可衡量区域土地利用的外部性。单位生态赤字 GDP 越高,表明区域外部性成本越高,损害或保护一个单位的土地生态效益的机会成本越高,区域土地利用生态补偿由土地生态负外部性向正外部性区域补偿,生态补偿标准为两者差额。

通过计算,南通市、盐城市和连云港市的单位生态负外部性成本为5.44万元/公顷、2.63万元/公顷和4.89万元/公顷。这说明沿海地区社会经济发展过程中,生态环境保护外部成本存在较大差异,南通市>连云港市>盐城市。如果区域生态环境保护和经济发展目标定位,或者是土地功能区际转换,那么区域之间就需要进行生态补偿实践。在表中,如果南通市需要发展经济,而将生态保护的责任转移到盐城市和连云港市,那么南通就产生了负外部性,而盐城和连云港则产生了正外部性,那么就需要补偿盐城市和连云港市8.07万元/公顷和10.33万元/公顷的生态外部性;如果盐城市需要发展经济,而将生态保护责任转移到南通市和连云港市,则需要补偿南通市和连云港市生态外部性 8.07 万元/公顷和 7.52 万元/公顷;如果连云港市需要发展经济,而将生态保护责任转移到南通市和盐城市,则需要补偿南通市和连云港市生态外部性 10.33 万元/公顷和 7.52 万元/公顷。

表 5 - 10　江苏沿海地区生态外部性成本　　　　（单位:万元/ha）

沿海区域	南通市	盐城市	连云港市
南通市	0	8.07	10.33
盐城市	8.07	0	7.52
连云港市	10.33	7.52	0

通过土地机会成本、生态服务价值核算了土地用途转换补偿标准,并同时以生态足迹法对区域土地利用生态补偿标准进行核算。结果显示:

(1)从供给角度,不同土地用途所具有的功能有所差异,在土地市场不完全的情况下,可以以土地所提供的物质产品作为自然资源的特征,只有使用了这部分产品才具有价值,这也是土地所提供的最低价值。而生态服务价值是恢复所有生态功能的价值,这是土地所反映的最高价值。以生态补偿最低和最高补偿区间进行补偿,依据地区情况的补偿是可以承受的。

(2)在市场不被扭曲的情况下,以生态补偿市场价格为补偿依据可以反映土地利用生态补偿标准,培育土地利用生态补偿市场是生态补偿的关键。

(3)区域土地置换是另外一种常见的形式,以单位生态赤字的 GDP 反映土地生态外部性成本,负外部性向正外部性区域补偿,这符合实际情况,而且也具有操作性。

5.3.4　制定土地利用生态补偿标准应考虑的几个因素

一是地域因素。不同地域生态系统具有异质性,在制定土地生态服务功能补偿标准时还应考虑地域生态系统的重要性及生态系统服务功能的差异性,对具有极其重要的生态系统服务功能的区域,如水源涵养区、湿地保护区、生物多样性保护区等区域进行重点生态效益补偿。

二是土地利用程度。不同土地利用程度的生态系统结构存在差异性,由此导致生态服务价值存在不同。比如提高草地、林地覆盖率和密集度以提高单位面积的生态服务价值；减少耕地农药、化肥使用量，减少单位面积土地的环境承载力，等等。土地利用生态补偿还应根据土地利用程度，综合考虑其对生态服务价值的影响。

三是土地利用类型内部差异。不同的林地、草地、湿地、未利用地等用地类型内部具有不同的生态功能，其发挥的生态效益也不同。同一土地利用类型，不同年龄构成（树龄）、成分质量所发挥的生态效益也不同。

四是地方社会经济发展水平。不同的地区经济发展水平具有差异性，制定土地利用生态补偿标准应结合地区经济发展水平，因地制宜地给出合理的补偿标准。

5.4 土地利用生态补偿功能分区研究

土地是十分宝贵的自然资源，是人类赖以生产和发展的基础。然而，20世纪中叶以来，快速的工业化和人口城市化，不断侵占农田、湿地、林地和草地，土地的利用程度已经达到甚至超过土地的生态承载能力，导致区域内的生态环境逐渐恶化，土地生态安全成为一大严峻的挑战。有限的土地资源聚集了城乡发展经济矛盾、社会矛盾、生态矛盾、资源开发矛盾（Antonio Gómez Saletal.，2007；吕昌河等，2007），多种矛盾的叠加造成了土地利用的巨大社会、经济和生态压力。尤其在区域经济发展与土地利用协调上，土地社会经济功能与生态功能矛盾十分突出。因此依据土地生态特性，以此进行土地利用生态补偿功能分区，对于缓解土地利用社会经济效益与生态效益矛盾，实现土地和区域可持续发展具有重要意义。

5.4.1 土地利用生态补偿功能分区模型框架

基于土地生态补充内涵，可将区域土地生态经济复合系统看作两个基本部分，提供生产环境的资源空间和社会活动对其的影响与反馈，即生态补偿的供给和需求两个方面。

（1）区域土地生态资源供给

土地生态供给是指在现有生产力水平下可以开发的各种生态资源的现存量

和更新量。生态供给具有两种特性：其一，自然修复性。生态系统对来自外部的冲击有一定的应对能力，只要对生态系统的利用不超过其自调节能力的阈值，生态环境的供给具有可再生性和可修复性，这是人类社会可持续发展的基础。其二，自然生态服务功能。区域环境从一定意义上可看成一个多维生态空间因子，指土地生态为人类提供服务的质量和数量能够维持满足人类生存和发展的需要。土地不断向人类提供其自有的，诸如气候调节、气体调节、水土涵养、水土保持、废物净化等生态服务功能。

（2）区域土地利用生态补偿需求

区域的发展必须以资源为基础，人口增加及生活水平的提高导致人类对生态资源的需求量增大，包括人口增加、经济发展对土地、空气、水、资源、环境等的需求。同时，随着人们生态意识的加强，人们对生态功能、生态平衡和生态环境的非使用价值认识更加深入，这些都使人们认识到生态环境的价值。这些由社会、经济对环境需求的驱动力，构成了一个多维的土地利用生态补偿需求空间。然而随着经济的快速发展，不同的发展措施与途径的生态资源需求空间不一致，如社会经济发展层次低的时期，农业生产主要依赖的是气候条件、土壤条件等。然而随着社会发展，生态资源越来越稀缺，人类关注更多的是生态的可持续性。

总之，区域发展对生态资源的要求构成土地利用生态补偿需求动力，而区域土地生态资源也构成对应的生态资源供给额度，两者之间的匹配关系，成为土地利用生态补偿基础。这种匹配关系可以用图5-16加以说明。

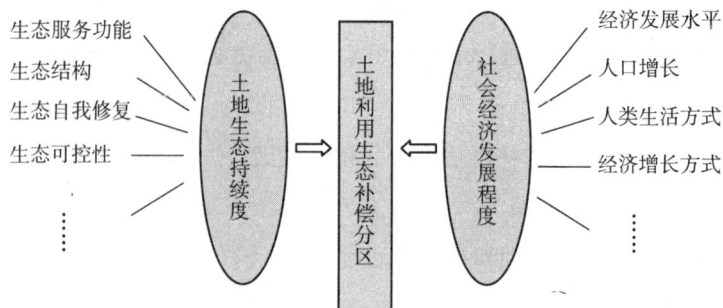

图5-16 土地利用生态补偿功能分区的理论框架

5.4.2 土地利用生态补偿分区指标体系与研究方法

这里所提出的生态补偿分区是在确定评价对象的基础上,结合江苏沿海地区土地利用和生态环境特征提出的评价因子体系,在运用层次分析法确定评价因子的权重,通过 ArcGIS 9.2 的缓冲区处理、栅格分析、数据统计、叠加功能等对江苏沿海地区土地利用生态补偿功能进行分区评价(汤国安等,2008),具体方法与步骤如下。

(1)数据来源与处理

地理空间基础数据及其衍生数据形式多样,按照数据格式可分为矢量数据和像元数据两种格式,前者如人口、GDP 等行政单元的统计数据(南通统计年鉴,2008;盐城统计年鉴,2008;连云港统计年鉴,2008),后者包括利用遥感技术获取的土地利用变化、植被覆盖等(江苏省地图集,2005)。以行政区域作为社会经济数字化信息采集的基本地理单元,而植被覆盖、土地利用变化等采用像元单位数字化途径。由于统计单元不同,不便于利用多源数据进行相关比较和综合分析,为此采用空间数据从行政单元向网格单元转化的技术方法。通过对矢量叠加方法获取基础单元图斑,多矢量叠加后过渡到图层属性表操作来获取属性数据,最后进行数据库集成。

(2)指标体系构建

土地利用生态补偿功能分区指标体系建立遵循系统性原则、主导因素原则、因地制宜原则和可操作性原则,采用要素层→关系层→逻辑层→应用层的阶梯推进方法。

要素层选取分区评价单元以及自然生态和经济社会指标,以土地利用生态补偿供给和需求两方面的特征作为评价对象。一方面反映土地利用生态补偿供给的生态持续性,代表自然和人文生态保护价值或自然环境维持的必要性程度,包括生态服务功能和生态易损性等。生态服务功能(ecosystem service)指人类直接或间接从生态系统获得的效益,主要指水源涵养与保护、生物多样性和特殊生境维护、环境污染净化等功能;生态易损性,反映开发过程中生态环境问题发生可能性和修复难度,即生态和环境维持要求的强烈程度,包括生态灾害、环境容量等方面。另一方面,社会可接受程度反映土地利用生态补偿需求,主要包括社会经济发展水平以及发展潜力。关系层主要分析各要素相互叠合关系及权重。依据指标的重要性和影响程度,采用经验确定的主观赋权法和数理推算的客观赋权法,来确定各指标权重。逻辑层依据关系层确定的要素关系和权重,采用逐级分层的聚类归并方法和趋同性分析,将平行独立的各项指标进行加权处理。

根据江苏沿海的特点,生态服务功能主要选择植被(主要选择林地)、湿地、自然保护区指标,生物多样性与植被、湿地和自然保护区重叠,再次不再考虑;生态易损性主要选择土壤盐渍化程度、土壤 pH 值、风暴潮(台风)爆发频率、地震潜在级数、人口密度、工业废水排放量、工业废气排放量、单位面积耕地化肥使用量、单位面积耕地农药使用量等指标。经济社会评价中选择人均 GDP、人均财政收入、人均固定资产投资、第三产业比重、人均收入水平、交通优势度、恩格尔系数、受教育水平。

表 5 - 11　土地利用生态补偿功能分区指标体系及权重确定

决策层	指标层	要　素
土地生态持续度 A_1	生态服务功能 A_{11} (0.50)	林地面积比重(0.347);湿地面积比重(0.455);自然保护区覆盖(0.199)
	生态易损性 A_{12} (0.50)	地势(0.026),土壤盐渍化(0.046),土壤 pH 值(0.050),台风频率(0.073),潜在地震级数(0.25),人口密度(0.058),工业废水排放总量(0.176),工业废气排放量(0.128),单位耕地面积化肥使用量(0.101),单位耕地面积农药使用量(0.091)
社会经济发展 A_2	经济发展效益 A_{21} (0.545)	人均GDP(0.289)、人均财政收入(0.078)、人均固定资产投资(0.046)、第三产业比重(0.229)、人均收入水平(0.358)
	社会经济发展潜力 A_{22} (0.455)	交通优势度(0.524),恩格尔系数(0.193),受教育水平(0.283)

(3) 量化方法

考虑沿海土地利用特征,以及各要素内部关系的复杂性和模糊性,这里采用基于层次分析的多级模糊综合评判方法来对江苏沿海地区生态补偿功能评价和空间分区,研究步骤如下:

① 建立评价因素集和评语集　将土地利用生态补偿分区分为生态持续性和社会接受度的 2 个一级影响因素和相关的二级因素。一级评价指标因素集为 U

$=(U_1,U_2,\cdots,U_i)$,式中 U_i 分别代表一级因素下面的二级因素。这里根据土地利用生态补偿分区理论分析框架和单元评价结果,确定其所属分区类型,并提出不同生态补偿区域的实施和管理要求,即重点开发型生态补偿区、优化补偿区、适度补偿区和一般补偿区。

② 确定区划评价指标权重 采用层次分析法确定一级指标权重集为

$$A_i = (a_{i1},a_{i2},\cdots,a_{in}),\sum_{i=1}^{n} a_i = 1。$$

式中 $a_i(i=1,2,\cdots,n)$ 表示指标 U_i 在 U 中的比重。根据层次总排序和一致性检验,计算 $A_1=(0.5,0.5)$,$A_2=(0.545,0.455)$。

二级指标权重集为

$$A_{ij} = (a_{ij1},a_{ij2},\cdots,a_{ijn}),\sum_{i=1}^{n} a_{ij} = 1。$$

式中 $a_{ij}(i=1,2,\cdots,n)$ 表示指标 U_{ij} 在 U_i 中的比重,根据层次单排序和一致性检验,确定指标权重集分别为

$A_{11}=(0.347,0.455,0.199);CI=0.047,CR=0.076<0.1$

$A_{12}=(0.026,0.046,0.05,0.073,0.25,0.058,0.176,0.128,0.101,0.091);$

$\quad\quad CI=0.019,CR=0.035<0.1$

$A_{21}=(0.289,0.078,0.046,0.229,0.358);CI=0.012,CR=0.015<0.1$

$A_{22}=(0.524,0.193,0.283);CI=0.042,CR=0.073<0.1$

③ 构建模糊综合评判模型 采用乘算模型对江苏沿海地区基本评价分析单元(像元)的土地生态持续度、生态补偿社会接受程度和综合指数(ECSI)进行求算,即

$$ECSI = \sum_{\substack{i=1 \\ j=1}}^{n} A_{ij} \times W_{ij}$$

式中:A_{ij} 为第 i 层指标第 j 个生态安全评价指标的标准化值;W_{ij} 为第 i 层生态安全评价指标 j 的权重;n 为指标总项数。

5.4.3 土地利用生态补偿功能区划定

反映土地利用生态补偿的土地可持续度表明,滨海县、大丰市、东台县属于生态极度重要区,这些区域拥有大量的国家自然保护区、沿海湿地、林地等资源,生

态服务功能结构完善,土地生态服务功能供给能力强;连云港市区、灌南县、射阳、如东属于生态重要区,该区域拥有较为丰富的湿地、林地资源,生态服务功能较为完善,土地生态供给能力较强;东海县、赣榆县、通州和启东属于生态中度持续区,该区域生态系统结构不太完善,但受干扰后易恶化,生态问题显著,生态灾害易发生;响水县、阜宁县、建湖和南通市区属于土地生态一般持续区,生态系统服务功能严重退化,生态系统结构不完善,受到外界干扰恢复困难,生态问题较大,生态恢复和重建较为困难;灌云县、盐城市区、海安、如皋、海门属土地生态极低持续区,生态系统结构残缺不全,土地生态系统一旦受到干扰,将会出现严重的生态环境问题,生态恢复与重建困难。

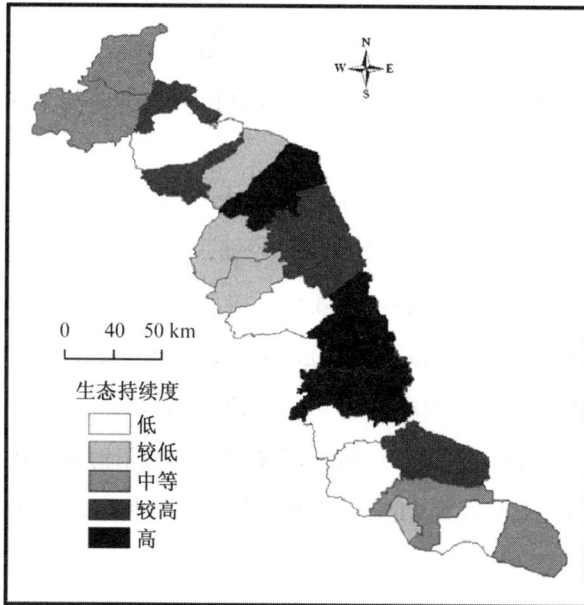

图 5 - 17　生态可持续程度

从社会经济发展程度来看,南通市区和连云港市区属于社会经济发展程度高的区域,南通市区是承接苏南和上海产业转移的纽带,交通便捷、经济发展程度高。而连云港市区是亚欧大陆桥的桥头堡,拥有便捷的交通,经济发展相对较高,土地利用程度高。在快速的城市化和工业化背景下,南通市区和连云港市区对土地生态的需求旺盛,土地利用生态补偿接受程度最高;盐城市区、海安县和海门市

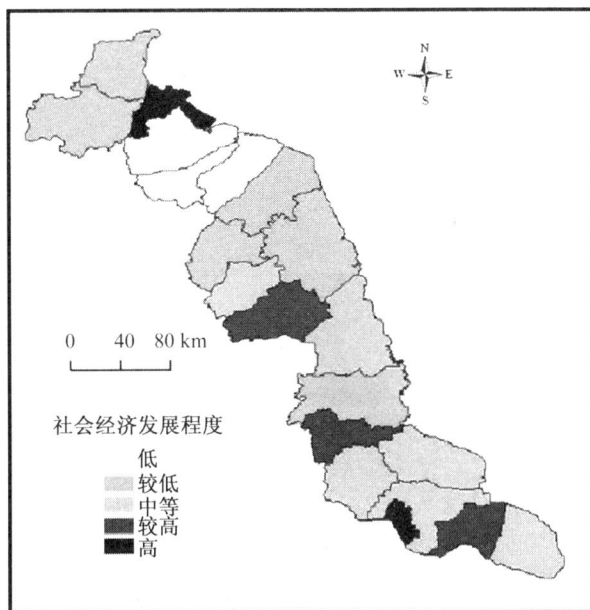

图 5-18 社会经济发展程度

是社会经济发展程度较高区域,这些区域经济发展系统完善,经济发展水平明显提高,经济效益也明显提升,社会经济快速发展加大对生态需求;建湖县、大丰市、如皋市、如东县、通州市和启东属于社会经济发展中等区域,该区域经济发展水平和经济效益不够高,当前的任务是继续加大对社会经济的发展,对生态补偿接受度不足;赣榆、东海、滨海、阜宁、射阳和东台属于生态补偿一般接受区,该区域社会经济发展层次较低,农业比重较高,工业和第三产业比重低,社会经济效益低,加快经济发展是该区域面临的首要任务,对生态政策考虑明显不足;灌云、灌南和响水社会经济发展程度较低,该区域社会经济发展层次和经济效益低,社会经济发展潜力较差。

不同类型土地功能区在多层次、多样性要素交流中,逐步形成功能分工、优势互补、战略支撑、协调发展的多重逻辑联系。经济发展程度较高地区属于土地利用开发型,经济落后地区偏向保护型。在区域发展中保护型为开发型提供生产要素支持和生态屏障保护,开发型为保护型提供资金和技术支持。根据土地生态持续度和社会经济发展程度,将生态补偿区分为 4 个典型的区域。

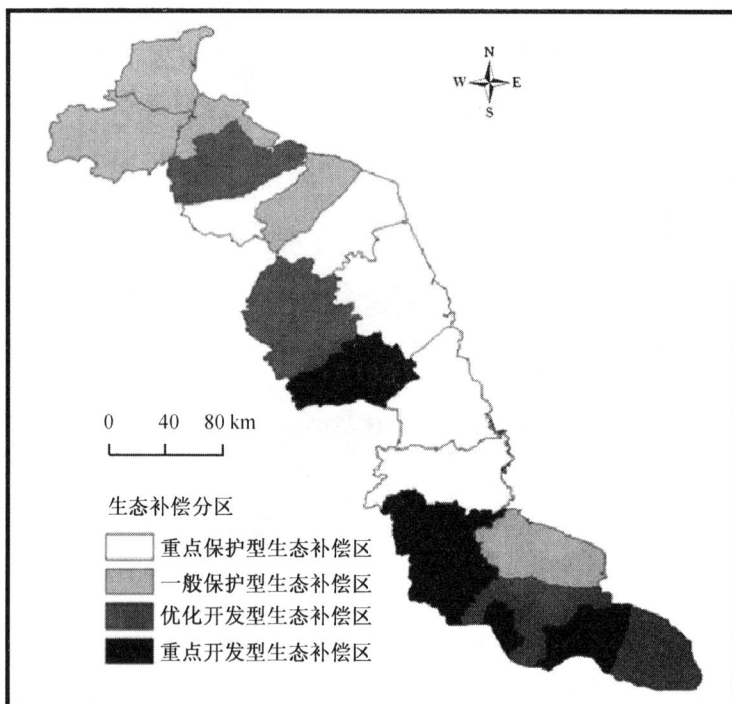

图5-19 土地利用生态补偿功能区

重点开发型生态补偿区。生态可持续性在中等以下,而社会经济发展程度高的区域,主要包括南通市区、海门市、如皋市、海安县、盐城市区5个地区。这些区域是集聚经济和人口较好的地区,作为未来沿海经济发展的主要成长区,资源环境承载能力较弱。应重点以生态补偿作为经济刺激手段调节土地利用,合理布局产业,促进产业集群发展,提高资源利用效率。应该将生态补偿"嵌入"政府财政和公共服务均等化过程中,通过横向和纵向财政支付,实现区域均等化公共服务。

优化开发型生态补偿区。社会经济发展程度较高和生态可持续度较低的地区。主要包括灌云县、阜宁县、建湖县、通州市和启东市。这一区域鼓励其承接经济发达地区的产业转移,鼓励其发展能够吸纳经济落后地区人口迁移的行业部门。可以通过财税、产业政策等进行生态补偿。

一般保护型生态补偿区。生态可持续度中等及以上,而社会接受程度相当或较低的区域,主要包括连云港市区、赣榆县、东海县、响水县和如东县。这一区域生态系统功能较为完善,但经济发展水平落后,政府财政和公共服务能力低,可以通过社会经济发展程度高的地区向这一区域进行一定的财政转移支付、产业支持等,以财政能力均等化为基础,使保护型区域政府基本公共服务领域与开发型保持相当的人均水平。

重点保护型生态补偿区。生态持续性较高,社会经济发展程度低的区域,包括灌南县、射阳县、滨海县、东台市和大丰市。这一区域生态系统功能完善,但经济发展水平落后,政府财政和公共服务能力低,可以通过社会经济发展程度高的地区向这一区域进行财政转移支付、产业支持等制度安排,以财政能力均等化为基础,使保护型区域政府基本公共服务领域与开发型保持相当的人均水平。

5.5 土地利用生态补偿机制及政策设计

土地利用生态补偿机制的关键在于理顺各责任主体的关系,主要包括补偿主体、补偿对象、补偿方式、补偿标准、补偿空间尺度、补偿时间尺度、补偿途径等。

5.5.1 土地利用生态补偿框架

(1)土地利用生态补偿机制设计的难点

① 观念制约。人的行为受到自己的观念支配,观念的转变是制度设计的第一步,土地利用生态补偿机制的设计和实施,受到人们种种错误观念的制约。具体包括重经济发展轻生态环境、重生态恢复治理轻生态建设、重城市建设轻农村发展等观念。

② 责任主体问题。从理论上说,只要产权清晰,土地利用生态补偿主体是非常明确的。但现实中,由于土地生态效益具有空间扩散效应、代际转移效应,其影响范围和区域非常广泛,要确定其产权有一定的困难,受益人群和范围难以划定。在实践中,土地利用生态补偿坚持"谁受益、谁补偿""谁损害、谁治理"的原则。

③ 补偿标准问题。土地利用生态补偿标准是一项技术性很强的工作,生态效益数量化问题、生态价值货币化问题、相关数据获得性都是影响补偿标准的重要因素。实际中,土地生态服务功能价值是生态补偿标准确定的重要依据,但与

实际结果相差较大,这项工作实际操作起来困难。机会成本测算是土地利用生态补偿的重要基础,可以在实践中拓展。

④ 交易成本问题。交易成本过高,补偿价值难以实现。

⑤ 利益相关者意愿问题。土地利用生态补偿机制应考虑各方利益衔接,充分体现补偿方的补偿意愿和受偿方的受偿意愿,使得制度设计符合各方的意愿,从而达到补偿效果。

(2) 土地利用生态补偿机制设计基本框架

土地利用生态补偿机制是以保护和可持续利用土地资源为目的,以经济手段调节相关者利益关系的制度安排。土地利用生态补偿由生态系统服务受益者向生态系统服务提供者提供补偿,这种补偿也包括由破坏者向生态服务受害者提供赔付。土地利用过程中由于未考虑土地生态价值,土地利用生态服务价值损失或免费提供的现实,并由此需要考虑外部性溢出的类型、受益受损者辨别、生态补偿交易成本、相关主体的支付能力、外部性矫正以及带来的土地利用效果几个主要因素作用于土地利用生态补偿的激励机制,得出土地利用生态补偿分析的基本框架如图 5 - 20。

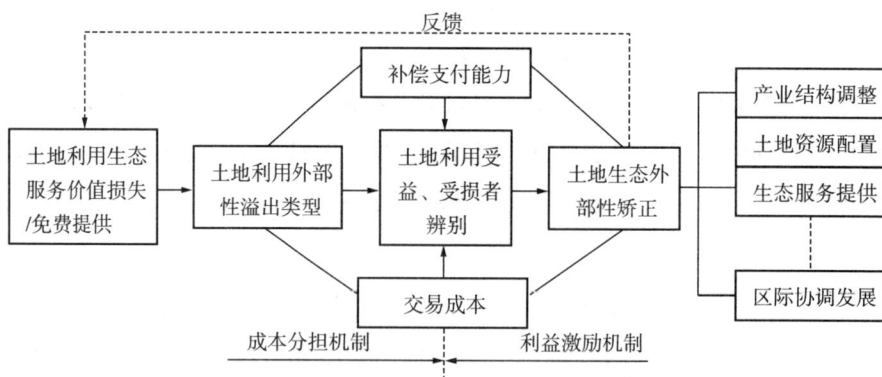

图 5 - 20 土地利用生态补偿机制设计框架

外部性溢出类型是确定生态补偿机制成本分担机制的重要变量,成本分担机制需要重点考察生态环境直接相关者的经济影响。一般而言,生态环境公共物品首先都作用于这些直接相关者,因而矫正外部性的经济政策就可以从这些相关者的自利动机出发进行制度设计。以几种土地利用生态补偿类型而论,由于土地利用变更带来土地生态服务价值的增加(未利用地转为林地)或减少(耕地转为建设用地),为了恢复土地利用变化导致的生态环境损失,补偿成本分担也与生态服务价值外溢特征相关。再如为减少环境承载力,农民对耕地减少化肥、农药投入而付出的机会成本,导致全社会生态受益,为此需要对农民付出的成本进行补偿。

受益受损者的辨别是影响生态补偿机制的核心因素。受益者是指由于生态环境改善而得到正外部性效益,或是造成负外部性而自身受益的主体;但受损者则是实现生态环境改善而承担成本或受到损失的直接相关者,外溢类型决定了成本分担的主体。但也存在受益受损主体的辨别难度问题,问题主要在于生态环境影响有些属于纯公共物品特征,有些表现为私人影响,而且生态影响存在空间扩散、代际转移效益。结果是土地利用生态补偿需要结合市场和多种经济、财政手段实现。

另外两个重要的因素是交易成本和支付能力,交易成本就是指在受益者和受损者之间直接协商谈判,以经济刺激为手段,得到矫正土地利用外部性成本。但由于生态补偿主体的自然、社会、经济条件的差异,补偿成本分担机制应根据实际支付能力进行差异化设计。合理的补偿标准能够调整产业结构、促进土地生态保护、提高土地资源配置效率、平衡区际利益关系等,并且在补偿金和其他辅助措施的支持下,获得足够的动力和能力提高土地生态服务价值,实现土地可持续利用。对于生态服务的受益者来说,一方面激励其对受损者的生态服务的提供,另一方面也促使其土地利用方式的转变,其支付得到了很好的回报,从而愿意继续为生态服务付费。

总体而言,土地利用生态补偿框架中需要解决三个基本问题:谁补偿谁、补偿依据与标准以及如何补偿。除此之外,土地利用生态补偿机制还应考虑到生态系统的自然特征、补偿手段的具体环境、经济状况、制度体系等,以及公平性、可承受性和可操作性等多方面的因素。

5.5.2 土地利用生态补偿机制运行的相关利益主体

土地利用生态补偿以调整相关利益主体的利益分配关系,促进土地可持续利用为主要目的。土地利用生态补偿主体是指依照特定的法律规定有补偿权利能力和行为能力,负有生态环境和自然资源保护职责或义务,且依照法律规定或合同约定向其他个人或组织提供生态补偿费、物资、技术的政府、社会组织和个人。

(1)政府是实施土地利用生态补偿的通常主体。这主要是由两方面决定的,一是国家代表社会公共利益,担负着统治和社会公共管理等职责,国家通过制定法律,对土地资源和生态资源进行宏观管理,有权依法实施相应的补偿行为;二是基于土地利用补偿的特有属性,土地生态权利界定成本太高,一般是作为公共物品存在,适宜政府提供服务。对于江苏沿海地区,如果由中央政府提出的生态服务需求,如国家级自然保护区、国家森林公园应该由中央提供资金支持;倘若生态服务需求由地方政府提出,如水源地保护、地方人文景观等,这种生态服务功能通常由地方全体社会成员获得,作为社会利益代表的地方政府提供土地利用生态补偿。

(2)土地生态受益者。土地生态受益者包括土地利用过程中生态服务价值负外部性转移给整个其他社会主体,或无偿受益于其他人保护带来的正外部性受益。本着"谁破坏,谁恢复""谁污染,谁治理""谁受益,谁付费"的原则,他们应当是主要的责任承担者。

(3)土地生态受损者或保护者。当长期以来土地生态生产和发展的组织和个人,在某种情况导致土地生态服务功能下降或者土地生态服务功能无偿被社会享用,使其原有生产方式被迫改变或经济受益受到损失时,这些组织和个人进行生态环境保护、改善和恢复建设则成为土地生态受损者或保护者,因此,土地生态受损者和保护者成为土地生态受偿主体。

表 5-12　土地利用生态补偿主体和受偿主体

补偿类型	价值形式	补偿主体	受偿主体
土地生态服务功能正外部性	生态服务价值无偿提供、无偿受益	政府或受益者社会组织、个人	生态服务价值提供者
土地生态服务功能负外部性	生态服务价值功能削弱	生态损害者(土地使用者)	生态受损者

5.5.3　土地利用生态补偿方式选择

土地利用生态补偿的方式与途径是补偿得以实现的形式,生态补偿的方式和途径很多,按照不同的准则有不同的分类体系,本研究从要素方面对土地利用生态补偿方式进行分析。

（1）资金补偿

资金补偿可作为土地利用生态补偿最普遍的方式,补偿主体之间可通过补偿金、财税减免、低息(无息)贷款、补贴、财政转移支付等。就江苏沿海地区的特殊性,各级政府要对土地利用生态补偿的投资纳入到财政预算,形成"中央、地方"混合的补偿机制。体现"谁受益、谁补偿"的原则,完善土地利用生态补偿税费体系,开征土地生态效益税。

（2）政策补偿

政策补偿是政府对土地所有者(使用者)的权利和机会补偿。受补偿者在授权的权限内,利用制定政策的优先权和优惠待遇,制定一系列的创新性的政策,在投资项目、产业发展和财税政策等方面加大对土地利用的支持和优惠。利用制度资源和政策资源进行补偿十分必要,尤其是在资金匮乏、经济薄弱的地区"给予政策支持,就是一种补偿"。针对土地利用与环境保护的特点制定有针对性的财政政策、税收政策、技改政策、金融政策、异地开发政策等,支持区域产业发展与生态保护的紧密结合。

（3）产业补偿

借鉴由经济发展梯度差异而引发的产业转移机制来解决土地利用生态补偿问题,把区域发展落实到具体的产业项目上,这是一个现实的选择,如飞地经济、产业准入门槛等。产业补偿就是把区域作为一个系统来考虑,在一个区域框架内考虑产业的布局与资源的配置,这种措施在跨区域操作相对困难,在区域内部相对容易,但也因跨不同地区产业而使政策失灵。并且区域内部产业补偿的发展空间会比较大,操作起来较为容易。

（4）市场补偿

市场补偿需要以下前提:首先土地生态服务供需矛盾尖锐是市场补偿的基础。生态系统受益者在发展的过程,也需要其他主体提供生态服务功能。而生态系统提供者必须获得一定的生态补偿,可形成对生态系统的保护的激励机制,同时也可以通过契约的形式,要求受益者按照生态保护的要求利用土地。其次产权清晰是保证。产权是土地利用生态补偿的基本保证,土地生态服务产权清晰,可以为买卖双方确定一个可以交易的平台,生态服务产权可以根据土地产权束确定。再次,公众对生态补偿的认可是基础条件。生态补偿市场机制的形成需要公众尤其是生态服务受益方对土地生态服务功能与价值的认识。需要加强对公众宣传、教育与培训,提高公众对生态补偿的认可程度。

(5) 实物补偿

实物补偿是运用物质、劳动力、土地等进行补偿,解决受偿者部分的生产要素和生活要素,改善受偿者的生活状况,增强生产能力。我国现行的以粮食换生态的退耕还林还草政策就是这种方式。

(6) 教育和技术补偿

这种补偿是提高受偿者的生产技能、科学文化素质和管理水平的有效补偿方式。各类土地利用需要大批掌握生态技术和管理的劳动者,同时也需要对劳动力进行转移,从事非农产业、生态农业、特色产业方面的活动,这就需要不断提高劳动力的素质。目前,我国针对一些项目向受偿者提供了无偿的教育和技术项目,今后仍需扩大规模、逐步规范。

总之,土地利用生态补偿没有固定的方式,任何方式的补偿在特定的背景下都能取得应有的效果,应根据沿海地区特点和受偿意愿有针对性的实施生态补偿方式。

5.5.4 土地利用生态补偿年限

对于补偿年限,理论界有 3 种观点(秦建明等,2002):一是适当延长补偿年限,适当延长还经济林的补偿年限,建议延长到 8~10 年;二是由土地利用类型转换后取得显著成效所需时间决定,但退耕后产业结构调整能在多大程度上取得成功以及所需的时间具有不可预期性;三是补偿停止后要纳入生态效益补偿范围或实行政府购买。但对于土地利用生态补偿年限没有取得共识。土地利用生态补偿是将外部成本内部化的过程,不管是确定补偿标准还是补偿年限,都应该从弥补土地利用主体造成的经济损失角度考虑。对于生态补偿而言,就是要在土地利用基本收益的基础上,经过多长时间才能实现经济收入的增长。

收入增长法则是以对比土地利用生态补偿前后收益变化为基础,通过贴现的方式计算补偿前后的收益,生态补偿的目的是至少不能减少土地利用主体的收益。土地利用类型未转换的年收益为（土地利用生态补偿前）A_0，土地利用生态补偿后的收益为A_t+I（其中I是生态补偿额），土地利用生态补偿前收益增长率为γ，生态补偿后的收益增长率为γ'，土地利用生态补偿面积为S，补偿年数为n（$n=1$、2、3…，t），根据收入增长法则，土地利用生态补偿年限满足以下式子：

$$A_0 \times S \times (1+\gamma)^n \leqslant (A_t+I) \times S \times (1+\gamma')^n \qquad （式5-9）$$

式5-9经过推导可以得出：

$$n \geqslant \frac{\ln\left(\dfrac{A_0}{A_t+I}\right)}{\ln\left(\dfrac{1+\gamma'}{1+\gamma}\right)} \quad （n取整，为表达式 n \geqslant \left[\frac{\ln\left(\dfrac{A_0}{A_t+I}\right)}{\ln\left(\dfrac{1+\gamma'}{1+\gamma}\right)}\right]+1）$$

$$（式5-10）$$

当然，随着土地利用生态问题日益突出，以及保护需求日益紧迫，土地利用生态补偿年限也具有动态性特征。

6 公共地役权补偿的理论与方法

6.1 公共地役权及其补偿的界定

由于我国对公共地役权及其补偿的相关制度研究还是一片空白,通过对其他国家和地区的已有经验的总结、对我国现有探索性研究的分析,结合实际情况,对公共地役权的内涵以及补偿制度进行界定。

6.1.1 公共地役权的内涵界定

基于国家权利、公共权利的涉入,出于公共利益的目的对土地所有权、使用权的限制,大陆法系国家,如法国、日本等出现了由行政法直接规定的地役权。这些地役权体现的是公共利益,取代了先前的私人利益的地役权,被称为公共地役权或行政地役权(蔡斌,2004)。

公共地役权是指为公共利益需要而使不动产所有权人或使用权人容忍某种非利益或负担,从而使国家、公众或公共事业部门取得一种要求相关不动产所有权人或使用权人承担某种非利益或负担之义务的权利,它是由传统民法中的地役权发展而来,主要涉及供电、通信、石油天然气、市政、消防、公安、航空等涉及公共利益的行业(高富平,2001)。

公共地役权在我国还没有进行明确的界定,世界各国和我国台湾、澳门地区已经对公共地役权进行了相关实践与界定。

（1）各国和地区对公共地役权的界定

• 法国

法国的公共地役权属于行政法的范畴，不同于传统意义上其他满足私人土地利益的地役权，他们将某些反映公共利益的"地役权"，比如为了通海航、河川，一些公共的或者地方的道路，以及公共的或者地方的建筑或者工事，为了这些客体的利用便宜而专门设立的地役权区别开来，单独进行立法规范其制度（法国民法典第650条）。一切有关公共地役权的事项，如设立取得、主体客体、权利义务、成立要件、补偿制度等都通过特别法令来进行规定（尹田，1998）。

• 美国

在美国，公共地役权（public easement）可以分为公共信托资源地役权和公用事业地役权。公共信托资源地役权按照公共目的的不同，可以分为航行地役权、娱乐地役权、商业地役权、公众进入地役权、环境保护地役权等（Cohen，1992）。因为美国认为河流、湖泊、公园、绿地、生态环境等是对整个社会的共同利益、共同福利至关重要的特别资源，在国家所有权观念对公共信托理论（public trust doctrine，以下简称为"PTD"）产生深远影响的情况下（肖泽晟，2007），公众认为这些公共信托资源必须为公共使用而保留，也就是说，公众保有一种为某些公共目的而使用公共信托资源的地役权（Kanner，2005）。公用事业地役权主要是指为电力设施、通信设施、上下水道等城市基础设施、石油天然气等能源设施这一类公用设施的设立、运营和维护而创设的地役权，创设的目的是节约政府财政支出，避免因为需要征收土地所有权而花费大量的资金，又可以便于既有的权利共存，设立的主体包括联邦政府、州、郡、市和公用事业企业。

美国公用事业地役权的设置具有其特色，比如供天然气管道设施安设、使用的便利而设置了沿线土地的公用事业地役权，则后续若要新增安设电力设施、传输线路、供水管道、有线电网管线等一系列基础设施都优先考虑在这一供役地内设置，主要目的是降低经济成本，减小沿线涉及的利害关系人的范围。最后逐渐在某一范围内形成公用事业走廊（Utility corridors），成为美国公共地役权的特殊特性。而这一趋势反过来也增加了协调不同管线之间土地利用关系的需要。

美国公共地役权补偿主要是依据完全补偿原则，根据市场价值对供役地人进行公平公正的充分补偿,补偿标准包括财产的直接损失和其他财产的间接损害。在对公共地役权补偿的过程中充分尊重供役地人的民主权利,补偿的额度、使用范围、权利的放弃等都有较大的弹性自由空间。协商不成的情况下,会使用政府权力启动征收程序(王明远,2010)。

• 意大利

一般情况下,意大利的地役权设立的条件有以下几种:法律规定设立、契约设立和判决设立,具有先后顺序。公共地役权在《意大利民法典》(第1032条)中出现,被命名为"强制地役权"。强制地役权是由行政机关实施设立的地役权,它的特殊性在于:首先,必须是涉及公共目的和利益的用地,必须是法律有相关规定的;其次,第一步是通过设立地役权协议进行协商,如果不能通过,则以国家强制力强制设立,但是要给予补偿;再次,法院在判决进行国家强制力设立役权的情况下,必须要规定设立的条件以及补偿金额等相关内容;供役地人在收到补偿金前,阻止需役地人行使公共地役权(肖宇,2009)。

• 我国台湾地区

在我国台湾有类似的概念,台湾"行政法院"曾做出一个判例(1956年判字第8号判例)认定以私人土地因长期为公众使用而失效称为公用地役权,所有人不得消除(王泽鉴,2001)。同时,台湾学界也认为公用地役权的受益人是不特定的公众,并且供役地和需役地的存在都不是公共地役权设立的必要条件,认为公共地役权在本质上是属于公权范畴,与私法上的地役权具有不同的性质。

• 我国澳门地区

我国澳门地区同样存在类似公共地役权的相关规定,它是指因为公共利益的目的而设立构成的、必须存在的地役权。澳门地区的公共地役权设立不以登记为成立要件,它的设立方式是强制性的,不需要进行商定的,必须订立的。并且澳门政府专门颁布了法令(印刷署法令第12/92/M号第10条),规定公共地役权限制的供役地是不动产,而不仅仅是土地(蔡斌,2004)。

• 国内有关公共地役权的法律制度

2007年3月16日颁布的《物权法》对地役权制度予以明确,未对公共地役权进行界定。但我国许多比较特殊的行业,很早就遇到了涉及公共地役权相关内容的实际问题,因此在相关的部门法、特别法中已经有涉及相关制度的内容。

国务院颁布的行政法规中主要有《电力设施保护条例》及其实施细则、《石油天然气管道保护条例》《石油天然气管道保护条例》等涉及公共地役权的相关内容。如《电力设施保护条例》及其实施细则规定电力线路保护区内、架空电力线路保护区内、电缆保护区内土地利用性质、利用方式、利用强度的相关限制。涉及城市区域的土地利用内容有关于建筑物、构筑物的是否允许修建、修建高度等,涉及农村区域的土地利用主要是关于作物种植的相关规定。《石油天然气管道保护条例》主要是对石油天然气管道两侧的土地利用情况进行限制,不仅对利用的具体内容进行管制,如挖塘、水渠、取土、修建养殖水场、种植深根类植物等这一类会破坏地表层下区域进而影响地下管道设施安全的土地利用行为,还对具体需要限制的土地区域范围给予了明确的规定(主要是以管道中心线为轴,两侧各 5 m 的范围内)。自然保护区因为关系到区域的生态环境安全、动植物保护等涉及全社会福祉的公共利益,因此对保护区内的土地利用行为是有相关法律、行政法规等明确限制的,比如不能进行一些开发强度过大,对生态脆弱地区会产生剧烈影响的土地利用行为,如开荒、开矿、采石、挖沙;对区域内人们所能进行的生产活动也进行限制,如不能进行狩猎、捕捞、放牧等会影响区域内动植物自然繁衍的生产活动。

在其他部门特别法中《公路法》也有相关规定,主要是对公路两侧一定区域范围内的土地利用方式有限制,比如建筑物和构筑物是否允许修建,允许修建的需要控制的高度等。但对具体的控制范围并没有明确规定,可以根据各地的实际情况、公路的等级层次依需要灵活设置。

(2) 公共地役权与相关概念的对比分析

公共地役权是一种特殊的地役权,它同地役权、相邻权、征收、准征收等相关概念具有一些共性和区别,通过对比分析,进一步具体明确公共地役权的内涵。

• 公共地役权与地役权

地役权是指利用他人土地以便利自己土地使用的权利。其中为便利自己土地使用而利用的他人土地称为供役地,属于自己使用的土地称为需役地(谢邦宇,1990;沙宇航,2008)。

公共地役权与地役权相比,具有以下特点:一是,设立的目的和可转让性不同。首先公共地役权设立的目的是公共利益和公共目的,而传统意义上的地役权属于民法的范畴,主要是为了私人土地利用的便利,出于私人利益的目的,因此设立目的的不同是两者最大的区别。其次正是由于设立目的的不同,私人利益目的设立的地役权会随着需役地产权的转移,而随之转让;公共地役权的设定是为了行使特定的公益用途,比如维护社会公平、保障弱势群体、保护区域生态平衡、促进国民经济发展等,它的需役地人是政府、行政机关和具有公共职能的企业,他们是没有权利随意转让或者放弃公共地役权的(王明远,2010)。二是,不以存在需役地为成立要件。2007 年 3 月 16 日颁布的《物权法》中规定的地役权是为了特定土地利用的便宜而存在的,这种特定的土地就是需役地。地役权是从属于需役地的,他们两者间具有同步关联性,取得需役地所有权、使用权的同时,也就获得了地役权;丧失需役地权属时,该需役地上的地役权也同时消失,因此地役权是以存在需役地为成立要件的。而公共地役权的存在可以有需役地,也可以没有,比如修建垃圾场等公共基础设施、设定自然保护区等而设立的公共地役权,需役地就是垃圾场用地、自然保护区用地;但进行交通管制、容积率限制等公共服务政策措施而设立的公共地役权就不存在明确的需役地,它的役权人是全体社会公民(李玉光,2009)。三是,受役人范围的不特定性。公共地役权的受役人分为名义受役人和实质受役人。名义上的受役人是实施兴建公共设施、颁布公共措施的主体,包括政府、行政部门、授权实施的企业、法人组织机构等,他们是维护全体社会成员利益和共同福祉的实施者。而实质上的受役人即全体大众,既包括当代的,也包括子子孙孙的后代人;既包括自然人,也包括法人组织等。除此之外,公共地役权还具有强制性和无须登记的特点。

• 公共地役权与相邻权

相邻权、相邻关系是指彼此紧邻的土地及其上建筑物、构筑物所有权人、使用权人之间产生的权利义务关系,权利人个数一般大于或等于两个,他们权利义务关系主要是围绕不动产的占有、使用、收益、处分等过程发生的。基于和谐相处、互相尊重的基础,彼此有权利行使或者维护自己的合法权益,同时也必须尊重别人的合法权益,在适当的时候可以互相提供一定的方便,或者适当的妥协,使得自己的权利略微受限的一种法律关系。它与公共地役权的区别在于：首先,存在的基础不同。相邻权的存在基础是土地或者其上的建筑物、构筑物必须是相邻的,而公共地役权涉及的权利义务主体双方可以紧邻,也可以不紧邻,并不以土地、建筑物、构筑物的相邻关系作为存在前提和必要条件(尹田,1998)。例如由于建设机场用地,所以机场周围的不动产都受到噪音、震动等干扰而承担了公共地役权,但受到干扰的不动产所在土地不一定相邻于机场用地。其次,限制程度不同。相邻权所给予的便利是指在合理的限度内,它是指满足对方一些生活、生产最基本的需要为限,比如通风、采光等,因此造成的限制程度和损害程度往往也是比较低的;而公共地役权往往需要供役地人承受特别的牺牲和不利益,对不动产的限制程度一般大于相邻权。再次,权属性质不同。相邻权是属于所有权范畴的一项特殊的物权,其性质上并不独立,而公共地役权是他物权,是一种独立的用益物权。

· 公共地役权与土地征收

土地征收是指国家为了社会公共利益的需要,依据法律规定的程序和批准权限,依法给予农村集体经济组织及农民补偿后,将农民集体所有土地变成国有土地的行为。它与公共地役权最大的区别是,土地征收强调土地所有权的变更。土地征收补偿包括土地征收费和因土地征收行为导致的财产损失和其他损害的补偿费。公共地役权补偿与土地征收补偿中第二部分的内涵是一致的。

公共地役权本质上是一种处理公共利益关系,具有公权色彩的地役权制度。土地征收对土地所有权、使用权产生影响,期间发生权属的转移,而土地征用具有短期性和临时性的特点,它也并不发生权属转移,并且土地使用、收益的权利转移不具有永久性。公共地役权不发生权属转移,因此不需要支付像土地征收过程中高昂的征地费,可以减少政府财政的负担;也不像征用制度持续时间长,难以处理公共设施后续维护等长时间段的权利义务关系,因此可以作为一种补充制度,完善我国处理公共利益和私人利益关系的法律制度体系。

· 公共地役权与准征收

准征收基于"警察权"而产生。所谓政府警察权,在我国尚未出现,但在欧美等许多发达国家讨论比较广泛,它是指宪法层面的国家的权力,"指的是政府为了保护公共健康、幸福、安全和道德,对私有财产权所加之限制,而不须给所有人任何补偿的权利"。准征收权是国家主权的一部分,也被认为是国家固有的一种权力(谢哲胜,2004)。准征收是政府用来限制居民个人财产权的一种制度,很多学者认为准征收最大的特点就是不给予受损公民公平等价的补偿,但是却强迫其承受特别牺牲,遭遇类似征收这样的各种精神、物质上的损害(张敏,2010)。

对于公共地役权来讲,现在各国都认为其应该予以补偿,因为其作为一种役权,普遍认为仅能够为需役地人提供某种便利,并不包括应该额外承受身体、心理、精神、财产上的各种损害,若发生了这些额外的损害,就必须给予等价的公平补偿。不能因为公共地役权与准征收一样,设立目的是社会的公共利益和公共目的,就想当然将其归入准征收的范畴中,认为公共地役权是无须进行补偿的。许多专家学者(蔡斌,2004)认为公共权力机关随意处置、介入私人权益关系中,往往会滋生公共权力的滥用和范围随意扩大,造成社会不公,而引起众多矛盾冲突。因此公共地役权与准征收最大的差异性应该在于,公共地役权是具有必须补偿性的,当然具体补偿的范围和标准还需要科学界定和明确。

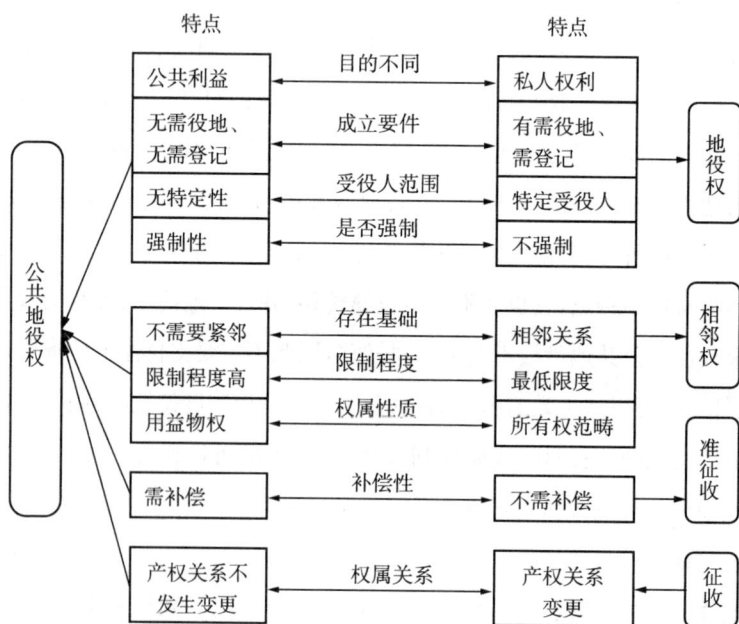

图 6-1　公共地役权特点辨析图

通过将公共地役权与其他相关概念进行辨析的方法,对公共地役权的特点进行了归纳(见图 6 - 1)。

(3) 小结

通过对公共地役权的国内外研究进展和实践的梳理,将其与其他相关概念进行对比分析,我们对公共地役权的内涵进行以下界定:

① 公共地役权的主体,包括权利主体和义务主体。权利主体是政府、行政部门和参与公共目的的企业法人和社会组织团体。义务主体也就是供役地人,是受到公共地役权限制的供役地所有权人或使用权人。

② 公共地役权的客体,也就是供役地和需役地。供役地即受到公共地役权影响限制的土地和建筑物。公共地役权的需役地是不特定的,可以存在需役地,也可以无须役地。

③ 公共地役权的成立要件有三个:设立的目的必须基于公共利益;必须是国家权力作用下,以政府行政机关部门为主体实施的行为;是具有强制性的。它无须役地,无须登记,不需要以供役地、需役地的紧邻作为成立要件,因为惠及全体社会成员,受役人范围具有无特定性。

④ 公共地役权的权利与义务关系:供役地人负有消极的容忍及不作为义务,公共地役权设立以后,供役地人必须容忍因此带来的大气环境、声环境、水环境等污染,心理不悦和财产贬值等生理、心理、精神、物质上的各种不利益和负担,同时需要按照需役地人的要求对供役地进行限制作为或不作为。供役地人的权利是可以有请求支付相应补偿的权利。需役地人拥有的权利是可以合理维护运营各项公共设施,执行各项公共目的的行政政策,实现其行政目的和职能。义务是需要对供役地人特别牺牲所造成的各项损失进行合理补偿。

美国的公共地役权属于私权的管辖范畴,法、日等为代表的大陆法系中,公共地役权被认为属于行政法调节处理的范畴内,属于行政法体系,那么我国拟建立的公共地役权可以考虑博采众长,融合两大法系优点,去糟取精,使其既具有公权的色彩,又具有私权的性质这样一种复合型的权利体系。在立法实践中,应该在《物权法》中确立公共地役权,然后由环境、资源、能源等特别法做出直接、集体规定(王明远,2010)。

6.1.2　公共地役权的分类

通过对公共地役权与类似权利概念的辨析,以及对国内外公共地役权相关法律规定的梳理,根据我国土地所有权公有的实际情况,基于公共利益的具体内容不同,将公共地役权分为为公共经济利益、公共环境生态利益和公共社会利益存在这三个方面设立的公共地役权。这里采用"定性概念描述＋枚举式"的概括列举式标准对公共地役权的分类内容进行界定(具体见表6-1)。

(1) 为了公共经济利益而设立的公共地役权

这一类公共地役权设立的目的是促进国民经济的发展,所涉及的行业如电力、石油、能源、交通等这一类既具有公共利益属性,同时又具有垄断和盈利的商业性特征(张耀东,2008)。目前主要包括:① 输电塔基、发射塔公共地役权,② 高压电线公共地役权,③ 变电站公共地役权,④ 铁路用地(包括火车站和铁路沿线)公共地役权,⑤ 公路用地(包括高速公路、高架桥等)公共地役权,⑥ 机场用地公共地役权,⑦ 地铁、轻轨、磁悬浮等轨道交通用地(包括站点周边和地铁、轻轨、磁悬浮地面部分沿线)公共地役权,⑧ 停车场公共地役权,⑨ 管道用地公共地役权,⑩ 加油站、石油储备基地公共地役权,⑪ 核电站公共地役权,⑫ 火葬场、殡仪馆、墓地公共地役权。

(2) 为了公共生态环境利益而设立的公共地役权

我国土地利用规划过程中实行土地用途管制制度,为了克服不合理的土地利用带来的生态环境负外部性,而将土地利用区域中划出限制建设区和禁止建设区。对这部分区域内和周边的居民的土地利用行为进行限制,以保障公共环境生态利益。主要包括的内容有:① 自然保护区公共地役权,② 风景名胜保护区公共地役权,③ 历史文物遗迹保护单位公共地役权,④ 地质公园公共地役权,⑤ 森林公园公共地役权,⑥ 水源地保护区公共地役权,⑦ 泄洪区、水库水利保护区公共地役权,⑧ 基本农田保护区公共地役权。

(3) 为了公共社会利益存在而设立的公共地役权

指这一类设施或政策的实施是为了保护弱势群体,维护社会公平,保障社会稳定和秩序,设施和机构不具有盈利性质,依靠政府公共财政运营。这一类性质的政策或公共设施建立需要使周边不动产所有权和使用权人承受特别的负担或

表6-1 不同公共地役权分类及补偿主体

按照公共利益目的不同划分	特点	主要内容	限制和特别负担	补偿主体	补偿对象
公共利益		① 输电塔基、发射塔公共地役权 ② 高压电线公共地役权 ③ 变电站公共地役权	周围土地利用方式和强度限制；辐射污染；危险性高	政府、电力企业	公共设施紧邻或经过的土地所有权人和使用权人
		④ 铁路用地(包括火车站和铁路沿线)公共地役权 ⑤ 公路用地(包括高速公路、高架桥等)公共地役权 ⑥ 机场用地公共地役权 ⑦ 地铁、轻轨、磁悬浮等轨道交通用地(包括站点周边和地铁地面部分沿线)公共地役权	人流混乱、交通拥堵、治安较差；噪音污染；地面震动、辐射污染等影响生活质量、造成不动产贬值	铁路、地铁、高速公路、机场运营企业、政府、交通管理部门	火车站、机场、地铁口周边土地、临近公路、高架桥、地铁、轻轨、磁悬浮地面部分受到影响的住宅所有权人和使用权人
公共经济利益	垄断性和盈利性	⑧ 停车场公共地役权	噪音、交通拥堵	停车场运营企业、政府	停车场边的住用地使用权人
		⑨ 管道用地公共地役权 ⑩ 加油站、石油储备基地公共地役权 ⑪ 核电站公共地役权	周边土地利用方式和强度限制；危险性高	天然气、石油等能源开发企业、政府	管道用地经过的、加油站、核电站周边的土地所有权人和使用权人
		⑫ 火葬场、殡仪馆、墓地公共地役权	心理不悦	经营企业、政府、民政部门	设施周边的土地所有权人和使用权人

续　表

公共地役权	按照公共利益目的的不同划分	特点	主要内容	限制和特别负担	补偿主体	补偿对象
公共地役权	公共生态环境利益	非盈利性	① 自然保护区	保护区内和周边土地利用性质、方式、强度、结构受到限制	政府、环保、旅游、水利、林业、农业、国土部门	保护区内土地使用权人、保护区周边受到限制的商业、住宅、工业用地使用权人
			② 风景名胜保护区			
			③ 历史文物遗迹保护单位公共地役权			
			④ 地质公园			
			⑤ 森林公园公共地役权			
			⑥ 水源地保护区公共地役权			
			⑦ 泄洪区、水库水利保护区公共地役权			
			⑧ 基本农田保护区公共地役权			
	公共社会利益	非盈利性	① 垃圾中转站、垃圾填埋场、垃圾焚烧处理场公共地役权	臭气、大气污染、噪音污染、土壤、水环境污染、心理不悦	环卫部门、政府	公共设施周边受到影响的土地所有权人和使用权人
			② 公共厕所公共地役权	心理不悦	政府、环卫、卫生、司法行政部门	公共设施周边受到影响的土地所有权人和使用权人
			③ 精神病治疗机构公共地役权			
			④ 传染病治疗机构公共地役权			
			⑤ 戒毒所、监狱公共地役权	心理不悦、危险性高	政府、城市环卫部门	污水处理厂周边土地所有权和使用权人
			⑥ 污水处理厂公共地役权			
			⑦ 容积率等土地利用性质、结构、强度限制公共地役权	土地发展权受限导致的私人财产权益受损	政府、下达行政命令的部门	行政政策直接约束的不动产所有权人、使用权人、交通管制等限制收益的商业用地、工业用地使用权人
			⑧ 交通管制限制公共地役权			

牺牲而设立的权利。主要包括：① 垃圾中转站、垃圾填埋场、垃圾焚烧处理场公共地役权，② 公共厕所公共地役权，③ 精神病治疗机构，④ 传染病治疗机构公共地役权，⑤ 戒毒所、监狱公共地役权，⑥ 污水处理厂公共地役权，⑦ 容积率等土地利用性质、结构、强度限制公共地役权，⑧ 交通管制限制公共地役权。

根据公共地役权的需役地是否具有盈利性，或需役地人对供役地的行为和限制是否具有盈利性，可以将公共地役权分为盈利性公共地役权和非盈利性公共地役权。为了公共社会利益和公共生态环境利益的目的而设立的公共地役权都属于非盈利性公共地役权，为了公共经济利益而设立的公共地役权属于盈利性公共地役权。盈利性公共地役权往往涉及国家授权的建设和运营企业，对供役地的限制和负面影响相比非盈利性公共地役权更大。

6.1.3　公共地役权补偿的界定

公共地役权的供役地人为了公共利益，承担了额外的利益损失和负担，而大多数人可以搭便车从中获益，少数群体相对剥夺感被强化（黄岩等，2010），往往容易造成纠纷和冲突。建立公共地役权的合理补偿机制是解决供役地人承受的负外部性的有效弥补方式（陈华彬，1998；罗建，2013）。

（1）补偿总体思路及技术框架

概括地说，公共地役权补偿主要是解决谁补谁（确定补偿主体和补偿对象），补多少（补偿标准），怎么补（补偿方式）及如何落实（实施、监督等）问题，建立如图6-2所示补偿技术框架。

（2）补偿主体

公共地役权补偿的第一关键问题是补偿主体，即谁来提供补偿。通常情况下，由于公共地役权设立的目的是基于公共利益，受益者是一定区域内的全体社会成员。通过前面的分析，可以看到有部分公共地役权由于涉及垄断性经营行业，具有盈利性，因此受益者也包括部分企业和有行政职能的组织机构。有学者认为公共地役权的补偿主体即需役地人，范围严格限定为政府，行政管理部门，经政府授权具有一定行政职能的企业、组织和机构（王明远，2010）。

公共地役权是行政机关基于公共利益对私人土地所有（使用）权的一种限制，

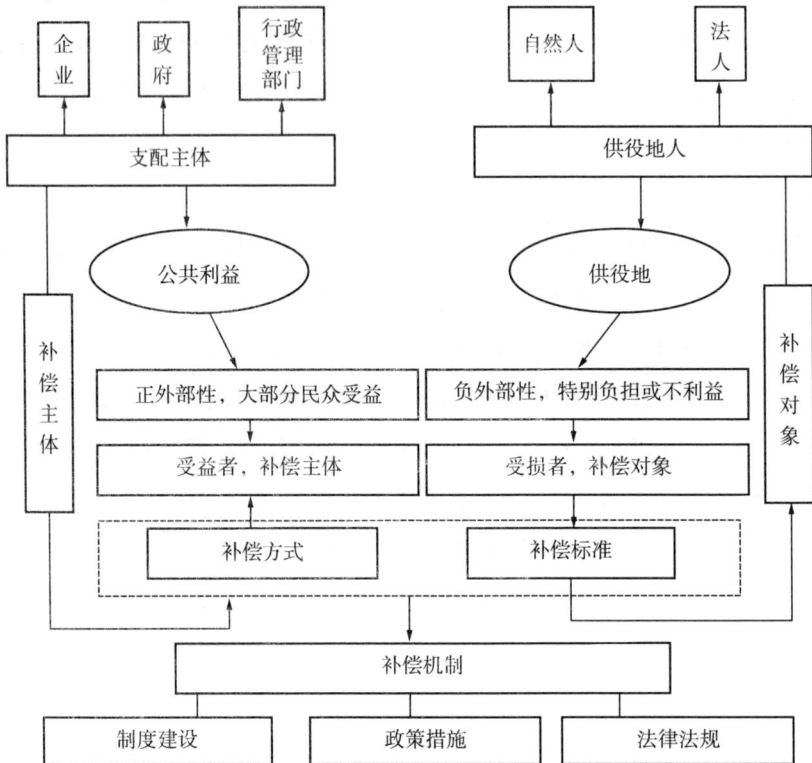

图 6-2　公共地役权补偿框架图

因而认为是行政机关与行政相对人之间的命令与服从关系,因此,政府作为补偿主体有其必然性和重要性。政府有责任通过制定政策和加大投入来保障公共产品的有效供给、持续运营和供役地人的合法权益,维持公平的社会秩序。

另一公共主体包括:因执行政府职能或共同的公共目标而产生的非盈利性组织和自发产生的盈利或非盈利组织机构。如城市轨道交通运营企业、铁路运营企业、高速公路运营企业、石油天然气管道设施用地的能源开发企业、国家电网等电力公司。这些企业是政府行政职能或公共目标实施的执行主体,也是后续维护运营管理这些公共设施的主体,对于盈利性的公共地役权补偿中,企业是补偿主体中的重要部分。

(3)补偿对象

补偿对象是指公共地役权的供役地人,是供役地的不动产所有权人或使用权人,因公共利益的目的而正常的生活工作条件或者财产利用、经济发展受到不利影响,应当得到物质、技术、资金等补偿的对象。具体来讲,根据供役地的土地权利性质不同,可以分为土地使用权人、土地所有权人、房屋使用权人;根据供役地人的性质不同,可以分为自然人和法人。

由于公共地役权不同于传统地役权,供役地不需要紧邻需役地,有些甚至没有需役地,因此公共地役权的供役地范围的划定成为问题的关键。不同行业对此有不同的处理方法,如电网等电力设施,电网建成后对两侧一定范围内的土地在使用上有一定的限制,根据《电力设施保护条例》不同的电压有不同的距离要求范围,以此作为补偿范围的划定标准,落入范围内的土地作为电力设施公共地役权的补偿对象;有噪声、辐射、气味污染的公共地役权,可以通过相关环境监测部门进行确定,影响范围按国家规定的功能区噪声标准,对周围一定区域内的噪声值进行实地监测,超过功能区规定标准的均为影响范围(谢远富,1996)。影响程度的区分是根据噪声传播衰减特性,沿施工场界一定半径内,根据不同声级强度,划定等级。

(4)补偿标准

补偿标准是公共地役权补偿的核心,关系到补偿的效果和可行性,其研究内容包括补偿等级划分、等级幅度选择、补偿额的计算方法等。国外公共地役权具体的补偿标准一般方式是采用双方共同签订的合同进行确立,合同的签订建立在公平协商的基础上,如果双方协商失败,则会交给不相关的第三方以公平合理的测算标准进行裁决。

测算思路主要有土地发展权转移价格测算和地役权价格评估两种方法:

① 土地发展权转移价格。对土地发展权的研究可以分为通过土地利用限制改变而导致的土地发展权升值和土地收益减少两个方面,公共地役权补偿的内容可以参考第二个方面(王永莉,2007)。土地发展权价格是转让土地发展权所取得的货币补偿,实质上是土地利用性质改变后的土地价格与现状利用性质下的土地价格之差。目前众多学者对土地发展权转移价格的测算评估公式进行了明确,主要是从以下几个方向着手(祝平衡,2009):一是,由经济社会发展和土地利用规划变化导致土地区位的改变而产生的土地价格差;二是,改变土地用途所产生的土

地价格差;三是,改变土地利用强度所产生的土地价格差。

② 地役权价值评估。对地役权本质的理解,目前学术界有这样几种观点,一是所有权限制说(史尚宽,2000),该观点认为地役权是对供役地所有权的限制,即地役权是"以限制供役地所有权的作用为内容的他物权";另一种是土地增值说(王卫国,1997),该观点认为地役权的存在目的是使需役地价值增加,即地役权的意义在于增加需役地的利用价值,增加需役地的市场价格。苏永钦(2002)还从经济学的角度分析了地役权的本质,即"这种利用或排除利用对需役土地创造的价值,高于供役土地创造的价值,高于供役土地减少的价值,而且除非交易制造了相当高的外部成本,对整体社会而言,也会提升土地资源的利用效率"。

基于地役权本质的分析,有学者(肖丽群等,2009)对地役权价值评估思路进行了阐述,对基于公共目的取得的地役权评估时,技术思路应该是供役不动产供役前的价值减去供役后的价值;对基于私人目的取得的地役权评估时,地役权的价值应该以受益的需役不动产价值增加总量的一部分来评估,因为任何人都不愿为地役权付出高于其所能贡献的价值。此外也可以通过对需役不动产收益增加的某一部分进行资本化来估算地役权的价值。

在对地役权价值评估时,可采用收益法或市场法。不同于土地出让、土地抵押等价格类型的评估,在实际评估过程中一般不适宜采用基准地价修正法、假设开发法和成本逼近法。

(5) 补偿方式

在法学上,公共地役权的补偿属于行政补偿范畴中"特别负担补偿"这一分类。行政补偿是指为因行政机关合法行使公权力、公权力的附随效果或公法无因管理等,使行政相对人因公共利益而遭受个人权益损失,由国家通过行政主体对其予以补偿的制度(李晓新,2008)。特别负担补偿是基于结果责任的补偿,这是一个兜底性类型,它直接运用了特别牺牲原理,从个人利益的特别受损之结果出发,根据一定的逻辑因果关系,推导出行政补偿之需要。在这一类型之下,包括了财产权限制之特别牺牲补偿,公共设施致损之特别牺牲补偿,以及其他公益性特别牺牲补偿。

① 补偿方式的原则 补偿方式通常有"完全补偿""不完全补偿"和"适当补

偿"几种原则。一般情况下,行政补偿都应采取完全补偿,即在私人财产因公共利益的目的受到限制时,应当补偿财产权人因此所受损失的全额,使受害人能够借助补偿恢复到损害发生前的状态(张蔚昕,2010)。但在日本,对公益性质的行政行为对于私有财产权侵害和剥夺的补偿,由于其目的在于改善社会财产结构、调节社会贫富差距,具有政治、社会目的,不需予以市价,主张比完全补偿稍低的标准,即适当补偿即可(王太高,2004)。

② 世界各国的补偿方式　世界各国对公共地役权的补偿方式主要可以分为金钱补偿和非金钱补偿两类。一方面,金钱补偿可以采用直接支付金钱的方式,法国的公用征调补偿标准(高景芳等,2005)中提到补偿金额根据部长事先规定的价格表计算,没有价格表时,可以直接估价,补偿金额由省估价委员会确定。在德国行政法学领域,行政补偿原则上采用金钱补偿的方式。此外,还有一种现在不常用的方式,即支付有价证券(哈特穆特.毛雷尔,2000)。还可以向企业征收污染税来补偿受影响的公众,也可以减免房地产税、垃圾费等与不动产相关的税费。另一方面,非金钱补偿还包括提供正外部性大的公共设施与公共服务的方式,如提供就业机会、提供免费的医疗保健服务等措施;兴建公园、绿地、游泳池、游乐设施等受民众青睐的公共设施供其使用的实物回馈方式。

6.2　公共地役权补偿标准量化研究: 基于不动产价格变化的视角

公共地役权是调整公共利益和个体利益的一种法律手段,它要求牺牲某些个体利益,促成公共利益实现。但值得注意的是,任何一种地役,只是强加给土地、不动产权人有偿或无偿供役,只是导致对不动产利用的不便利,而不是忍受其他人身、精神或财产上的损害(汤长极,2006)。因此,在利用公共地役权导致产权人人身、精神或财产损害时,供役人可以要求赔偿。应当给予沿途所经过的土地(不动产)所有人或使用人相应的对价补偿,以符合民法的等价有偿原则(陈华彬,1998)。

这里基于不动产价格变化的视角,采用对供役地不动产价格影响的评估方法,量化公共地役权补偿标准,尝试建立具有普适性的公共地役权补偿测算模型和指标体系。

6.2.1　不动产价格影响因素分析

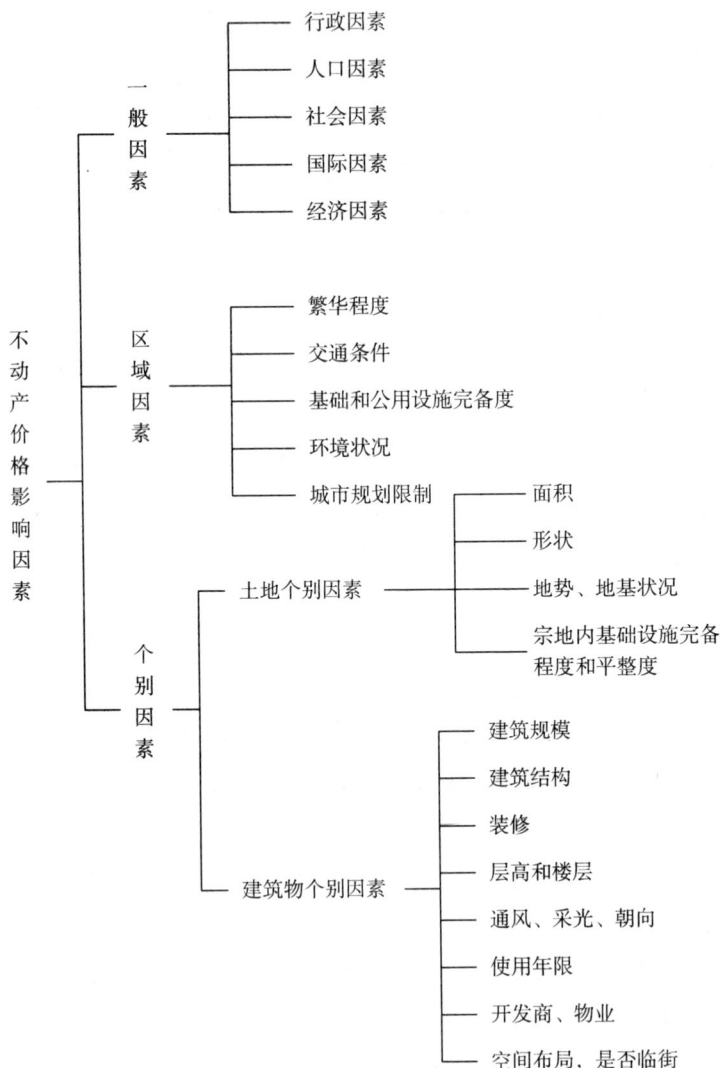

图6-3　不动产价格影响因素

不动产价格的影响因素多而复杂,可以将其分为三个层次,一般因素、区域因素和个别因素。一般因素是指对广大不动产价格水平都有影响的因素,例如经济发展、物价、货币政策、利率和汇率等。区域因素是指对估价对象周围一定区域范围内的不动产价格水平有所影响的因素,例如所在区域的城市规划调整、环境状况、基础设施完备程度等。个别因素是指对估价对象不动产价格水平有所影响的估价对象自身状况因素,例如位置、规模、土地形状、地势、建筑结构等。

6.2.2 公共地役权产生的负外部性分析

根据上文对公共地役权内涵界定的分类结果,认为公共地役权对供役地人会造成以下损害:

(1) 以公共经济利益为目的设立的公共地役权

主要是指如油气、电力、交通部门一方面承担着涉及公共利益的基础设施建设工程,一方面在工程建成后可以从中取得很可观的收益,其用地既涉及公益又兼有经营的性质,与诸如学校、医院等"纯公共利益"事业单位不同,这一类具有盈利性质的"公共利益"设施的建立,对周围土地利用产生权利限制,甚至影响所经过地区的城乡规划。

① 噪音污染 以交通设施为例,不可避免地给周围环境造成噪声污染。按产生噪声的声源来分,主要包括轮轨噪声、车辆非动力噪声、牵引动力系统噪声、高架轨道噪声、地下铁道的地面承载噪声等。各种交通方式噪音污染比较来看,航空产生的人均噪声污染最大,其次是铁路用地,再次是公路用地,轨道交通相对来说产生的人均噪声比较低(王凯,2007)。

发达国家早在 20 世纪 70 年代就开始了对噪声污染进行研究,在欧洲地区,随着工业化以及城市交通高级阶段的到来,长期受到高噪声水平(65 dbA/24 hr)侵扰的人口一直不断上升,有大约 65% 的欧洲人口因长期受噪声干扰而出现听觉障碍或影响正常睡眠(WHO,1999)。

② 大气污染 交通运输是石油资源的最大消耗者。石化燃料燃烧主要产生的城市大气污染物有悬浮颗粒物、二氧化硫、二氧化氮、二氧化碳等气体。这些气体污染物对人体健康具有比较严重的危害,主要表现为污染物质长时间持续作用于人体后引发慢性呼吸道疾病以及损害体内遗传物质,引起突变,容易诱发肿瘤。

③ 社会治安 火车站、汽车站、地铁口往往由于人流聚集、成分复杂而给这些公共设施周围的区域带来治安问题,区域人口素质以及社会治安、稳定等要素对不动产价值具有很大影响。

④ 交通拥堵 不动产周围修建火车站、地铁口、公路等交通设施会带来区域性以及呈现时间段的人口聚集,交通拥堵,如上下班高峰、节假日人流急剧攀升,导致周边供役地人出行受阻,生活不便。

有学者研究在不同拥挤程度下的交通拥堵负外部性成本,根据图 6-4 中数据,随着交通量的增加,拥挤负外部性成本也随之增加,特别是交通量达到 700 标准中型车/小时,其拥挤负外部性成本陡增(许光建等,2009)。

拥挤外部成本(元/公里)

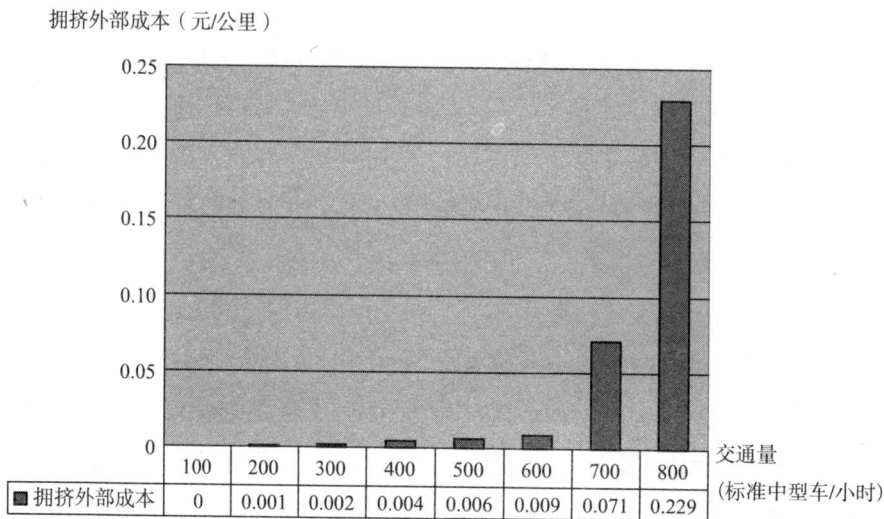

	100	200	300	400	500	600	700	800	交通量(标准中型车/小时)
■ 拥挤外部成本	0	0.001	0.002	0.004	0.006	0.009	0.071	0.229	

图 6-4 交通拥挤外部成本

⑤ 辐射污染等潜在危险 发射塔基、供电所、高压线等输变电设施尽管相关部门会采用科学合理的距离和防范措施设置这些公共设施,但周围居民仍然会担心其辐射影响对身心健康的潜在危害。

加油站、输油管道、加气站、核电厂等具有一定高风险,发生事故概率低,但一旦发生危险必将造成巨大的人员和财产损失,这些设施都具有很强的"邻避效应",必将受到周围居民的反对,进而造成周边不动产价值的贬值。比如,"2006年广州罗冲围松南路居民反对建加气站事件""2003 北京望京西园居民抗议附近建加油站事件""2009 年广州千人集会抗议南景园变电站事件"(陶鹏等,2010)。

(2) 以公共生态环境利益为目的设立的公共地役权

我国土地利用规划过程中实行土地用途管制制度,为了克服不合理的土地利用带来的生态环境负外部性,而将土地利用区域中划出限制建设区和禁止建设区。限制开发区内的居民受到的边际损害包括:① 区域发展受到抑制所带来的政府公共投入能力的减弱。比如不能享受与城市其他居民同样的社会基础公共设施,交通便捷度差,社会福利水平低。② 限制发展地区居民收入水平的提高(陆效平等,2007)。

水利设施、历史文物古迹保护区域对周围供役地的容积率、限高、地下开挖深度、用地类型等都有特殊要求,限制了周围土地、房屋拥有者的土地发展权,进而减少了供役地人的私人财产权价值。

(3) 以公共社会利益为目的设立的公共地役权

垃圾中转站、公共厕所、监狱、传染病治疗机构、流浪人员救助机构等纯社会福利性质的非盈利性设施,由于对周围不动产所有人、使用人的精神、身体等方面产生巨大影响,使得其拥有的不动产贬值。

① 环境污染 垃圾中转站、城市公共厕所等公共设施可能给当地居民带来事实上或想象中的威胁而受到居民选择性的抵制,因此常常被称为"邻避设施"(Dear,1992)。台湾学者还用"邻避设施""负面性设施""不宁适性设施""嫌恶性设施"等概念来指称它。由于其噪音污染,特殊气味污染带来蝇虫滋生,污水横流带来周边土壤污染,常常受到周边居民的强烈抵制。比如 2003 年 7 月 1 日,重庆市发生了震惊全国的"垃圾围城事件"。主城区长生桥垃圾处理场开始投入试运行,遭当地村民围堵,上百辆垃圾车被迫滞留,主城垃圾清运系统几乎陷入瘫痪(张向和,2010)。

② 心理不悦 监狱、戒毒中心、精神病治疗机构、传染病治疗机构、社会流浪人员救助机构、殡仪馆、墓地等会给人带来心理不悦,名誉受损的公共设施,其修建过程也会遭到周围居民的强烈反对,进而造成其供役地的贬值。

6.2.3 公共地役权负外部性在不动产价值上的体现

不同类型的公共地役权负外部性影响通过对供役地不动产的区域因素、个别因素和一般因素的作用,使得其对供役地人的损害都能在其拥有的不动产价值上体现出来。作用方式如下图(图6-5)所示。

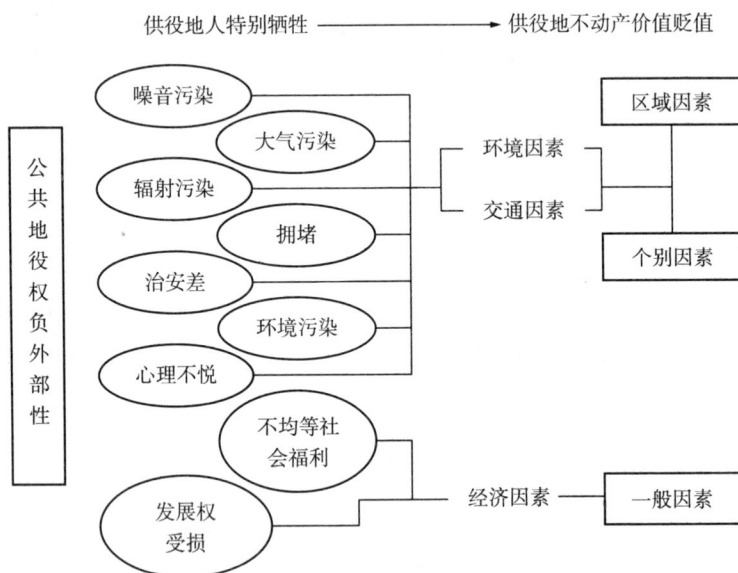

图6-5 公共地役权负外部性对供役地不动产贬值的影响图

由于不动产价值能够将公共地役权对供役地人的损害,包括身体、心理和权利各方面,通过不动产市场机制,最灵敏、最全面、最直观地显示出来,因此可以通过供役地不动产价值因为受到公共地役权的影响而产生的变化情况来量化供役地人受到的损害,以此来作为公共地役权的合理补偿价格。

6.2.4 基于不动产价格变化的公共地役权补偿标准测算

通过上文的论证,我们认为公共地役权的设立使得供役地人承受的特别负担(地权损失)最终将影响供役地不动产价格。因此可以通过供役地不动产价格的变化测算来量化公共地役权的补偿标准。

(1)测算方法选择

测算由于受到公共地役权影响的不动产价格变动目前的方法有:前后比较法、地域比较法和特征价格法。

① 前后比较法(叶霞飞等,2002) 前后不动产价格比较法是通过比较同一地块在公共地役权设立前后的不动产价格差来计算影响程度的方法。通过该方

法计算所得到的不动产价格上升额包含了不动产价格的正常上升部分,可以在上述基础上,通过利用对象地区的不动产价格平均上涨幅度指标来扣除对象区域不动产价格的正常上升部分,从而确定完全由公共地役权所带来的影响价格。

②地域比较法　该方法通过比较同一时期受到公共地役权影响和未受公共地役权影响的其他地块的不动产差价来计算补偿价格。这两类地块必须是除了公共地役权影响外,其所在地区的区域特性以及其影响不动产价格的因素和条件均相同或相近的具有替代关系的比较案例(胡存智,2006)。因此,该方法的最大缺陷在于很难选定满足上述条件的对比地块。

③特征价格法　特征价格方法,认为消费者对不动产的需求是基于对产品本身内含的一系列特征的需求,而组成产品的这些特征束中的每一项特征具有可分割的价格,即特征的隐含价格(Laneaster,1967;Rosen,1974)。公共地役权即影响供役地不动产这项产品的一个重要特征,拟合建立包含公共地役权影响在内的一系列影响不动产价格因素的特征价格模型,通过回归系数反映各特征因素对不动产价格的影响程度。

由于我国房地产市场发育较晚,受到国家政策调控等因素的影响较大,采用时间序列的不动产交易数据较难消除不同阶段的市场特征差异,因此不考虑前后比较法计算公共地役权补偿价格。而地域比较法的比较案例选择条件严苛,操作性较差。这里选用特征价格法,通过分析影响不动产价格的特征因素,建立普适性的特征价格模型,进而测算公共地役权的设立对不动产价格的影响程度。

(2)普适性的公共地役权补偿思路与指标体系建立

普适性的公共地役权补偿思路的建立首先需要考虑具体的补偿标准额度的确定;其次在不同实际情况下,尝试考虑补偿模型所需要面临的各种不同范围和条件;最后探索较为全面、可以普遍适用的模型指标体系。

①补偿标准额度的确定　特征价格模型(Hedonic Price Model,HPM)认为商品具有许多不同的特征(公式6-1),某种特定的商品可以通过商品的数量,以及商品所具有的众多特征在一定组合方式下完全或尽可能完全地进行描述。不同商品间的差异主要是因为商品所隐含的特征不同以及各种特征的组合方式不同(公式6-2),因此体现在商品的价格上,不同特征组合对应的价格 $P(z) =$

$P(z_1,z_2,\cdots,z_n)$ 指导了市场中的消费者和生产者的消费和生产行为。

$$z = (z_1,z_2,z_3,\cdots,z_n) \tag{6-1}$$

z_i 表示隐含在商品的第 i 种特征。

特征价格模型(HPM)一般都是线性方程函数形式或者可以转化为线性方程函数形式,式中 P 为该不动产的价格;$X_1,X_2,X_3,\cdots,X_n$ 是不动产作为一件商品所具有的各个特征,X_n 的选择就是构建影响不动产价格特征因素的指标体系。

我们可以将公共地役权补偿测算的特征价格模型设置成线性或者可以转化为线性的形式:

$$P = \alpha Y + \beta_1 X_1 + \beta_2 X_2 + \cdots + \beta_n X_n + \gamma \tag{6-2}$$

通过公式 6-2,我们可以看到,α 和 β 就是各特征因素影响不动产价格的程度,主要采用最小二乘原理的参数估计得到。而 α 就是该模型进行多元回归模拟测算的关键,它的值就可以作为公共地役权补偿的标准额度。

其中 Y 为不动产因为受到公共地役权影响的特征因素,Y 值的表达方式决定了公共地役权补偿标准的测算方式,一般来说公共地役权对供役地的影响方式可以用距离进行量化,量化方式主要有以下几种:一是,设置几个距离范围。在无法确定公共地役权影响范围的前提下,选择几个距离范围($y_1,y_2,y_3,\cdots\cdots y_n$)进行模型拟合,点状要素为距离影响中心的不同半径画圆环,线状要素为距离中心线两侧画不同距离的条带状。二是,设置一个距离范围(y)。已经明确公共地役权影响范围的情况下,选择这个距离范围内的样本点,点状要素和线状要素的距离范围同前。三是,直接采用距离的数值(y)。可以直接测算出随着距离的远近,公共地役权影响程度的变化情况。

α 即公共地役权对供役地影响程度的估算值,随着 Y 变量设置的情况不同,有以下几种形式:一是,设置几个距离范围。$\alpha_1,\alpha_2,\alpha_3,\cdots,\alpha_n$ 分别为在 y_1,y_2,y_3 距离范围内,公共地役权对不动产的影响价格值。二是,设置一个距离范围和直接采用距离数值。α 即公共地役权对不动产的影响价格。

补偿总价 S 的表示公式为

$$S = \begin{cases} \sum_{i=1}^{n} \alpha_i \times (\pi \times y_i^2 + 2 \times L \times y_i) \cdots\cdots \text{线状} \\ \sum_{i=1}^{n} \alpha \pi y^2 \cdots\cdots\cdots\cdots\cdots\cdots\cdots\cdots\cdots\cdots \text{点状} \end{cases} \qquad (6-3)$$

其中 L 为线状公共设施或辐射总长度。

② 补偿的内容与思路　在实际公共地役权设立工作中,不同区域、不同土地性质存在不同的补偿问题和情况,需要区别对待。

一是,供役地类型不同。

供役地类型不同,受到的负面影响和损失不同,公共地役权的补偿标准也不同。在测算方法上,补偿模型核算的思路是一致的,指标选取有差异。

根据供役地的用地类型不同,公共地役权补偿可以分为对住宅用地的公共地役权补偿,商业用地的公共地役权补偿,工业用地的公共地役权补偿。(a) 补偿额度不同:不同用地类型对公共地役权设立造成的影响具有不同的敏感性,反映在地价上也具有不同的额度。如城市规划指标中对交通管制的限制,对于住宅用地也有一定负面效应,但由于交通便捷度这一特征因素对商业用地区位的特殊重要性,会造成商业用地地价的迅速、剧烈波动,相应的公共地役权补偿额也应大于对住宅用地的补偿额。(b) 补偿范围不同:公共地役权设立造成的影响对不同供役地类具有不同的波及范围,公共地役权补偿范围也是不同的。比如火车站、汽车站、地铁口等交通枢纽的修建对附近商业用地的负面影响几乎为 0,反而还因为人流量的增多,带来更大的商业利润而导致地价上涨;但对周边邻近的住宅用地就会造成噪音、震动、治安等问题而导致不动产贬值,影响范围根据负外部性的辐射强度各有不同,有学者研究认为在轻轨和轨道站点周围 100 米范围内,住宅用地存在贬值情况(陈莉,2007;刘贵文等,2007),国外学者对此也有类似的研究成果(Bowes,2001)。

综上,公共地役权补偿需要根据供役地用地类型的不同划分补偿标准,由于商业、住宅、工业用地不动产价格的影响因素不同,在测算补偿额的过程中需要相应建立不同的指标体系(具体结果见表 6-2)。

表6-2 不同公共地役权类型对供役地的影响情况

公共地役权类型	商业用地	住宅用地	工业用地
公共经济利益地役权	—	① 输电塔基、发射塔公共地役权，② 高压电线公共地役权，③ 变电站公共地役权，④ 铁路用地(包括火车站和铁路沿线)公共地役权，⑤ 公路用地(包括高速公路、高架桥等)公共地役权，⑥ 机场用地公共地役权，⑦ 地铁、轻轨等轨道交通用地(包括站点周边和地铁、轻轨地面部分沿线)公共地役权，⑧ 停车场公共地役权，⑨ 管道用地公共地役权，⑩ 加油站、石油储备基地公共地役权，⑪ 核电站公共地役权，⑫ 火葬场、殡仪馆、墓地公共地役权，⑬ 其他公共地役权	① 输电塔基、发射塔公共地役权，② 高压电线公共地役权，③ 变电站公共地役权，④ 铁路用地(包括火车站和铁路沿线)公共地役权，⑤ 公路用地(包括高速公路、高架桥等)公共地役权，⑥ 机场用地公共地役权，⑦ 地铁、轻轨等轨道交通用地(包括站点周边和地铁、轻轨地面部分沿线)公共地役权，⑧ 其他公共地役权
公共社会利益地役权	① 容积率等土地利用性质、结构、强度限制公共地役权，② 交通管制限制公共地役权，③ 其他公共地役权	① 垃圾中转站、垃圾填埋场、垃圾焚烧处理场公共地役权，② 公共厕所公共地役权，③ 精神病治疗机构，④ 传染病治疗机构公共地役权，⑤ 戒毒所、监狱公共地役权，⑥ 污水处理厂公共地役权，⑦ 容积率等土地利用性质、结构、强度限制公共地役权，⑧ 其他公共地役权	① 容积率等土地利用性质、结构、强度限制公共地役权，② 其他公共地役权
公共环境利益地役权	① 自然保护区，② 风景名胜保护区，③ 历史文物遗迹保护单位公共地役权，④ 其他公共地役权	—	① 自然保护区，② 风景名胜保护区，③ 历史文物遗迹保护单位公共地役权，④ 地质公园，⑤ 森林公园公共地役权，⑥ 水源地保护区公共地役权，⑦ 泄洪区、水库水利保护区公共地役权，⑧ 基本农田保护区公共地役权，⑨ 其他公共地役权

＊ 主要指投入使用后产生的影响，未包括开发中的影响。

二是，公共地役权类型不同。

公共地役权的类型不同，补偿对象的范围(受到影响范围的限制)、补偿的额度(影响程度不同)、补偿主体、补偿的方式也不同。其中盈利性和非盈利性的公共地役权补偿差异比较明显。

　　这里借鉴相关理论将公共地役权分为公共经济利益、公共社会利益以及公共环境利益三种不同目的设立的公共地役权。这三种公共地役权对供役地的限制和负外部性具有不同的表现形式和影响程度,在具体测算补偿标准时也具有不同的要求。(a) 盈利性和非盈利性的公共地役权影响范围和程度有差异。一般来说盈利性的公共地役权的需役地规模较大,需要的供役地范围也相应增大;同时因为具有盈利性质,能够惠及的人群和范围也更广,由此对供役地人带来的特别负担也相对程度更深。(b) 补偿主体不同。盈利性公共地役权的补偿主体为因执行政府职能或共同的公共目标而产生的组织机构、企业、政府,以及行政主管机关,非盈利性公共地役权的补偿主体直接为行政主管机关和政府。(c) 补偿方式不同。盈利性的公共地役权因为需役地有收益,补偿方式可以以货币补偿为主,其他形式补偿为辅;非盈利性公共地役权完全由政府财政支出维持,可以以非货币补偿形式为主,货币补偿为辅。不同类型的公共地役权对不同类型的供役地的产生的影响和作用形式是不同的,两者的关系如表 6-2 所示。

　　三是,不同城市和区域。

　　不同城市和区域,经济发展水平不同,公共地役权的补偿额、补偿方式应该有差异。

　　从宏观角度看,一个地区的经济社会发展现状和趋势无疑会产生污染、心理不悦、发展权受限等负面影响对居民财产权、不动产价值的作用效应和作用程度。当一个地区处于经济衰退、人口外移、就业机会减少的时期,人们对环境污染、生活质量下降等负面影响的敏感度降低,对由此造成的公共地役权补偿额要求也相应较低,补偿方式趋向单一;相反当一个地方正处于经济快速发展时期,人口迅速增长,城市空间急剧扩张,收入较高的居民维权意识更强烈,对负面影响的敏感度较高,公共地役权补偿的额度和范围相应变大。因此很多学者在利用特征价格模型做相应分析时,会采用人均 GDP、人均可支配收入等国民经济指标来量化不同城市、区域的经济发展水平对公共地役权补偿标准的影响。

　　③ 补偿标准测算指标体系的建立　根据特征价格模型,需要尽可能完备地找出影响供役地不动产价格变动的特征因素,拟合出每一个特征因素对不动产价格的影响程度,依据这个思路来求得公共地役权设立这一因素对供役地不动产价

格的影响。因此普适性的公共地役权补偿核算模型建立的关键是供役地不动产价格变动影响的特征因素指标体系的建立。

按照土地利用类型的不同,可以分为商业用地、住宅用地和工业用地,不同类型供役地的影响因素也不同,为了公共利益而设立的公共地役权对不同类型的供役地的影响程度也不同,因此测算公共地役权的补偿标准模型有所差异。

根据前面对不动产价格影响因素的分析,总结其他研究学者的研究成果,探索建立不同用地类型公共地役权的补偿测算指标体系。

因变量是供役地不动产价格。按照不动产的构成和价格表示方法分,包括土地总价、土地单价、楼面地价、房地产总价、房地产单价;房地产的市场价格还可以分为新房交易价格、二手房交易价格、房地产租金;按照土地利用类型,包括商业房地产价格、住宅房地产价格、工业房地产价格。一般不同交易时点的不动产市场价格,可以根据政府地价、房价监测部门的地价指数、房价指数调整到同一时点,以消除不同时间段由于经济、政策、环境等影响造成的不动产价格影响。

自变量分为以下两种:

一是,公共地役权对不动产价格的影响变量。

公共地役权对不动产价格的影响有两种方式,一是同距离及时间呈显著相关性,二是直接分为有影响和无影响。同距离及时间呈相关性的影响方式可以通过3种方式量化:第一种是划定几个距离范围,一般是距离需役地不同半径的同心圆(环),每个区域设置一个虚变量,当不动产落在该区域范围内,对应变量取 1,否则取 0。第二种方法类似第一种,但只划定一个距离范围,在这个范围内公共地役权对供役地不动产价格的影响是最显著的。第三种方法是直接将距离需役地的距离的数值作为变量。

二是,其他影响供役地价格的特征变量。

研究影响不动产价格因素的文献大致将其分为三类,包括区位特征因素、不动产自身的个别因素和邻里特征因素。

住宅用地中区位特征因素包括:与地铁站、公交站点的距离、与 CBD 的距离和与城市主干道的距离(郑捷奋等,2005;朱传广等,2014),一些大城市,如北京、上海等则还要考虑不动产所在的城市内环线区域(石忆邵等,2009),与 CBD 的距离主要反映了房地产在城市中的主要位置，与居民的就业、购物、商务等活动密切相关，而与主干道的距离主要反映了居民自驾车出行，或乘坐公共汽车和公共中小巴的方便程度。在邻里特征变量方面，采用了大型商场、超市、菜场、学校、公园、医院等变量。学校包括大学和中小学，公园包括山景、湖景、海景、大型绿地等。而大社区意味着居住环境较好，配套设施较完善，物业管理较规范等；在结构特征变量方面采用建筑面积、楼层、建筑物高度类型(何剑华，2004)、朝向、装修、小区绿化率、小区建成年份、房地产开发商是否为知名企业、物业管理等几个变量。建筑面积除了采用连续变量外，还分为大、中、小3种类型，主要考虑到面积与房价的关系比较复杂，并不是简单的线性关系；楼层分为上、中上、中下和下4种；建筑物高度分为高层、中高层和多层。物业管理可以通过物业管理费来量化体现不同层次不动产的水平。

商业用地中主要考虑的区位特征因素有交通便捷性指标：距离公交站点、地铁站点的距离，距离城市主干道、环线的远近，所处商圈的等级；个别因素有楼层总数以及所在楼层，商业类型、建造时间、装修程度、是否有停车场等(庄焰等，2007；王德利等，2012)。

工业用地由于开始招拍挂市场交易的时间还比较短，市场交易数据比较少，对其不动产价格变动的研究也比较鲜见。根据不动产估价理论与方法，通过归纳梳理现有类似研究成果，对住宅用地不动产、商业用地不动产和工业用地不动产公共地役权补偿标准的测算指标体系进行总结和探索(见表6-3)。

表6-3 不同供役地类的公共地役权补偿标准测算特征变量表

变量类型	变量名称	预计效应	单位	商业不动产	住宅不动产	工业不动产
区域因素	所处商圈（CBD）等级	+	1	可以分为市级、区级、小区级商服中心，分别赋值为3、2、1分。也可以用商业用地土地级别表示	—	—
	所处工业园区级别	+	—	—	—	可以分为国家级、省级、市级，其他工业园区，分别赋值为4、3、2、1分。也可以用工业用地土地级别表示
	所处住宅区级别	+	1	—	用住宅用地土地级别表示	—
	区域交通便捷度	+	米	至火车站、长途汽车站、地铁站、主干道等距离	至火车站、长途汽车站、公交车站距离	至火车站、长途汽车站、港口、城市主干道距离
	区域公用设施方便度	+	虚拟变量	—	区域影响范围内有医院、幼儿园、图书馆、体育馆、邮局、银行、菜市场、超市等；特别是等学校，包括大学和是否为中小学学区房。是为1，否为0	—
	区域基础设施完备度	+	虚拟变量	区域影响范围内有水景、山景、海景、绿地、公园等为1，没有为0	区域影响范围内有水景、山景、海景、绿地、公园等为1，没有为0	区域影响范围内有水景、山景、海景、绿地、公园等为1，没有为0
	区域环境质量状况	+	虚拟变量	区域范围内给排水、供电、供气、供热、通信、消防、公用设施维修、环卫等设施有为1，没有为0	区域范围内给排水、供电、供气、供热、通信、消防、公用设施维修、环卫等设施有为1，没有为0	区域范围内给排水、供电、供气、供热、通信、消防、公用设施维修、环卫等设施有为1，没有为0
		+	虚拟变量	受到公共地役权影响	受到公共地役权影响	受到公共地役权影响

续　表

变量类型	变量名称	预计效应	单位	商业不动产	住宅不动产	工业不动产
	容积率	+	1	受到公共地役权影响	受到公共地役权影响	受到公共地役权影响
	城市规划限制	－	虚拟变量	受到公共地役权影响	受到公共地役权影响	受到公共地役权影响
	至商服中心（CBD）距离	－	米	至最近商服中心距离	至最近商服中心距离	至最近商服中心距离
个别因素	是否临街	商业为+,住宅为－	虚拟变量	临街为1,否为0	临街为1,否为0	—
	建筑物朝向	+	1	—	可以分为朝南、东南、西南、北,分别赋值为4,3,2,1分	—
	建筑总面积	+	平方米	建筑总面积	建筑总面积	建筑总面积
	建筑类型	不定	1	—	可以分为多层、高层、超高层住宅,分别赋值3,2,1分	—
	所在楼层	不定	1	—	所在楼层	—
	装修情况	+	1	精装修、普通装修、简装、毛坯,分别赋值为4,3,2,1分	精装修、普通装修、简装、毛坯,分别赋值4,3,2,1分	—

续　表

变量 类型	变量名称	预计 效应	单位	商业不动产	住宅不动产	工业不动产
个 别 因 素	建造时间	—	,1	年份	年份	年份
	物业管理费	＋	元/平 方米	物业管理费	物业管理费	—
	是否知名开发商与物 业管理公司	＋	虚拟 变量	知名企业为 1，一般企业为 0	知名企业为 1，一般企业为 0	知名企业为 1，一般企业为 0
一般 因素	城市经济发展水平	＋	元/人	可以采用区域人均 GDP，或人均可 支配收入表示	可以采用区域人均 GDP，或人均可 支配收入表示	可以采用区域人均 GDP，或人均 可支配收入表示

6.3　公共地役权补偿的政策方案：
以南京市地铁一号线为例

随着社会的不断进步,人民法律意识与私权意识也发生质的变化,公共利益与私人财产权的冲突、矛盾日益凸显。在经济建设中,油气管道铺设维修,电力设备架设维修,垃圾站、公共厕所、公路、铁路、地铁、隧道、加油站等城市基础公共设施建设对周边紧邻不动产的利用和发展存在一定限制,往往容易产生各种纠纷。为了更好地解决处理我国公共地役权补偿的实践发展中面临的问题,结合南京市地铁一号线案例进行实证分析,提出公共地役权补偿的政策方案,为政府相关部门提供决策参考。

6.3.1　土地征收他项权利补偿测算案例

在借鉴征地补偿已有经验的基础上,土地征收他项权利补偿可以将市场价格补偿和裁定价格补偿相结合,针对受影响土地所处区域性质进行区分考虑。土地征收他项权利补偿发生在城市范围以外,由于涉及的土地权利性质主要为农村集体土地,主要采用裁定价格补偿方式,对于这部分土地的影响主要为限制了土地使用条件和开发条件,在进行补偿时测算标准为地力损失补偿,应按征地补偿标准扣除劳力安置补偿标准计算(梁红裕,2005)。而城市范围内的土地征收他项权利补偿由于市场发育较好,宜采用市场价格补偿,可以考虑采用地役权、相邻关系等进行解决。也有学者提出采用土地估价的理论与方法来探讨补偿标准的测算(叶青,2001),测算的思路主要是:对于城市国有土地,由于征地带来的负外部性影响(包括直接的经济影响和精神、心理等间接影响)均会全部地反映在地价的变动上。针对第三人的土地征收他项权利补偿即可以采用受影响的土地价值减少部分加上导致减价的市场修正值价格来量化测算。这里以城市交通设施用地征地他项权利补偿(南京市地铁1号线)对周边居民的土地他项权利补偿为例,测算土地征收他项权利补偿。

南京市地铁1号线一期工程自迈皋桥始,到奥体中心止,中间设有16座车站,其中大部分为地下铁,红山动物园站—迈皋桥,中华门—安德门—小行站这几个站点间为地面高架桥(见图6-6)。在地铁建设带来交通便利的同时,也带来了噪音污染等问题,但这些影响并没有体现在地铁项目建设与实施的土地他项权利补偿中。为此,土地征收他项权利补偿测算依照图6-7思路开展,经测算,得表6-4。

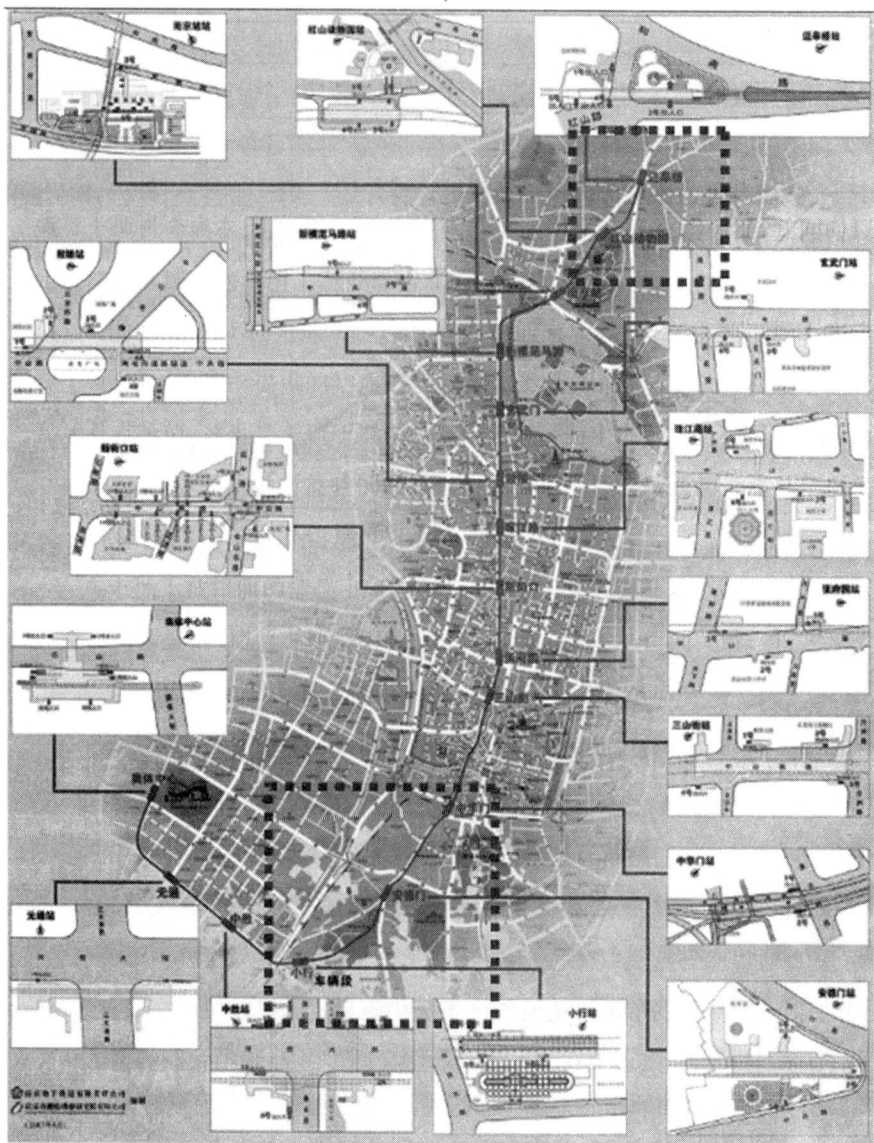

图6-6 南京地铁一号线

| 数据来源 | 南京搜房网、365house、满堂红、安居客等房地产交易信息公布网站，南京市房管局信息公布平台 |

| 样本选择 | 1.区域：选取同一基准地价级别范围内（根据2008年南京市市区土地级别基准地价成果表，南京市江南八区住宅用地为五级地）
2.剔除：别墅、花园洋房、商住楼、保障性住房、学区房等 |

| 样本数量 | 1.根据模型自变量的个数（3倍以上）
2.根据实际可得的交易数据量 |

| 样本处理 | 1.时间：采用国家统计局公布的南京市房屋销售价格指数中的二手房住宅价格指数（环比一定基），将时点统一至2011.04
2.数额：采用南京市统计局公布的物价指数，消除通货膨胀影响 |

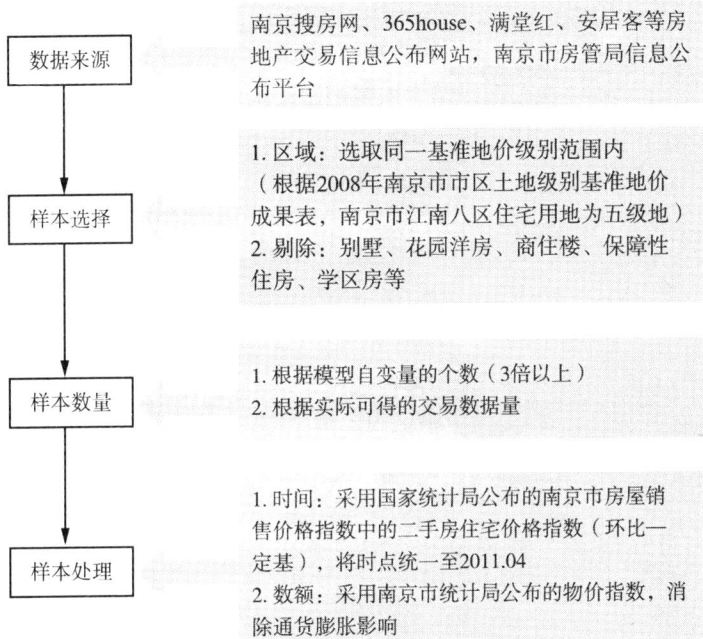

图 6-7　土地征收他项权利测算思路

表 6-4　特征变量及其测算结果表

指标类型	指标层次	变量名	变量含义
因变量	特征价格	P	二手房交易建筑面积单价(元/平方米)
自变量	区位因素	METRO_1	虚拟变量,距离最近的地铁站 0~50 米以内取 1,否则取 0
	区位因素	METRO_2	虚拟变量,距离最近的地铁站 50~100 米以内取 1,否则取 0
	区位因素	METRO_3	虚拟变量,距离最近的地铁站 100~150 米以内取 1,否则取 0
	区位因素	METRO_4	虚拟变量,距离最近的地铁站 150~200 米以内取 1,否则取 0
	区位因素	METRO_5	虚拟变量,距离最近的地铁站 200~300 米以内取 1,否则取 0
	区位因素	METRO_6	虚拟变量,距离最近的地铁站 300~400 米以内取 1,否则取 0
	个别因素	YEAR	不动产建造年代(年)
	个别因素	TOWARDS	朝向,朝南取 1,其他朝向取 0

基于表 6-4 特征变量,运用二手房交易数据,回归分析得表 6-5。从表 6-5 可以看出,距离地铁 150 米以内,南京地铁一号线运行对于二手房价格有负面影响;距离地铁 200~300 米,其对二手房价格提升的辐射效益最为显著。

表 6-5 地铁地面二手房交易价格影响因素分析表

模型		OLS 估计			WLS 估计		
		系数	t	$Sig.$	系数	t	$Sig.$
1	(常量)	−282465.108	−7.477	0	−124203.768	−5961	0
	METRO_1	699.416	2.027	0.244	−1138.594	−2.959	0.004
	METRO_2	746.06	2.996	0.403	−748.505	−0.895	0.172
	METRO_3	103.54	0.371	0.711	−590.248	−1.227	0.021
	METRO_4	1194.119	4.207	0	376.187	1.142	0.055
	METRO_5	1181.76	3.695	0	1102.832	3.034	0.003
	YEAR	148.009	7.873	0	160.101	6.303	0
	FLOOR_1	−247.56	−2.208	0.030	−189.47	−4.675	0.012
	FLOOR_2	2509.35	1.899	0.061	1428.96	1.946	0.028
	DECORA_1	367.47	0.426	0.270	567.24	1.966	0.097
	DECORA_2	21.34	0.813	0	133.48	2.221	0
	FEE	341.78	5.063	0.318	841.36	4.745	0.158
	TOWARDS	268.48	1.109	1.109	127.65	3.047	0.005

因变量：P(加权的最小二乘法回归,以残差的平方的倒数为权数)。

为了进一步揭示南京地铁一号线运营对于沿线小区他项权利的影响,这里分别结合二手房交易信息,评估了 0～50、50～100、100～150 米小区房价的影响,并将容积率推算到单位土地面积补偿额上(见表 6-6)。据此,根据南京地铁一号线沿线住房建设总体情况,征地后地铁高架部分土地他项权利补偿总额 15.03 亿元。

表 6-6 南京地铁一号线沿线代表性小区土地征收他项权利补偿测算

补偿距离范围	项目名称	距离地铁(米)	单位建筑面积补偿额(元/平方米)	容积率	单位土地面积补偿额(元/平方米)
0～50 米	菊花三村	30	1138.60	4.00	4554.4
	金浦名城世家	32	1138.60	2.00	2277.2
	红山山庄	35	1138.60	1.60	1821.76
	亚东国际公寓	37	1138.60	2.40	2732.64

补偿距离范围	项目名称	距离地铁（米）	单位建筑面积补偿额（元/平方米）	容积率	单位土地面积补偿额（元/平方米）
0～50米	四季阳光花园	40	1138.60	1.78	2026.708
	平均	—	—	2.36	2682.54
50～100米	金蕊家苑	55	748.50	5.50	4116.75
	德安花园	60	748.50	3.60	2694.6
	迈皋桥住宅小区	60	748.50	2.65	1983.525
	东进村	63	748.50	1.20	898.2
	康润园	66	748.50	1.20	898.2
	时光潋韵	96	748.50	2.04	1526.94
	平均	—	—	2.70	2019.70
100～150米	安德新寓	103	590.20	1.50	885.30
	高家村	108	590.20	1.20	708.24
	能仁里	111	590.20	3.70	2183.74
	玻纤院小区	139	590.20	2.00	1180.40
	小行里	140	590.20	1.20	708.24
	小市村	141	590.20	0.50	295.10
	华电新村	146	590.20	2.80	1652.56
	普德花园	149	590.20	2.48	1463.696
	君悦城市花园	150	590.20	2.81	1658.462
	平均	—	—	2.02	1192.86

6.3.2　土地征收他项权利补偿的政策建议

一是依申请设立补偿。土地征收他项权利补偿的对象是受到征地影响的利益相关第三人，在界定利益相关人时比较困难。因此在补偿设立形式上宜采用依申请设立的方式，即土地征收相关第三人根据自己生活、生产受征地影响的程度，向有关部门提出补偿申请，由专门机构对其申请的合理性、合法性进行鉴定监督，从而判定补偿与否以及补偿价格。

二是补偿支付方式具有灵活性。由于土地征收他项权利补偿的特殊性，在补偿支付方式上也与我国以往的征地补偿有所不同。国内外征地补偿支付方式主要有三类：先行支付、事后支付和分阶段支付。但由于土地增值具有阶段性，因此,可以结合地铁建设对于土地增值的特征以及不同阶段的影响,探讨更为积极有效的土地增值与分配机制(朱道林等,2015)。土地征收他项权利补偿建议可以采用事后支付和分阶段支付的方式:在征地行为发生后,相关当事人同时获知其拥有申请得到补偿的权利,通过有关部门对其所受损失进行核定评估后获得土地征收他项权利补偿。如对补偿额和补偿方式有异议,可提请仲裁机构仲裁复议或向法院提出上诉。同时由于我国经济发展水平的限制,可以考虑分阶段由补偿主体在规定期限内支付补偿额,如修建地铁、高速公路等盈利性公共基础设施时,可在其运营一段时间后由运营企业按期支付补偿款。

三是补偿形式应趋向多元化。土地征收他项权利补偿在补偿形式上应具有多元化的特性,在补偿形式上主要有货币补偿和非货币补偿,一般以货币补偿为主。考虑到土地评估技术不完善和地价上涨等各种因素,各国也采取一些多样的补偿方式作为货币补偿的必要补充,如实物补偿,债券、股权补偿和提供具有正外部性的公共服务设施等。实物补偿可以提供其他区位具有替代作用的类似土地给他项权利人,以维持其原有的生活质量,原来的土地可以规划开发成其他土地用途收归国有。在德国和日本都有这种宅地开发、耕地开发等替代性的补偿方式,还有代办迁移和代办工程等补偿方式(陈江龙等,2012);债券等金融性补偿方式可以针对重点能源、交通、水利等具有建设综合效益周期长、收益稳定特点的基础设施所引起的征地行为(党胜利,2015),受到影响的第三人通过评估机构统一评定后以入股的形式交统一机构运作,为其土地征收他项权补偿额提供来源和保障;另外还可以提供如就业培训机会、免费的医疗保健服务措施,税费减免,享受各种优惠,兴建公园、绿地、游泳池、游乐设施等受民众青睐的公共设施供其使用的公共社会服务回馈方式(李晓晖,2009)。此外,随着城市地铁郊区化发展,结合十八届三中全会农村土地制度改革的设计(黄贤金等,2015),也可以将农村土地产权主体引入地铁建设用地多元化补偿机制范围,不但可以节约征收成本,还更有力于保护农村土地产权主体的权益。

7 土地督察制度对土地违法的影响

7.1 土地督察制度影响土地违法的理论框架

土地督察制度作为一种新型管理体制,尚未形成完整的理论体系。本章在界定土地督察制度基本内涵的基础上,总结土地督察制度实施内容,基于土地督察发现、审核和纠错的工作机制,从理论上探讨土地督察制度实施对土地违法的影响途径与过程。

7.1.1 土地督察制度基本内涵

土地督察制度的内涵可概括为:国家土地督察制度是为了加强对地方人民政府土地行政权力的制约,国家土地督察机构通过行使土地督察的调查权、审核权、纠正权和建议权,代表中央政府对各省、自治区、直辖市以及计划单列市人民政府土地利用和管理情况进行监督检查的专业性的内部行政监督制度。其具体内涵包括土地督察目标、主体、客体、职责、权力配置等方面。

(1)土地督察目标

土地督察目标的确定是土地督察制度建设的基础,是有效实施土地督察的前提,只有明确了土地督察目标,才能进行土地督察的内容、对象、方式、技术以及组织形式等具体的制度建设。

《国家土地督察条例(征求意见稿)》将土地督察的目标规定为,"落实最严格的土地管理制度,完善土地执法监督体制,规范土地督察工作"[1],即土地督察工作从属于土地管理工作,土地督察目标取决于土地管理目标。

(2)土地督察主体

土地督察主体是指根据法律、法规的授权而享有国家土地督察权力,能够以自己的名义独立从事土地督察活动,并对行为后果承担法律责任的国家机关。

土地督察主体是国家土地总督察和副总督察、国家土地总督察办公室、派驻地方的国家土地督察局,以及各督察局向其督察范围内有关地区派出的国家土地督察专员和工作人员。

土地督察的目标要求土地督察主体保持独立性。《国家土地督察条例(征求意见稿)》第四条规定:"国家土地督察机构依法独立行使督察职权,不受其他行政机关、社会团体和个人的干涉。"(曲福田等,2003;汤其琪等,2013)这明确表述了国家土地督察机构独立的法律地位。此外,国家土地督察机构的独立性还体现在人事组织、工作经费和权力行使上:人事组织上,国家土地总督察和副总督察、国家土地总督察办公室、派驻地方的国家土地督察局的设置及其督察区域由国务院直接确定,隶属于中央政府;工作经费上,国家土地督察局所需经费列入中央财政预算,由中央政府保障;权力行使上,国家土地督察机构在国务院的领导下,对全国的土地利用和管理情况进行监督检查,向国务院报告工作,督察结果直接上报中央。

(3)土地督察客体

土地督察客体是指被纳入到土地督察范畴的土地行政行为。《关于建立国家土地督察制度有关问题的通知》(国办发〔2006〕50号)指出土地督察客体为"各省、自治区、直辖市以及计划单列市人民政府土地利用和管理情况"[2]。

土地督察客体实质上是土地督察关系主体之间的权利义务所共同指向的土地行政利益,其外在表现形式是一切由于土地行政权力的行使,而必须置于土地督察主体监督之下的地方人民政府涉及中央权力和利益的土地利用和管理行为

---

〔1〕 国土资源部办公厅关于征求对《国家土地督察条例(征求意见稿)》意见的函[EB/OL]。

〔2〕 国务院办公厅关于建立国家土地督察制度有关问题的通知[EB/OL],http://www.mlr.gov.cn/tdzt/tdgl/tudiducha/flfg/200706/t20070629_651487.htm。

（王伟林，2010）。

（4）土地督察职责

派驻地方的国家土地督察局，代表国家土地总督察履行监督检查职责。《关于建立国家土地督察制度有关问题的通知》（国办发〔2006〕50号）规定国家土地督察机构的主要职责是，"监督检查省级以及计划单列市人民政府耕地保护责任目标的落实情况；监督省级以及计划单列市人民政府土地执法情况，核查土地利用和管理中的合法性和真实性，监督检查土地管理审批事项和土地管理法定职责履行情况；监督检查省级以及计划单列市人民政府贯彻中央关于运用土地政策参与宏观调控要求情况；开展土地管理的调查研究，提出加强土地管理的政策建议；承办国土资源部及国家土地总督察交办的其他事项"（陈奇星，2008）。

《国家土地督察条例（征求意见稿）》第二条进一步阐述督察职责，"① 监督检查省、自治区、直辖市和计划单列市人民政府执行土地管理法律法规和落实宏观调控政策的情况；② 参与土地管理重大决策，开展土地利用和管理的调查研究，向国务院提出加强和改善土地管理的政策建议；③ 监督检查省、自治区、直辖市和计划单列市人民政府主要负责人对耕地保有量、基本农田保护面积、土地利用规划和年度计划执行等负总责和耕地保护责任目标落实情况；④ 监督检查省、自治区、直辖市和计划单列市人民政府土地审批事项和法定职责履行情况；⑤ 监督检查地方人民政府土地执法问责制落实情况；⑥ 监督检查省、自治区、直辖市和计划单列市的土地利用方向、布局、强度、效率等情况；⑦ 法律、行政法规规定的其他职责"（曲福田等，2003）。

（5）土地督察权力配置

土地督察主体的权力配置是土地督察制度核心内容之一，土地督察权力的内容和大小不仅关系到土地督察目标能否实现，而且关系到中央和地方权力的划分。《关于建立国家土地督察制度有关问题的通知》（国办发〔2006〕50号）指出"国务院授权国土资源部代表国务院对各省、自治区、直辖市，以及计划单列市人民政府土地利用和管理情况进行监督检查"。同时，授权国家土地总督察、副总督察负责组织实施国家土地督察制度；授权派驻地方的国家土地督察局，代表国家土地总督察履行监督检查职责。

土地督察权力包括调查权、审核权、纠正权和建议权四种权力形式(王伟林,2010;詹晨辉,2010;王诗均,2008)。

调查权。国家土地督察机构通过巡回检查、接受举报、调查研究、相关部门提供材料、运用遥感监测技术等方式对土地违法违规等情况展开调查。在进行调查过程中,有权要求地方政府将土地管理和利用情况向其报告,查阅、复制地方人民政府有关土地管理的文件、档案和资料,开展实地核查、调查取证,并可以对有关证据先行登记保存,规定相关部门的协助配合义务,以及所掌握的材料转移提交的义务。这种调查带有强制性,因此是最能体现土地督察人员的地位和权威的权力。

审核权。依据《农用地转用和土地征收审批事项督察办法》,土地督察机构对农用地转用和土地征收两项审批事项是否符合法律法规规定的权限、标准、程序等进行合法性审查,对于应报中央人民政府审核和由省级人民政府审核的农用地转用和土地征收事项,在审核批准后仍然要对其实施情况进行监督检查。

纠正权。对监督检查中发现的问题向督察范围内的相关省级和计划单列市人民政府提出纠正整改意见并督促落实。有关地方人民政府按照意见的要求采取措施进行纠正或整改,并将纠正或整改情况及时报发提出意见的派驻地方的国家土地督察局。整改不力的,由国家土地总督察依照有关规定责令限期整改。整改期间,暂停被责令限期整改地区农用地转用和土地征收的受理和审批。整改工作由省级和计划单列市人民政府组织实施。结束整改,要经派驻地方的国家土地督察局验收审核后,报国家土地总督察批准。

建议权。对地方政府改进土地管理工作提出建议。土地督察建议权包括督察工作建议权和督察问责建议权。国家土地督察机构在监督过程中发现地方政府的土地利用和管理工作中存在苗头性、倾向性问题,可能产生严重后果的;或者对土地利用和管理工作中有违法违规行为,但情节较轻,未造成严重后果的,提出督察工作建议。国家土地督察机构发现违法土地行政行为时,根据调查、审查的结果,对有关县级以上地方人民政府主要领导人员和负有责任的领导人员提出督察问责建议,通过派驻地方的国家土地督察局做出《国家土地督察移送通知书》的方式,移送省、自治区、直辖市人民政府处理。

7.1.2　土地督察制度实施的基本内容

(1) 督察组织机构体系

《关于建立国家土地督察制度有关问题的通知》(国办发〔2006〕50 号)明确在国土资源部设立国家土地总督察及其办公室,设立国家土地总督察 1 名,由国土资源部部长兼任;兼职副总督察 1 名,由国土资源部 1 名副部长兼任;专职副总督察(副部长级)1 名;同时向地方派驻 9 个国家土地督察局,创建了"一办九局"的组织架构,即国家土地总督察办公室,国家土地督察北京局(督察范围为北京市、天津市、河北省、山西省、内蒙古自治区)、国家土地督察沈阳局(督察范围为辽宁省、吉林省、黑龙江省、大连市)、国家土地督察上海局(督察范围为上海市、浙江省、福建省、宁波市、厦门市)、国家土地督察南京局(督察范围为江苏省、安徽省、江西省)、国家土地督察济南局(督察范围为山东省、河南省及青岛市)、国家土地督察广州局(督察范围为广东省、广西壮族自治区、海南省及深圳市)、国家土地督察武汉局(督察范围为湖北省、湖南省、贵州省)、国家土地督察成都局(督察范围为重庆市、四川省、云南省、西藏自治区)和国家土地督察西安局(督察范围为陕西省、甘肃省、青海省、宁夏回族自治区、新疆维吾尔自治区、新疆生产建设兵团)等 9 个派驻地方的国家土地督察局(陈奇星,2008)。随后中央编办批准了"一办九局"的具体编制方案,总编制 360 名,于 2007 年基本完成了"一办九局"的组织机构建设。

依据《关于建立国家土地督察制度有关问题的通知》(国办发〔2006〕50 号),派驻地方的国家土地督察局探索向地方派出、派驻督察专员及督察室开展监督检查工作。2008 年,国家土地督察广州局和成都局开展试点,2009 年国家土地总督察办公室在总结试点经验的基础上制定《国家土地督察专员派出工作规范(试行)》(国土督办发〔2009〕2 号)。目前,国家土地督察北京局、国家土地督察广州局、国家土地督察武汉局和国家土地督察成都局已全部在督察区域派出督察专员常驻开展工作;国家土地督察沈阳局、国家土地督察上海局、国家土地督察南京局、国家土地督察济南局、国家土地督察西安局未向督察区域派驻督察专员(图 7-1)。截至 2011 年 6 月底,国家土地督察机构通过国土资源系统内选配、公务员招考等多种形式已配备干部 313 人。

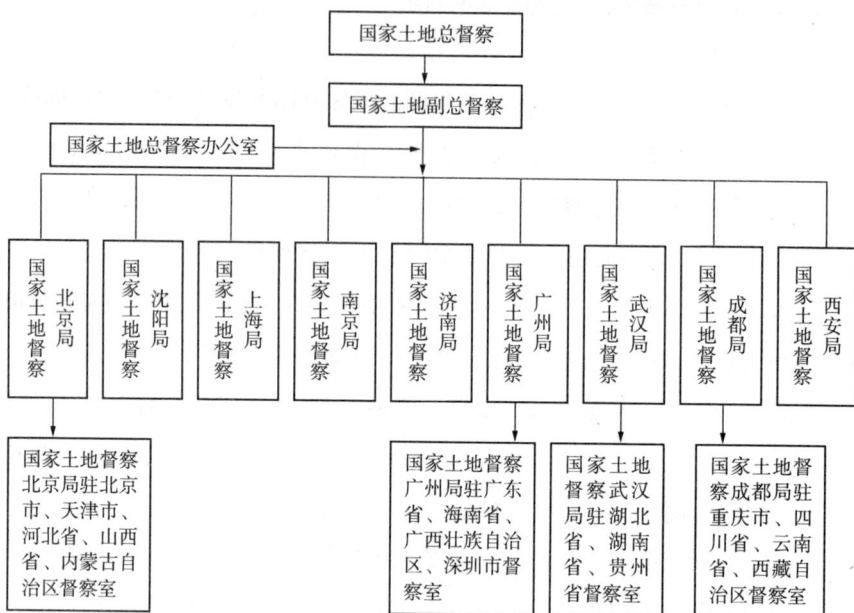

图 7-1　国家土地督察组织结构图

（2）督察核心业务形式

2007 年以来，经过实践探索，国家土地督察机构开创了以例行督察、专项督察、审核督察以及调查研究和形势观测分析为核心的业务体系，围绕核心业务开展了大量的土地督察工作。

① 土地例行督察　土地例行督察是指国家土地督察机构依据法律法规和政策，针对督察区域内某一地区、某一行业在一定时段内土地利用和管理情况进行全面的常规性监督检查和评估。自 2008 年首次开展土地例行督察工作以来，2008—2010 年国家土地督察机构在全国 28 个省（区、市）及 5 个计划单列市共 594 个县（市、区、旗）开展土地例行督察 127 次，涉及全国 90% 以上的省（区、市），赴实地调查总计 3129 人次；审核各类土地管理文件和卷宗 182681 份，涉及土地面积 1534969.16 公顷；赴实地核查地块 55424 宗，涉及土地面积 286107.19 公顷（表 7-1）。例行督察的目标是对全国 126 个重点监控地区每两年督察一次，除西部部分地区外每五年在全国范围内全覆盖。土地例行督察工作覆盖区域具体见表 7-2。

表 7 - 1   2008—2010 年土地例行督察开展情况（单位：件、公顷）

年份	省(区、市)和单列市个数	县(市、区)个数	内业检查卷宗情况			实地核查地块情况		
			卷宗数量	涉及土地面积	耕地面积	项目数	涉及土地面积	耕地面积
2008	11	16	11209	27636.02	16683.77	5963	28736.1	17319.73
2009	24+3	150	36785	943553.69	211573.58	16222	62633.75	32709.06
2010	28+4	448	134687	563779.45	186467.55	33239	194737.34	96709.46
合计	28+5	594	182681	1534969.16	414724.90	55424	286107.19	146738.25

注：县(市、区)个数合计已减去重复地区。

表 7 - 2   2008—2010 年土地例行督察地区

各督察局	省份	2008 年	2009 年	2010 年
北京局	北京	—	—	朝阳区、石景山区、房山区
	天津		—	武清区、宝坻区、静海县
	河北	沧州市	—	石家庄市、保定市
	山西	—	长治市潞城市、长治县、黎城县和晋中市榆次区、经济技术开发区、寿阳县、榆社县	太原市
	内蒙古	—	赤峰市阿鲁科尔沁旗、喀喇沁旗、敖汉旗和乌兰察布市集宁区、凉城县、察哈尔右翼前旗等	呼和浩特市
沈阳局	辽宁	抚顺市	盘锦市双台子区、兴隆台区、盘山县、大洼县	沈阳市、锦州市、本溪市、大连市旅顺口区
	吉林	—	松原市宁江区、前郭尔罗斯蒙古族自治县	长春市、四平市、通化市
	黑龙江	—	牡丹江市东安区、西安区、爱民区、阳明区、绥芬河市，大连市金州区、普兰店市	哈尔滨市、齐齐哈尔市、绥化市
上海局	上海	—	南汇区	闵行区、嘉定区、青浦区
	浙江	—	金华市永康市、舟山市定海区	杭州市、台州市、湖州市、绍兴市、奉化市、宁波市鄞州区
	福建	—	漳州市龙海市、南平市建阳市等 5 个区(市)	福州市、泉州市、龙岩市、三明市、厦门市集美区、厦门市同安区

各督察局	省份	2008 年	2009 年	2010 年
南京局	安徽	蚌埠市	蚌埠市蚌山区、龙子湖区、禹会区、淮上区、怀远县、固镇县和安庆市迎江区、大观区、宜秀区、怀宁县、枞阳县、潜山县、太湖县、宿松县、望江县、岳西县、桐城市	合肥市、巢湖市、马鞍山市
	江苏	连云港市	连云港市新浦区、连云区、海州区、赣榆县、灌云县、东海县、灌南县和常州市天宁区、钟楼区、戚墅堰区、新北区、武进区、金坛市、溧阳市	南京市、镇江市、常州市
	江西	—	宜春市樟树市、丰城市、高安市、上高县、万载县、宜丰县、铜鼓县、奉新县、靖安县、袁州区和新余市新余经济开发区、分宜县	南昌市、吉安市
济南局	山东	平度市、淄博市张店区、巨野县	烟台市芝罘区、福山区、牟平区、莱山区、开发区、龙口市、莱阳市、莱州市、蓬莱市、招远市、栖霞市、海阳市和潍坊市潍城区、寒亭区、坊子区、奎文区、临朐县、昌乐县、青州市、诸城市、寿光市、安丘市、高密市、昌邑市;青岛市黄岛区和即墨市	济南市、枣庄市、日照市、胶州市
	河南	罗山县、禹州市、淇县	周口市川汇区、项城市、扶沟县、西华县、商水县、太康县、鹿邑县、郸城县、淮阳县、沈丘县和三门峡市湖滨区、义马市、灵宝市、渑池县、陕县、卢氏县	郑州市、平顶山市
武汉局	湖北	武汉市新洲区	—	武汉市、鄂州市、咸宁市、仙桃市、潜江市
	湖南	—	郴州市北湖区、苏仙区	长沙市、娄底市、怀化市、永州市
	贵州	—	清镇市	贵阳市、安顺市、六盘水市
广州局	广东	—	潮州市湘桥区、枫溪区、潮安县、饶平县;深圳市龙岗区	广州市、清远市、深圳市宝安区
	广西	玉林市	柳州市柳江县	南宁市、防城港市
	海南	—	定安县	海口市
成都局	重庆	渝北区、南岸区	大足县	九龙坡区、璧山区、云阳县
	四川	—	双流县	成都市龙泉驿区、成都市高新区、崇州市、金堂县、简阳市
	云南	玉溪市	呈贡县	昆明市、文山壮苗族自治州、红河哈尼族彝族自治州
	西藏	—	—	—

续 表

各督察局	省份	2008 年	2009 年	2010 年
西安局	陕西	西安市未央区	宝鸡市渭滨区、金台区、陈仓区、凤翔县、岐山县、扶风县、眉县、陇县、千阳县、麟游县、凤县、太白县和西安市临潼区	西安市未央区、曲江新区、浐灞生态区、咸阳市
	甘肃	—	天水市秦州区、麦积区、武山县、甘谷县、秦安县、清水县、张家川回族自治县	兰州市七里河区、安宁区、榆中县
	青海	—	—	—
	宁夏	—	中卫市沙坡头区	银川市
	新疆	—	—	—

注：由于 2011 年 1—6 月例行督察的覆盖区域未能细分至县（市），因此未进行相应统计；—表示无。

② 土地专项督察　土地专项督察是指国家土地督察机构根据领导批示、巡查发现、媒体披露、群众举报的重大土地违法违规问题或者倾向性问题组织开展的监督检查。对土地违法违规问题经过实地核实后,国家土地督察机构向省级以及计划单列市人民政府发出督察建议书或整改意见书,对特别严重违反国家土地管理法律法规,影响国家宏观调控目标实现,造成极其恶劣社会影响的案件,发出限期整改通知书。2007—2010 年,国家土地督察机构先后投入 1946 人次对存在问题的 23 个省（区、市）及 1 个计划单列市开展了 74 专项督察;督察天数总计 1655 天,审核各类土地管理文件和卷宗 30784 件,赴实地核查地块 19021 宗,涉及土地面积 122251.40 公顷,其中耕地面积 47949.89 公顷(表 7 - 3)。专项督察基本实现了对当前热点敏感的某一类土地违法违规行为和重大土地违法案件的快速反应和跟踪督察(表 7 - 4)。土地专项督察工作覆盖区域具体见表 7 - 5。

表 7 - 3　2007—2010 年土地专项督察开展情况（单位：人次、天、件、公顷）

年份	涉及的省（区、市）和计划单列市个数	人次	天数	审查卷宗数	实地巡查地块		
					宗数	土地面积	
							耕地面积
2007	12＋1	—	—	—	—	—	—
2008	9	203	206	—	228	23467.81	11696.11
2009	9	972	663	11136	5262	65240.56	22099.09
2010	12	771	786	19648	13531	33543.03	14184.69
合计	23＋1	1946	1655	30784	19021	122251.40	47979.89

注：—表示无详细统计数据。

表 7-4 2007—2010 年专项督察违法违规问题主要类型

年份	督察违法违规问题类型
2007	违规设区扩区、以租代征、非法占地、违法调规、违反土地利用规划、批而未供、土地闲置、执法不力
2008	违规设区扩区、以租代征、非法占地、违法占用基本农田、违法调规、违反土地利用规划、未批先用
2009	非法占地、卫片执法检查中的违法用地问题
2010	非法占地、违法占用基本农田、土地闲置、违规征地、违法供地批地、违法用地

表 7-5 2007—2010 年土地专项督察地区

各督察局	省份	2007 年	2008 年	2009 年	2010 年
北京局	北京	顺义区、房山区	—	北京市	朝阳区、昌平区
	天津	—	—	—	—
	河北	—	石家庄鹿泉市	唐山市、廊坊市	万全县
	山西	—	—	—	临汾市、晋城市
	内蒙古	—	—	呼和浩特市	包头市
沈阳局	辽宁	大连市、鞍山市	—	沈阳市	凤城市
	吉林	—	东辽县	—	—
	黑龙江	哈尔滨市松北区	—	—	—
上海局	上海	—	—	—	—
	浙江	温州市	东阳市	—	—
	福建	—	—	—	—
南京局	安徽	—	—	—	和县
	江苏	—	—	南京市江宁区、常州市	—
	江西	—	—	—	—
济南局	山东	济南市、青岛市、淄博市、枣庄市、烟台市、潍坊市、泰安市、临沂市	茌平县、德州市	—	—
	河南	焦作市	—	—	郑州市惠济区
武汉局	湖北	武汉市	—	武汉市黄陂区	襄樊市
	湖南	湘潭市	—	—	郴州市
	贵州	—	凯里市	—	—

各督察局	省份	2007 年	2008 年	2009 年	2010 年
广州局	广东	中山市、惠州市、广州市、东莞市	—	—	四会市
	广西	—	—	—	靖西县
	海南	—	海口市、文昌市	—	海口市、陵水县
成都局	重庆	重庆市经济技术开发区	—	永川区	—
	四川	眉山市	—	—	—
	云南	曲靖市	—	—	—
	西藏	—	—	—	—
西安局	陕西	—	—	—	宝鸡市
	甘肃	—	—	—	—
	青海	—	—	西宁市	—
	宁夏	—	—	银川市	—
	新疆	—	—	—	—

注:由于 2011 年 1—6 月专项督察的覆盖区域未能细分至县(市),因此未进行相应统计;—表示无。

③ 土地审核督察　土地审核督察主要是指农用地转用和土地征收审批事项审核督察,即国家土地督察机构依照规定的权限和程序,采用日常审批备案和集中实地核查相结合的办法[1],对省级人民政府报国务院审批和自行审批的农用地转用和土地征收事项及批后实施情况进行监督检查。2008—2010 年,国家土地督察机构对收到的 39139 件报国务院审批和由省级人民政府审批的农用地转用和土地征收抄送备案材料进行督察,涉及新增建设用地面积 876378.62 公顷,其中农转用面积 730495.79 公顷,涉及土地征收面积 855484.32 公顷;通过卷宗审核、派出督察组检查、现场踏勘等方式,对 20890 个项目(批次)进行抽查,抽查比例 53.37%,涉及农转用面积 397582.29 公顷,涉及土地征收面积 418526.77 公顷(具体见表 7-6)。

---

[1] 在土地督察业务主干网上对农用地转用和建设用地审批事项随到随审,并每半年开展一次集中的实地核查。

表 7-6　2008—2010 年土地审核督察开展情况（单位：件、公顷）

年份	抄送材料件数	备案情况			抽查总件数	抽查占总备案材料比例	抽查情况	
		涉及新增建设用地面积		涉及土地征收面积			涉及农转用面积	涉及土地征收面积
			农转用面积					
2008	6334	162061.83	134506.85	151287.94	1358	21.44%	46187.53	40903.47
2009	13767	338447.82	279049.58	319146.73	8730	63.41%	172586.24	187708.45
2010	19038	375868.97	316939.36	385049.65	10802	56.74%	178808.52	189914.85
合计	39139	876378.62	730495.79	855484.32	20890	53.37%	397582.29	418526.77

注：抽查占总备案材料比例＝抽查总件数/抄送材料总件数。

④ 调查研究和形势观测分析　围绕土地管理实践中存在的热点、难点问题，国家土地督察机构先后组织开展了 361 项调研，其中已完成课题数量 257 个，形成了 169 篇调研报告，掌握了督查区域土地利用管理基本态势和趋势，针对苗头性、倾向性问题提出政策建议（表 7-7）。在构建共同责任机制与土地执法监管长效机制、农村宅基地管理和新农村建设用地、扩内需项目用地、四川抗震救灾和灾后重建特殊土地政策实施情况、规范农业结构调整用地、"未批先用"对策、违规设区扩区问题等方面为有关决策提供重要参考。2008 年国家土地督察机构开展了土地违法违规形势分析。2009 年建立并实施了土地利用和管理形势观测分析制度，初步在全国选择部分市、县、乡（镇）建立了 186 个形势分析观测点，构建了形势分析监测网络和监测指标体系，形成了独立的数据采集渠道和定期分析预警机制。从 2009 年开始，国家土地总督察办公室和各派驻地方的国家土地督察局须分别形成各季度的土地利用和管理形势观测分析报告。

表 7-7　2008—2010 年土地管理调研开展情况（单位：件）

年份	调查研究情况				
	开展调查研究课题数量		形成调研报告数量	转化为政策建议件数	在公开刊物发表论文的数量
		已完成调查研究课题数量			
2008	62	20	36	—	—
2009	132	110	40	44	24
2010	167	127	93	67	36
合计	361	257	169	111	60

注：2008 年开展调查研究课题数量为 2008 年国家土地督察公告中联合调研次数；2008 年已完成调查研究课题数量为公告中调研成果；形成调研报告数量为各年度调研报告汇编篇数；— 表示无数据。

7.1.3   土地督察制度实施对土地违法的影响机制

国家土地督察机构按照"边组建边工作"的原则,在实践中探索,形成了集发现、审核和纠错于一体的工作机制。以核查收集信息资料、群众举报和媒体披露线索为基础、遥感卫片监测和实地巡查等为主要手段的发现机制,及时发现土地违法违规信息、准确掌握违法用地情况;制定土地督察中审核工作的操作程序,对省级和计划单列市人民政府土地利用和管理事项的真实性和合法性进行审核,通过内业审查和外业核查是否越权审批、是否符合产业政策、是否违规调整规划、是否未批先用、是否落实补充耕地、是否足额缴纳土地有偿使用费等核定建设用地审批事项的合法性;在发现和审核机制掌握的土地违法违规情况基础上,制定土地违法违规行为纠正整改有关规定,针对不同程度土地违法违规情形,基于发函通报,发出督察建议书、纠正意见书、整改意见书、限期责令整改通知书,约见约谈地方政府主要负责人、建议暂停审批等方式的纠错机制及时向省级及计划单列市人民政府提出纠正整改意见,督促自行纠正、移交立案查处,通过发现—预防—制止从而实现遏制土地违法违规行为。此外,国家土地督察机构还通过建立与中央有关部门、国土资源部机关的协作联动机制,与地方政府的沟通反馈机制进一步强化发现、审核和纠错机制的违法遏制效应。其中协作联动机制是指国家土地督察机构与中央有关部门联系和配合,如与中央巡视组办公室等建立日常性联系机制、与银监会开展土地抵押融资联合监管等;与国土资源部机关协调与合作,如建立土地执法监察与土地督察联席会议制度,形成工作联动机制。沟通反馈机制是指各派驻地方的国家土地督察局一方面通过与省级人民政府签订沟通磋商框架协议、召开土地督察联席会议、建立以落实共同责任为核心内容的共建试点和联系点等,建立沟通机制;另一方面通过地方政府与土地督察局定期召开整改情况汇报会,形成信息反馈机制。

土地督察的发现、审核与纠错机制主要通过各项督察业务载体来实现,包括土地例行督察、土地专项督察、土地审核督察、调查研究、土地利用和管理形势观测分析等多种形式的督察业务手段,其中土地例行督察、土地专项督察和土地审核督察是各派驻地方的国家土地督察局均开展的工作,具有普遍性且影响较大。土地例行督察是对被督察区域土地利用和管理工作全面性、常规性的监督检查和评估,具有业务面广、覆盖范围大的特点,即涵盖的土地违法违规问题类型多、覆盖的督察区域面积广,因此相对地在发现土地违法违规问题上作用更大,同时发现的违法违规问题情节往往相对较轻,其纠错力度相对较小。土地专项督察是对某一类重大的或者倾向性的土地违法违规问题专门性、即时性的监督检查,其业务目标在于实现对当前热点敏感、性质较为严重的土地违法违规行为和案件的快速反应和督促纠正,具有针对性较强、督察更为深入的特点,因此相对地在对某类问题的纠错上作用更明显,纠错手段更为严厉,纠错力度更大。土地审核督察是对农用地转用和土地征收审批事项的专门性督察,同时具有采用日常审批备案方式的常规性督察特点,主要是对农用地转用环节、土地征收环节以及批后实施环节所可能涉及的土地违法违规问题进行审查核实及督促纠正,其问题类型较为固定,包括越权审批、不符合产业政策、不符合供地政策、不符合地价政策、违规调整规划、未批先用、批少占多、改变用途、补充耕地不落实等,纠错力度也相对较小。

行政监督具有预防、惩戒、保障、促进等方面的作用,行政监督的首要作用是预防作用。行政监督并不只是为了制裁行政违法失职行为,更重要的是为了预防违法和不当行政行为的发生。因为一方面,单纯的制裁只能起到惩处作用,却不能从根本上消除行政违法失职行为;另一方面,在追查过程中要消耗大量的人力、物力、财力和时间,而事后的惩处有时又难以弥补行政违法失职行为给行政管理相对人造成的损失(李春华,2008)。土地督察制度作为一种行政监督制度,其监督的首要目的同样在于发现和预防违法行为,通过加强事前监督环节减少不良后果的发生,降低违法行为、违法用地的治理成本。因此,尽管土地督察机构不享有对土地违法违规行为的独立办案权和直接处罚权,但其通过发现、审核机制全面掌握土地违法违规形势,能够对土地违法违规行为起到积极的预防,形成无形的威慑和警示,将违法事件制止在萌芽状态;同时通过纠错机制尽可能让违法行为主体先行自行纠正,督促监督客体的自我改进和完善,进一步防止违法行为的蔓延,从而实现对土地违法违规行为的有效遏制。土地督察制度的实施不仅对其直接督察客体即省级和计划单列市人民政府的土地违法违规行为具有遏制效应,对省级以下地方各级人民政府、企事业单位和个人的土地违法违规行为(实际上为

国家土地督察制度的实施

督察权力 → 调查权　审核权　纠正权　建议权

工作机制 → 协作联动机制
- 发现机制 → 发现土地违法违规信息、掌握违法用地情况
- 审核机制 → 核查土地利用和管理事项的真实性和合法性
- 纠错机制 → 督促自行纠正、移交立案查处土地违法违规问题

沟通反馈机制

核心业务 → 例行督察　专项督察　审核督察　调查研究

督察客体
- 直接 → 省级和计划单列市人民政府
- 间接 → 省级以下地方各级人民政府、企事业单位和个人

被督察区域　未被督察区域

发现—预防—制止
遏制土地违法违规行为

缩小违法规模　遏制违法空间蔓延　降低政府违法比重

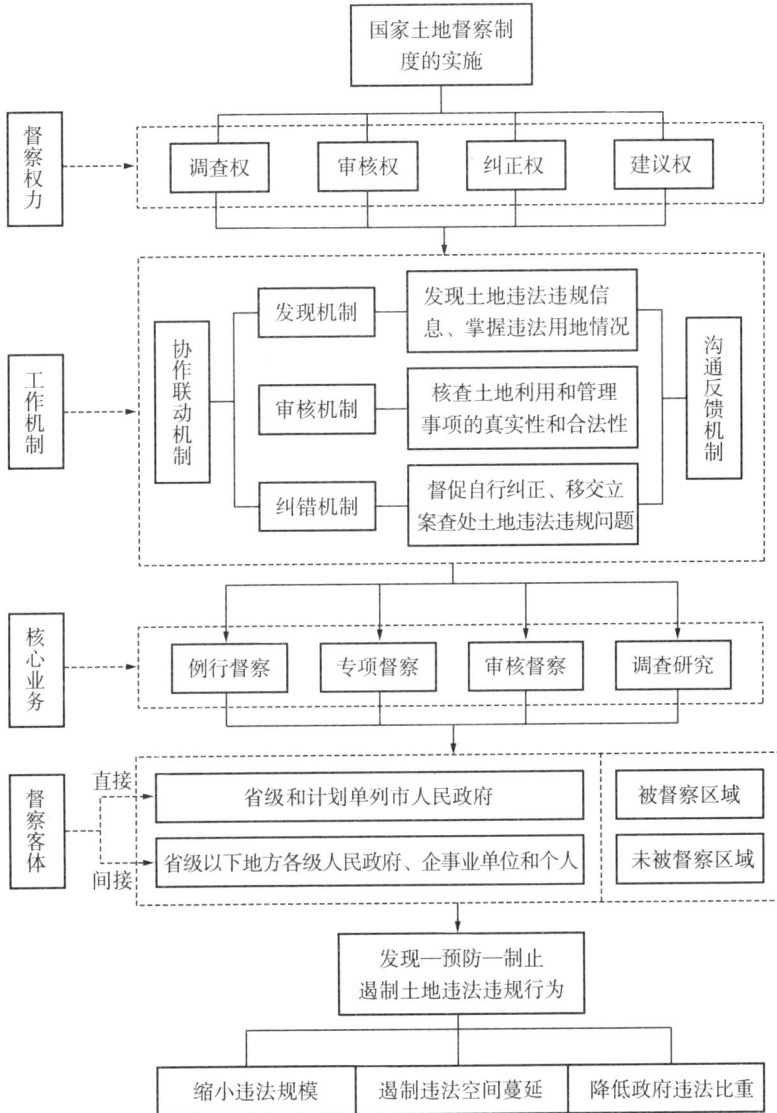

图 7-2　土地督察遏制土地违法的影响过程

间接监督客体)也起到了威慑作用。这是由于土地督察是对省级和计划单列市人民政府土地利用情况和土地管理情况两个层面的监督检查,即在督察土地违法行为时既包含省级政府自身主导或参与的土地违法违规行为,又涉及省级政府对省级以下地方政府、企事业单位和个人土地违法案件的监督和查处情况;同时,土地

督察机构在实施土地督察时重视"以点带面",对某一省内的某些地区进行督察发现了土地违法违规问题可能会要求被督察的省级区完善相关制度,在全省范围内要求对类似问题加以整改,从而进一步扩大土地督察实施对土地违法的影响范围、加强土地督察实施对土地违法的全局遏制效果。土地违法现象的时空特征可从规模、空间和结构三个维度来衡量,相应的土地督察制度的实施也将从规模、空间和结构三个层面对土地违法产生影响。土地督察是对地方政府的督察,土地督察主要作用在于预防和制止土地违法违规行为的发生,防止违法行为的蔓延,因此有效的土地督察制度实施将能够降低地方政府违法比重、减少土地违法规模尤其是地方政府土地违法规模、遏制土地违法的空间蔓延(图 7 - 2);同时,土地督察制度实施可能会影响土地违法空间的集聚和分散程度,改变土地违法的类型结构和数量结构,其具体效应有待实证探讨分析。

7.2　土地督察制度实施对土地违法规模的影响

这里以土地违法案件涉及土地面积、土地违法案件涉及耕地面积、土地违法案件数表征土地违法规模特征,分析 1999—2009 年我国土地违法规模的特征及变化,在识别影响土地违法规模的因素及其作用机制基础上,构建土地违法规模与土地督察制度关系的计量经济模型,研究土地督察制度的实施对土地违法规模的影响。

7.2.1　土地违法规模特征及其演变

度量土地违法规模可以从两个维度进行,一是土地违法案件的数量,二是土地违法案件涉及的土地面积。土地违法案件数量代表了违法案件的发生频率,而违法涉案面积则体现了违法案件的严重程度。此外,为反映土地违法对耕地保护的影响,还可以考虑违法案件涉及的耕地面积。由于土地违法案件中包括一部分个人违法案件,这类案件往往数量众多但涉及的土地面积很小,难以体现真正的违法程度,因此以土地违法案件涉及土地面积、土地违法案件涉及耕地面积作为衡量土地违法规模的主要指标,以土地违法案件数量作为补充指标,从不同角度描述和分析土地违法情况及其影响因素。

统计数据中本年土地违法情况细化为本年发现案件、本年发生案件和历年隐漏案件[1]三种情形,由于历年隐漏案件无法反映当前的土地违法状况,因而不将历年隐漏案件作为研究对象。因此,采用本年发现违法案件涉及土地面积、本年发现违法案件涉及耕地面积、本年发现违法案件数、本年发生违法案件涉及土地面积、本年发生违法案件涉及耕地面积、本年发生违法案件数六类数据,以全面反映土地违法情况。

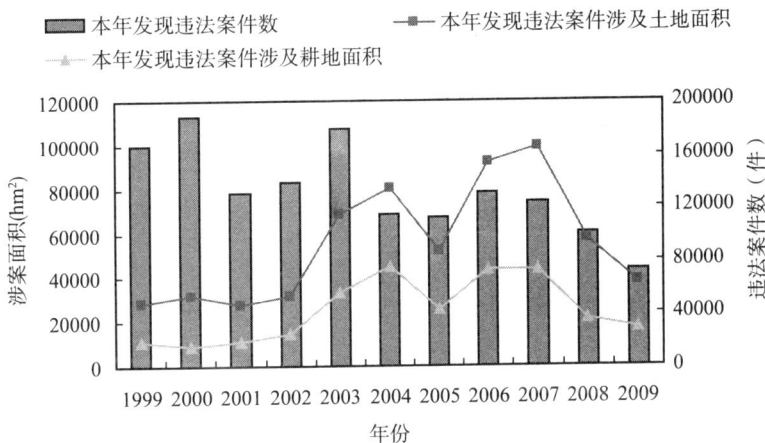

图 7 - 3 1999—2009 年我国土地违法规模变化情况(本年发现违法案件)

图 7 - 3 所示为 1999—2009 年基于本年发现违法案件[2]的全国土地违法规模变化情况。从图中可以看出,1999—2009 年全国土地违法案件数量总体有所下降,从 1999 年的 166042 件减少到 2009 年的 72940 件,年均降幅为 5.61%,表明土地违法发生频率降低;但土地违法案件涉及土地面积、土地违法案件涉及耕地面积总体上升,分别从 1999 年的 28674.82 hm² 、10986.47 hm² 增加到 2009 年的 37972.55 hm² 、17039.39 hm² ,年均增幅分别为 3.24%、5.51%,表明土地违法严重

---

[1] 本年发现案件是指报告期内发现的土地违法行为;本年发生案件是指报告期内发生的土地违法行为,依照立案程序,经批准后由土地行政主管部门立案查处的全部土地违法案件;历年隐漏是指报告期以前发生而在报告期内发现的土地违法行为。

[2] 本年发生违法案件变化情况与本年发现情况基本一致。

程度上升，土地违法的总体规模呈扩大趋势，土地违法形势依然严峻。

其中，全国范围内土地违法规模变化情况大致可划分为两个阶段：第一个阶段为1999—2006年，土地违法案件涉及土地面积、土地违法案件涉及耕地面积总体呈现上升趋势，土地违法案件数量呈现波动下降趋势；第二阶段为2006—2009年，土地违法案件涉及土地面积、土地违法案件涉及耕地面积呈现下降趋势，土地违法案件数量呈现持续下降趋势。这初步反映出2006年以来国家土地督察制度的建立与实施对遏制土地违法规模的扩大有着积极影响。

从各省区1999—2009年土地违法规模的变化情况来看，违法规模扩大的趋势亦较为明显（表7-8）。超过一半的省区土地违法规模有不同程度的增加，有21个省区的土地违法案件涉及土地面积增加，16个省区土地违法案件涉及耕地面积增加，其中辽宁、江苏、安徽、贵州、宁夏5个省区土地违法案件涉及土地面积、土地违法案件涉及耕地面积年均增幅均超过50%，土地违法案件涉及土地面积、土地违法案件涉及耕地面积年均增幅最高的分别为辽宁（169.14%）和宁夏（320.66%）；有9个省区的土地违法案件涉及土地面积有所减少，14个省区土地违法案件涉及耕地面积有所减少，土地违法案件涉及土地面积、土地违法案件涉及耕地面积年均增幅最低的分别为上海（-9.27%）和海南（-9.97%）。土地违法案件数变化方面，有22个省区的土地违法案件数有所减少，其余的8个省区土地违法案件数有所增加但增幅均不超过50%，土地违法案件数年均增幅最高的为辽宁（13.03%），年均增幅最低的为云南（-9.50%）。

表7-8 1999—2009年我国各省区土地违法规模年均增幅（本年发现违法案件）

地区	案件数年均增幅	涉案土地面积年均增幅	涉案耕地面积年均增幅	地区	案件数年均增幅	涉案土地面积年均增幅	涉案耕地面积年均增幅
北京	0.66%	5.32%	-0.91%	河南	-7.08%	-3.46%	-1.85%
天津	4.86%	18.33%	17.72%	湖北	-6.89%	18.74%	11.59%
河北	1.84%	33.06%	33.20%	湖南	-3.08%	4.18%	-0.50%
山西	-6.76%	0.05%	-0.12%	广东	-3.45%	8.73%	-4.37%
内蒙古	-7.99%	2.65%	-5.62%	广西	-8.16%	-5.68%	-3.08%

地区	案件数年均增幅	涉案土地面积年均增幅	涉案耕地面积年均增幅	地区	案件数年均增幅	涉案土地面积年均增幅	涉案耕地面积年均增幅
辽宁	13.03%	169.14%	101.49%	海南	−9.25%	−8.32%	−9.97%
吉林	−5.33%	1.41%	37.79%	重庆	−8.49%	22.84%	48.27%
黑龙江	−5.12%	2.83%	22.33%	四川	−6.63%	5.99%	1.81%
上海	−8.51%	−9.27%	−9.58%	贵州	8.79%	133.17%	123.43%
江苏	0.69%	87.48%	112.41%	云南	−9.50%	−8.36%	−9.12%
浙江	−7.12%	3.84%	−0.14%	陕西	−9.00%	−0.70%	−1.53%
安徽	−2.06%	65.39%	109.71%	甘肃	−5.79%	−0.80%	0.85%
福建	−3.10%	5.17%	2.71%	青海	−7.81%	31.32%	—
江西	−7.46%	14.75%	6.99%	宁夏	5.62%	85.04%	320.66%
山东	−6.58%	−5.43%	−3.26%	新疆	3.01%	−6.96%	−5.05%

注:青海省由于1999年土地违法案件涉及耕地面积为0,因此其理论增幅为无穷大,无法用具体数值衡量。

此外,从土地违法案件案均涉及土地面积、案均涉及耕地面积来看(图7-4、表7-9),总体而言,全国层面上土地违法案均面积呈现增加趋势,案均土地面积、案均耕地面积分别从1999年的0.17 hm²/件、0.07 hm²/件增加到2009年的0.52 hm²/件、0.23 hm²/件,这一方面是由于土地违法案件数减少的同时土地违法案件涉案面积增加;另一方面是由于政府和企事业单位土地违法案件数比重增加、个人违法案件数比重减少。政府和企事业单位违法案件数比重从1999年的18.13%上升到2009年的23.95%,个人违法案件数比重从1999年81.87%下降到2009年的76.05%,前者案均面积远大于后者,1999—2009年政府违法案均土地面积、案均耕地面积平均分别为1.32 hm²/件、0.63hm²/件,企事业单位案均土地面积、案均耕地面积平均分别为1.38 hm²/件、0.61 hm²/件,而个人案均土地面积、案均耕地面积仅分别为0.14 hm²/件、0.06 hm²/件(表7-9)。

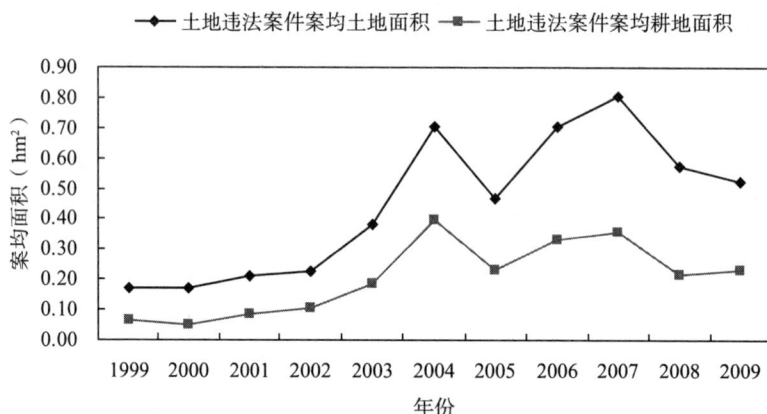

图 7-4　1999—2009 年全国土地违法案件案均土地面积、案均耕地面积变化情况

表 7-9　1999—2009 年全国及不同主体土地违法案件案均土地面积、案均耕地面积（hm²）

年份	全国案均土地面积	全国案均耕地面积	地方政府案均土地面积	地方政府案均耕地面积	企事业单位案均土地面积	企事业单位案均耕地面积	个人案均土地面积	个人案均耕地面积
1999	0.17	0.07	0.59	0.32	0.94	0.27	0.04	0.02
2000	0.17	0.05	0.76	0.22	0.64	0.16	0.05	0.02
2001	0.21	0.09	1.09	0.48	0.67	0.26	0.06	0.02
2002	0.23	0.11	0.86	0.45	0.85	0.36	0.06	0.03
2003	0.38	0.19	1.02	0.47	1.12	0.58	0.11	0.05
2004	0.71	0.39	1.97	1.25	2.28	1.19	0.15	0.08
2005	0.47	0.23	1.24	0.63	1.31	0.71	0.18	0.07
2006	0.70	0.33	1.92	0.85	1.53	0.82	0.30	0.12
2007	0.80	0.35	2.14	0.90	1.88	0.84	0.25	0.11
2008	0.58	0.21	1.47	0.63	2.09	0.70	0.14	0.06
2009	0.52	0.23	1.45	0.74	1.86	0.79	0.14	0.06
平均值	0.45	0.20	1.32	0.63	1.38	0.61	0.14	0.06

7.2.2　土地督察对土地违法规模影响的计量经济模型构建

（1）理论分析与预期

• 经济增长与土地违法

经济学理论指出土地、资本和劳动等生产要素是影响经济增长的重要因素，

不同经济增长阶段对各种要素的投入需求存在明显差异。就土地要素而言,在经济发展水平较低阶段,经济增长以外延扩张方式为主,主要依靠物质资源消耗来支撑,对土地需求量尤其是建设用地需求量大;而土地资源的稀缺性决定了土地要素不可能无限投入,从而导致土地利用规划和计划外的土地只能通过违法方式投入到经济建设中(龙开胜等,2011;陈志刚等,2013),据此预期在此阶段随着经济的增长,土地违法现象将会呈现加剧趋势。当经济增长到一定水平,进入经济发展水平较高阶段,经济增长以内涵发展方式为主,主要依靠生产效率提高、技术进步等方式支撑,资金、技术、管理等要素对土地要素的替代能力增强,对土地需求的依赖减小,合法土地投入能够满足经济增长的要素需求,使得违法土地投入相应减少,土地违法势头将得到缓解,即经济增长与土地违法之间存在"土地违法随经济增长先增加后减少"的库兹涅茨曲线关系(Kuznets curve)(刘爱民,2007)。因此,在理论预期上,经济增长与土地违法正相关、负相关均有可能,这取决于所处的经济发展阶段。

• 财政分权程度与土地违法

经济分权与政治集权使中央政府能够提供足够的激励和约束,促使地方政府相互竞争,从而实现经济持续增长(Blanchard et al.,2000;Tsui et al.,2004)。财政分权既存在促进地方经济增长的正面效应,又存在负面影响,如中国式分权目标是促使地方政府在经济增长方面进行竞争,而在鼓励地方政府进行公共服务竞争上目标模糊,使得中国式分权改革对地方公共服务公平与效率改进产生负面影响(王永钦等,2007)。土地违法问题就是财政分权代价的一种表现,其主要诱因是地方政府对 GDP、财政收入与吸引外资等经济指标的热衷,即在以经济指标为主的绩效考核体系与同级竞争的政治晋升机制的双重作用下,地方政府官员有通过土地违法获得生产要素进而促进地方 GDP 增长的激励(梁若冰,2010)。财政分权化程度越高,地方政府对财政资源的控制(收入分权)或需求(支出分权)越强,也越有动力为追求高的 GDP 增长率和财政收入进而为自身在政绩考核和政治晋升上获得优势而主导或者纵容、直接或间接实施土地违法行为。因此,预期财政分权程度与土地违法具有正相关关系。

• 土地收益与土地违法

土地收益的影响包含两方面的内容:一方面,一些地方政府对土地财政的依赖,即地方政府依靠国有土地使用权出让金收入来维持政府财政支出,而用于出让的土地主要以集体征收、土地整理等方式获取,通过招、拍、挂制度实现土地增值收益,这一系列过程都潜伏着土地违法的可能,尤其是当地方政府过度依赖土地财政时,地方政府就有动机主导或参与如非法批地、非法转让土地等违法行为。另一方面,地方政府为了带动地区的工业化发展,往往低价甚至免费出让工业用地,通过廉价供应工业用地作为条件吸引外资,同时通过出让城市商业和居住用地获得高额的出让金收益来弥补低价出让工业用地的损失,被称为"廉价工业化、高价城市化"(梁若冰,2010)。因此,土地出让收益越高,地方政府就越有能力弥补为廉价工业化而实施的违规减免土地出让金、以租代征、未批先用等土地违法行为对地方收入造成的损失,因而也会造成对土地违法的正效应。

• 土地执法政策与土地违法

土地执法政策是指由土地执法监察机构实施的一系列土地违法治理政策和措施(Zhong et al.,2014)。1999—2009 年,针对日益严重的土地违法问题,我国土地执法政策日益严厉,如实行新的《土地管理法》,实行土地部门垂直管理体制改革,出台和制定若干严格土地执法的文件、法规和条例,如《进一步治理整顿土地市场秩序工作方案》《国务院关于深化改革严格土地管理的决定》《查处土地违法行为立案标准》《违反土地管理规定行为处分办法》等,开展全国土地执法百日行动,开展土地卫片执法检查等,由上至下地加大了对土地违法的查处和打击力度。土地执法政策对土地违法可能产生两方面的作用(梁若冰,2010):一方面对土地违法的严查使某些未被揭露的案件显露出来并遭到严厉的惩处,此时土地执法政策对土地违法的影响是正向的;另一方面严查使土地违法行为人惧怕查处而暂缓实施违法,当由于土地执法的严格使得违法成本超过违法效益时土地违法行为人将放弃实施违法,此时对土地违法的影响是负向的。因此,土地执法政策对土地违法的作用方向不能完全确定。

• 土地督察制度与土地违法

根据前面的分析可知,土地督察制度通过发现机制和审核机制,及时发现、准确掌握各类土地违法违规问题,对土地违法起到预防和震慑作用,将违法案件制止在萌芽状态;在发现和审核机制掌握的土地违法违规情况基础上,通过纠错机制督促地方政府对土地违法违规问题进行纠正、整改和查处,进一步防止违法行为的蔓延,注重督促监督客体的自我改进和完善,从而实现对直接督察客体和间接督察客体、被督察区域和未被督察区域土地违法违规行为的全面遏制效应。同时,由于土地督察机构权力配置上不具备独立办案权和直接处罚权,因而相比较于土地执法监察机构的土地执法政策,土地督察制度对土地违法主要起到事前的预防作用而不是事后的惩处作用,即土地督察制度主要作用在于预防、制止土地违法违规行为的发生而不是揭露、惩处土地违法违规问题,因此,预期土地督察制度的实施能够减少土地违法违规行为,对土地违法的影响是负向的。

(2) 变量选择与模型设定

采用本年发现违法案件涉及土地面积、本年发现违法案件涉及耕地面积、本年发生违法案件涉及土地面积、本年发生违法案件涉及耕地面积作为表征土地违法规模的被解释变量,并根据理论分析选择以下变量作为解释变量(表7-10):

① 人均GDP。这里将人均GDP作为地区经济发展水平的一个代理变量。

② 财政分权指标。采用张晏等的方法来度量分权指标,由于支出指标相对于收入指标更能反映实际分权,在此仅采用预算内本级政府财政支出指标(DC)(张晏等,2005):

DC=各省预算内本级财政支出/中央预算内本级财政支出。

③ 土地出让成交价款。国有土地收益包括土地出让收入、土地相关税收和费用等,考虑到数据的可获性以及土地出让收入是国有土地收益比例最大的部分,以土地出让成交价款来衡量国有土地收益。

④ 土地执法政策变量。参考梁若冰等和张莉等的研究思路,以本年立案案件涉及土地面积中历年隐漏案件涉及土地面积的比重作为土地执法政策力度的代理变量。

⑤ 土地督察制度变量。由于缺少相应的比较标准,本研究假定土地督察机构在不同区域开展督察工作时会严格执行监督检查的标准和力度,则此时督察的作用力度便表现为督察覆盖区域的多少。考虑到土地督察机构在不同年份对不

同地区开展专项督察和例行督察,且同一地区在同一年份可能既有专项督察也有例行督察,而有的地区则只有其中一项,有的地区两项督察都没有。因此,设置两个变量来反映土地督察情况:一是,土地专项督察覆盖度,即某年某省级区域内被督察(专项督察)区域行政辖区面积与该省级区域行政辖区面积之比(根据表7-5计算得到);二是,土地例行督察覆盖度,即某年某省级区域内被督察(例行督察)区域行政辖区面积与该省级区域行政辖区面积之比(根据表7-2计算得到)。对于某年没有开展专项督察或例行督察的区域,其相应督察覆盖度设为0。此外,由于土地审核督察的地区统计无法细分到各个省级行政区域,并且由上文的分析可知土地审核督察对被督察区域的违法遏制效果相对较小,因而本研究未设置审核督察变量。

表7-10　变量定义与期望符号

变量名	含义	期望符号
$gdpper$	人均GDP(元/人)	$+/-$
DC	财政分权指标	$+$
$value$	土地出让成交价款(亿元)	$+$
$lawpolicy$	历年隐漏占本年立案面积比重(%)	$+/-$
$special$	土地专项督察覆盖度(%)	$-$
$regular$	土地例行督察覆盖度(%)	$-$
y	因变量,土地违法规模(hm^2)	

根据上一部分的分析,将土地违法与其影响因素之间的关系设定为如下计量模型,分析土地督察制度对土地违法规模的影响:

$$y_{it} = a_0 + \beta_1 \ln gdpper_{it} + \beta_2 DC_{it} + \beta_3 \ln value_{it} + \beta_4 lawpolicy_{it} \quad (7-1)$$
$$+ \delta_1 special_{it} + \delta_2 regular_{it} + v_{it}$$

其中,y_{it}为第i地区第t年土地违法规模,为因变量;a_0为常数项;$gdpper_{it}$、DC_{it}、$value_{it}$和$lawpolicy_{it}$分别为第i地区第t年人均GDP(1999年为基期)、财政分权指标、土地出让成交价款和土地执法政策变量,β_1、β_2、β_3和β_4分别为$gdpper_{it}$、DC_{it}、$value_{it}$和$lawpolicy_{it}$的系数;$special_{it}$为第i地区第t年土地专项督察覆盖度,$regular_{it}$为第i地区第t年土地例行督察覆盖度,δ_1和δ_2分别为$special_{it}$和$regular_{it}$的系数;v_{it}为残差项。考虑到人均GDP、土地出让成交价款这两个自变

量的数值偏大,可能会导致其相应的系数非常小,为了避免这种情况出现,模型运算的时候对它们取了自然对数。

研究土地督察制度实施对土地违法规模的影响可分为两个步骤,第一步是判断土地督察对减少土地违法是否有效,整体影响程度如何? 如果有效,则第二步计算土地督察遏制土地违法的效果大小,具体判断和计算方法如下:

一是,判断是否有效。如果 $\delta_1 > 0$ 且检验显著或 $\delta_2 > 0$ 且检验显著,则认为土地督察制度的实施对减少土地违法有效,并根据 δ 值判断整体的影响程度;否则,则认为土地督察制度的实施对减少土地违法无效。

二是,计算影响效果。根据第一步的有效性判断,如果有效则计算相应的影响效果,包括土地专项督察绝对效果、土地例行督察绝对效果和综合绝对效果。其中土地专项督察绝对效果是指在其他因素保持不变的情况下,假定没有实施专项督察的土地违法规模与实施专项督察时土地违法规模之差;土地例行督察绝对效果是指在其他因素保持不变的情况下,假定没有实施例行督察的土地违法规模与实施例行督察时土地违法规模之差;综合绝对效果是指在其他因素保持不变的情况下,假定没有实施专项督察及例行督察的土地违法规模与实施专项督察及例行督察时土地违法规模之差。具体计算方法如下:

① 通过模型估计得到各变量的系数,并将自变量的实际观测值代入模型,得到 y_{it}:

$$y_{it} = a_0 + \beta_1 \ln gdpper_{it} + \beta_2 DC_{it} + \beta_3 \ln value_{it} + \beta_4 lawpolicy_{it} \\ + \delta_1 special_{it} + \delta_2 regular_{it} \qquad (7-2)$$

② 土地专项督察效果。将专项督察变量的值设为 0,即将 $special_{it} = 0$ 以及其余自变量的实际观测值代入模型,计算 $y_{it}|_{special_t=0}$:

$$y_{it}|_{special_t=0} = a_0 + \beta_1 \ln gdpper_{it} + \beta_2 DC_{it} + \beta_3 \ln value_{it} + \beta_4 lawpolicy_{it} \\ + \delta_1 (special_{it} = 0) + \delta_2 regular_{it} \qquad (7-3)$$

计算各区域各年专项督察绝对效果 $effect_{it}^s$:

$$effect_{it}^s = y_{it}|_{special_t=0} - y_{it} \qquad (7-4)$$

将各区域各年专项督察绝对效果与各区域当年实际土地违法规模相比,得出专项督察相对效果 $reffect_{it}^s$:

$$reffect_{it}^s = \frac{effect_{it}^s}{y_{it}} \tag{7-5}$$

③ 土地例行督察效果。将例行督察变量的值设为 0，即将 $regular_{it}=0$ 以及其余自变量的实际观测值代入模型，计算 $y_{it}\,|\,_{regular_{it}=0}$：

$$y_{it}\,|\,_{regular_{it}=0} = a_0 + \beta_1 \ln gdpper_{it} + \beta_2 DC_{it} + \beta_3 \ln value_{it} + \beta_4 lawpolicy_{it}$$
$$+ \delta_1 special_{it} + \delta_2 (regular_{it}=0) \tag{7-6}$$

计算各区域各年例行督察绝对效果 $effect_{it}^r$：

$$effect_{it}^r = y_{it}\,|\,_{regular_{it}=0} - y_{it} \tag{7-7}$$

将各区域各年例行督察绝对效果与各区域当年实际土地违法规模相比，得出例行督察相对效果 $reffect_{it}^r$：

$$reffect_{it}^r = \frac{effect_{it}^r}{y_{it}} \tag{7-8}$$

④ 综合效果。将专项督察变量和例行督察变量的值设为 0，即将 $special_{it}=0$ 和 $regular_{it}=0$ 以及其余自变量的实际观测值代入模型，计算 $y_{it}\,|\,_{special_{it}=0,regular_{it}=0}$：

$$y_{it}\,|\,_{special_{it}=0,regular_{it}=0} = a_0 + \beta_1 \ln gdpper_{it} + \beta_2 DC_{it} + \beta_3 \ln value_{it} + \beta_4 lawpolicy_{it}$$
$$+ \delta_1 (special_{it}=0) + \delta_2 (regular_{it}=0) \tag{7-9}$$

计算各区域各年综合绝对效果 $effect_{it}$：

$$effect_{it} = y_{it}\,|\,_{speical_{it}=0,regular_{it}=0} - y_{it} \tag{7-10}$$

将各区域各年综合绝对效果与各区域当年实际土地违法规模相比，得出综合相对效果 $reffect_{it}$：

$$reffect_{it} = \frac{effect_{it}}{y_{it}} \tag{7-11}$$

7.2.3　土地督察对土地违法规模的影响及效果评价

（1）土地违法与其影响因素模型估计结果与分析

本研究采用 1999—2009 年中国 30 个省、自治区、直辖市的面板数据进行实证检验（不包括西藏自治区和港澳台地区），样本总数为 330 个。由于各省份之间土地违法及其影响因素状况存在明显差异，因此采用固定效应模型进行估计。分别以本年发现违法案件涉及土地面积、本年发现违法案件涉及耕地面积、本年发生违法案件涉及土地面积、本年发生违法案件涉及耕地面积为被解释变量，模型估计结果见表7-11和表7-12。针对参数联合检验的F统计量分别为7.91、7.34、7.58和9.73,相应的P值均为0.0000,表明模型参数整体上相当显著;固定效应检验的F统计量分别4.44、4.90、4.63和7.76,相应的P值均为0.0000,表明固定效应非常显著。各个模型的大部分变量都通过了显著性检验,因此,模型拟合较好,可以用于分析。

表7-11 以本年发现违法案件涉案面积为因变量的模型估计结果

	本年发现违法案件涉及土地面积					本年发现违法案件涉及耕地面积			
变量	估计系数	标准差	t统计量	P值	变量	估计系数	标准差	t统计量	P值
$lngdpper$	−567.3959	977.0189	−0.58	0.562	$lngdpper$	−1358.1560	596.4307	−2.28	0.023
DC	17118.1900	8804.7690	1.94	0.053	DC	15349.7800	5374.9570	2.86	0.005
$lnvalue$	347.2089	191.7707	1.81	0.071	$lnvalue$	368.9979	117.0683	3.15	0.002
$lawpolicy$	2313.8660	651.4718	3.55	0.000	$lawpolicy$	1324.8520	397.6973	3.33	0.001
$special$	167.9319	1867.9670	0.09	0.928	$special$	37.1855	1140.3190	0.03	0.974
$regular$	−19982.2800	5823.5640	−3.43	0.001	$regular$	−10790.8900	3555.0510	−3.04	0.003
常数项	319.5790	6591.4580	0.05	0.961	常数项	6826.0690	4023.8200	1.70	0.091
	$F=7.91 \; Prob>F=0.0000 \; N=330$					$F=7.34 \; Prob>F=0.0000 \; N=330$			

表7-12 以本年发生违法案件涉案面积为因变量的模型估计结果

	本年发现违法案件涉及土地面积					本年发现违法案件涉及耕地面积			
变量	估计系数	标准差	t统计量	P值	变量	估计系数	标准差	t统计量	P值
$lngdpper$	319.5178	504.3539	0.63	0.527	$lngdpper$	−577.8009	247.3578	−2.34	0.020
DC	8558.7610	4545.1730	1.88	0.061	DC	8714.9470	2229.1570	3.91	0.000
$lnvalue$	84.5697	98.9953	0.85	0.394	$lnvalue$	174.4622	48.5518	3.59	0.000
$lawpolicy$	−834.5837	336.3009	−2.48	0.014	$lawpolicy$	−198.5060	164.9371	−1.20	0.230
$special$	−219.8387	964.2768	−0.23	0.820	$special$	−13.8920	472.9246	−0.03	0.977
$regular$	−9559.8230	3006.2240	−3.18	0.002	$regular$	−4306.4720	1474.3870	−2.92	0.004
常数项	−3465.3230	3402.6240	−1.02	0.309	常数项	2827.3760	1668.7990	1.69	0.091
	$F=7.58 \; Prob>F=0.0000 \; N=330$					$F=9.73 \; Prob>F=0.0000 \; N=330$			

模型估计结果中,除以本年发生违法案件涉及土地面积为被解释变量的模型外,其余模型中人均GDP的估计系数符号均为负,且在以本年发现、本年发生违法案件涉及耕地面积为被解释变量的模型中显著为负,表明当前我国经济增长与土地违法开始呈现出负相关关系,这与我国开始进入经济发展水平较高阶段密切

相关,经济增长不再依靠土地等物质资源的大量消耗来实现,违法土地投入尤其是违法的农转非投入相应减少,验证了经济增长与土地违法之间库兹涅茨曲线效应关系的存在(利用 1999—2009 年全国人均 GDP、本年发现违法案件涉及土地面积数据拟合了如图 7 - 5 所示多项式模型,该模型的拟合优度 R^2 为 0.69,表明"倒 U"曲线趋势较为明显);另一个可能的解释是,经济发展水平较高的省份一般而言其监督机制也较为完善,法治意识觉醒较早,使得违法行为得到一些抑制(唐正国等,2011)。但人均 GDP 对本年发现、本年发生违法案件涉及土地面积的影响不显著,说明当前经济增长与土地违法的负相关关系仍不明显,库兹涅茨曲线拐点的出现尚未稳定,仍需警惕土地违法规模随经济增长而扩大的趋势。

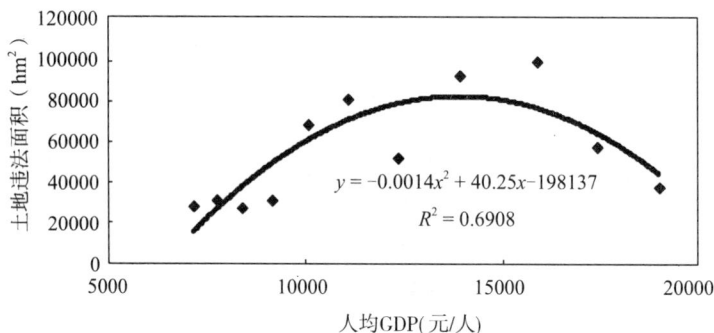

图 7 - 5　1999—2009 年我国人均 GDP 与土地违法面积关系的变化趋势

除在以本年发生违法案件涉及土地面积为被解释变量的模型中土地收益的系数不显著外,各个模型中财政分权指标的系数符号、土地收益的系数符号均显著为正,与理论预期的结果一致,说明财政分权、土地收益是导致土地违法现象加剧的重要原因。财政分权、土地收益由于对地方政府的违法行为存在正的激励而引发地方政府主导或纵容、直接或间接实施土地违法行为,正好也反映出我国土地违法与地方政府之间的密切关系,解释了"地方政府成为土地违法主体"这一现象出现的原因。

在以本年发现违法案件涉及土地面积、涉及耕地面积为被解释变量的模型中,土地执法政策变量系数符号均显著为正,表明理论分析中第一种机制的存在,即土地执法的严格使某些未被揭露的案件显露出来,从而发现了更多的土地违法。在以本年发生违法案件涉及土地面积、涉及耕地面积为被解释变量的模型中,土地执法政策变量系数符号均为负,且在本年发生违法案件涉及土地面积中显著为负,表明理论分析中第二种机制的存在,即土地执法的严格使土地违法行为人暂缓或放弃实施违法,从而遏制了土地违法的发生;土地执法政策对本年发生违法案件涉及耕地面积的影响不显著,表明土地执法对耕地保护的效果仍需提高。

从土地督察制度变量来看,土地例行督察在各个模型中的系数符号都为负且均在 1% 水平上检验显著,这说明土地例行督察对于减少土地违法有显著影响;土地例行督察覆盖度每提高 1%,约能减少本年发现违法案件涉及土地面积、本年发现违法案件涉及耕地面积、本年发生违法案件涉及土地面积、本年发生违法案件涉及耕地面积分别为 19982.28 hm²、10790.89 hm²、9559.82 hm²、4306.47 hm²。各个模型中土地专项督察系数的 t 统计量检验值均不显著,且估计系数符号不稳定,说明土地专项督察对于减少土地违法作用不明显。结合两个变量系数的绝对值来看,土地例行督察覆盖度系数比土地专项督察覆盖度系数的绝对值要大,说明从减少土地违法规模的角度,土地例行督察的效果要比土地专项督察的效果更好。从这些信息可以判断,全国层面上,土地督察(主要是土地例行督察)对减少土地违法确实有效,即土地督察制度的实施对遏制土地违法具有全局影响,可以在模型估计结果的基础上计算土地例行督察遏制土地违法的效果;由于土地专项督察对于减少土地违法没有显著影响,因此不计算专项督察效果以及例行督察和专项督察的综合效果。

(2)土地督察的违法遏制效果评价

利用前面有关效果评价的方法,计算 2008 年和 2009 年各地区土地例行督察的遏制土地违法规模效果(2008 年开始才有土地例行督察)。根据理论分析,土地督察制度对土地违法的主要作用在于预防、制止土地违法违规行为的发生,在此主要计算土地例行督察对遏制本年发生违法案件涉及土地面积、涉及耕地面积的效果,计算结果具体见表 7 - 13。

表 7 - 13　2008—2009 年各地区土地例行督察遏制土地违法的效果

地区	本年发生违法案件涉及土地面积				本年发生违法案件涉及耕地面积			
	2008 年绝对效果(hm²)	2008 年相对效果	2009 年绝对效果(hm²)	2009 年相对效果	2008 年绝对效果(hm²)	2008 年相对效果	2009 年绝对效果(hm²)	2009 年相对效果
北京	0.00	0.00	0.00	0.00	0.00	0.00	0.00	0.00
天津	0.00	0.00	0.00	0.00	0.00	0.00	0.00	0.00
河北	694.55	0.41	0.00	0.00	312.88	0.35	0.00	0.00
山西	0.00	0.00	450.69	0.78	0.00	0.00	203.03	0.96
内蒙古	0.00	0.00	251.09	0.25	0.00	0.00	113.11	2.86
辽宁	733.56	0.96	255.56	0.16	330.45	1.04	115.12	0.19
吉林	0.00	0.00	420.81	0.69	0.00	0.00	189.56	1.11
黑龙江	0.00	0.00	116.56	0.21	0.00	0.00	52.51	0.25
上海	0.00	0.00	1281.58	9.19	0.00	0.00	577.32	10.01
江苏	693.79	0.17	1123.39	0.29	312.53	0.11	506.06	0.18
浙江	0.00	0.00	234.11	0.38	0.00	0.00	105.46	0.40
安徽	407.59	0.46	1306.39	0.29	183.61	0.31	588.50	0.19
福建	0.00	0.00	347.41	1.02	0.00	0.00	156.50	1.60
江西	0.00	0.00	1151.81	1.31	0.00	0.00	518.86	2.10
山东	285.57	0.13	1891.76	2.29	128.64	0.08	852.19	1.80
河南	235.01	0.18	1193.93	1.40	105.87	0.12	537.84	0.93
湖北	77.14	0.09	0.00	0.00	34.75	0.15	0.00	0.00
湖南	0.00	0.00	97.90	0.09	0.00	0.00	44.10	0.24
广东	0.00	0.00	245.94	0.12	0.00	0.00	110.79	0.32
广西	518.50	1.14	101.13	0.48	233.57	2.17	45.56	1.11
海南	0.00	0.00	321.51	1.99	0.00	0.00	144.83	75.83
重庆	199.19	0.47	162.30	1.04	89.73	0.38	73.11	1.30
四川	0.00	0.00	21.05	0.04	0.00	0.00	9.48	0.04
贵州	0.00	0.00	80.96	0.15	0.00	0.00	36.47	0.13
云南	374.67	0.98	11.30	0.04	168.78	0.86	5.09	0.06
陕西	12.17	0.01	904.21	1.66	5.48	0.01	407.32	1.35

地区	本年发生违法案件涉及土地面积				本年发生违法案件涉及耕地面积			
	2008 年绝对效果(hm²)	2008 年相对效果	2009 年绝对效果(hm²)	2009 年相对效果	2008 年绝对效果(hm²)	2008 年相对效果	2009 年绝对效果(hm²)	2009 年相对效果
甘肃	0.00	0.00	302.59	1.99	0.00	0.00	136.31	1.55
青海	0.00	0.00	0.00	0.00	0.00	0.00	0.00	0.00
宁夏	0.00	0.00	852.67	1.42	0.00	0.00	384.11	1.15
新疆	0.00	0.00	0.00	0.00	0.00	0.00	0.00	0.00
合计	4231.74	0.13	13126.66	0.48	1906.30	0.15	5913.24	0.46

从例行督察效果计算结果来看,由于实行了土地例行督察,2008 年和 2009 年全国合计分别减少本年发生违法案件涉及土地面积 4231.74 hm²、13126.66 hm²,约占当年发生违法案件涉及土地面积的 12.93% 和 47.58%,两年合计减少违法案件涉及土地面积 17358.39 hm²,约占期间发生违法案件涉及土地面积的 28.78%;2008 年和 2009 年全国合计分别减少本年发生违法案件涉及耕地面积 1906.30 hm²、5913.24 hm²,约占当年发生违法案件涉及耕地面积的 14.77% 和 46.22%;两年合计减少违法案件涉及耕地面积 7819.54 hm²,约占期间发生违法案件涉及耕地面积的 30.43%。根据效果计算公式可知,土地督察覆盖度越高,相应的督察绝对效果也越明显;从实行土地例行督察的省级区域来看,2008 年辽宁、河北、江苏和广西等地区的例行督察违法遏制绝对效果较明显,2009 年山东、安徽、上海、河南、江西、江苏等地区的例行督察绝对效果较明显。在消除区域间土地违法规模基数水平差异的影响下,遏制本年发生违法案件涉及土地面积方面,2008 年广西、云南和辽宁等地区的例行督察相对效果较明显,2009 年上海、山东、海南、甘肃等地区的例行督察相对效果较明显;遏制本年发生违法案件涉及耕地面积方面,2008 年广西、辽宁和云南等地区的例行督察相对效果较明显;2009 年海南、上海、内蒙古等地区的例行督察相对效果较明显。随着土地督察工作的持续推进,土地例行督察覆盖度逐步提高,例行督察遏制土地违法的绝对效果和相对效果也明显提升。同时,各省级区域因土地督察的开展而产生的违法遏制效果差异较大,从某种程度上可以反映出土地督察的执行力度存在一定的区域差异。

影响分析和效果评估表明,土地例行督察的遏制土地违法效果要显著好于土地专项督察的效果，这可能与两项督察的业务目标和特点不同有关。土地例行督察是对区域土地利用和管理工作的"全面体检"，因此其业务面广、覆盖范围较大，涵盖了对地区各类土地违法违规情况的监督检查；而专项督察是对某一类土地违规违法行为或倾向性问题进行的"专题体检"，其督察的业务范围更侧重于当前较为突出的某类土地违规违法问题，实现对地区该类重大问题的快速反应与督促纠正，针对性较强，对某类问题的督察更为深入，但相比例行督察而言区域覆盖度较低（2008 年专项督察覆盖度为 0.23%、例行督察覆盖度为 0.81%；2009 年专项督察覆盖度 0.97%、例行督察覆盖度 2.30%），从而导致土地专项督察在减少土地违法方面效果尚不明显。结合上文的分析可知，在遏制被督察区域土地违法方面，土地例行督察效果好于土地专项督察效果，进而也影响两者的全局效果。此外，从效果评估结果可看出土地督察对遏制土地违法中耕地违法的效果更为明显（2008—2009 年全国合计减少违法涉案土地面积约占期间发生的 28.78%，合计减少违法涉案耕地面积约占期间发生的 30.43%），说明土地督察制度的实施具有显著的耕地保护效果。总体而言，土地督察制度的实施有效减少了土地违法规模，应继续强化土地例行督察对土地违法违规情况的全局性监督检查，同时着重加强土地专项督察、土地审核督察等业务对土地违法违规行为的预防和制止作用，以进一步发挥土地督察的违法遏制效应。

7.3 土地督察制度实施对土地违法空间的影响

地理学第一定律认为，任何事物与其周围事物之间都存在联系，即空间单元并不是独立和随机采样的，而往往存在显著的空间交互作用（Spatial Interaction Effects）（Davidetal.，2005）。土地违法行为同样存在这种空间上的相互作用机制，因此有必要从空间视角分析土地违法现象的特征及变化。这里以土地违法案件涉及土地面积、土地违法案件涉及耕地面积的空间集聚程度和空间蔓延速度表征土地违法空间特征，分析 1999—2009 年我国土地违法空间特征及演变，探讨土地督察制度的实施对土地违法空间的影响。

7.3.1　土地违法空间特征及其演变

首先通过计算 1999—2009 年 11 年间我国各省区本年发现违法案件涉及土地面积、本年发现违法案件涉及耕地面积的年均规模来从总体上分析判断我国近年来土地违法现象的空间特征。

从本年发现违法案件涉及土地面积均值、本年发现违法案件涉及耕地面积均值的空间分布(图 7-6)可看出,1999—2009 年我国土地违法现象的空间分布总体较为分散,年均违法涉案土地面积超过 3000 hm² 的 7 个省区,在东、中、西部[1]均有分布,其中东部有江苏、浙江、山东、广东,中部有河南,西部有贵州、新疆;年均违法涉案耕地面积超过 1400 hm² 的 5 个省区中,东部有江苏、浙江、山东,中部有河南,西部有贵州;而三大地区中也都有部分省区违法涉案土地面积不足 1000 hm²、违法涉案耕地面积不足 600 hm²,如东部的福建、中部的吉林、西部的青海违法涉案土地面积不足 1000 hm²,东部的天津、中部的江西、西部的甘肃违法涉案耕地面积不足 600 hm²。同时,尽管总体上土地违法现象的空间布局呈分散态势,但其在局部地区已初步呈现出高值或低值的集聚态势,其中土地违法中的

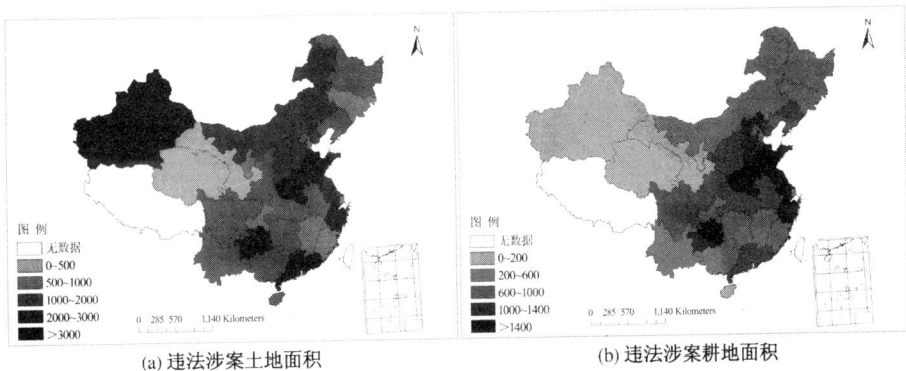

(a) 违法涉案土地面积　　　　　　　　　　(b) 违法涉案耕地面积

图 7-6　1999—2009 年我国发现违法案件涉及土地面积均值的空间分布

注:(a) 为违法案件涉及土地面积值的空间分布;(b) 为违法案件涉及耕地面积均值的空间分布。

---

　　[1]　东部地区包括北京、天津、辽宁、河北、山东、江苏、上海、浙江、福建、广东、广西和海南;中部地区包括内蒙古、黑龙江、吉林、山西、河南、安徽、湖北、湖南和江西;西部包括陕西、四川、重庆、云南、贵州、新疆、青海、宁夏、甘肃和西藏。

耕地违法现象相比整体土地违法现象的集聚态势更为明显;无论是违法涉案土地面积还是违法涉案耕地面积,高值集聚区均主要分布在长三角地区、华北平原地区以及沿长江地区;其中,长三角地区的江苏和浙江两省年均违法涉案土地面积都达到了 3000 hm² 以上、违法涉案耕地面积都达到了 2000 hm² 以上;华北平原地区的山东、河南和河北三省年均违法涉案土地面积都达到了 2000 hm² 以上、违法涉案耕地面积都达到了 1200 hm² 以上;沿长江地区的四川、云南、贵州、湖北、湖南和安徽六省的年均违法涉案土地面积都达到了 1200 hm² 以上,四川、贵州、湖北和安徽四省的年均违法涉案耕地面积都达到了 650 hm² 以上。

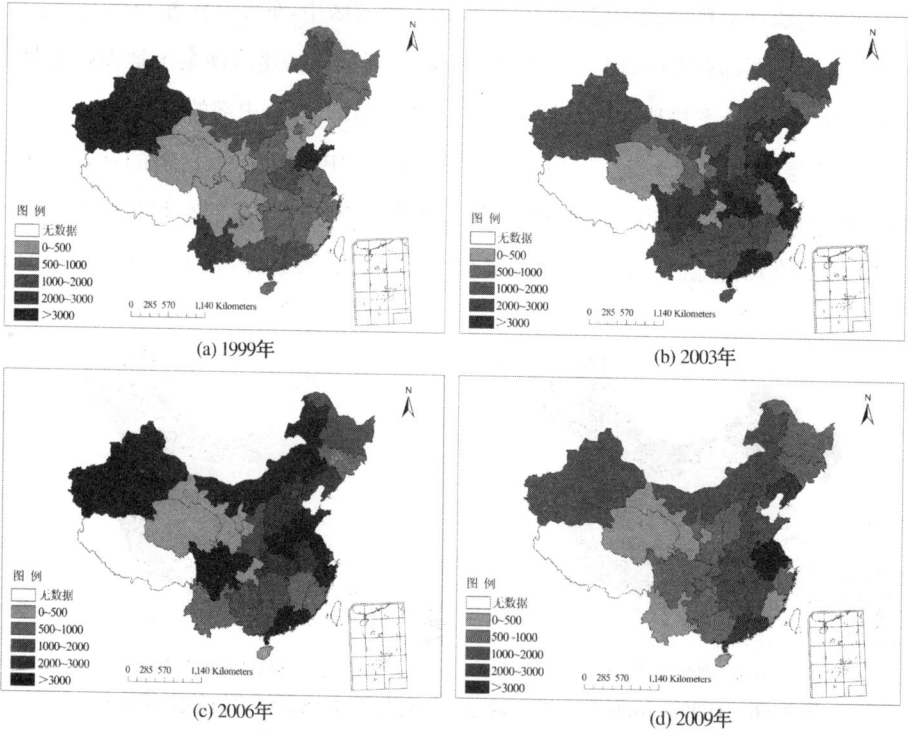

图 7-7　1999 年、2003 年、2006 年和 2009 年我国发现违法案件涉及土地面积的空间分布

　　根据土地违法规模的总体变化趋势以及土地督察制度实施的时间起点,选择了 1999 年、2003 年、2006 年和 2009 年 4 个时间点分别绘制了如图 7-7(a)、(b)、(c)、(d)所示的我国本年发现违法案件涉及土地面积的分布图,如图 7-8(a)、 (b)、(c)、(d)所示的我国本年发现违法案件涉及耕地面积的分布图。由图可看出,近年来我国土地违法现象和耕地违法现象的空间格局演变较为一致,总体而言土地违法现象、耕地违法现象的空间分布呈现出由东部地区逐步向中部和西部地区不断蔓延的态势;随着土地违法规模的下降,这种空间蔓延的态势似乎有所遏制,但这种态势遏制的表现可能与土地违法规模的减少有关。

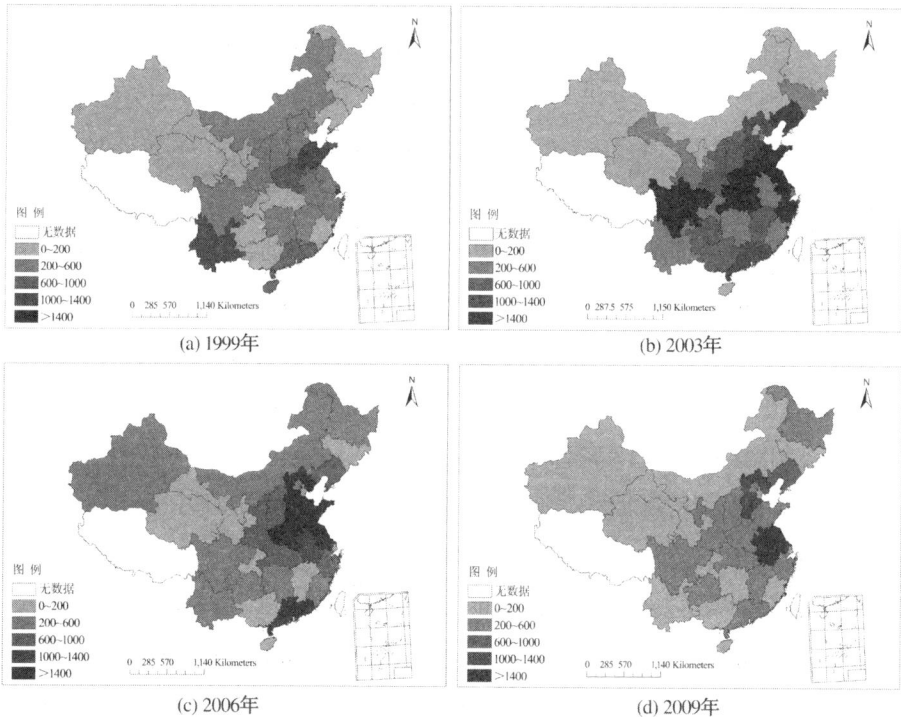

图 7‑8　1999 年、2003 年、2006 年和 2009 年我国发现违法案件涉及耕地面积的空间分布

1999 年我国大陆省区中本年发现违法案件涉及土地面积超过 3000 hm² 的仅有山东和新疆两个省区,而超过 2000 hm² 的省区也只是增加了上海和云南两个省区。到 2003 年,全国大部分省区的土地违法规模都有不同程度的扩大;其中,违法涉案土地面积超过 3000 hm² 的省区增加到了 5 个(包括东部的山东、江苏、浙江、广东及中部的湖北);涉案土地面积介于 2000～3000 hm² 的省区同样增加到了 5 个(包括东部的辽宁、河北,中部的河南及西部的陕西、四川);此外,有一半以上原来违法土地面积低于 1000 hm² 的省区在 2003 年的违法规模超过了 1000 hm²(1999 年低于 1000 hm² 的省区有 22 个,2003 年低于 1000 hm² 的省区为 10 个)。到 2006 年,大部分中东部省区的土地违法规模进一步扩大;其中,违法涉案土地面积超过 3000 hm² 的省区增加到了 8 个(包括东部的山东、江苏、浙江、广东,中部的内蒙古、河南及西部的新疆、四川);涉案土地面积介于 2000~3000 hm² 的省区仍为 5 个(包括东部的辽宁、河北及中部的山西、安徽、湖北);低于 1000 hm² 的省区有 9 个。到 2009 年,违法涉案土地面积超过 3000 hm² 的省区减少为江苏和安徽两个省区,涉案土地面积介于 2000~3000 hm² 减少为辽宁和广东两个省区;低于 1000 hm² 的省区增加到了 17 个。

1999 年我国大陆省区中本年发现违法案件涉及耕地面积超过 1400 hm² 的仅有上海一个省区,而超过 1000 hm² 的省区也只是增加了山东和云南两个省区。到 2003 年,全国大部分省区的耕地违法规模都有不同程度的扩大;其中,违法涉案耕地面积超过 1400 hm² 的省区增加到了 7 个(包括东部的辽宁、山东、江苏、浙江,中部的河南、湖北及西部的四川);涉案耕地面积介于 1000~1400 hm² 的省区仍为 2 个(包括东部的河北和广东);此外,低于 600 hm² 的省区由 1999 年的 24 个减少为 2003 年的 16 个。到 2006 年,大部分中东部省区的耕地违法规模进一步扩大;其中,违法涉案耕地面积超过 1400 hm² 的省区增加到了 8 个(包括东部的河北、山东、江苏、浙江、广东,中部的河南、安徽及西部的四川);涉案耕地面积介于 1000~1400 hm² 的省区增加到了 4 个(包括东部的辽宁,中部的山西、湖北及西部的陕西);低于 600 hm² 的省区有 15 个。到 2009 年,违法涉案耕地面积超过 1400 hm² 的省区减少为江苏和安徽两个省区,涉案耕地面积介于 1000~1400 hm² 减少为河北一个省区;低于 1000 hm² 的省区恢复到了 24 个。

7.3.2 土地督察对土地违法空间集聚程度的影响

(1) 空间关联描述方法

空间关联分析以空间权重为基础,通过测度土地违法现象在空间上的聚集或者分散程度,反映区域土地违法现象的空间格局及变化特征,可分为全局空间关联分析和局部空间关联分析两种。其中全局空间关联分析通过全局空间自相关统计量的估计,表明土地违法现象在总体空间上的平均关联程度;局部空间关联分析则利用局部空间自相关统计量,进一步揭示土地违法现象象在局部空间位置上的关联程度及其分布格局(Robert Haining,2003)。

① 全局空间自相关　全局空间自相关用于描述区域单元某种现象的整体分布状况,以判断该现象在空间上是否存在集聚效应。本研究采用 Moran'sI 系数来衡量全局空间自相关性,可用公式(7-12)表示:

$$I = \sum_{i=1}^{n}(x_i - \overline{x})\sum_{j=1}^{n}W_{ij}(x_j - \overline{x}) / \sum_{i=1}^{n}(x_i - \overline{x})^2 \sum_{i=1}^{n}\sum_{j=1}^{n}W_{ij} \qquad (7-12)$$

式中,n 为研究区域空间样本的个数,x_i 和 x_j 表示空间样本单元的相应属性值,W_{ij} 是空间权重系数矩阵,表示空间单元的邻近关系,本研究采用基于共同边界的一阶 Rook 权重矩阵。对全局空间自相关分析的结果需进行 Z 值显著性检验,根据 Z 值大小,在设定显著性水平下做出接受或拒绝零假设的判断。Moran'sI 系数值属于[-1,1]之间,若 Moran'sI 显著为正,则表明土地违法规模较高或较低的空间单元产生集聚;若 Moran'sI 显著为负,则表明土地违法规模具有显著差异的空间单元产生集聚,即区域与其周边地区的土地违法现象具有显著的差异。如果 Moran'sI 接近或等于 0,则表明空间单元属性服从于随机分布状态(王诗均,2008)。

② 局部空间自相关　全局空间自相关可较好地衡量区域整体上的空间关联与空间差异程度,但整体空间中可能存在部分正的空间自相关与负的空间自相关共存,因此采用局部空间自相关测度揭示可能存在的空间变异性。本研究采用 Getis-Ord G_i^* 模型识别局部地区是否存在统计显著的高值簇与低值簇。为了便于解释和比较,对 $G_i^*(d)$ 进行标准化处理,则对于某个空间 i,其定义为

$$G_i^*(d) = \sum_{j=1}^{n}W_{ij}(d)X_j / \sum_{j=1}^{n}X_j \qquad (7-13)$$

$$Z(G_i^*) = [G_i^* - E(G_i^*)] / \sqrt{Var(G_i^*)} \qquad (7-14)$$

式中,$W_{ij}(d)$ 为以距离规则定义的空间权重,空间范围相邻为 1,不相邻为 0;X_i 和 X_j 分别是 i 区域和 j 区域的观测值;$E(G_i^*)$ 和 $Var(G_i^*)$ 分别是 G_i^* 的数学期望和变异数。同全局空间自相关检验一样,如果 $Z(G_i)$ 显著为正,表明空间单元 i 周围的值相对较高,属土地违法规模高值空间集聚(HH),即土地违法"热点"区;

反之,如果 $Z(G_i^*)$ 显著为负,表明空间单元 i 周围的值相对较低,属土地违法规模低值空间集聚(LL),即土地违法"冷点"区(靳诚等,2009)。

(2)土地违法的空间自相关分析及土地督察的影响

全局空间自相关分析结果(表 7-14)表明,1999—2009 年我国各省区年均发现违法案件涉及土地面积、年均发生违法案件涉及土地面积的全局 Moran's I 值分别为 0.1553、0.1052,具有正的空间自相关趋势,但在统计上均不显著,表明近年来我国的土地违法现象在空间布局上较为分散;各省区年均发现违法涉案耕地面积、年均发生违法涉案耕地面积的全局 Moran's I 值分别为 0.3678、0.4502,且均在 1% 水平上显著,表明近年来我国土地违法中的耕地违法现象在地理空间上存在显著的正自相关关系,具体表现为较高耕地违法规模的地区相对地趋于和较高耕地违法规模的地区相临近,或者较低耕地违法规模的地区相对地趋于和较低耕地违法规模的地区相邻近的空间结构。

表 7-14　1999—2009 年我国土地违法涉案面积 Global Moran's I 值及检验值

年份	本年发现违法案件涉及土地面积		本年发现违法案件涉及耕地面积		本年发生违法案件涉及土地面积		本年发生违法案件涉及耕地面积	
	Moran'sI	$Z(I)$	Moran'sI	$Z(I)$	Moran'sI	$Z(I)$	Moran'sI	$Z(I)$
1999	−0.1102	−1.00	0.0597	0.43	−0.0885	−0.70	0.1662	2.00
2000	0.1013	0.96	0.2715	2.90	0.1209	1.25	0.3785	4.41
2001	0.3003	3.05	0.3212	3.56	0.2617	2.84	0.3577	3.73
2002	0.2542	2.97	0.3452	3.84	0.3141	3.23	0.3740	3.81
2003	0.0746	0.84	0.0682	1.06	0.1798	1.98	0.1500	2.18
2004	0.0663	0.62	0.0866	0.66	0.2809	2.61	0.3943	3.83
2005	0.0487	0.38	0.2534	2.86	0.0301	0.26	0.4185	4.47
2006	0.0405	0.52	0.3223	3.68	−0.0514	−0.14	0.3677	4.23
2007	0.0735	1.15	0.4274	4.74	−0.0686	−0.07	0.3394	4.10
2008	−0.1038	−0.74	0.2264	2.70	−0.0663	−0.20	0.2485	3.18
2009	0.1736	2.54	0.2268	3.22	0.1350	2.00	0.1936	2.75
1999—2009	0.1553	1.36	0.3678	3.71	0.1052	1.27	0.4502	4.83

注:$Z(I) > 1.96$ 表明在 5% 的显著性水平上显著,$Z(I) > 2.58$ 表明在 1% 的显著性水平上显著。

从各年的全局空间自相关分析结果来看,我国土地违法现象表现出阶段性的空间相似集聚的特点,各省区发现违法涉案土地面积在 2001—2002 年、2009 年存在显著的正空间自相关关系,发生违法涉案土地面积在 2001—2004 年、2009 年呈现显著的正空间自相关关系,土地违法规模水平相似的省区在空间上集中分布,表现为相似水平的空间集聚格局,但自 2003 年开始,这种显著的空间相似集聚格局被打破,这与 2003 年开始中央政府对土地违法遏制政策的加强有关;2003 年和 2004 年两年间,尤其是在被称为"土地政策年"的 2004 年,中央政府针对日益严重的土地问题发布了一系列政策文件,不断加强用地管理和对土地违法的查处,且政策效果具有较强的延续性,使得土地违法的空间集聚得到有效分散。紧接着 2006 年开展的土地督察工作继续强化了对土地违法空间单元的分散效应,说明土地督察制度的实施同样有助于打破土地违法的空间相似集聚,但 2009 年土地违法面积再次呈现出显著的正空间自相关关系,空间相似集聚格局再次显现,说明土地督察制度的违法空间分散效应仍然较弱。各省区发现违法涉案耕地面积除 1999 年、2003 年、2004 年外其余年份均呈现显著的正空间自相关关系,发生违法涉案耕地面积在研究时段所有年份都呈现显著的正空间自相关关系,表明耕地违法现象的空间相似集聚态势十分明显;2006 年以来违法涉案耕地面积的 Moran'sI 值持续下降,说明土地督察制度的实施使得耕地违法的空间关联程度有所降低,空间集聚效应有所减弱。土地违法现象的空间相似集聚格局启发了对差别化土地督察方式的探索,通过建立区域分级督察体系,对违法高发集聚区进行重点督察,从而在进一步强化土地督察的违法空间分散效应的同时提高对土地违法行为的督察效率。

为进一步揭示土地违法空间格局的局部特征,选取了全局空间自相关分析中通过显著性检验且具有代表性的 1999 年、2002 年、2006 年和 2009 年四个典型年份的本年发现违法案件涉及土地面积、本年发生违法案件涉及土地面积、本年发现违法案件涉及耕地面积、本年发生违法案件涉及耕地面积进行局部空间自相关分析,得到各年份显著的高高集聚(HH)、低低集聚(LL)、低高集聚(LH)和高低集聚(HL)四种空间联系类型的分布情况(表 7 - 15、表 7 - 16、表 7 - 17、表 7 - 18)。

表 7-15　1999、2002、2006、2009 年我国发现违法涉案土地面积空间集聚类型分布

年份	HH	LL	LH	HL
1999	—	—	海南	新疆
2002	河北、山东、河南、江苏	新疆、青海、四川	海南	—
2006	河北、山东、河南、江苏、安徽	—	海南	新疆、广东、四川
2009	山东、河南、江苏、安徽、江西	四川	上海、浙江、海南	新疆

注：— 表示无统计显著区。

表 7-16　1999、2002 年、2006 年、2009 年我国发生违法涉案土地面积空间集聚类型分布

年份	HH	LL	LH	HL
1999	—	—	海南	新疆
2002	河北、山东、河南、山西	—	海南	新疆
2006	山东、河南	四川	海南	新疆、广东
2009	山东、河南、江苏、安徽、江西	四川	浙江、海南	新疆

注：— 表示无统计显著区。

表 7-17　1999、2002 年、2006 年、2009 年我国发现违法涉案耕地面积空间集聚类型分布

年份	HH	LL	LH	HL
1999	—	新疆	山东、江苏、海南	云南
2002	河北、山东、河南、江苏	新疆	海南	—
2006	河北、山东、河南、江苏、安徽	新疆	山西、上海、海南	四川、广东
2009	山东、河南、江苏、安徽	青海	上海、浙江、海南	—

注：— 表示无统计显著区。

表 7-18　1999、2002 年、2006 年、2009 年我国发生违法涉案耕地面积空间集聚类型分布

年份	HH	LL	LH	HL
1999	河北、山东、河南、山西	—	海南	—
2002	河北、山东、河南、江苏	新疆	山西、海南	—
2006	河北、山东、河南、江苏、安徽	新疆	海南	—
2009	山东、河南、江苏、安徽	—	浙江、海南	—

注：— 表示无统计显著区。

从表 7-15、表 7-16、表 7-17、表 7-18 可看出，近年来我国土地违法、耕地违法的空间集聚格局尤其是 HH 集聚区呈现出较为稳定的特征，表明土地违法"热点"区域的空间格局相对较为稳定，主要集中在华北平原地区，包括河北、山

东、河南、江苏和安徽等省域，区域自身及区域周边的土地违法规模均显著较高，应着重强化对土地违法热点区的督察力度(图 7 - 9)[1]。

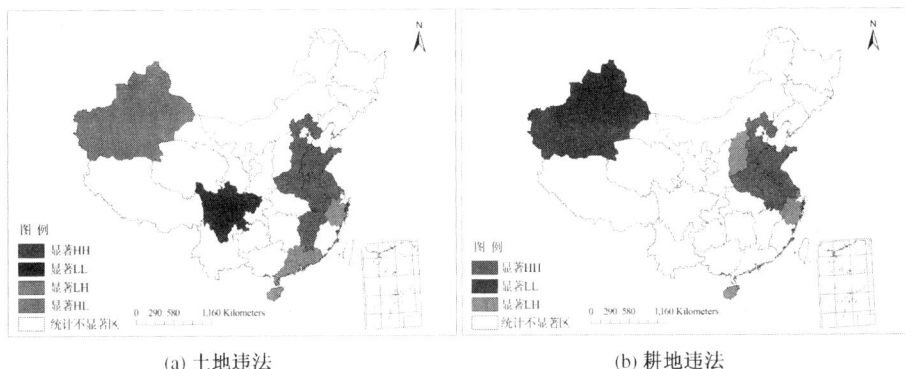

(a) 土地违法   (b) 耕地违法

图 7 - 9　1999—2009 年我国土地违法面积空间集聚格局

注:(a) 为土地违法面积的空间集聚格局;(b) 为耕地违法面积的空间集聚格局。

7.3.3　土地督察对土地违法空间蔓延速度的影响

(1) 空间蔓延速度计量经济模型构建

土地违法行为在空间上的蔓延可以界定为原先违法程度较低的区域不断扩大违法用地规模，并逐步接近违法程度较高的区域。显然，这种空间蔓延趋势形成的必要条件就是原先违法程度较低的区域以相对较高区域更快的增速扩大违法用地规模，即土地违法规模增长率和土地违法规模初始水平之间存在负相关关系。为此可以借鉴区域经济绝对 β 收敛模型来测算土地违法行为的空间蔓延速度(Xavier Sala-i-Martin,1996;Reyetal.,1999;洪国志等,2010)。具体模型表达式如下:

$$\ln\left(\frac{y_{i,t+k}}{y_{i,t}}\right)=\alpha-\beta\ln(y_{i,t})+\varepsilon_i \qquad (7-15)$$

式中 $y_{i,t+k}$ 代表第 i 个地区第 $t+k$ 年的土地违法涉案面积;以 $y_{i,t}$ 则是表示第 i 个地区第 t 年的土地违法涉案面积;估计系数 β 为土地违法涉案面积的空间蔓延速

---

[1]　根据表 8 - 15、表 8 - 16 中的信息绘制土地违法的空间集聚格局图，表 8 - 17、表 8 - 18 的信息绘制耕地违法的空间集聚格局图(将在某种集聚类型中出现两次以上的地区绘制在图上)。

度；α 为常数；ε_i 为误差。如果上式中的估计系数 $\beta>0$，则说明我国的土地违法行为在 $t\sim t+k$ 时段内存在空间蔓延现象，即违法程度较低的地区以相对较高地区更高的增长率扩大违法用地规模，否则拒绝该假设；β 值越高，则表示土地违法行为的空间蔓延速度越快。

（2）土地违法的空间蔓延分析及土地督察的影响

通过计量经济模型估计得到 2000—2009 年我国土地违法行为的空间蔓延速度（表7-19、表7-20）。结果表明近年来我国土地违法行为的空间蔓延态势较为明显，发现违法案件涉及土地面积的空间蔓延除了 2004 年、2006 年、2008 年 3 个年份不明显外，其余 7 个年份都存在着显著的空间蔓延现象；发生违法案件涉及土地面积的空间蔓延除了 2003 年、2006 年 2 个年份不明显外，其余 8 个年份都存在着显著的空间蔓延现象。相比土地违法规模的空间蔓延，耕地违法规模的空间蔓延态势较不明显，发现违法案件涉及耕地面积的空间蔓延除了 2002 年、2004 年、2005 年、2007 年 4 个年份不明显外，其余 6 个年份存在着显著的空间蔓延现象；发生违法案件涉及耕地面积的空间蔓延除了 2002 年、2003 年、2005 年、2006 年、2007、2008 年 6 个年份不明显外，其余 4 个年份存在着显著的空间蔓延现象。

表7-19　2000—2009 年我国违法涉案土地面积的空间蔓延速度估计结果

年份	本年发现违法案件涉及土地面积			年份	本年发生违法案件涉及土地面积		
	β 值	标准差	P 值		β 值	标准差	P 值
2000	0.5869	0.1469	0.000	2000	0.6040	0.0995	0.000
2001	0.3709	0.1358	0.011	2001	0.4761	0.1173	0.000
2002	0.2132	0.1225	0.093	2002	0.4289	0.1291	0.003
2003	0.2561	0.0973	0.014	2003	0.1895	0.1191	0.123
2004	0.1329	0.1872	0.484	2004	0.2441	0.1301	0.071
2005	0.4617	0.1212	0.001	2005	0.3051	0.1631	0.072
2006	0.0578	0.1126	0.612	2006	0.0404	0.1129	0.723
2007	0.2739	0.0967	0.008	2007	0.2599	0.0932	0.009
2008	0.1794	0.1388	0.207	2008	0.2603	0.0975	0.012
2009	0.4133	0.1167	0.001	2009	0.2360	0.1199	0.059
2006—2009	0.4788	0.1228	0.001	2006—2009	0.3703	0.0922	0.000

表 7 - 20 2000—2009 年我国违法涉案耕地面积的空间蔓延速度估计结果

年份	本年发现违法案件涉及耕地面积			年份	本年发生违法案件涉及耕地面积		
	β 值	标准差	P 值		β 值	标准差	P 值
2000	0.7709	0.1458	0.000	2000	0.7475	0.0929	0.000
2001	0.2799	0.1348	0.047	2001	0.3705	0.1361	0.011
2002	0.1972	0.1596	0.227	2002	0.2616	0.1682	0.131
2003	0.2604	0.1470	0.087	2003	0.2844	0.1793	0.124
2004	0.1393	0.1511	0.364	2004	0.2534	0.1133	0.033
2005	0.1502	0.1025	0.154	2005	0.0892	0.1174	0.454
2006	0.1815	0.0685	0.013	2006	0.1367	0.0866	0.126
2007	0.0424	0.1415	0.767	2007	0.0391	0.1320	0.769
2008	0.3483	0.1603	0.038	2008	0.1833	0.1130	0.116
2009	0.5093	0.1122	0.000	2009	0.4419	0.1192	0.001
2006—2009	0.4133	0.1534	0.012	2006—2009	0.3331	0.1440	0.028

　　具体而言,我国土地违法的空间蔓延受土地制度及相关宏观政策调整的影响较为明显,如 2003 年开始在全国范围内开展的以清理开发区为重点的土地市场治理整顿,加上 2004 年土地部门垂直管理体制改革和一系列严格土地管理的政策出台,对于土地违法案件的揭露和惩处起到了重要作用,使得这两年的土地违法行为空间蔓延态势有所遏制,β 估计值不显著,表明不存在明显的空间蔓延趋势;受 2003 年和 2004 年土地政策效果延续性的影响,2005 年耕地违法空间蔓延亦有所遏制。随着 2006 年国家土地督察制度的建立和实施,土地违法行为的空间蔓延态势又得到一定遏制,表现为 2006—2009 年某些年份的 β 值统计上并不显著或有所降低,说明土地督察制度的实施对遏制土地违法的空间蔓延态势有一定的积极影响。为进一步分析土地督察制度与土地违法空间蔓延的关系,以2006 年为基期年、2009 年为期末年估算土地督察制度实施以来土地违法的空间蔓延态势,结果表明此阶段土地违法行为在空间上呈现出显著的蔓延趋势,无论是违法涉案土地面积还是违法涉案耕地面积的 β 估计值都显著大于 0,说明由前文的土地违法空间分布图(图 7 - 7、图 7 - 8)反映出来的蔓延态势遏制主要与土地违法规模的明显下降有关,实际上空间蔓延态势仍较为明显。总体而言,土地督察制度的实施对遏制土地违法的空间蔓延有一定影响,但影响程度还较小,亟

须继续深化和完善土地督察制度,以进一步遏制我国土地违法行为的空间蔓延。

7.4 土地督察制度实施对土地违法结构的影响

土地督察是对地方政府的督察,制度设计的重要目标是遏制地方政府违法,通过减少地方政府土地违法违规行为进而降低地方政府违法在土地违法主体中所占的比重;不同的违法主体实施的违法类型不同,进而导致土地违法类型发生相应变化。这里以土地违法主体结构和土地违法类型结构表征土地违法结构特征,其中土地违法主体指地方政府、企事业单位和个人三类主体,土地违法类型指买卖和非法转让土地、破坏耕地、未经批准占地、非法批地、低价出让土地和其他六种类型;分析1999—2009年我国土地违法结构的特征及变化,探讨土地督察制度的实施对土地违法结构的影响。

7.4.1 土地督察对土地违法主体结构的影响

土地违法主体主要分为地方政府、企事业单位和个人三类,其中地方政府包括省级机关、市级机关、县级机关、乡级机关和村(组)集体。由于土地督察的督察客体是地方政府,土地督察制度的实施对土地违法主体的影响主要反映在其对地方政府违法的影响上,这里主要关注地方政府违法的变化情况。

从土地违法主体分布可看出,以本年发现违法案件涉及土地面积为例[1],1999—2009年我国土地违法主体中,各级地方政府及企事业单位违法占据相当大的比重,其中企事业单位为最主要的违法主体,其次是地方政府,个人违法比重最小(图7-10)。具体而言,1999—2009年地方政府违法案件涉及土地面积比重、涉及耕地面积比重平均分别占到29.04%、31.48%,企事业单位平均分别占到48.66%、46.92%,而个人平均分别仅占22.30%、21.59%(表7-21)。需要注意的一点是,尽管许多土地违法案件的直接行为人是企事业单位,但实质其背后还隐藏着地方政府这个间接行为人,这是由于企事业单位的许多土地违法行为都是在

---

[1] 本年发生违法案件变化情况与本年发现情况基本一致。

地方政府默许甚至纵容的情况下才得以实施的,甚至如果没有地方政府的配合是无法实施的(陈志刚等,2010)。此外,地方政府违法案件数量比重最小,平均仅占8.94%,而企事业单位和个人平均分别占到15.44%、75.62%,与违法案件涉及面积比重分布情况相反,表明个人违法案件数量多但涉案面积小、地方政府和企事业单位违法案件数量少但涉案面积大,因而相比个人土地违法案件,地方政府和企事业单位土地违法案件往往性质更为严重。

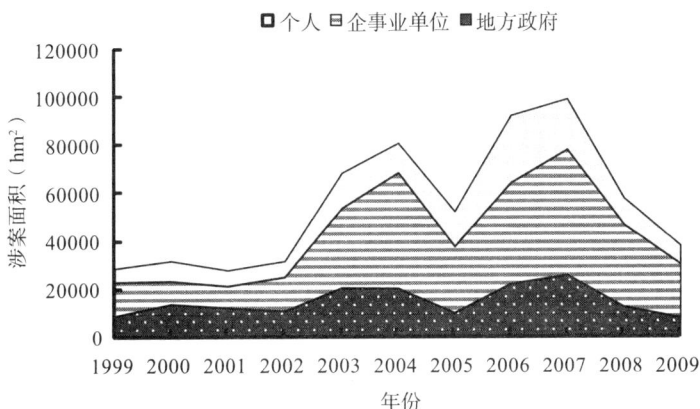

图 7-10 1999—2009 年土地违法主体分布(本年发现违法案件涉及土地面积)

从不同违法主体涉案土地面积变化来看,总体而言,地方政府违法涉案土地面积有所减少,从 1999 年的 8892.58 hm² 下降到 2009 年的 7968.23 hm²,降幅为10.39%;企事业单位和个人违法涉案土地面积有所增加,分别从 1999 年的14088.80 hm²、5693.44 hm² 上升到 22285.91 hm²、7718.41 hm²,增幅分别达到58.18%、35.56%。从违法主体结构的变化来看,地方政府违法涉案土地面积比重有所减少,从 1999 年的 31.01% 下降到 2009 年的 20.98%,降低了 10.03%;企事业单位和个人违法涉案土地面积比重有所增加,分别从 1999 年的 49.13%、19.86%上升到 2009 年的 58.69%、20.33%,分别升高了 9.56%、0.47%,个人违法比重变化幅度较小(表 7-21)。

表 7‐21　1999—2009 年土地违法主体比重（本年发现违法案件）

年份	地方政府			企事业单位			个人		
	违法案件数比重	涉案土地面积比重	涉案耕地面积比重	违法案件数比重	涉案土地面积比重	涉案耕地面积比重	违法案件数比重	涉案土地面积比重	涉案耕地面积比重
1999	9.08%	31.01%	44.30%	9.05%	49.13%	36.26%	81.87%	19.86%	19.44%
2000	9.61%	43.38%	42.69%	8.06%	30.37%	27.22%	82.33%	26.26%	30.09%
2001	8.59%	44.10%	47.94%	10.26%	32.51%	31.16%	81.16%	23.40%	20.90%
2002	9.16%	34.43%	38.85%	12.09%	44.93%	41.36%	78.75%	20.63%	19.80%
2003	11.23%	29.94%	28.63%	16.60%	48.72%	51.82%	72.17%	21.34%	19.54%
2004	8.97%	25.02%	28.51%	18.50%	59.80%	56.00%	72.52%	15.18%	15.48%
2005	7.21%	19.16%	19.58%	18.83%	52.99%	57.52%	73.96%	27.85%	22.90%
2006	8.73%	23.88%	22.37%	21.13%	45.80%	52.25%	70.14%	30.32%	25.38%
2007	9.72%	25.93%	24.59%	22.60%	52.86%	53.73%	67.68%	21.21%	21.68%
2008	8.46%	21.60%	24.95%	16.34%	59.46%	53.25%	75.20%	18.95%	21.80%
2009	7.53%	20.98%	23.92%	16.42%	58.69%	55.58%	76.05%	20.33%	20.50%
平均值	8.94%	29.04%	31.48%	15.44%	48.66%	46.92%	75.62%	22.30%	21.59%

1999—2009 年地方政府违法涉案土地面积比重经历了四个阶段的变化[1]：1999—2001 年，地方政府违法比重不断上升，三年间升高了 13.08%，在 2001 年达到研究时段的最高比重（44.10%）；2001—2005 年，地方政府违法比重不断下降，五年间降低了 24.94%，在 2005 年达到研究时段的最低比重（19.16%）；2005—2007 年间，地方政府违法比重有所反弹，升高了 6.77%；2007—2009 年，地方政府违法比重持续下降，从 2007 年的 25.93% 下降到 2009 年的 20.98%，降低了 4.95%，初步反映出 2007 年以来土地督察工作的开展对降低地方政府违法比重有积极影响。结合本年发现违法案件涉及土地面积、案均土地面积来看（图 7‐11），1999—2007 年，地方政府违法涉案土地面积、案均土地面积总体呈现波动上升的趋势，且均在 2007 年达到研究时段的最高值，直到 2007 年开始呈现持续且较大幅度下降的趋势，地方政府违法涉案土地面积从 2007 年的 25689.91 hm² 减少到 2009 年的 7968.23 hm²，降幅达到 68.98%，地方政府违法案均土地面积从

[1]　地方政府违法涉案耕地面积比重变化与涉案土地面积比重变化基本一致。

2007 年的 2.14 hm²/件下降到 2009 年的 1.45 hm²/件,降幅达到 32.24%,说明土地督察对于减少地方政府土地违法行为、降低地方政府违法比重有显著影响,土地督察制度的实施遏制了地方政府的土地违法违规行为,初步实现了督察制度建立的初衷。

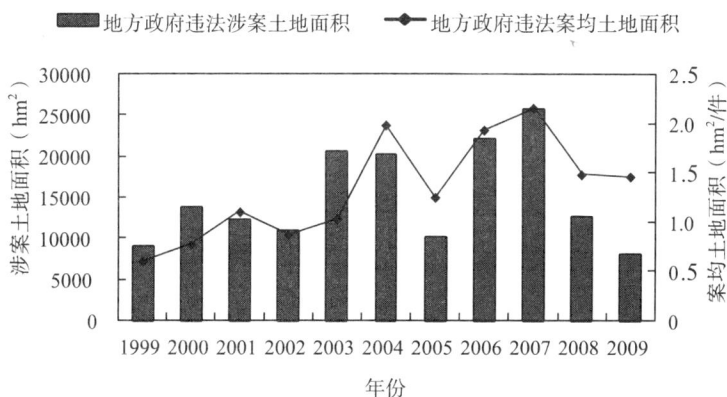

图 7－11　1999—2009 年地方政府违法案件涉及土地面积、案均土地
　　　　　面积(本年发现违法案件)

7.4.2　土地督察对土地违法类型结构的影响

土地违法类型主要分为买卖和非法转让土地、破坏耕地、未经批准占地、非法批地、低价出让土地和其他违法六类[1]。统计资料中对本年立案案件、本年结案案件进行了分类统计,由于本年立案案件更能反映土地违法行为发生情况,在此对本年立案案件类型进行分析。

---

〔1〕　买卖和非法转让土地:买卖土地是指以牟利为目的,违反土地管理法律法规,无限期地将土地所有权和使用权转移给他人的行为;非法转让土地是指违反土地管理法律法规,将土地使用权有限期转移给他人的行为。破坏耕地:单位或个人未经批准擅自占用耕地建窑、建坟,未经批准擅自在耕地上建房、挖砂、采石、采矿、取土等,是土地种植条件遭到破坏的违法行为。未经批准占地:单位或个人未经批准擅自占用土地,采取欺骗手段骗取批准占用土地以及超过批准的数量多占土地的违法行为。非法批地:是指没有批准权的单位或个人批准用地,虽有批准权但超越了批准权限批准用地,违反土地利用总体规划批准用地和违反法律规定的程序批准用地的违法行为。低价出让土地:是指违反土地管理法律法规,滥用职权,以低于国家规定的价格出让国有土地使用权,造成国有土地资产流失的违法行为。其他:指买卖和非法转让土地、破坏耕地、未经批准占地、非法批地和低价出让土地以外的土地违法案件。

从土地违法类型分布看,未经批准占地在本年立案涉及土地面积方面占有绝对比重,1999—2009 年未经批准占地平均比重达到 77.82%,2002 年之后除 2006 年外各年都达到 80% 以上,且比重总体呈现升高的趋势;其余按照平均比重由大到小依次为其他违法比重 9.26%、买卖和非法转让土地比重 6.42%、破坏耕地比重 3.35%、非法批地比重 2.80% 和低价出让土地比重 0.35%(图 7 - 12、表 7 - 22)。本年立案涉及耕地面积方面,未经批准占地比重 82.63%、破坏耕地比重 7.42%、买卖和非法转让土地 4.88%、其他案件比重 2.92%、非法批地比重 2.03%、低价出让土地比重 0.12%(表 7 - 23);本年立案案件数方面,未经批准占地比重 81.48%、买卖和非法转让土地 8.18%、其他案件比重 5.38%、破坏耕地比重 4.34%、非法批地比重 0.55%、低价出让土地比重 0.08%。由此可知,无论是案件数、涉案土地面积还是涉案耕地面积,未经批准占地都占有相当大的比重,而低价出让土地比重最小。

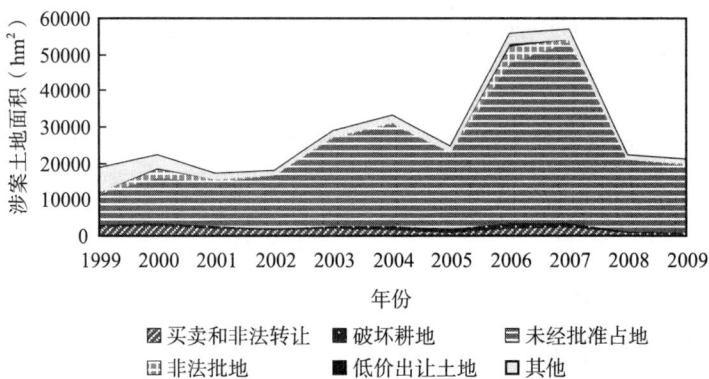

图 7 - 12　1999—2009 年土地违法类型分布(本年立案案件涉及土地面积)

表 7 - 22　1999—2009 年土地违法类型比重(本年立案案件涉及土地面积)

年份	买卖和非法转让比重	破坏耕地比重	未经批准占地比重	非法批地比重	低价出让土地比重	其他比重
1999	13.60%	3.68%	46.59%	1.62%	0.34%	34.17%
2000	11.61%	3.48%	57.33%	10.14%	0.95%	16.48%
2001	10.88%	5.12%	71.33%	3.26%	0.04%	9.37%
2002	7.71%	3.56%	80.22%	0.54%	0.03%	7.95%

年份	买卖和非法转让比重	破坏耕地比重	未经批准占地比重	非法批地比重	低价出让土地比重	其他比重
2003	6.32%	3.09%	84.43%	1.11%	0.14%	4.91%
2004	5.23%	3.06%	84.58%	1.02%	0.76%	5.35%
2005	3.51%	5.11%	85.70%	0.15%	0.00%	5.53%
2006	3.37%	2.79%	79.50%	7.95%	1.52%	4.86%
2007	3.84%	2.23%	87.78%	1.81%	0.02%	4.31%
2008	3.16%	2.08%	90.14%	1.03%	0.00%	3.59%
2009	1.44%	2.66%	88.46%	2.13%	0.00%	5.32%
平均值	6.42%	3.35%	77.82%	2.80%	0.35%	9.26%

表 7-23　1999—2009 年耕地违法类型比重(本年立案案件涉及耕地面积)

年份	买卖和非法转让比重	破坏耕地比重	未经批准占地比重	非法批地比重	低价出让土地比重	其他比重
1999	14.00%	11.56%	69.07%	2.40%	1.07%	1.89%
2000	7.73%	12.05%	68.37%	2.60%	0.08%	9.17%
2001	6.73%	10.67%	73.93%	3.34%	0.02%	5.31%
2002	4.00%	6.87%	84.98%	0.41%	0.02%	3.73%
2003	2.75%	5.19%	89.10%	0.83%	0.04%	2.10%
2004	4.61%	4.87%	86.05%	1.20%	0.11%	3.15%
2005	2.66%	9.69%	85.35%	0.17%	0.00%	2.13%
2006	3.68%	6.29%	82.76%	5.67%	0.00%	1.60%
2007	4.47%	4.67%	87.99%	1.33%	0.00%	1.54%
2008	2.03%	4.56%	91.22%	1.48%	0.00%	0.71%
2009	0.97%	5.24%	90.09%	2.92%	0.00%	0.78%
平均值	4.88%	7.42%	82.63%	2.03%	0.12%	2.92%

从不同违法类型涉案土地面积变化来看,总体而言,买卖和非法转让土地、破坏耕地、低价出让土地、其他违法案件的涉案土地面积有所减少,分别从 1999 年的 2523.85 hm²、682.16 hm²、63.70 hm²、6339.11 hm² 下降到 2009 年的 301.14 hm²、556.90 hm²、0 hm² 和 1114.35 hm²,降幅分别为 88.07%、18.36%、100.00% 和 82.42%;未经批准占地和非法批地涉案土地面积有所增加,分别从 1999 年的 8644.68 hm²、300.41 hm² 上升到 18544.76 hm²、446.39 hm²,增幅分别达到

114.52%、48.59%。从违法类型结构的变化来看，买卖和非法转让土地、破坏耕地、低价出让土地、其他违法案件涉案土地面积比重有所减少，从 1999 年的13.60%、3.68%、0.34%、34.17% 下降到 2009 年的 1.44%、2.66%、0.00% 和5.32%，分别降低了 12.17%、1.02%、0.34%、28.85%；未经批准占地和非法批地涉案土地面积比重有所增加，分别从 1999 年的 46.59%、1.62% 上升到 2009 年的88.46%、2.13%，分别升高了 41.87%、0.51%，无论是涉案土地面积绝对值还是涉案土地面积比重，未经批准占地的变化幅度均为最大，反映出未经批准占地违法情况的严重程度升高趋势十分明显（表 7-22）。

采用 1999—2009 年中国 30 个省、自治区、直辖市的面板数据（不包括西藏自治区和港澳台地区），选择 Pearson 相关系数法，对土地违法类型结构 6 个指标和土地督察覆盖度 2 个指标两两分析，构成相关系数矩阵，并分别在 0.1、0.05、0.01三个置信水平下进行 Two-tailed 检验，判断其相关性。根据表 7-24 和表 7-25的计算结果，可以看出土地违法类型结构与土地督察覆盖度之间呈现一定的相关性，除未经批准占地类型外，土地督察覆盖度与其他违法案件类型均呈现负向关系，具体为土地例行督察覆盖度分别与买卖和非法转让涉案土地面积比重、破坏耕地涉案土地面积比重、其他违法案件涉案土地面积比重呈显著负相关，分别与破坏耕地涉案耕地面积比重、其他违法案件涉案耕地面积比重呈显著负相关，这反映了随着土地例行督察覆盖度的提高，买卖和非法转让、破坏耕地、其他违法案件涉案土地面积在土地违法类型中的比重呈下降趋势，破坏耕地、其他违法案件涉案耕地面积在耕地违法类型中的比重呈下降趋势，即土地例行督察工作的开展有助于减少以上几类案件的发生，降低其所占比重；土地专项督察覆盖度、土地例行督察覆盖度均与未经批准占地涉案土地面积比重、涉案耕地面积比重呈显著正相关，即随着土地专项督察覆盖度和土地例行督察覆盖度的提高，未经批准占地比重不但没有降低，反而出现升高的趋势，表明土地督察未能实现对未经批准占地行为的遏制效应，尤其需加大对未经批准占地行为的督察力度。

表 7 - 24　土地督察覆盖度与土地违法类型结构相关系数矩阵

	买卖和非法 转让比重	破坏耕 地比重	未经批准 占地比重	非法批 地比重	低价出让 土地比重	其他 比重
专项督察 覆盖度	−0.0821	−0.0436	0.1087**	−0.0172	−0.0143	−0.0648
	(0.1365)	(0.4296)	(0.0485)	(0.7561)	(0.7957)	(0.2402)
例行督察 覆盖度	−0.1249**	−0.1056*	0.1768***	−0.0242	−0.0256	−0.1022*
	(0.0233)	(0.0554)	(0.0013)	(0.6619)	(0.6428)	(0.0638)

注:土地违法类型比重为本年立案涉及土地面积比重;括号内为相应系数的检验显著水平,*、**和***分别表示显著性水平为10%、5%和1%。

表 7 - 25　土地督察覆盖度与耕地违法类型结构相关系数矩阵

	买卖和非法 转让比重	破坏耕 地比重	未经批准 占地比重	非法批 地比重	低价出让 土地比重	其他 比重
专项督察 覆盖度	−0.0555	−0.0599	0.0951*	−0.0126	−0.0143	−0.0506
	(0.3149)	(0.2779)	(0.0844)	(0.8191)	(0.7959)	(0.3591)
例行督察 覆盖度	−0.0784	−0.0983*	0.1574***	−0.0259	−0.0256	−0.0933*
	(0.1552)	(0.0746)	(0.0042)	(0.6397)	(0.6436)	(0.0907)

注:土地违法类型比重为本年立案涉及耕地面积比重;括号内为相应系数的检验显著水平,*、**和***分别表示显著性水平为10%、5%和1%。

8 基于空间吻合性的土地利用总体规划实施评价

——以江苏省南通市通州区为例

8.1 基于空间吻合性的土地利用总体规划实施评价理论

这部分主要从理论层面,阐述土地利用总体规划实施评价的概念和主要内容,界定空间吻合性的概念和内涵,构建空间吻合性度量模型,制定空间吻合性分级标准,阐述空间吻合性的地理形态差异,并介绍基于空间吻合性的土地利用总体规划实施评价技术实现方法。

8.1.1 理解土地利用总体规划实施评价

(1) 土地利用总体规划实施评价的概念

关于如何界定土地利用总体规划实施评价概念,不同的学者有不同的观点。早期学者认为,土地利用总体规划实施评价是一种价值判断,是根据一定的标准和方法,对规划实施效果进行综合分析后得出的(赵小敏等,2003)。随着实施过程不断深入,学者逐渐认为,土地利用总体规划实施评价不仅要关注规划执行效果,还要注意规划编制的科学性和可操作性,以及政府监督部门对规划执行情况的监督和检查力度,即土地利用总体规划实施评价是对土地利用总体规划的目标、执行情况、效益和影响所进行的客观分析(余向克等,2006)。王万茂(2003)认为土地利用总体规划实施评价是指在规划实施的一段时间或规划结束后,对规划目标、效益、影响和守法等情况所进行的系统客观的总结。

由于土地利用总体规划是协调人地关系、协调土地利用空间冲突、实现土地资源可持续利用的重要工具,是生产力布局优化的重要手段,强调的是"协调空间冲突,实现布局优化",而实施效益是规划实际实施后随时间衍生出的结果。那么土地利用总体规划实施评价也应从空间上突出对规划实施效果的评价,不仅要注重结果,更要关注过程。

所以,从空间吻合性的角度出发,认为土地利用总体规划实施评价是根据一定的标准和方法,在规划实施过程中,对评估当年的规划实施执行过程和执行结果的时空效果进行的客观评判和总结。

这一概念强调以下几方面:① 评价性质:空间性、过程性评价;② 评价时点:进行评估的当年;③ 评估对象:土地利用总体规划实施的时空效果;④ 评估内容:当年的规划执行过程和规划执行结果。

(2) 土地利用总体规划实施评价的内容

根据前文界定的基于空间吻合性的土地利用总体规划实施评价概念,主要研究内容包括对评价年的规划执行过程进行评价和对规划执行结果进行评价。

对规划执行过程的评价是针对评估当年发生变化的地块,判断其是否符合规划目标。若用地类型调整符合规划目标,且空间位置符合规划方案,则认为该调整符合规划,否则认为不符合规划。在进行规划执行过程评价时,关注点为"发生变化的地块",不包括规划尚未实施的部分。

对规划执行结果的评价是针对评估当年规划实施后的现状与规划目标的吻合程度。在进行规划执行结果评价时,除了要考察发生变化的地块是否符合规划要求,还要观察规划尚未实施的部分,从而判断评价年规划实施后整体现状与规划最终方案的空间吻合度。

8.1.2 空间吻合性的概念和内涵

(1) 规划执行过程空间吻合性

如前文所述,规划执行过程评价是针对评估初期到评估末期发生变化的地块,判断其与规划目标的吻合程度。所以,定义规划执行过程中的空间吻合性为土地利用空间变化与规划目标的吻合程度。

其空间解释模型如图 8-1:假设只有两种土地利用类型农用地和建设用地,T_1 和 T_2 是研究初期和研究末期的土地利用状况,农用地用浅色表示,建设用地用深色表示,运用 GIS 的叠加分析与地图的代数运算法则可以得到研究初期 T_1 到研究末期 T_2 土地利用变化,用专题图表示为:① 农用地变为建设用地;② 农用地没有变化;③ 建设用地变为农用地;④ 建设用地没有变化(中国土地勘测规划院:《土地利用总体规划实施监测技术指南研究项目中期汇报成果》,2012 年)。其中①、③即所要考察的变化地块,考察其是否符合规划方案的调整要求。

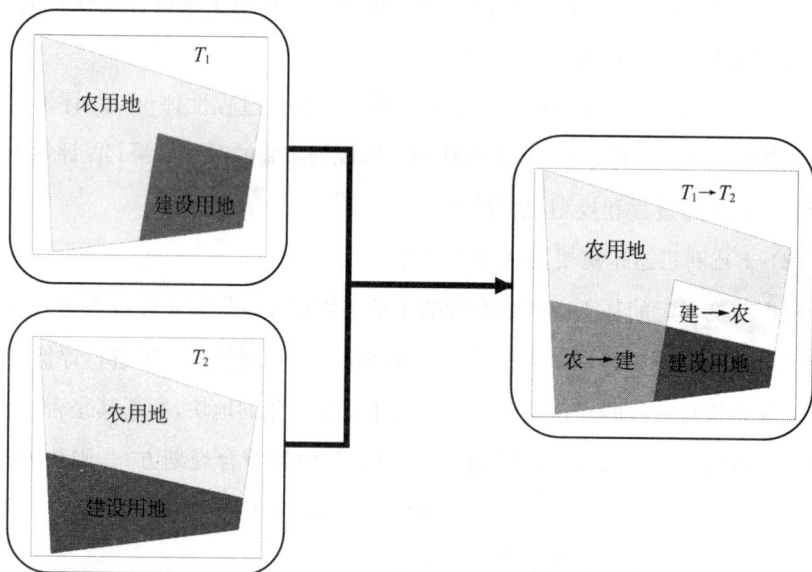

图 8-1 规划执行过程空间吻合性的模型解释

注:修改自中国土地勘测规划院:《土地利用总体规划实施监测技术指南研究项目中期汇报成果》,2012 年。

(2)规划执行结果空间吻合性

规划执行结果评价中的空间吻合性是指土地利用现状与规划的吻合程度。可以从宏观上考察规划方案实施后在评价当年的各类用途管制落实情况及分布的空间差异。

评价年土地利用现状与规划的对应关系包括三个方面:符合规划部分(包括现状用途与规划用途相同且位置不变、现状变化且符合规划方案)、违反规划部分(即现状变化但不符合规划方案)、未实施部分(即规划要求调整但是实际尚未实施)。其空间解释模型如图 8-2 所示。

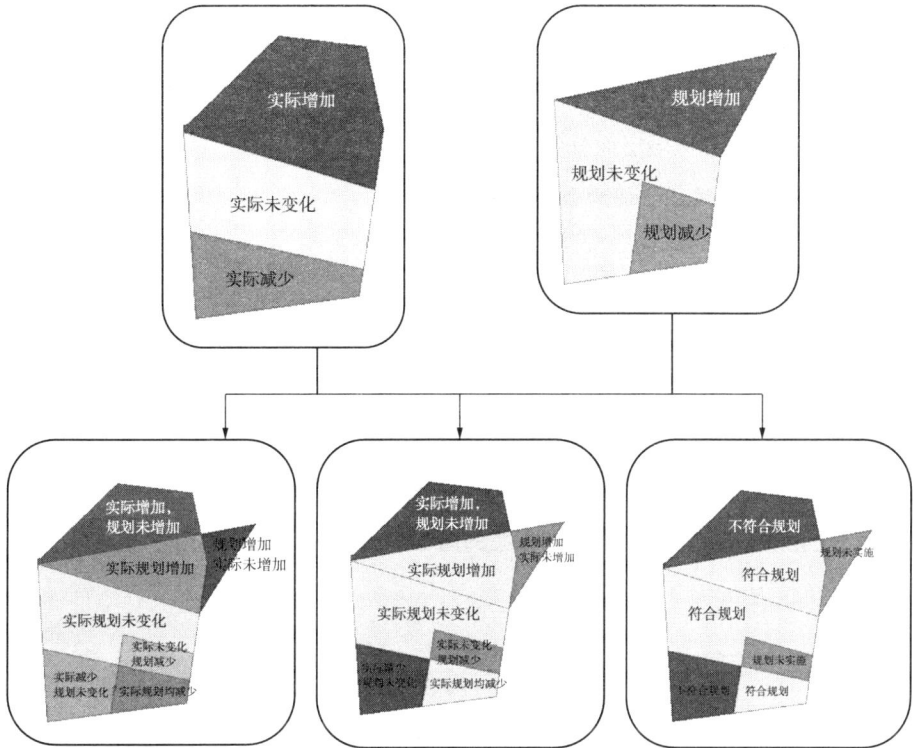

图 8-2 规划执行结果空间吻合性的模型解释

注:修改自中国土地勘测规划院:《土地利用总体规划实施监测技术指南研究项目中期汇报成果》,2012 年。

8.1.3 空间吻合性的度量方法

基于上述空间吻合性的概念和内涵的解释,考察土地总体规划实施效果的空间吻合性,不仅要考察变化地类总量是否符合规划要求,同时要考察其空间变化是否符合规划方案,即同时满足"变化总量符合规划目标"且"空间位置符合规划方案"才可判定为空间吻合。在符合规划目标的前提下,规划实施期内由于实际建设发展的需要,可能会出现某些年份某些地类的变化速度较快或较慢,只要在实施期末总体用地调整符合规划方案,即可认定为规划实施效果符合规划方案,所以对于规划实施过程中的变化速度不必强制干预,故不作为度量变量。

空间吻合度的评判结果会由于空间观察尺度不同而有所差异,比如某一用地斑块,规划方案中规定其为耕地,实际变成了园地,则该斑块本身在空间上是不吻合的,而将其置于农用地这一功能区中,考察农业用地区的空间吻合性时,可能就是吻合的,所以,对空间吻合性的判断还应根据观察尺度而有所区别,从地类图斑层面、功能区层面和区域层面分别考察空间吻合性。

(1) 规划执行过程空间吻合性度量方法

令规划执行过程中的空间吻合性为 P_1,时间跨度为 T_1-T_2。度量思路为

$$P_1 = 1 - 已变化且不符合规划的部分/规划目标$$

三个层面的空间吻合性度量模型如下:

① 地类图斑空间吻合度: $P_{1bi} = 1 - \dfrac{C_{bwi}}{G_{bi}}$

参数解释: P_{1bi} 为地类图斑空间吻合度; i 表示地类; C_{bwi} 为 T_1-T_2 期间 i 地类发生变化的图斑中,不符合规划方案的图斑面积,单位为 hm^2; G_{bi} 为规划 i 地类总面积,单位为 hm^2。

② 功能区空间吻合度: $P_{1gj} = 1 - \dfrac{C_{gwj}}{G_{gj}}$

参数解释: P_{1gj} 为功能区空间吻合度; i 表示地类; C_{gwj} 为 T_1-T_2 期间 j 功能区发生变化的图斑中,不符合规划方案的图斑面积,单位为 hm^2; G_{gj} 为规划 j 功能区总面积,单位为 hm^2。

③ 区域空间吻合度: $P_{1q} = 1 - \dfrac{\sum_{i=1}^{n} C_{qwi}}{G}$

参数解释: P_{1q} 为区域空间吻合度; i 表示地类; n 表示地类总数; C_{qwi} 为 T_1-T_2 期间 i 地类发生变化的图斑中,不符合规划方案的图斑面积,单位为 hm^2; G 为规划区域总面积,单位为 hm^2。

(2) 规划执行结果空间吻合性度量方法

令规划执行结果评价中的空间吻合性为 P_2,时点为评价年 T_2。度量思路为

$$P_2 = (现状规模 - 已变化但不符合规划的部分 - 规划未实施部分)/ 规划规模$$

三个层面的空间吻合性度量模型如下:

① 地类图斑空间吻合度：$P_{2bi} = \dfrac{X_{bi} - C_{bwi} - NC_{bi}}{G_{bi}}$

参数解释：P_{2bi} 为地类图斑空间吻合度；i 表示地类；X_{bi} 为评价年 i 地类现状实际面积，单位为 hm^2；C_{bwi} 为评价年 i 地类调入的图斑中，不符合规划方案的图斑面积，单位为 hm^2；NC_{bi} 为评价年 i 地类规划尚未实施的面积，单位为 hm^2；G_{bi} 为规划 i 地类总面积，单位为 hm^2。

② 功能区空间吻合度：$P_{2gj} = \dfrac{X_{gj} - C_{gwj} - NC_{gj}}{G_{gj}}$

参数解释：P_{2gj} 为功能区空间吻合度；j 表示功能区；X_{gj} 为评价年 j 功能区现状实际面积，单位为 hm^2；C_{gwj} 为评价年 j 功能区调入的部分中，不符合规划方案的面积，单位为 hm^2；NC_{gj} 为评价年 j 功能区规划尚未实施的面积，单位为 hm^2；G_{gj} 为规划 j 功能区总面积，单位为 hm^2。

根据《通州区土地利用总体规划（2006—2020 年）》中的土地用途分区，将研究区分为五个功能区：农地区、林业用地区、城乡建设用地区、风景旅游用地区、生态安全控制区。农地区包括土地用途区中的基本农田保护区和一般农地区，城乡建设用地区包括土地用途区中城镇村建设用地区和独立工矿区，林业用地区、风景旅游用地区和生态安全控制区与土地用途区中范围相同。

③ 区域空间吻合度：$P_{2q} = \dfrac{X_q - \sum\limits_{i=1}^{n} C_{qwi} - \sum\limits_{i=1}^{n} NC_{qi}}{G}$

参数解释：P_q 为区域空间吻合度；i 表示地类；n 表示地类总数；X_q 为评价年研究区总面积，单位为 hm^2；$\sum\limits_{i=1}^{n} C_{qwi}$ 为评价年研究区所有发生地类调整（change）的图斑中，不符合规划方案的图斑面积总和，单位为 hm^2；$\sum\limits_{i=1}^{n} NC_{qi}$ 为评价年研究区规划尚未实施（not change）的面积，单位为 hm^2；G 为规划研究区总面积，单位为 hm^2。

空间吻合度值的大小表示评价年吻合程度的高低，介于 0 和 1 之间的正值，越接近于 1，说明相应的空间吻合性越高。

8.1.4　空间吻合性评价技术实现方法

基于空间吻合性的土地利用总体规划实施评价主要运用的是 GIS 空间叠加技术。利用 GIS 空间叠加技术,将现状与规划进行叠加对比,可以反映土地利用总体规划实施结果与规划预期的空间吻合性程度,包括城市增长边界(用地规模和范围)的实际控制情况、各类用地指标的吻合度、违反规划和规划未实施等情况,分析可能的原因和后效应,从而得到土地利用总体规划实施过程中年度用地类型调整的空间吻合度情况及当年实施现状与规划目标的空间吻合度情况。

(1) 基础资料采集与处理

① 根据研究区特点及土地利用现状图的要求,进行地类可判读性及判对率的研究和评价工作,同时确定遥感图像的空间分辨率。通常,由于市级和县级土地利用总体规划采用的分别是 1∶10 万和 1∶5 万的土地利用现状图,因此用于评价年份的土地利用现状图也应分别在 1∶10 万和 1∶5 万左右。例如市级土地利用总体规划,根据相关研究,制作 1∶10 万的地形图,遥感影像的分辨率应选在 10 m 或者更高。制作专题图,可选择遥感影像分辨率在 10~40 m,因此,在东部沿海地区,地形相对单一,植被分布相对集中,可选择 Landsat/TM 图像(30 m 空间分辨率),可解译出 85%~92% 的二级类型(不同地域及地类复杂程度解译判对率有差异)。

② 根据研究区作物的农事历、自然植被的物候期及环境因素的变化确定遥感图像的时间分辨率。选择影像的时间应与基期年地图采用的时间相当,若基期年采集时间不明确,一般选择夏初季节。

③ 其他资料的收集,包括地形图、各类专题图、生物、地学要素、经济社会统计数据、历史等资料。

④ 遥感图像预处理　为了方便对比分析,数据的坐标系统应与基期年一致,均为高斯克吕格投影,西安 80 坐标系统,3 度或者 6 度分带,具体可根据基期年土地利用数据的空间参考系统设置。

对遥感图像,采用线性灰度拉伸、比值处理、主成分分析及彩色合成等,进行图像增强,获得最佳视觉效果的假彩色合成图像。

⑤ 解译标志的建立 首先,根据区域特点及评价要求,以国家一、二级分类系统为基础,确定研究区土地利用类型。其次,根据各地类的影像特征(色调、形状、纹理结构等),对影响进行分析,包括目视解译或对部分数字图像训练区的专题特征提取,建立各地类的"初步解译标志"。再通过野外调研对"初步解译标志"进行实地检验,修正以及对初判中的疑难点进行实地属性确认,最终建立研究区各土地利用类型的解译标志。

⑥ 遥感图像判读及地类面积量算 以目视判读为主,辅以数字图像处理,人工解译,最终形成1∶10万的市级土地利用现状图。

(2)实现方法与技术流程

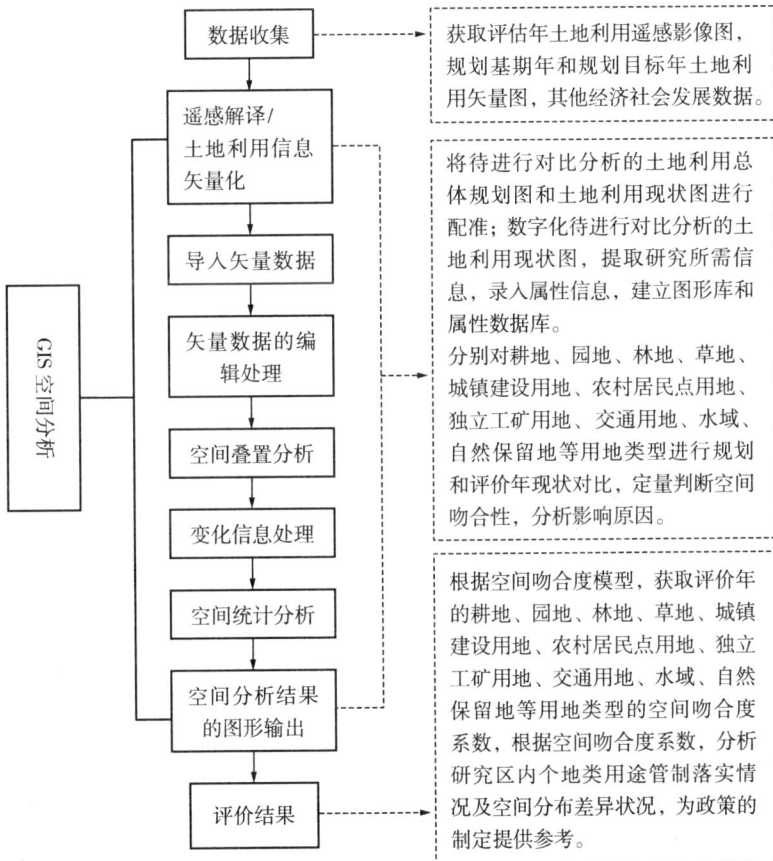

图 8-3 基于空间吻合性的评价技术流程

在基础资料收集和处理的基础上,利用 GIS 空间分析方法,将土地利用现状和土地利用总体规划进行叠加对比,分析评价年各用地类型与规划目标的空间吻合情况。GIS 空间分析方法的信息处理过程包括 GIS 系统的数据转换、图形数据编辑、空间分析、数据库操作、空间统计分析、图形主体显示等功能。评价技术流程如图 8-3。

8.1.5 空间吻合性结果的分级标准

根据空间吻合性的概念和内涵,判断规划实施评价年的规划执行过程及规划执行结果与规划方案的吻合程度。

规划执行过程评价所评判的是发生调整的地块是否符合规划要求,所以应该以最严格的评价标准来进行衡量,P_1 等于 1 时为符合规划,否则为不符合规划。

规划执行结果评价所评判的是评价当年现状与规划目标的吻合程度,随着规划执行的不断推进,该空间吻合度会呈现出不断提高的变化过程,所以对其应采取逐级标准进行衡量。根据空间吻合性度量的三个层次:地类图斑层次、功能区层次、区域层次,每个层次的度量标准不同,空间吻合性度量结果的分级标准也不同。

(1)规划执行过程空间吻合性评价分级标准

如前所述,对规划执行过程空间吻合性执行最严格的评判标准。如表 8-1。

表 8-1 规划执行过程空间吻合性结果分级标准

层 次	符 合	不 符 合
地类图斑	$P_{1b}=1$	$P_{1b}<1$
功能区	$P_{1g}=1$	$P_{1g}<1$
区域	$P_{1q}=1$	$P_{1q}<1$

(2)规划执行结果空间吻合性评价分级标准

如前所述,对规划执行结果空间吻合性逐级标准。总体分为五级,当 $P_2=1$ 时为一级,规划实施结果与规划目标完全符合,理论上这一理想状态在规划实施期末实现。$P_2<1$ 时,认为规划实施结果与规划目标还有距离,又分成四个等级。如表 8-2。

表 8－2 规划执行结果空间吻合性结果分级标准

层次	符合	不 符 合			
	一级	二级	三级	四级	五级
地类图斑	$P_{2b}=1$	$0.95 \leqslant P_{2b} < 1$	$0.90 \leqslant P_{2b} < 0.95$	$0.85 \leqslant P_{2b} < 0.90$	$P_{2b} < 0.85$
功能区	$P_{2g}=1$	$0.97 \leqslant P_{2g} < 1$	$0.95 \leqslant P_{2g} < 0.97$	$0.90 \leqslant P_{2g} < 0.95$	$P_{2g} < 0.90$
区域	$P_{2q}=1$	$0.99 \leqslant P_{2q} < 1$	$0.97 \leqslant P_{2q} < 0.99$	$0.95 \leqslant P_{2q} < 0.97$	$P_{2q} < 0.95$

8.1.6 空间吻合性的地理形态分析

空间模式是地理形态的抽象。从空间认知的角度(Mark et al.,1999;Mennis et al.,2000)地理对象包括地理实体和地理变量。地理实体是具有确定二维边界的区域,地理变量是反映地理环境性质特征的各种要素。空间模式中的地理对象可以是地理变量(一个或一组),也可以是地理实体(一组或一个)。空间模式按地理对象性质的不同,分为实体模式和变量模式,其中实体模式按描述实体几何形态需要的维数分为点、线、区和体(毛政元等,2004)。

在土地利用总体规划实施过程中,不同的地理对象在规划实施过程中受到的影响因素不同,实施后产生的空间吻合性变化也有所差异。将这种空间吻合性差异可抽象归纳为三种模式:圈状模式、带状模式和点状模式。不同地理形态抽象模式的空间吻合性差异概括见表 8－3。理论分析如下:

表 8－3 不同地理形态抽象模式空间吻合性差异

地理形态抽象模式	典型区	易造成空间不吻合的地类变化	
		初期地类	末期地类
圈状模式	城市周边或工业区周边	农用地	建设用地
带状模式	海岸带	滩涂	农用地
	产业带或交通、河流沿线	农用地	建设用地
点状模式	居民点或开发区	因实际情况而异,总体呈现空间集聚、数量扩张,沿交通线或村庄边沿呈现农用地转为建设用地的趋势	

（1）圈状模式

圈状模式指城市周边或开发区周边的用地调整模式。不同学派由于研究角度不同,对这类区域的定义争议较大,但总体上认为,它是城市建成区与农村地区相连接的过渡性圈状地带,是城市与乡村地域体系上的一种衍生区域,也是城市化进程中的独特地域实体(韩美琴,2007)。这一特殊区域既有城市的部分功能和特征,又没有完全蜕变为城市建成区,还保留着部分农村的原始状态。在这一特殊区域中,城市与农村相互包围,相互作用,相互渗透,既不同于单纯的城市区域,也不同于传统的农村区域,属于城市和农村的中间地带(吴涛,2009)。

城市周边区域承担着一部分生产功能、发展功能、疏散功能和生态功能。作为生产功能,城市周边区域是城市居民副食品的主要供应基地,及时为城市居民提供肉、蛋、菜、奶以及花卉苗木等新鲜产品。作为发展功能,城市周边区域是城市主要扩展区,为城市扩张提供土地资源和发展空间,承接城市内部工业区改造外迁,物流、仓储、加工等扩散功能。作为疏散功能,城市周边区域缓解城市中心区的人口压力、住房压力和交通压力,居住、工业等城市职能由市中心外迁,同时作为城市化进程的前沿阵地,吸纳新增农专非人口。作为生态功能,城市周边区域的大量绿化和水体,作为城市建成区的绿化带和生态缓冲带,承担着吸收、容纳和降解城市气、液、固态废弃物,改变城市局地气候,改善城市空气质量,缓冲和减轻多种自然灾害,维护城市生态环境的功能。

有研究将城乡结合部的发展分为三个阶段:农业型、半工业型、工业型。在农业型发展阶段,土地资源利用以农业用地为主,几乎没有工业,或只有少量原始手工业;发展到半工业型发展阶段,受到国家宏观调控作用,城乡结合部土地资源利用以工业用地为主,成为城市扩展区;到了工业型发展阶段,由于城市第二、三产业的推动作用,和城市进一步扩张的用地需求,大量农地转化为非农建设用地(见表8-4)。

表8-4　城市周边发展阶段用地特征

发展阶段	发展特点描述
农业阶段	工业用地比重较低,农业用地占绝大部分,城乡二元结构明显
半工业阶段	工业用地增加,第二产业比重上升,居住用地发展不大,城乡界线弱化
工业阶段	工业用地占主导地位,第二、三产业比例逐渐上升,居住用地和商业用地协调,城乡界限不明显

注:引自参考文献(韩美琴,2007)。

随着城市化进程的步伐,城市建成区不断扩张,城市周边地区农业用地会大幅减少,建设用地大幅增加,伴随人口和职能的输出对土地资源的需求,增加的建设用地以居民点和工矿用地、交通用地和水利设施用地为主。作为城市化的前沿阵地,城市周边地区土地利用类型调整剧烈而频繁,在比较利益的驱动下,不同的土地利用方式产生的效益差距会很大,农业用地效益远低于非农业用地效益,所以会更倾向农业用地向非农业用地的转换。同时,政策导向也是农地非农化的一个重要因素,工业兴市、工业兴镇是中国大多数城镇的长期发展战略,在进入后工业时代之前,特别在工业发展的初级阶段,对土地资源的需求十分强烈,城市周边是工业发展主要的土地供应源。城市建成区面积的扩大带动城市周边区域的快速发展,大量耕地转化为建设用地。

城市建成区的快速扩展,将会造成城市周边地区土地供应超越规划控制的目标,规划外建设用地的增加促进建设用地规模的扩大,大片出让土地用途和性质整体脱离土地利用总体规划等问题,使土地集约利用程度降低,土地违法案例增加,从而导致土地利用总体规划的失控。在第二轮土地利用总体规划实施过程中,全国70%以上的地方提前用完用地指标,北京市2003年末的建设用地总面积已经超出了2010年规划期末的最高上限,土地利用总体规划透支7年(吴涛,2009)。

(2)带状模式

带状模式所反映的地理形态可包括海岸带、产业带、道路或河流两岸等。

海岸带是沿海岸线向海陆两侧一定距离扩展形成的带状区域,兼有海陆两种自然属性和生态特征,同时由于人类活动的干预而更加复杂,属于比较特殊的一种地理单元(国家海洋局,1998)。

由于区域间禀赋差异和价格差异等原因,在市场机制作用下,人力和资本等经济要素遵循利润最大化原则向优势区位流动,从而形成要素在区域内部及区域之间的集聚和扩散,这种区域要素流动有利于存进生产要素在地域空间上的优化配置和合理安排,实现一种最优组合,从而提高区域土地资源的利用效率。对于海岸带这一特殊的地理空间而言,随着沿海开发战略的升级,产业结构转型升级成为必然趋势,同时,沿海开发会加速沿海地区的工业化和城镇化进程,腹地产业优势不断向海洋延伸,临港产业的发展促进临港工业集中区和物流园区的发展,这些都对沿海土地资源的供给带来冲击和压力。根据波兰经济学家萨伦巴和马利士提出的"点—轴"理论,经济中心(增长极)将逐渐发展成为"点—轴"开发模式的"点",随着经济的发展,经济中心逐渐增加,生产要素交换的需求使得点点之间由交通线、动力供应线、水源供应线等联结,沿海产业经济带则成为发展轴,轴线一旦形成,对人口、产业产生更强的吸引力,吸引人口、产业向轴线两侧集聚,并产生新的增长点。点轴贯通,形成点轴系统,从而完成开发空间上点、线、面的跨越(如图8-4)。

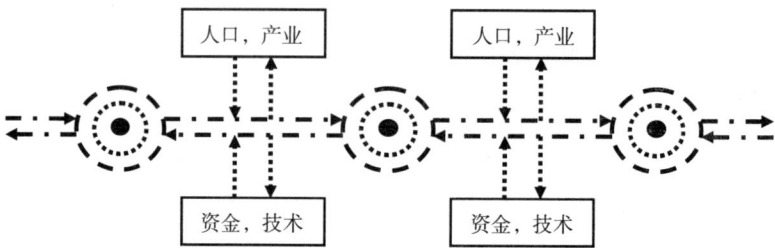

图8-4　海岸带空间发展模型

经济社会的发展,会造成耕地资源整体的重心由内陆向沿海偏移,主要原因是经济发展与沿海地区土地开发整理复垦,这两种驱动力分别起到负效应和正效应的作用(王千等,2011)。沿海地区地势平坦,滩涂后备资源丰富,便于农业利用,人均耕地量相对较高,一般作为重要的农业发展区(金巨刚等,2009)。在沿海开发活动中,建设用地扩张过程不可避免会占用部分耕地资源,沿海滩涂经过整理开发成为可利用的农地,用来补充被建设占用的耕地资源,在沿海经济发达地区尤为显著。

产业带由于其对生产要素的特殊要求,比如水源和交通,往往会随生产要素而呈现空间带状分布,这一区域的土地利用变化也呈现带状特征。根据产业发展政策导向和产业发展对建设项目用地的需求,城市中心区的工业通过退二进三的空间置换方式向产业发展带转移,会导致土地利用结构的变化,农业用地逐渐退出产业发展区,建设用地比重不断增加,使土地资源在不同产业部门间重新分配(陈成等,2007)。

（3）点状模式

许多地理实体现象都能被抽象为点，用点模式分析其发展规律，如居民点、开发区等。居住是人的基本生活要求之一，我国人口结构中农村人口比重仍然很大，国家统计局数据显示，至 2010 年年末全国总人口 134091 万人，农村人口占 50.05%，农村居民点是农村人口的主要聚居形式。农村地带受到城市扩张的影响，始终处在持续变化的动态当中。土地利用总体规划实施过程中，农村居民点区位的改变不仅受到自然条件的影响，也受到土地利用类型和土地利用方式的影响。英国学者 Roberts 曾对村庄区位选择影响因素做了系统划分，从点和位置两方面进行综合考虑（如图 8-5）。另外，居民点分布变化还会受到政府力量的影响，具体表现在地方的村庄规划的影响，通过政府力量扶持中心镇、中心村的发展，限制个别地区发展，从而改变村庄集聚状态，例如我国正在实施的新农村规划和农村居民点整理工程。

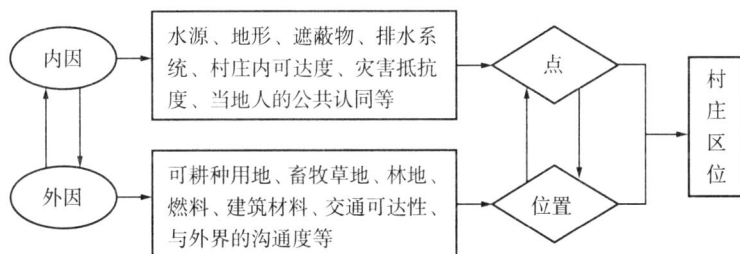

图 8-5 农村居民点区位选择因素

村落在自然状态下的空间演化呈现一种缓慢的向心集聚趋势，但村落的空间演化不可能完全在自然状态下，必然会受到非自然因素的干扰，随着外界因素的变化，村落的空间演化也会发生迁移。在自然因素和非自然因素的双重驱动下，农村居民点在数量和规模不断增长的同时，在空间上会呈现集中和扩散、紧密和松散的两种不同趋势（李君等，2008）。随着经济的快速发展，传统农业逐步向现代农业转变，与现代农业相匹配的农村居民点越来越受到非农业动力的驱动，在空间分布上趋向于沿交通线路或村庄边缘。

农村居民点整理是用地矛盾突出地区实现"城乡建设用地增减挂钩"的重要途径，根据用地需求对农村居民点进行迁、并、撤、改。一般根据影响居民点区位的自然、社会、经济和环境因素,城市临近区 200～500 m 范围内的农村居民点应以城镇发展计划为基础,不应盲目扩大自身规模,以满足近期或中期规划实施中城镇用地需求;城市临近区之外的自然、经济、社会条件比较优越的农村居民点及其 100 m 范围内的农居点作为城乡联合型,可优先发展;位于城镇与城镇之间的,自然、经济、社会等条件一般的农村居民点及其 100 m 范围内的农居点为发展型,根据自身条件有条件发展;对于各种综合条件较差的农村居民点一般倾向限制发展,交通便利度十分差或处于生态敏感区的自身规模十分小的农居点应该完全撤销迁移(朱雪欣等,2010)。在海拔差异较大的低山、丘陵、谷地交错的区域内部,自然条件一般有较大差异,对农村居民点发展的制约作用较强,而对于海拔差异不明显的平原地区,区域内部自然条件差异一般较小,自然因素则不作为主要制约因素,影响农村居民点发展的主要为经济、社会条件。

8.2 研究区概况及其土地利用覆被变化

这部分主要从实证研究方面,首先介绍研究区现状及其土地利用覆被变化,为下一节的空间吻合性测算和分析做基础。

8.2.1 研究区概况

江苏省南通市通州区,位于北纬 31°52′～32°15′,东经 120°41′～121°25′,地处长江三角洲北翼,长江下游北岸,江苏省东南部。西临如皋,北接如东,南靠长江,东濒黄海,东南与海门接壤。城区南距长江 24 公里,江岸线长 10.77 公里,东距黄海 35 公里,海岸线长 15.97 公里,距离区域中心城市南通市 27 公里。

全区现辖 19 个建制镇(金沙镇、西亭镇、二甲镇、东社镇、三余镇、十总镇、骑岸镇、五甲镇、石港镇、四安镇、刘桥镇、平潮镇、平东镇、五接镇、兴仁镇、兴东镇、张芝山镇、川姜镇、先锋镇)、1 个省级经济开发区(通州经济开发区),总面积 1640.03 平方公里(2005 年年末土地变更调查数据)。到 2010 年年底,全区户籍总人口已增加到 124.64 万人,比年初增加 47742 人,其中城镇人口 62.44 万人,农村人口 62.19 万人,人口出生率为 7.75‰,死亡率为 8.93‰,自然增长率为

—1.17‰,人口城市化水平约为50.1%(如图8-6)。

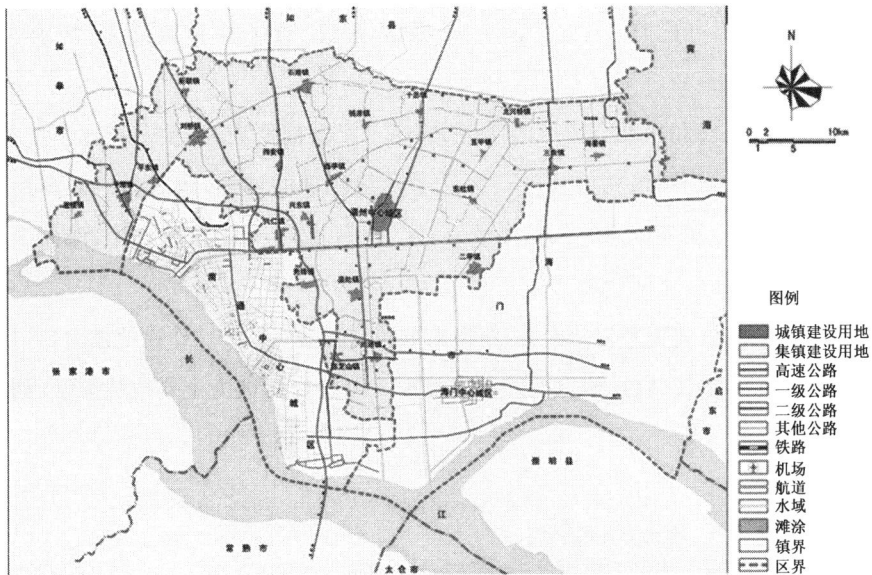

图 8-6　研究区行政区划示意图

(1) 自然地理概况

通州区横宽纵窄,地势平坦,西北部稍高,东南部和沿江、近海垦区较低,高程在3.80~4.50米,近海最低处为2.20米。耕层深厚,适耕性强。地质构造属中国地质构造分区中的下扬子台褶带。地层主要为粉砂土层。地表数米余,为粉质黏土、粉土;深部以粉砂、细砂为主。地耐力一般为10~13吨/平方米。地质构造比较稳定。

通州区气候属北亚热带海洋性季风气候区。冬半年(11月至次年4月)盛行西北分,下半年(5月至10月)盛行东南风,平均风速2.5~3.4米/秒。一年四季分明,光照充足,雨量充沛,无霜期长,季风明显,温和湿润。境内地下水分布面广,水量丰富。平均气压1016.5百帕,年平均气温15.6℃,年极端最高气温38.0℃,极端最低气温—9.3℃。无霜期年平均为223天。年平均降水量1040.1 mm,水热同季,44%集中在6—8月,45%集中在春秋两季,冬季降水只占11%,6月下旬至7月上旬为梅雨季节,平均约20天,年平均相对湿度81%,

梅雨、台风及局部地域性雷雨是主要降水原因。年平均蒸发量 1283.0 毫米,年最大蒸发量 1522.2 毫米,年最少蒸发量 1128.3 毫米,其中以 7 月、8 月最多,1月最少。年平均日照 2014.0 小时,夏季(7、8 月)日平均日照最多,约为 7.6小时。

因地球自转和东北合成风的作用,长江主泓偏向西南,致使北岸泥浆淤积,沙洲连接成片,通州最初为长江口海域中几块相邻的沙洲,南北朝中期露出水面开始成陆,至唐朝末年与大陆接壤。海岸为南北向,为淤进型海岸,滩面平缓外伸。

通州区内植被类型为两大类:作物植被和滨海盐生植被。作物植被包括以旱作为主的作物植被、以水稻为主的作物植被。以作物植被为主要植被类型(如图8-7)。

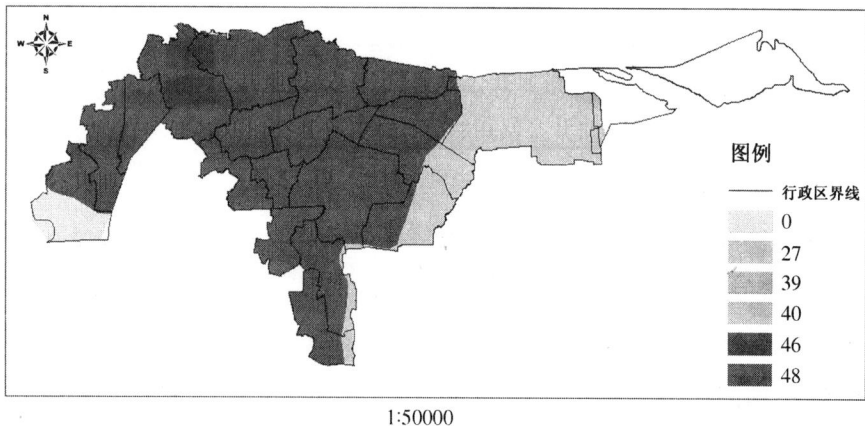

1:50000

图 8-7 通州区植被类型

注:数据来源为 2007 版江苏地图册,采用 GIS 提取研究区后制作。其中,植被类型代码解释:0 无植被覆盖的湖泊水系及湖中小岛;27 滨海盐生植被;39、40 以旱作为主的作物植被;46、48以水稻为主的作物植被。

通州区土壤类型为两大类:黄褐土、水稻土,以水稻土为主要土壤类型(如图8-8)。

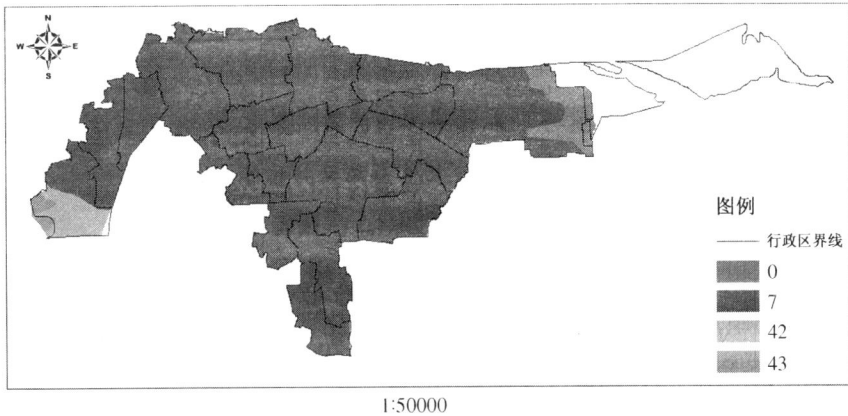

1:50000

图 8-8 通州区土壤类型

注:数据来源为 2007 版江苏地图册,采用 GIS 提取研究区后制作。其中土壤类型代码解释:0 水域或是无土壤标注的岛屿;7 脱潜水稻土;42 粘盘黄褐土;43 漂洗水稻土。

(2) 经济社会概况

为清晰的观察通州区在南通市发展中的地位,将通州区与南通市的 2010 年经济社会发展情况进行比较(如表 8-5)。

表 8-5 2010 年通州区和南通市经济社会发展情况比较

经济社会发展指标	通州区	南通市	比重	排名
土地面积/公顷	157201.63	800100	19.65%	2
人口数量/万人	113.87	728.28	15.64%	2
城镇人口/万人	62.44	400.55	15.59%	2
农村人口/万人	62.19	327.73	18.98%	2
城市化水平	50.10%	55%	—	
GDP/亿元	508.09	3417.88	14.87%	1
人均 GDP/元	44611	47500	—	2
三次产业增加值结构	8.57:55.14:36.28	7.68:55.84:36.48	—	1
一产增加值/亿元	40.4	262.43	15.39%	
二产增加值/亿元	259.89	1908.56	13.62%	
三产增加值/亿元	171	1246.89	13.71%	
城镇人均可支配收入/元	23081	21825		1
农村人均可支配收入/元	10541	9914		1

注:数据来自"南通市 2011 政府工作报告""南通市 2010 年第六次全国人口普查主要数据公报"《南通市通州区统计年鉴(2011 年)》。

　　通州区土地总面积占南通市的 19.65％,在南通市所辖区、县(县级市)中排名(下同)第二位;人口数量占南通市的 15.64％,排名第二位,其中城镇人口和农村人口数量分别占南通市的 15.59％和 18.98％;城市化水平为 50.10％,比南通市低4.9 个百分点;地区生产总值占南通市的 14.87％,排名第一位,人均 GDP 508.09亿元,略低于南通市,排名第二位;三次产业增加值结构为 8.57∶55.14∶36.28,一产百分比较南通市略高,二产和三产的百分比与南通市略低;三次产业增加值占南通市的比例分别为 15.39％、13.62％和 13.71％;城镇与农村人均可支配收入分别为 21825 元和 10541 元,较南通市整体水平略高,排名第一位。

　　总体而言,通州区在南通市的发展中处于十分重要的地位。但通州区受到南通市发展的影响很大,在第三轮规划实施之前城市建成区扩展速率和规模都很小,年变化率低于 10％(王涛等,2011),如图 8-9 所示。自 2009 年并入南通市后,作为南通市发展的一个新的空间,通州区也进入了一个快速城市化发展阶段。

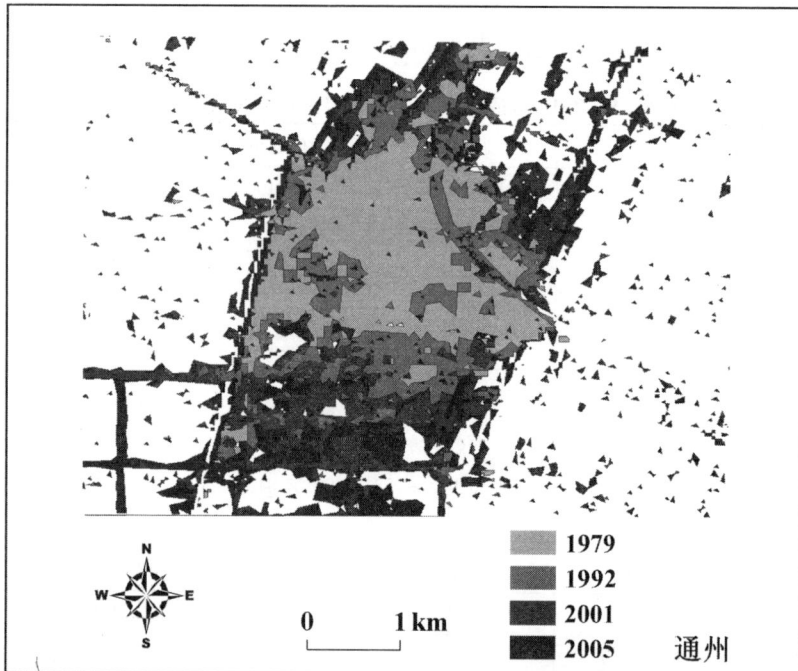

图 8-9　1979—2005 年南通城市建成区扩张趋势
注:修改自参考文献(王涛等,2011)。

《南通市通州区土地利用总体规划(2006—2020 年)》以 2005 年为规划基期年,2010 年为规划近期目标年,2020 年为规划远期目标年。规划的根本目标是:以加快转变经济发展方式为主线,以福民、富民、安民为目标,通过统筹区域土地资源的开发、利用和保护的关系,合理安排各业各类用地,积极响应江苏省委、省政府"两个率先"的宏伟目标,主动策应上海市的发展辐射,切实落实南通市"加快现代化、再创新辉煌"战略定位,全面参与长三角一体化发展,保障土地资源永续利用,加快推进城乡统筹发展、建设幸福美好新通州。

8.2.2 数据来源

本次研究中利用的主要数据资料包括:

土地变更及更新数据,来自于通州区国土局土地更新统计调查,2005 年土地利用变更数据和 2009 年二调数据,由 2005 年土地利用变更数据根据基数转换标准进行归并和细分后得到 2005 年现状数据;2020 年规划目标数据和调控指标,来自《通州区土地利用总体规划(2006—2020 年)》及前期研究成果;研究区评价年(2010 年)土地利用现状数据来自于 2010 年 5 月 3 日和 2010 年 8 月 20 日两个时相的 ALOS 卫星遥感图像,共八幅,分辨率为多光谱波段 10 米、全色波段 2.5 米,数据级别 1B1,经过以目视判读为主、数字图像处理为辅的人工解译,解译精度是参考 0.5 米的航拍数据进行空间纠正解译,最终形成 1∶5 万的 2010 年通州区土地利用现状图。

植被类型和土壤类型来源于为 2007 版江苏地图册;坡度和高程数据来源于中国科学院计算机网络信息中心国际科学数据镜像网站[1]提供的 2009 年的数字高程数据,空间分辨率 30 米经 ArcGIS 处理提取出研究区的坡度和高程数据。

人口、经济社会方面的数据来于南通市 2010 年第六次全国人口普查主要数据公报、相关年份的南通市通州区统计局出版的通州统计年鉴(2005—2011 年)、通州市城市总体规划(2006—2020 年),相应的效益指标根据已有数据按公式进行推算。

基础图件包括 1∶50000 行政区划图、1∶50000 土地利用现状图(2005 年)、

---

[1] 中国科学院计算机网络信息中心国际科学数据镜像网站,http://datamirror.csdb.cn。

1∶50000土地利用现状图(2009年)、1∶10000通州市城市总体规划图(2006—2020年)。

8.2.3 土地资源利用现状及覆被变化

(1) 2010年土地利用现状

将遥感解译生成的2010年土地利用现状图导入ArcGIS,利用面积统计功能,根据二调地类代码将各类用地面积进行汇总统计(见表8-6)。图斑数量共计44081,其中村庄、坑塘水面、旱地、水田、水浇地、农村道路、河流水面、沟渠等七类用地的图斑数量最多,从图上观察土地利用细碎化仍然比较严重。土地总面积为157201.63 hm²。

表8-6 2010年通州区土地利用各地类面积统计

二调地类代码	地类名称	图斑数量	面积/hm²
011	水田	55126	45134.03
012	水浇地	35188	17481.42
013	旱地	80903	10387.22
021	果园	758	176.35
022	茶园	3	0.48
023	其他园地	1243	524.65
031	有林地	11	3.77
033	其他林地	21	7.83
043	其他草地	41	4.86
101	铁路用地	26	51.04
102	公路用地	466	2056.00
104	农村道路	27430	3399.75
105	机场用地	7	110.83
106	港口码头用地	10	10.54
107	管道运输用地	1	1.63
11	水域及水利设施用地	26	7.24
111	河流水面	20974	20380.51
114	坑塘水面	45919	7577.22
115	沿海滩涂	52	17173.42
116	内陆滩涂	27	978.83

二调地类代码	地类名称	图斑数量	面积/hm²
117	沟渠	22245	3705.70
118	水工建筑用地	42	173.16
122	设施农用地	3114	398.78
123	田坎	2541	146.99
201	城市	279	718.62
202	建制镇	2072	1573.54
203	村庄	141259	24622.12
204	采矿用地	272	305.37
205	风景名胜及特殊用地	25	89.75
合计		44081	157201.63

根据土地利用总体规划地类转换规则,将地类按二级地类合并,得到表 8-7。2010 年农用地、建设用地、其他土地面积分别为 99044.19 hm²、29719.83 hm²、38537.61 hm²。农用地以耕地为主,占农用地面积的 82.08%,林地面积最少,仅占农用地面积的 0.01%;建设用地中城乡建设用地最多,占建设用地总面积的 91.59%。

表 8-7　2010 年通州区土地利用现状(地类转换)

分　　类		面积/hm²
农用地	耕地	73002.67
	园地	701.49
	林地	11.60
	其他农用地	15228.44
	小计	88944.19
建设用地	城乡建设用地	27219.66
	* 城镇工矿用地	2597.53
	* 农村居民点用地	24622.12
	交通水利用地	2410.42
	其他建设用地	89.75
	小计	29719.83
其他土地		38537.61
合计		157201.63

（2）2005年年末至2010年土地利用覆被变化

2005年年末至2010年，全区土地总面积6801 hm²，其中农用地减少9704 hm²，建设用地增加5624 hm²，其他土地减少2722 hm²，三类用地的比例变化分别为−3.57％、4.22％和−0.65％（如表8-8）。

表8-8　2005年年末至2010年土地利用覆被变化

地　类		2005年年末		2010年		2005年年末至2010年		
		面积	占全区比例	面积	占全区比例	总量变化	比例变化	较2005年变化比例
农用地	耕地	77054	46.98％	73003	46.44％	−4051	−0.54％	−5.26％
	园地	3349	2.04％	701	0.45％	−2648	−1.59％	−79.05％
	林地	275	0.17％	12	0.01％	−263	−0.16％	−95.78％
	其他农用地	17970	10.96％	15228	9.69％	−2742	−1.27％	−15.26％
	小计	98648	60.15％	88944	56.58％	−9704	−3.57％	−9.84％
建设用地	城乡建设用地	22075	13.46％	27220	17.32％	5145	3.86％	23.31％
	*城镇工矿用地	4342	2.65％	2598	1.65％	−1744	−1.00％	−40.18％
	*农村居民点用地	17733	10.81％	24622	15.66％	6889	4.85％	38.85％
	交通水利用地	1482	0.90％	2410	1.53％	928	0.63％	62.65％
	其他建设用地	539	0.33％	90	0.06％	−449	−0.27％	−83.35％
	小计	24096	14.69％	29720	18.91％	5624	4.22％	23.34％
其他土地		41260	25.16％	38538	24.51％	−2722	−0.65％	−6.60％
合计		164003	100％	157202	100％	−6801	0.00％	−4.15％

农用地中，绝对变化量上，耕地绝对减少量最大，2005年年末至2010年共减少4051 hm²，占农用地总减少量的41.75％，其次为园地和其他农用地，减少量分别为2648 hm²和2742 hm²。园地的比例下降最大，2005年年末至2010年下降了1.59个百分点。相对变化量上，林地的相对减少量最大，2010年较2005年年末减少了95.78％，其次为园地，2010年较2005年年末减少了79.05％。

建设用地呈明显扩张，其中农村居民点用地绝对增加量最大，2005年年末至2010年增加了6889 hm²，城镇工矿用地2005年年末至2010年减少了1744 hm²，城乡建设用地整体2005年年末至2010年增加了5145 hm²。可见，城镇建设用地面积大幅度增加的同时，农村居民点用地并没有像预期那样相应减少，建设用地总体利用效率没有相应提高。用地结构中农村居民点用地的比例增幅最大,2005年年末至2010年增加了4.85个百分点,城乡建设用地整体增加了3.86个百分点。相对变化量上,其他建设用地的相对减少量最大,2010年较2005年年末减少了83.35%;交通水利用地的相对增加量最大,2010年较2005年年末增加了62.65%,其次为农村居民点用地,2010年较2005年年末增加了38.85%。

2010年增加到318 m²/人,较2005年年末增加了52.88%。从理论上分析,随着城镇化进程的推进,大量农村人口进入城镇,由于城镇居民点人均用地低于农村居民点人均用地,因此,转化一个农民就会相应地减少居民点用地,节约出部分建设用地。也就是说,城镇化进程在用地上表现为城镇用地扩张和农村居民点用地减少,城乡居民点用地总规模应该下降,这也是土地利用总体规划的重要思想。但是,实际情况与理论预期有较大距离。城镇用地扩张迅速,农村居民点用地仍然增长,加剧了人地矛盾,制约耕地的可持续利用。

2005年年末至2010年其他土地减少了2722 hm²,占全区土地面积的比例下降了0.65%,2010年较2005年年末相对减少了6.60%。

(3)评价年土地利用用地调整

采用GIS空间分析功能,对2009年和2010年现状图进行Intersect分析,根据DLDM(地类代码)变化情况,得到2009年到2010年土地利用地类变化空间分布情况,如图8-10。利用GIS面积统计功能,对地类变化图斑进行数量和面积统计,得到表8-9。可以发现,2009年至2010年土地利用地类变化主要为农用地转变为其他地类,斑块数量共计106块,总面积128.28 hm²。新增建设占用农用地面积为119.34 hm²,以耕地转为建设用地为主,其中耕地转为农村居民点用地的面积最多,为103.46 hm²,耕地转为城镇建设用地的面积为1.71 hm²。

表8-9　2009—2010年通州区土地利用地类变化情况

2009年地类	2010年地类	地类代码变化方向	图上地类变化方向	斑块数量	面积/hm²
耕地	其他农用地	011—114	水田—坑塘水面	2	8.53
耕地	农村居民点	011—203	水田—村庄	41	67.55
耕地	城镇用地	012—202	水浇地—建制镇	1	1.23
耕地	农村居民点	012—203	水浇地—村庄	23	17.15

续　表

2009 年地类	2010 年地类	地类代码变化方向	图上地类变化方向	斑块数量	面积/hm²
耕地	其他建设用地	012—205	水浇地—风景名胜及特殊用地	1	0.45
耕地	城镇用地	013—202	旱地—建制镇	3	0.25
耕地	农村居民点	013—203	旱地—村庄	26	18.76
园地	城镇用地	023—201	其他园地—城市	1	0.23
园地	农村居民点	023—203	其他园地—村庄	1	0.56
草地	农村居民点	043—203	其他草地—村庄	1	0.21
其他农用地	耕地	114—011	坑塘水面—水田	2	0.41
其他农用地	农村居民点	114—203	坑塘水面—村庄	2	9.62
其他农用地	农村居民点	122—203	设施农用地—村庄	2	3.33
合计				106	128.28

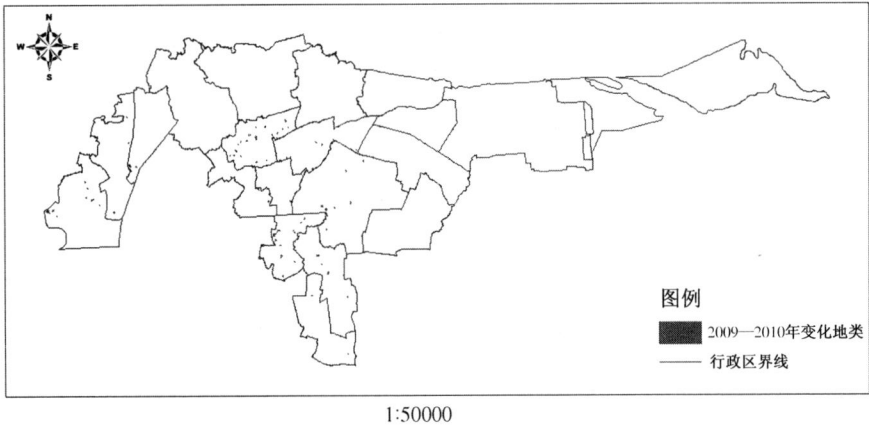

图 8‑10　2009—2020 年土地利用变化地类空间分布图（Intersect 分析）

（4）规划目标年土地利用用地调整

根据《南通市通州区土地利用总体规划（2006—2020 年）》方案，整个规划实施期内新增建设用地 2750 hm²，其中占用耕地 1741 hm²，通过土地整治补充耕地 1486 hm²。通过 ArcGIS 中的 Intersect 工具，可以得到整个规划实施期非建设用地转成建设用地的空间分布图和其他地类通过土地整治转为耕地的空间分布图。非建设用地转成建设用地的部分主要为耕地、园地、设施农用地、河流水面、滩涂等地类，总面积 3812.36 hm²，以耕地被新增建设用地占用的部分为主，在空间布局上主要集中在中部的金沙镇（含开发区），南部的张芝山镇、先锋镇、川姜镇，西部的五接镇，北部的石港镇以及沿海的三余镇，满足锡通产业园、开发区、滨海新区与滨江新区等重点建设的用地需求。规划其他地类转成耕地的主要为河流水面和自然保留地，总面积只有 21.14 hm²。空间分布如图 8‑11、图 8‑12 所示。

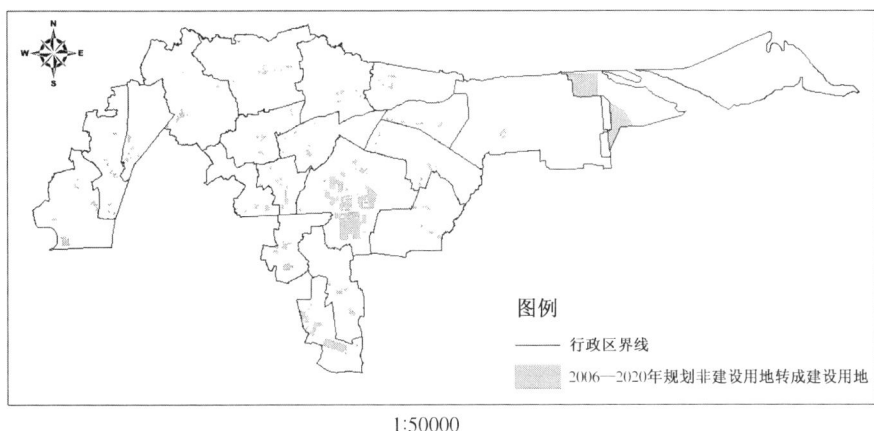

1:50000

图 8‑11　规划 2006—2020 年非建设用地转成建设用地空间分布图

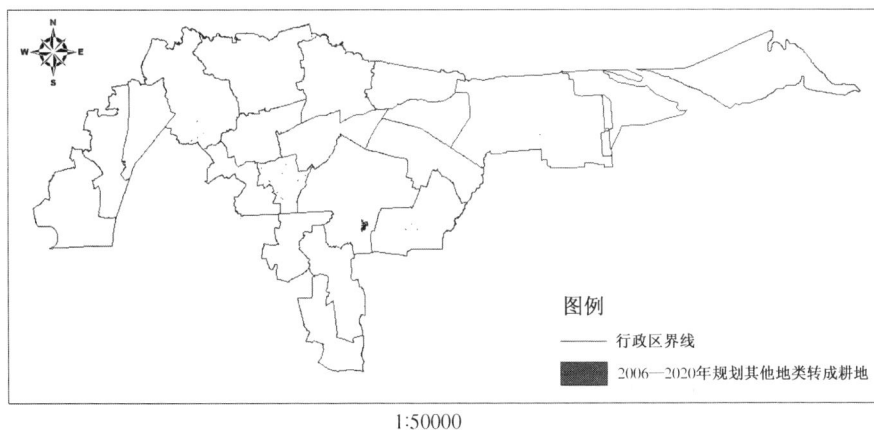

1:50000

图 8‑12　规划 2006—2020 年其他地类转成耕地空间分布图

8.3 研究区土地利用总体规划实施空间吻合性分析

这部分主要对研究区进行基于空间吻合性的土地利用总体规划实施评价,并对测算结果进行深入分析。

8.3.1 2010 年土地利用总体规划实施空间吻合度测算

(1) 规划执行过程评价的空间吻合度测算

根据规划执行过程评价的空间吻合度测算模型,可得到地类图斑空间吻合度、功能区空间吻合度和区域空间吻合度,结果如表 8-10、表 8-11、表 8-12。

表 8-10 2010 年规划执行过程地类图斑空间吻合度测算结果

地　　类	2020 年规划面积/hm^2	不符合规划的地类图斑调整面积/hm^2	地类图斑空间吻合度	级别
耕地	76255	61.48	0.9992	不符合
园地	3341	0.79	0.9998	不符合
林地	1086	0.00	1.0000	符合
其他农用地	17070	13.46	0.9992	不符合
城乡建设用地	23278	0.00	1.0000	符合
* 城镇工矿用地	5941	0.00	1.0000	符合
* 农村居民点用地	17337	0.00	1.0000	符合
交通水利用地	2256	0.00	1.0000	符合
其他建设用地	540	0.00	1.0000	符合
其他土地	40177	0.00	1.0000	符合

表 8-11 2010 年规划执行过程功能区空间吻合度测算结果

功　能　区	规划用地面积/hm^2	不符合规划的功能区调整面积/hm^2	功能区空间吻合度	级别
农地区	103236	13.4600	0.9999	不符合
林业用地区	1056	0.0000	1.0000	符合
城乡建设用地区	25353	0.0000	1.0000	符合
风景旅游用地区	89	0.0000	1.0000	符合
生态安全控制区	40177	0.0000	1.0000	符合

表 8-12 2010 年规划执行过程区域空间吻合度测算结果

区 域	规划区域 面积/hm²	不符合规划的 变化面积/hm²	区域空间 吻合度	级 别
通州区	164003	75.73	0.9995	不符合

（2）规划执行结果评价的空间吻合度测算

根据规划执行结果评价的空间吻合度测算模型,可得到斑块空间吻合度、功能区空间吻合度和区域空间吻合度,结果如表 8-13、表 8-14、表 8-15。

将 2009—2010 年变化地类的空间分布与规划方案中 2009—2020 年规划非建设用地转为建设用地和其他地类转成耕地的空间分布进行对比,可以反映出 2009—2010 年变化地类空间分布与规划变化地类的吻合情况(图 8-13)。

表 8-13 2010 年规划执行结果地类图斑空间吻合度测算结果

地 类	2020 规划 面积/hm²	2010 年实际 面积/hm²	不符合规划的 地类图斑调入 面积/hm²	规划未实施 面积/hm²	地类图斑 空间吻合度	级别
耕地	76255	73002.67	0.30	826.63	0.9465	3
园地	3341	701.49	0.00	49.27	0.1952	5
林地	1086	11.60	0.00	11.60	0.0000	5
其他农用地	17070	15228.44	2.84	13.06	0.8912	4
城乡建设用地	23278	27219.66				5
*城镇工矿用地	5941	2597.53	1.71	2389.99	0.0346	5
*农村居民点用地	17337	24622.12	70.43	24381.64	0.0098	5
交通水利地	2256	2410.42	0.00	551.00	0.8242	5
其他建设用地	540	89.75	0.45	0.00	0.1654	5
其他土地	40177	38537.61	0.00	1986.77	0.9097	3

表 8-14 2010 年规划执行结果功能区空间吻合度测算结果

功能区	2020 规划 面积/hm²	2010 年实际 面积/hm²	不符合规划的 功能区调入 面积/hm²	规划未实施 面积/hm²	功能区空 间吻合度	级别
农地区	103236	88932.6	0.00	888.95	0.8528	4
林业用地区	1056	11.6	0.00	11.60	0.0000	5
城乡建设用地区	25353	29630.08	72.14	27322.63	0.0882	5
风景旅游用地区	89	89.75	0.45	0.00	1.0034	1
生态安全控制区	40177	38537.61	0.00	1986.77	0.9097	4

表 8-15　2010 年规划执行结果功能区空间吻合度测算结果

区　域	2020 规划面积/hm²	2010 年实际面积/hm²	实际变化与规划不吻合的面积/hm²	规划未实施面积/hm²	区域空间吻合度	级　别
通州区	164003	157201.63	75.73	30209.95	0.7739	5

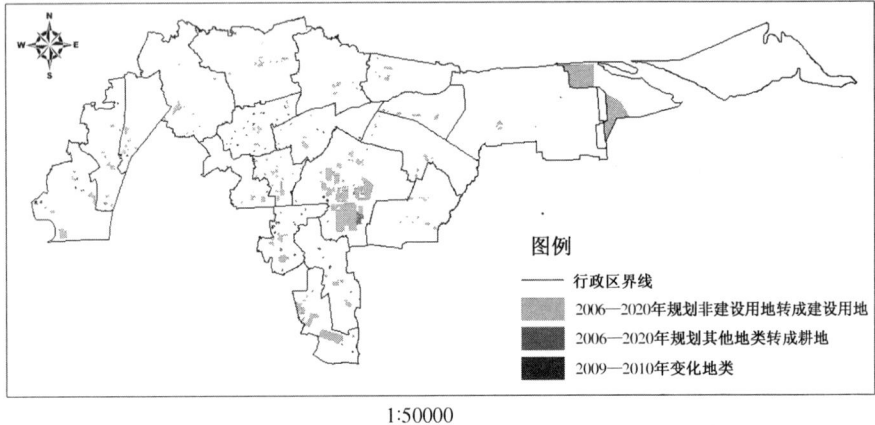

1:50000

图 8-13　2009—2010 年变化地类与规划变化地类的空间分布对比

8.3.2　2010 年土地利用总体规划实施空间吻合性分析

根据上一节的计算结果和初步判断,对南通市通州区 2010 年土地利用总体规划空间吻合性做进一步分析。

(1) 地类图斑空间吻合性分析

从规划执行过程来看,除了耕地、园地和其他农用地的地类图斑空间吻合性小于 1,其他地类均为 1。说明 2009—2010 年规划执行过程中,耕地、园地和其他农用地这三种地类的地块调整不符合规划方案。可能的原因有二:临时用地调整、违法用地,但究竟是哪种原因,限于资料和数据未获取,尚不能确定。若为临时用地调整,在规划实施期间是阶段性的调整,随着规划实施的推进会重新按照规划方案进行调整,当到达规划实施期末时该地块用地类型符合规划要求,则可认为最终的实施效果与规划目标是吻合的;若为违法用地,且无合法手续,则是不符合规划方案的,若有合法手续能够证明用地调整的合理性,则规划方案需要重新做相应调整,使现状实施结果与规划相符。

　　从规划执行结果来看,2010 年各地类图斑的空间吻合度差异很大。耕地的地类图斑空间吻合度最大,为 0.9465,其次为其他土地,空间吻合度为 0.9097;林地的空间吻合度最小,为 0,其次为农村居民点用地,空间吻合度仅为 0.0098。说明规划实施以来,实施初期阶段效果与最终规划目标仍然有很大差距,特别是林地、农村居民点用地、城镇工矿用地、其他建设用地、园地,亟待加强规划实施力度,在未来的规划实施期内逐步提高空间吻合度。

　　各地类的空间吻合度级别尚都处在较低级别,3～5 级,说明至 2010 年,规划实施现状与规划最终目标仍有较大差距,规划尚未实施部分仍然较多,随着规划实施的不断推进,规划实施效果有待进一步观察。

　　(2) 功能区空间吻合性分析

　　从规划执行过程来看,农地区空间吻合度小于 1,这与农用地地类图斑的不符合规划的地块调整有关;其他几类功能区尚未有地块调整,不符合规划的面积为 0,空间吻合度暂时都为 1。

　　从规划执行结果来看,2010 年各功能区空间吻合度差异较大,空间吻合度最高的是风景旅游用地区,达到 1;最差的为林业用地区,空间吻合度为 0。这与2010 年现状有很大关系,从总量上来看,林地减少量巨大,2010 年较 2005 年减少了 95.63%,2010 年林地实际面积仅为规划目标的 1.10%;2010 年实际城乡建设用地已经超过了预期目标,其中农村居民点用地 2010 年实际面积为 24622 hm²,较 2005 年不仅没有减少,反而增加了 38.84%,说明“城乡建设用地增减挂钩”实施效果并不理想,农村居民点用地集约利用水平未得到有效提高,严重影响了城乡建设用地区的空间吻合度,而交通水利用地 2010 年实际规模也已超过规划目标年 2020 年的规模,在反映了交通水利用地增长速度过快的同时,也反映了规划目标未充分考虑好未来基础设施用地需求,规划目标未能满足实际需求。从分级结果来看,只有风景旅游用地为 1 级,符合规划,其他四类功能区的空间吻合性级别均处于较低等级,为 4～5 级,也说明规划实施现状与规划最终目标仍有较大差距,规划尚未实施部分仍然较多,随着规划实施的不断推进,各功能区的规划实施效果有待进一步观察。

（3）区域层次空间吻合性分析

从规划执行过程来看,通州区 2010 年区域空间吻合度为 0.9995,小于 1,实施效果不符合规划,也是由农地区中调整地块与规划方案不符合造成的。

从规划执行结果来看,通州区 2010 年现状与规划目标的吻合程度为 0.7739,处于较低水平,第 5 级,规划实施效果有待于随着规划实施的不断推进做进一步的监测。

2009—2010 年变化地类不符合规划的空间分布如图 8‑14。

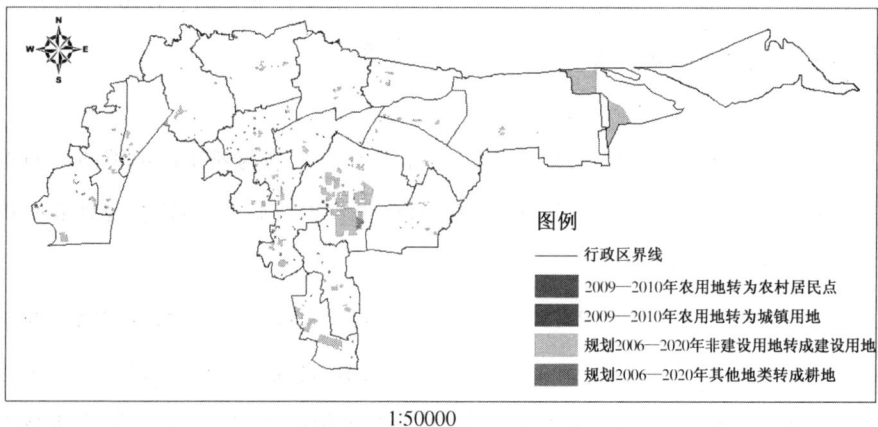

图 8‑14 2009—2010 年变化地类不符合规划的空间分布图

8.3.3 空间吻合性的地理形态分析

因南通市通州区 2009—2010 年变化地类的空间分布上尚未涉及海岸带和工业区,不符合规划的变化地类主要是农用地转为农村居民点用地和城镇用地,且以农村居民点用地为主。随着经济的快速发展,传统农业逐步向现代农业转变,与现代农业相匹配的农村居民点越来越受到非农业动力的驱动,在空间分布上趋向于沿交通线路或村庄边缘。所以这里主要分析 2010 年变化地块的地理空间分布特征。

通过比较可以发现,2009—2010 年农用地转为农村居民点用地的图斑所在乡镇主要集中在四安镇、先锋镇、五接镇和姜灶镇。这四个乡镇均位于南通市通州区西南部、靠近南通市中心城区北部和东部,属于南通市中心城区辐射区域。由前面的分析和图 8‑15 可知,通州区各乡镇海拔差异并不明显,水系丰富分布广泛,乡镇与乡镇之间的自然条件差异较小,所以自然因素不作为主要制约因素,影响农村居民点发展的主要为经济、社会条件。

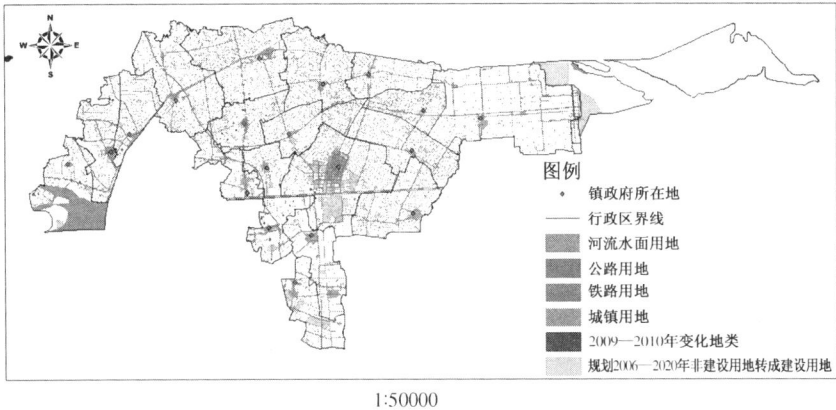

1:50000

图 8 - 15　2009—2010 年变化地类的主要影响要素

就四安镇、先锋镇、五接镇和姜灶镇而言,对居民点选址影响的主要因素为交通线(四镇境内无铁路,主要为公路线)。所以,采用 ArcGIS 中 Buffer 工具,对公路线做 500 米双侧缓冲区分析,可以发现,2009—2010 年农用地转为农村居民点的地类大多数落在公路线 500 米缓冲区范围内,但仍有一部分变化地类在公路线 500 米缓冲区范围外,主要是四安镇和先锋镇,农村居民点空间变化不仅不符合规划,而且实际选址不够合理(图 8 - 16、10 - 17、10 - 18)。

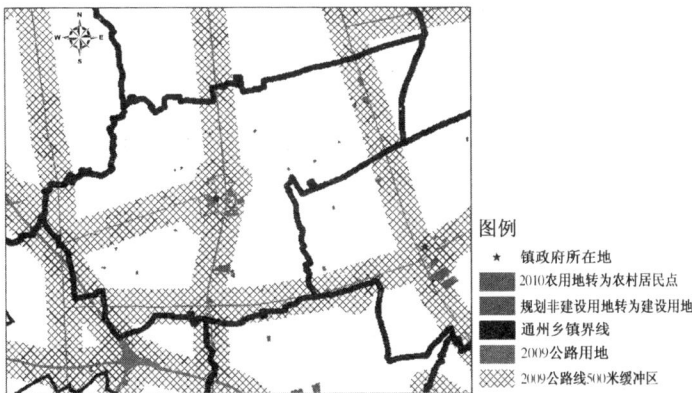

图 8 - 16　四安镇公路线 500 米 Buffer 分析

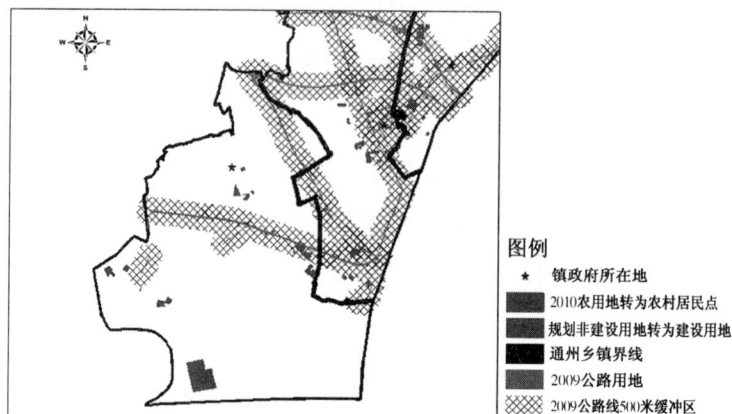

图 8-17　五接镇公路线 500 米 Buffer 分析

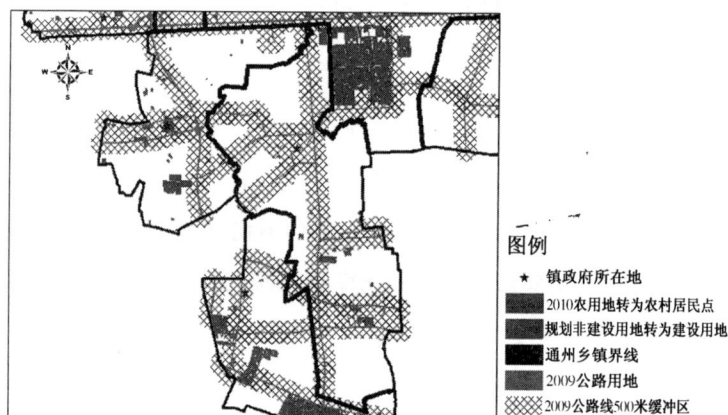

图 8-18　先锋镇和姜灶镇公路线 500 米 Buffer 分析

　　采用 ArcGIS 的 Clip 和 Intersect 工具，将公路线 500 米缓冲区层与 2010 年现状图进行 Clip 提取，然后与 2009—2010 年变化地类进行 Intersect 分析，结果显示，2009—2010 年变化地类中共有 59 个图斑落在公路线 500 米缓冲区范围内，占总变化图斑数量的 55.67%，总面积为 69.06 hm²，占变化地类总面积的 53.83%。另外 47 个地类变化图斑落在此范围之外(表 8-16、图 8-19)。

表 8 - 16   公路线 500 米缓冲区内 2009—2010 年通州区土地利用地类变化情况

2009 年地类	2010 年地类	地类代码变化方向	图上地类变化方向	斑块数量	面积/hm²
耕地	其他农用地	011—114	水田—坑塘水面	1	0.57
耕地	农村居民点	011—203	水田—村庄	29	46.46
其他农用地	农村居民带	114—203	坑塘水面—村庄	1	1.09
耕地	城镇用地	012—202	水浇地—建制镇	1	1.23
耕地	农村居民点	012—203	水浇地—村庄	8	6.80
其他农用地	农村居民点	122—203	设施农用地—村庄	1	2.53
耕地	城镇用地	013—202	旱地—建制镇	3	0.25
耕地	农村居民点	013—203	旱地—村庄	12	9.13
园地	城镇用地	023—201	其他园地—城市	1	0.23
园地	农村居民点	023—203	其他园地—村庄	1	0.56
草地	农村居民点	043—203	其他草地—村庄	1	0.21
合计				59	69.06

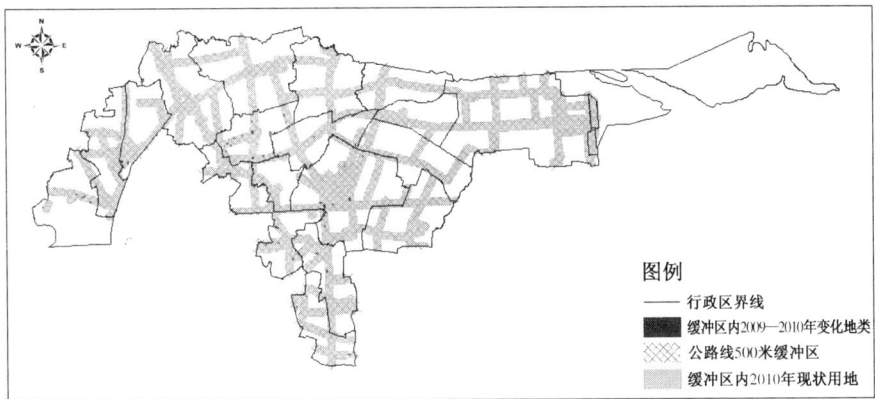

1:50000

图 8 - 19   公路线 500 米缓冲区内 2009—2010 年变化地类空间分布

8.4 土地利用总体规划实施偏离原因分析及对策建议

这部分主要对研究区土地利用总体规划实施评价结果进行偏离原因分析，探究偏离原因，并提出改革土地利用总体规划实施评价制度的对策建议。

8.4.1 2010年规划实施障碍因素诊断

前文是从用地调整方面对规划实施过程和效果进行空间吻合性的评价，并初步分析了空间不吻合的原因。但实际影响土地利用规划实施效果的因素可能是多方面的，如经济、社会发展，需要对其中的障碍因素进行系统诊断，以便在后面的规划实施过程中有针对性地进行调整和完善。

根据空间吻合性评价的两部分内容，规划执行过程评价和规划执行结果评价，同时考虑规划实施后2010年社会、经济和生态环境效益的变化，选取相应指标，建立规划实施障碍因素诊断指标体系，如表8-17。

表8-17 2010年规划实施障碍因素诊断指标体系

一级指标层	二级指标层	三级指标层	单位
土地利用执行结果指标 B1	农用地结构 C1	耕地 C11	hm²
		园地 C12	hm²
		林地 C13	hm²
		其他农用地 C14	hm²
	建设用地结构 C2	城乡建设用地 C21	hm²
		城镇工矿用地 C22	hm²
		农村居民点用地 C23	hm²
		交通水利地 C24	hm²
		其他建设用地 C25	hm²
土地利用执行过程指标 B2	土地利用调控指标 C3	基本农田保护面积 C31	hm²
		新增建设用地总量 C32	hm²
		新增建设占用农用地规模 C33	hm²
		新增建设占用耕地规模 C34	hm²
		整理复垦开发补充耕地规模 C35	hm²
		人均城镇工矿用地 C36	m²/人

一级指标层	二级指标层	三级指标层	单位
效益指标 B3	社会效益 C4	人均耕地面积 C41	hm²/人
		城镇化率 C42	%
		农村人均居民点用地面积 C43	m²
		城镇与农村人均收入比 C44	—
	经济效益 C5	地区生产总值 C51	亿元
		人均生产总值 C52	元
		第一产业与第二、三产业之和的比值 C53	—
		单位建设用地生产总值 C54	万元/m²
	生态效益 C6	林地覆盖率 C61	%
		人均林地面积 C62	m²/人
		土地垦殖率 C63	%
		园地覆盖率 C64	%

引入"因子贡献度""指标偏离度"和"障碍度"进行定量判断,三项指标分别用 R_{ij}、P_{ij}、B_{ij} 表示。具体计算公式为

计算因子贡献度：

$$R_{ij} = r_{ij} \times w_j \qquad (8-1)$$

式中,R_{ij} 表示第 j 子系统第 i 项评价指标的因子贡献度;r_{ij} 为第 j 子系统第 i 项评价指标权重,w_j 是第 i 项评价指标所属第 j 子系统的权重。权重的确定采用层次分析法。

计算指标偏离度：

$$P_{ij} = 1 - a_{ij} \qquad (8-2)$$

式中,P_{ij} 为第 j 子系统第 i 项评价指标的指标偏离度;a_{ij} 为第 j 子系统第 i 项评价指标的标准化百分数。这里的指标标准化分为两种,一种是对正向指标的标准化,一种是对负向指标的标准化,计算公式如下：

正向指标：

$$a_{ij} = 100 * A_{ij} / A_{\max} \qquad (8-3)$$

负向指标：

$$a_{ij} = 100 * A_{\min} / A_{ij} \qquad (8-4)$$

式中,A_{ij} 为评价年 2010 年现值,$A_{\max}$ 和 $A_{\min}$ 分别为理想最大值和理想最小值。判定理想的最大值和理想最小值是这一步的关键。具体如下：

C11 耕地、C12 园地、C13 林地、C14 其他农用地、C31 基本农田保护面积属正向指标,最大为最优;选择通州区 2005 年、2010 年、2020 年中最大值为标准,分别

与通州区 2005 年、2010 年、2020 年进行比较;

C21 城乡建设用地、C22 城镇工矿用地、C23 农村居民点用地、C24 交通水利用地、C25 其他建设用地属逆向指标,选择通州区 2005 年、2010 年、2020 年中最小值为标准,分别与通州区 2005 年、2010 年、2020 年进行比较;

C32 新增建设用地总量、C33 新增建设占用农用地规模、C34 新增建设占用耕地规模属逆向指标,选择通州区 2005 年、2010 年、2020 年中最小值为标准,分别与通州区 2005 年、2010 年、2020 年进行比较;

C35 整理复垦开发补充耕地规模属正向指标,越大越优,选择通州区 2005 年、2010 年、2020 年中最大值为标准,分别与通州区 2005 年、2010 年、2020 年进行比较;

C36 人均城镇工矿用地,属逆向性指标,选择通州区 2005 年、2010 年、2020 年中最小值为标准,分别与通州区 2005 年、2010 年、2020 年进行比较;

C41 人均耕地面积,属正向指标,以全国平均水平 0.096 hm² 为标准,分别与通州区 2005 年、2010 年、2020 年进行比较;

C42 城镇化率,属正向指标,以通州城市总体规划(2006—2020)规划预期的66.1% 为标准,分别与通州区 2005 年、2010 年、2020 年进行比较;

C43 农村人均居住面积,属于逆向指标,以《村镇建设规划标准(GB50188—1993)》国家标准 150 m²/人为标准,分别与通州区 2005 年、2010 年、2020 年进行比较;

C44 城镇与农村人均收入比,属于逆向指标,比值越小才越符合城乡统筹的思想,设定最小值 1 为标准,即城镇与农村收入相平衡,分别与通州区 2005 年、2010 年、2020 年进行比较;

C51 地区生产总值、C52 人均生产总值、C54 单位建设用地生产总值,属于正向指标,选择通州区 2005 年、2010 年、2020 年中最大值为标准,分别与通州区2005 年、2010 年、2020 年进行比较;

C53 第一产业与第二、三产业之和的比值,属于逆向指标,选择通州区 2005 年、2010 年、2020 年中最小值为标准,分别与通州区 2005 年、2010 年、2020 年进行比较;

C61 林地覆盖率,属于正向指标,越大越好,选择通州城市总体规划期末目标值 20% 为标准,分别与通州区 2005 年、2010 年、2020 年进行比较;

C62 人均林地面积,属于正向指标,越大越好,选择通州城市总体规划期末目标值 12 m²/人为标准,分别与通州区 2005 年、2010 年、2020 年进行比较;

C63 土地垦殖率,属正向指标,选择通州区 2005 年、2010 年、2020 年中最大值为标准,分别与通州区 2005 年、2010 年、2020 年进行比较;

C64 园地覆盖率,属正向指标,以南通市平均水平 2.65% 为标准,分别与通州区 2005 年、2010 年、2020 年进行比较。

计算障碍度: $B_{ij} = P_{ij} \times R_{ij} / \sum_{i=1}^{n} (R_{ij} \times P_{ij}) \times 100\%$ (8-5)

式中,B_{ij} 为第 j 子系统第 i 项评价因素的障碍度,由其大小排序可确定土地利用总体规划实施效果障碍因素的主次关系和各障碍因素对规划实施效果的影响程度。

根据障碍因素诊断的计算方法,可得到通州区土地利用总体规划实施效果障碍因素排序表 8-18,最主要为前 7 项(障碍度>6%),依次为新增建设用地总量、新增建设占用耕地规模、整理复垦开发补充耕地规模、新增建设占用农用地规模、园地、林地覆盖率、人均耕地面积,其中前 4 项指标障碍度均超过 7%,分别为 12.71%、9.34%、9.25%、7.32%,可见反映土地利用总体规划执行过程的增量指标的规划实施情况对规划实施效果的影响最大。第 8~16 项因素的障碍度相对弱一些,在 2%~6%,其余 11 项指标的累积障碍度小于 9.5%,认为对规划实施效果影响较小。这一结论进一步解释了前文空间吻合度的度量结果。规划执行过程中的地块调整与规划目标不符合,会直接导致规划执行过程评价的空间吻合度降低,进一步影响规划执行结果评价的空间吻合度的高低。特别是随着规划实施过程的不断推进,规划未实施部分逐步减少,规划实施部分逐渐增加,规划实施部分是否符合规划目标要求,对空间吻合度的度量结果的影响将更大。

表 8 - 18　2010 年通州区土地利用总体规划实施效果障碍因素排序

排序	指标代码	指标名称	因子贡献度	指标偏离度	障碍度
1	C32	新增建设用地总量	0.0453	1.0000	12.71%
2	C34	新增建设占用耕地规模	0.0333	1.0000	9.34%
3	C35	整理复垦开发补充耕地规模	0.0330	0.9997	9.25%
4	C33	新增建设占用农用地规模	0.0261	1.0000	7.32%
5	C13	园地	0.0315	0.7905	6.99%
6	C61	林地覆盖率	0.0538	0.4242	6.40%
7	C41	人均耕地面积	0.0600	0.3604	6.07%
8	C51	地区生产总值	0.0530	0.3820	5.68%
9	C54	单位建设用地生产总值	0.0467	0.3581	4.69%
10	C13	林地	0.0138	0.9893	3.83%
11	C24	交通水利用地	0.0351	0.3852	3.79%
12	C52	人均生产总值	0.0467	0.2777	3.64%
13	C44	城镇与农村人均收入比	0.0200	0.5433	3.05%
14	C62	人均林地面积	0.0182	0.5868	3.00%
15	C21	城乡建设用地	0.0548	0.1890	2.90%
16	C23	农村居民点用地	0.0258	0.2959	2.14%
17~27	其余 11 项				<9.5%

8.4.2　影响土地利用总体规划实施的内因

（1）基础数据对规划实施科学性的影响

研究过程中发现,南通市通州区土地利用总体规划前期研究和基础数据中,部分数据互相矛盾,存在土地现状图、数、实地不一致的情况,基础数据的准确性有待核实,必然会在一定程度上影响规划实施的科学性。

（2）规划编制方法对规划实施科学性的影响

本轮规划基期为 2005 年。根据第二次土地调查数据,到 2009 年通州区实际城乡建设用地已达到 16075 hm²,农村居民点用地已达到 24357.19 hm²,交通水利用地已达到 2326.03 hm²,均已超过规划方案中近期目标年 2010 年的相关指标,而园地、林地面积分别只有 747 hm² 和 11 hm²,远小于 2005 年的园地面积(3349 hm²)和林地面积(275 hm²)。规划指标是在第二次土地调查数据公布之前划分的,所以会出现倒挂现象。规划核查时只核查了新增建设用地指标,控制了新增建设用地面积,但没有核查建设用地面积,建设用地总面积实际上已经超出了规划控制指标的范围。

(3) 规划协调程度对规划实用性的影响

规划的协调程度主要是两个方面,一个是协调上下级规划,一个是协调土地利用总体规划与城市总体规划。土地利用总体规划编制是自上而下开展的,时间紧任务重,上级规划对下级规划具有严格的指标控制,上级规划谋求整体利益最大化和布局最优化,可能没有很好地考虑到下级政府的发展设想,而县乡级土地利用总体规划本质上属于实施性规划,主要任务就是对上级规划的控制指标和布局要求进行落实,以实现上下级规划的指标衔接,而不是全方位的协调。虽然土地利用总体规划中越来越注重和城市规划的协调,但是由于两规的规划体系、部门利益和编制时间上都存在一定的差异,导致两规之间仍然存在一定的矛盾。

8.4.3 影响土地利用总体规划实施的外因

(1) 宏观环境对规划实施的影响

在城市化进程中,城市的扩张发展过程也是土地利用结构变化的过程,其中一个最突出的变化就是农用地与非农建设用地的转化。地区生产总值的增长基础往往是建设用地的快速扩张,二者的增幅经常是相辅相成的。当现有建设用地无法满足经济发展需要时,就会促使大量非建设用地被建设占用,特别是耕地被建设占用,导致规划实施过程中会突破耕地保护指标的控制范围。

(2) 地方发展对规划实施的影响

经济激励机制和经济约束机制是土地利用的直接决策因素。这两种机制通过地权制度、价格制度、经营机制等来具体影响土地利用结构改变。由于农业用地的比较利益相对于建设用地来说很低,当缺乏有力的经济利益诱导机制时,必然导致农业土地(特别是耕地)的流失。不仅在农业用地和建设用地之间存在利益比较,即使在农业用地内部,也存在着激烈的利益比较。各种弃耕改果、弃耕改渔的现象就是证明。这些比较利益的存在都大大加重了耕地减少的问题。

(3) 土地利用总体规划管理制度对规划实施的影响

目前我国还没有一部正式的土地利用总体规划法。土地利用总体规划在法律制度方面尚缺乏强有力的法律约束和法律规范。同时,在规划实施过程中,由于决策层或实施者的法制观念淡薄,由于执法不严、行政干预过多,违法批地、违法用地、未批先用、批而不用、乱占滥用耕地等现象时有发生,特别是在一些乡镇,土地置换过程不按照规定程序进行办理,导致一些非农建设项目以土地置换的名义对土地资源进行违法占用,这些现象揭示了制度上的缺陷会在客观实际中导致规划的部分失效。

8.4.4 改革土地利用总体规划实施评价制度的建议

（1）规划编制和实施整个过程应贯彻可持续发展理念

土地资源是重要的物质基础。土地利用总体规划的目的本质上是实现整个社会的可持续发展。在整个规划编制和实施过程中,应系统贯彻可持续发展理念,坚持耕地保护政策不动摇的同时,要思考建立耕地保护政策体系,多渠道、多层次地实现保护耕地的政策目标;充分重视对生态环境的保护,打破行政界线,从更宏观的视角来重新审视规划,与流域治理规划、生态保护规划、区域发展规划等相衔接,加强规划实施过程生态环境的保护;促进集约节约利用土地资源,合理控制城市建设用地扩张,禁止不合理的土地开发利用行为,鼓励城市更新改造;在土地资源配置过程中积极引入市场机制,是市场调控和政府调控形成合力,实现经济社会发展与生态安全的协调统一。

（2）掌握真实准确数据以保证规划实施的科学性

规划的前提是弄清楚土地资源利用的现状及问题,这样才能使规划有据可依。扎实的土地资源利用现状调查,尤其是城镇周边、开发区周边、村庄周边、交通线两侧等敏感地区正是规划的重点所在,对其土地利用类型、规模、质量的现状的掌握程度,直接关系到规划目标(如各地类规模和空间控制、功能区划分)制定的科学性和可行性。通过分析现状,客观评价上一轮规划实施过程中出现的突出矛盾和突出问题,对发展方向、执行指标和调控指标的落实情况从定性和定量的角度做出科学判断,有利于增强规划修编的针对性。

（3）建立土地利用总体规划实施动态监测和反馈调控机制

土地利用总体规划实施过程中,不能排除部分用地类型的阶段性或暂时性违反规划的情况,比如违法用地调整过程中,某些地类可能存在暂时性的实际用途与规划目标不一直或不符合的情况,随着时间的推移,会从"不符合"向"符合"过渡,所以需要建立规划实施动态监测和反馈调控机制,对规划实施过程中的地类调整进行定期监督。

建立土地利用总体规划实施动态监测和反馈调控机制,可以定时监控土地利用变化和土地结构调整的状态,及土地利用总体规划目标是否得到正确执行,使政府及时了解土地变化中的矛盾和问题,并有针对性地制定解决政策,以保证整个规划得以顺利实施。通过年度动态监测规划实施情况,并结合客观环境的动态变化,如市场变化、政策变化,及时修改完善规划,以保证规划实施效果及经济社会的健康发展。通过反馈调控机制,不断总结实施过程中的经验和问题,形成反馈信息,及时调整土地利用年度计划和土地利用调整节奏,使规划方案能够按着一个健康稳定的轨道得以施行。可以通过年度监控、五年期阶段监控、十年期阶段监控、最终目标年系统评估的方式,监督和总结土地利用总体规划实施情况,为下一轮规划提供科学依据。

9 耕地保护制度改革与机制创新

9.1 耕地保护制度的发展与现状

耕地是确保国家粮食安全的基础,保护耕地资源与保障粮食安全是我国发展中面临的十分重要的问题。在今后 30 年左右的中期尺度内,我国面临人口继续增加、耕地逐渐减少和居民消费水平持续提高三大趋势,并形成两对矛盾:一是人口增加与耕地减少的矛盾;二是人民消费食品品质的持续提高所引发的粮食需求增加的问题(陈玲玲等,2009;张元红等,2015)。十分珍惜、合理利用土地和切实保护耕地是我国的基本国策。我国经济社会发展进程与国土资源管理实践都需要现代耕地保护制度与政策体系。伴随着经济社会发展,我国耕地保护制度逐步建立完善,并发展成为世界上最严格的土地管理制度。

在我国经济社会发展的新阶段,有必要回顾总结耕地保护制度与政策的演变历程,结合国际粮食安全形势,我国经济社会发展阶段尤其是工业化、城市化发展,以及粮食安全战略实施要求,分析我国耕地保护制度与经济社会战略转变及国际粮食安全形势之间的内在关系,揭示我国耕地保护制度变迁的基本规律。

9.1.1 我国耕地保护制度的变迁

从耕地保护制度概念的基本内容来看,耕地保护制度有广义和狭义之分。广义上的耕地保护制度包括所有与耕地保护有关的政策、法律和法规,诸如关于城市建设规划、乡镇建房条例、农业保护,以及中央和地方有关耕地保护方面的通知、办法、规定等内容体系;狭义上的耕地保护制度主要是指耕地的产权、使用、规划与管理及其相应的政策、法律和法规。这里主要从耕地保护制度的狭义角度来分析我国现行耕地保护制度的形成与发展轨迹。

1949 年至 1978 年改革开放,我国土地政策处于政府主导或意识形态主导阶段,主要经历了从私有制到自愿组合的初级社,到强制参与的高级社以及人民公社阶段。在耕地政策方面,片面强调通过开荒、围湖造田等增加耕地面积,对耕地保护并未专门提出。此时的有关政策均是服从和服务于国家工业化,为工业化提供积累。根据国家统计部门公布的耕地面积数据,1949 年全国耕地面积为 9788 万公顷(不含港澳台,下同),1957 年达到历史最高值的 11183 万公顷,此后基本呈下降趋势,1984 年降至 1949 年的总量水平以下,1995 年降至 9473 万公顷,比1957 年净减少了 1710 万公顷。尽管有学者对耕地面积数据的准确性提出过质疑,但是,"1957 年以来我国耕地面积基本呈下降趋势"的说法已被沿用多年。

从改革开放前我国耕地变化的轨迹可以看出,这一时期,由于"大力发展重工业"在国家意识形态中占了上风,耕地保护政策作为经济政策的一个组成部分必须服从和服务于这一时期国家的宏观经济发展战略,因此在传统经济发展战略大背景下出台的关于耕地开发、垦荒政策可以说是耕地保护政策的传统选择。

现阶段的耕地保护制度是在 20 世纪 70 年代末期以来耕地面积下降、人地矛盾加剧的基本国情下形成的,耕地保护制度的形成和演变经历了比较曲折的发展历程。耕地保护在不同时期面临着不同问题,政府针对不同问题出台了相应的制度和政策,根据我国耕地保护制度的特点及经济社会发展阶段,借鉴已有的相关研究成果,这里将我国耕地保护制度的形成和演变划分为以下几个阶段。

(1)耕地保护意识觉醒阶段(1978—1985 年)

尽管从 1957 年到 1977 年耕地面积呈现持续下降趋势,但耕地保护问题并没有得到重视。1978—1981 年,由于耕地利用还是控制在集体手中,耕地保护问题并不是特别突出,耕地保护问题尚未显现。在这一时期,国家各类管理机关逐步恢复,1979 年农业部首先恢复了土地利用局。其后,1982—1985 年,耕地保护问题初步显现,主要特点就是土地多头管理、耕地被大量无序占用。根据国家统计局年报数据,1978—1985 年,全国耕地面积由 9939 万公顷减少到 9685 万公顷,净减少 254 万公顷(3810 万亩),其中 1982—1985 年净减少 176 万公顷(2640 万亩),占减少总数的 69%。另据国土资源部耕地保护司提供的有关数据,1978—1985 年全国耕地面积净减少近 5000 万亩,其中 1981—1985 年,净减少 3690 万亩,1985 年净减少高达 1500 万亩,是 1949 年以来耕地减少数量最大的一年,并由此带来粮食大减产。

此阶段,全国各项建设用地需求突增,加上粮食生产形势总体上向消除粮食安全压力的方向发展,保证国家建设用地这一阶段的标志性事件是农牧渔业部内成立了土地管理局。这一阶段也是我国农村经济体制改革和市场经济建立和发展的初级阶段,经过农村制度的改革,我国建立了家庭联产承包责任制度,确立了耕地产权和农村经济关系。在这一阶段,集体农业解体,实现了耕地所有权和使用权的分离,耕地承包到户,大大调动了农民的生产积极性。改革开放政策的实行以及农业生产效率的提高,为一些地区尤其是沿海地区和大城市周边地区的非农产业发展提供了有利条件,基本建设的发展、非农业产业发展以及农民建房等导致耕地被大量占用,出现了耕地面积大量减少的现象。耕地保护问题逐步显现,耕地保护工作也逐步引起重视,但是,家庭联产承包责任制改革带来粮食大量增产使得耕地减少的问题并不十分突出(唐健,2006)。在这一时期,尽管在农牧渔业部内成立了全国土地对口管理的重要机构——土地管理局,但由于国家还没有颁布土地管理法,农牧渔业部土地管理局仍受部门局限,无法全面形成统一管理全国土地的权限和职责(黄小虎,2006),土地管理仍然是多头管理的局面,土地管理工作混乱、土地利用失控的情况没有得到根本好转,耕地被大量占用的情况也没有得到根本转变。

需求常以牺牲耕地为代价,由于国家粮食安全的压力尚未完全消除,中央政府也觉察到了耕地大量减少的苗头及其不利影响。尽管尚未有专门的机构与专门法律法规,但在相关文件及报告中,也多次提到了耕地保护,如 1978 年《政府工作报告》提出要通过开荒,促使耕地面积逐年增加。1981 年《政府工作报告》认为"十分珍惜每寸土地,合理利用每寸土地"应是我们的国策,并要求基本建设和农村建房不能乱占滥用耕地。1982 年中央 1 号文件将保护耕地视为与控制人口一样重要的国策,并要求严格控制各类建设占地;1982 年《政府工作报告》还将滥占耕地建房看作当时农村必须刹住的一股歪风;同年颁布的《国家建设征用土地条例》明确了耕地占用的审批权限,也涵括了耕地保护内容。1983 年中央 1 号文件将"耕地减少"列为当时农村一大隐患,并明确提出要"严格控制占用耕地建房"和"爱惜每一寸耕地"。

透过历年政府工作报告可以发现中央政府对耕地减少问题逐步重视,进行了有针对性的总结,并通过建立专门的管理机构、颁布中央一号文件的形式对认识到的问题进行重点部署。因此,可以认为 1978—1985 年我国耕地保护意识逐步觉醒,这一时期成为我国耕地保护制度形成的萌芽阶段。

(2) 耕地保护政策初步形成阶段(1986—1996 年)

随着我国改革开放进程的加快,经济增长迅猛,城乡基础设施以及各类工业建设等全面铺开,加之农业结构调整及灾毁等原因,我国耕地流失速度仍然较快,1986—1996 年全国耕地净减少 310.38 万公顷(4655.70 万亩),年均净减少 34.49 万公顷(517.35 万亩)。为了遏制住耕地大量减少的不良局面,国家成立了专门的土地管理机构,出台了相关法律法规,耕地保护进入法制化阶段,并且开始实施基本农田保护制度。

这一阶段的标志性事件是成立了国家土地管理局和颁布了《土地管理法》。1985 年的耕地大量减少以及由此引发的粮食大减产,引起了党中央、国务院的高度重视,因此 1986 年 3 月《中共中央、国务院关于加强土地管理制止乱占耕地的通知》(中发〔1986〕7 号)适时颁布,并明确指出"十分珍惜和合理利用每寸土地,切实保护耕地"是我国必须长期坚持的一项基本国策;作为组织保证,中央决定成立国家土地管理局。1986 年 6 月 25 日第六届全国人民代表大会常务委员会第十六次会议通过了《土地管理法》并于 1987 年开始实施。此后,我国耕地面积锐减势头初步得到控制,耕地减少和净减少数,从 1985 年的 160 万公顷(2400 万亩)和100 万公顷(1500 万亩),下降到 1990 年的 46 万多公顷(700 万亩)和 6 万多公顷(100 多万亩)。但是,1991 年全国净减少耕地又回升到 23 万多公顷(350 万亩),因此,1992 年 11 月发布了《国务院关于严格制止乱占、滥用耕地的紧急通知》,在严格审批土地,加强开发区审批、建设管理等方面提出了耕地保护的明确要求;1994 年 7 月 4 日国务院颁发了《基本农田保护条例》,开始实施以耕地保护为目标的基本农田保护制度。1995 年国务院召开全国耕地保护工作会议,就加强土地管理、落实基本农田保护机制进行了部署。近几年的《政府工作报告》也都强调要建立健全基本农田保护制度。1996 年 6 月全国土地管理厅局长会议首次提出"实现耕地总量动态平衡"。我国第一轮土地利用总体规划(1986—2000 年)的编制在这一阶段也顺利完成,全国土地利用规划纲要提出的土地利用方针是:切实保护耕地、保障必要的建设用地、努力改善生态环境、提高土地利用率和生产力、实行土地"开源"与"节流"并举的方针、统筹兼顾、量力而行、调整土地利用结构。但是由于没有具体规定规划审批等事项,因而没有得到很好的实施,也就没有起到应有的耕地保护作用。

这一时期,我国耕地保护政策虽陆续制定,但总体来看,这一时期耕地保护政策欠缺系统性,多属应急行为,政策实施效果有效期短,难以应对经济社会快速发展对耕地占用的需求。1986—1990 年耕地占用受到控制,耕地减少趋势变缓。但是自 1990 年以来,随着进一步的改革开放和各地市场经济的较快发展,我国经济社会进入一个快速发展阶段,全国普遍形成开发区热和房地产热,加之农业结构调整和城镇工矿用地的扩张,耕地占用规模因此而扩大,耕地减少又出现上升趋势,直接带来了耕地保护政策的进一步完善,尤其是基本农田保护制度的建立、耕地总量动态平衡理念的提出,促使更加系统、严格的耕地保护制度体系得以形成。

(3) 耕地保护政策体系初步建立阶段(1997—2003 年)

1986—1995 年尤其是 1992—1994 年间耕地的迅速减少,使得耕地保护问题引起了政府的高度重视。1996 年中央财经领导小组办公室组织了耕地保护的专题研究,为今后一段时期内耕地保护政策体系的建设奠定了基础。

1997 年 3 月 14 日全国八届人大五次会议修订《刑法》,增设了"破坏耕地罪""非法批地罪"和"非法转让土地罪",1997 年 4 月 15 日中共中央、国务院发出了《关于进一步加强土地管理切实保护耕地的通知》(中央〔1997〕11 号文件),通知指出:"保护耕地就是保护我们的生命线",要求采取治本之策,"进一步严格建设用地的审批管理","对农地和非农地实行严格的用途管制",强调进一步严格建设用地的审批管理以及对农地和非农地实行严格的用途管制。1997 年 5 月 20 日国家土地管理局等发布了《冻结非农业建设项目占用耕地规定》；1998 年 8 月 29 日修订通过《土地管理法》，修改了征用耕地的补偿标准以及审批权限、确立了耕地总量动态平衡和土地用途管制制度，成为我国耕地保护政策体系初步建设阶段的重要标志。1998 年成立的国土资源部设立了耕地保护等职能部门，开始统一管理耕地保护问题，也为构建耕地保护政策体系奠定了体制基础。

1999 年 1 月 1 日开始进一步执行的新《土地管理法》与旧法在指导思想上有所不同，从以保证建设用地管理供应为主转变为以保护耕地为主，各项措施旨在从体制、机制和法制上解决土地管理特别是耕地保护问题。1999 年 2 月 24 日国土资源部发布了《土地利用年度计划管理办法》和《建设用地审查报批管理办法》；1999 年 4 月 2 号国务院办公厅发布了《关于印发全国土地利用总体规划纲要的通知》；此轮规划编制，无论规划目标（在保护生态环境前提下，保持耕地总量动态平衡，土地利用方式由粗放向集约转变……坚持占用耕地与开发复垦耕地相平衡）的确定，土地利用基本方针（把保护耕地放在土地利用与管理的首位；坚持供给制约和需求引导……）的制定，以及规划指标的确定（四个指标中三个围绕耕地）都表现出本次规划以耕地保护为主题。

此后，2000—2003 年，国土资源部又陆续颁布了许多文件，以进一步落实耕地保护要求，如《关于加大补充耕地工作力度确保实现耕地占补平衡的通知》等。而为了协调耕地保护与其他政策关系，国土资源部先后颁发了《关于搞好农用地管理促进农业生产结构调整工作的通知》等，对于破坏耕地保护行为也颁布了针对性文件，如 2003 年的《关于严禁非农业建设违法占用基本农田的通知》等。

与此同时，2000 年 9 月 10 日和 2002 年 4 月 11 日国务院先后发布了《国务院关于进一步做好退耕还林还草试点工作的若干意见》与《国务院关于进一步完善退耕还林政策措施的若干意见》，2002 年 12 月 6 日国务院第 66 次常务会议通过了《退耕还林条例》。陆续出台的生态退耕政策，成为耕地保护政策体系中的重要组成部分。1997—2003 年，生态退耕共减少耕地面积 573.50 万公顷，占耕地减少量的 62%。

这一时期，我国基本农田保护区调整划定工作基本完成，各项基本农田保护制度初步建立完善，耕地总量动态平衡和土地用途管制制度正式确立，耕地保护管理的体制进行了调整,通过土地开发、整理与复垦等手段增加和补充耕地的工作也得到重视,并成立了土地整理中心。至此,耕地保护政策体系初步建立,耕地资源的占用在很大程度上得到了较为有效的控制。尽管如此,由于工业化、城市化迅速发展的惯性作用,耕地的数量和质量仍然在持续下降,但下降幅度明显降低。

(4) 耕地保护政策体系逐步完善阶段(2004—2012 年)

2004 年以来,我国开始改革征地制度、实施地方政府耕地保护责任追究以及土地调控制度。这一阶段的标志性事件是第三次修订《土地管理法》:区分征收和征用、出台《省级政府耕地保护责任目标考核办法》、建立国家土地督察制度。

2004 年中央 1 号文件明确提出"各级政府要切实落实最严格的耕地保护制度",同年《政府工作报告》强调要依法加强耕地管理和加快征地改革。中华人民共和国第十届全国人民代表大会常务委员会第十一次会议于 2004 年 8 月 28 日通过《全国人民代表大会常务委员会关于修改〈中华人民共和国土地管理法〉的决定》,区分了征收和征用;2004 年 10 月 21 日国务院发布了《国务院关于深化改革严格土地管理的决定》(简称 28 号文),强调严格执行占用耕地补偿制度、提出完善征地补偿和安置制度以及建立完善耕地保护和土地管理的责任制度;2005 年 5 月 28 日国务院办公厅发布了《省级政府耕地保护责任目标考核办法》;2006 年 7 月 24 日,国务院《关于建立国家土地督察制度有关问题的通知》正式出台,标志着国家土地督察制度开始全面实施。这表明了,中央下决心以更大的行政力量,来制衡地方政府已经坐大的土地资源支配权力,尤其是完善土地监察体系,对地方政府的土地违法尤其是耕地违法占用等进行严厉管制。2006 年 8 月 31 日,国务院发布了《国务院关于加强土地调控有关问题的通知》(简称 31 号文),通知进一步明确土地管理和耕地保护的责任、切实保障被征地农民的长远生计、禁止擅自将农用地转为建设用地,并且要求强化对土地管理行为的监督检查。2007 年的中央一号文件明确提出,要切实提高耕地质量,强化和落实耕地保护责任制,合理引导农村节约集约用地,加大土地整理、复垦力度,加快实施沃土工程,积极支持高标准农田建设。同年的《政府工作报告》也提出要牢牢守住 18 亿亩耕地这条红线,保障国家粮食安全。2008 年,为了缓解耕保压力,国务院颁布了《关于完善退耕还林政策的通知》。这一阶段,国土资源部也先后发布了《关于规范城镇建设用地增加与农村建设用地减少相挂钩试点工作的意见》《耕地占补平衡考核办法》《实际耕地与新增建设用地面积确定办法》等与耕地保护密切相关的有关文件。

2008 年 8 月 13 日,国务院常务会议审议并原则通过《全国土地利用总体规划纲要(2006—2020 年)》。《纲要》历经多次修订,尤其是就耕地保护问题进行了细致落实,最终确定了坚守 18 亿亩耕地红线的目标,到 2010 年和 2020 年,全国耕地保有量分别保持在 18.18 亿亩和 18.05 亿亩,同时对耕地质量保护也做出了重要安排。《纲要》作为全国土地利用的纲领性文件,在规划目标与主要任务中,均将耕地保护列为首条,充分体现了对耕地保护工作的重视,同时也体现了利用规划手段强化耕地保护政策制度的重要任务。同年 10 月,党的十七届三中全会审议通过了《中共中央关于推进农村改革发展若干重大问题的决定》,《决定》指出,土地制度是农村的基础制度,突出强调了要"健全严格规范的农村土地管理制度""划定永久基本农田,建立保护补偿机制,确保基本农田总量不减少、用途不改变、质量有提高",意味着在新的形势下,必须坚守 18 亿亩耕地这根红线,实行最严格的耕地保护制度,这成为我国新时期耕地保护政策改革创新的重要指导精神。

2003 年国务院首次提出将土地作为宏观调控手段,2004 年以来,土地调控不断得以加强,作为土地政策主体的耕保政策也被赋予了参与宏观调控的使命。为切实把好各项建设的土地供应"闸门",需要科学编制和严格实施土地利用总体规划和年度用地计划,还需要严格和规范建设用地预审和审批管理,而所有这些都无一例外地贯彻了耕地保护原则。

(5)耕地数量、质量及生态并重保护时期(2013 年以来)

"要像保护大熊猫一样保护耕地。"自 2013 年十八届三中全会以来,我国耕地保护进入了数量、质量及生态并重时期。这一时期,耕保政策与相关政策的互动加强,耕地保护的行政手段继续得以加强,法律、技术手段不断完善,经济手段开始引起重视,应急式政策有所减少,责任追究制度及监督预防性政策制度逐步完善,体现出耕地保护制度与经济社会发展逐步协调,耕地保护政策体系不断得以完善(张一鸣,2014)。尤其是耕地占补平衡制度、耕地休耕制度、耕地利用的生态补偿制度等政策、制度得到完善与发展。

9.1.2　现行耕地保护政策体系及其缺陷

（1）现行耕地保护政策体系

狭义上的耕地保护政策主要是指：耕地的产权、使用、规划与管理及其相应的政策、法律和法规。从狭义角度来分析，我国现行耕地保护政策是一个比较完整的体系，是伴随着我国社会经济发展尤其是农业发展过程而逐步形成的。现行耕地保护政策体系主要由以下几方面制度具体构成（唐健，2006）。

一是，土地用途管制制度。《土地管理法》在总则第4条规定："国家实行土地用途管制制度。"土地用途管制制度是《土地管理法》确立的我国耕地及农用地保护的核心制度，目的是取代建设用地的分级限额审批制度，对农用地和非农地实行严格的用途管制。这是世界上市场经济国家的通行做法，对我国来说是耕地保护的根本性措施。《土地管理法》第4条规定，"国家编制土地利用总体规划，规定土地用途，将土地分为农用地、建设用地和未利用地"，"严格限制农用地转为建设用地，控制建设用地总量，对耕地实行特殊保护"。

二是，基本农田保护制度。就是将优质耕地作为基本农田实行特殊保护而建立的制度。首先是划定基本农田保护区，《土地管理法》规定了5类耕地应当划入基本农田保护区，严格管理；各省、区、市划入基本农田保护区的耕地要占本行政区域内耕地的80%以上。其次是严禁占用基本农田。《基本农田保护条例》规定，基本农田保护区经依法划定后，任何单位和个人不得改变或占用。再次是规定了三项禁止性条款。包括禁止任何单位和个人在基本农田内建窑、建房、建坟、挖沙、采石、取土或者进行其他破坏基本农田的活动；禁止占用基本农田发展林果业和挖塘养鱼；禁止任何单位和个人闲置、荒芜基本农田。

三是，耕地占补平衡制度。《土地管理法》第31条规定，"国家实行占用耕地补偿制度"，具体规定"非农业建设经批准占用耕地的，按照'占多少，垦多少'的原则，由占用耕地的单位负责开垦与所占用耕地的数量及质量相当的耕地；没有条件开垦或者开垦的耕地不符合要求的，应当按照省、自治区、直辖市的规定缴纳耕地开垦费，专款用于开垦新的耕地"。在实际工作中，称其为耕地占补平衡制度。

四是，土地开发整理复垦有关政策。《土地管理法》在"耕地保护"一章就土地开发整理复垦做出规定，说明这项工作是耕地保护的重要工作。该法第38、41、

42 条分别规定，"在保护和改善生态环境、防止水土流失和土地荒漠化的前提下，开发未利用土地"，"国家鼓励土地整理"，"因挖损、塌陷、压占等造成土地破坏，用地单位和个人应当按照国家有关规定负责复垦"，确定了土地开发整理复垦的基本原则。

五是，其他制度、政策。主要是耕地产权制度和耕地保护监督检查制度等。耕地产权制度主要体现在两个方面，一是完善了耕地承包经营制度；二是完善了耕地征收制度。耕地保护监督检查制度主要表现在：一建立了耕地保护责任目标考核制度；二建立了利用卫星遥感监测成果进行执法检查的制度；三建立了国家土地督察制度，通过发挥国家土地督察机构在耕地保护监督检查中的作用，强化对地方政府耕地保护的监督检查。

（2）现行耕地保护政策的缺陷

通过分析我国耕地保护制度的变迁轨迹不难发现，我国耕地保护的力度越来越大，实行的是世界上最严格的耕地保护措施。绩效分析结果也显示，我国耕地保护政策的实施有效地阻止了耕地资源的过度减少。然而，最严格的耕地保护政策的实施却未能完全阻止耕地的快速过度消耗。尽管在经济社会快速发展阶段，耕地的占用不可避免，但耕地保护政策存在的缺陷与不足也是耕地保护政策效果不甚理想的原因之一。从体制政策的角度来看，我国耕地保护政策还存在着目标机制不完善、政策手段单一、缺乏利益协调机制等缺陷。与此同时，我国耕地保护政策的实施还遇到耕地利用与保护本身外部性、市场失灵、政府失灵等外部制度环境障碍（唐健，2006）。

一是，耕地保护政策的目标机制不完善。从耕地保护的内涵来讲，耕地保护一般被认为是耕地数量保护、质量保护与生态保护的有机结合。然而，目前我国的耕地保护政策，过分地强调数量保护，对耕地的质量、生态保护提及较少，关注不够。尽管部分耕地保护政策对耕地质量的保护、提高耕地综合生产能力等内容有了关注，但是缺乏具体的落实举措，相对于耕地数量保护的严格管制来说，还存在很多不足。另外，当前耕地保护政策的目标主要包含中央政府在国家层面的粮食安全、社会稳定等国家政策目标，地方政府在区域经济社会发展及完成上级耕地保护考核任务上的区域政策目标。由于中央政府与地方政府对耕地保护政策目标的不一致,尤其是在现行分税体制和政绩考核指标约束下,地方政府面临的保护耕地和发展经济的激励存在冲突,导致国家耕地保护政策在具体实施中存在很多问题。现行的耕地保护政策目标机制缺乏对不同耕地保护政策主体的目标统一机制,地方政府的耕地保护政策目标常常是为了保护而保护,导致耕地保护政策执行不力,影响了耕地保护效果。

二是,耕地保护制度的政策手段单一,不适应市场经济快速发展的需要。耕地保护政策手段是实现耕地保护政策目标的各种措施和方法的总称,从大的范围来看,政策手段主要有经济手段、法律手段、行政手段等。就我国目前的耕地保护政策来看,政策手段主要为行政手段,通过行政命令的方式将国家耕地保护目标层层下达给各级地方政府。随着法制社会的建设,法律手段有所运用,但是法律手段的约束作用机制不够完善,耕地保护有关法律法规所发挥的作用大多依附于行政手段而存在。而在市场经济条件下,经济手段往往是实现政策目标的重要手段,也是成本较小的手段。但是我国目前的耕地保护政策对经济手段的运用较少。近年来在耕地保护工作中有关经济手段已有所发展,但还远远不够。市场经济的快速发展要求资源管理建立与其相适应的法律制度及管理手段。目前,我国社会主义市场经济体制基本形成,投资和利益主体日趋多样化,不同区域不同利益主体经济不断分化,以行政手段为主的耕地保护机制导致新增建设用地成本远远低于存量土地的利用成本,现行财税体制下,土地财政占政府财政收入的比重居高不下,促使地方政府受利益驱使而热衷于搞外延开发,造成大量耕地资源被占用。因此,在今后的耕地保护政策中,加大经济手段的力度,通过市场调节控制耕地占用,采用倒逼机制促进节约集约用地,运用经济激励、金融工具等来丰富耕地保护政策手段,才能促使耕地保护政策与经济社会的快速发展相协调。

三是,耕地资源公益性的财政特征尚未体现,耕地政策缺乏利益协调机制。耕地资源作为公益物品,耕地保护的实施以及产生的经济、社会、生态等效益具有明显的公益性。耕地资源作为国家的公共财产,理应归社会长期享用。耕地资源的低效、粗放利用,是社会财富的浪费。在市场经济体制下,微观层面上耕地保护对于私人个体来说,成本与收益不成比例,耕地保护的机会成本往往超过所得效益。私人个体倾向于追求当前利益,因此往往会因为私人的利益而与国家的公共利益冲突而导致耕地数量的减少、质量的下降。地方政府在耕地保护过程中,由于政绩考核的激励作用,最关心的利益多是任期内的经济增长政绩,政府行为容易短期化,与耕地保护的长期战略也会存在冲突。短期来看,耕地保护是不经济的,耕地生产的比较效益低下,远不如工业化、城镇化等带来的利润高,但长期来看,耕地资源关系到国家安全、社会稳定。因此,关乎于社会全体的"福利"和国家安全的耕地保护应该运用公益性财政来弥补因保护耕地而失去发展机会的成本。土地是生产的基本要素,土地政策的实施往往会对经济社会中不同主体的利益产生重要影响。耕地保护的产权界定不清、目标机制不完善、缺少经济手段,且耕地资源的公益性财政特征尚未充分体现,导致不同利益主体对耕地保护政策的理解不同,遵守与落实程度迥异,政策实施效果不理想。现行耕地保护政策没有考虑到不同区域之间的基础差异,一个中央政府的管制或干预措施在全国范围内统一推行,缺少区域之间的利益协调机制,导致在各地区具体实施表现出不一致。另外,中央政府、地方政府、农民集体及农民个体等耕地保护主体间的利益协调机制也并未有创建,不同的主体在政策执行过程中局限于自身利益,严重影响了耕地保护政策的具体落实。

9.2 我国耕地保护的目标

9.2.1 耕地保护规模预测

(1) 耕地需求预测分析

一是,基于粮食安全的耕地需求量预测。 基于粮食安全的耕地需求可以定义为:在一定区域内,一定粮食自给水平和耕地综合生产能力的条件下,保障人们某一生活水平的粮食消费所需的耕地面积。耕地需求受粮食自给率、人口、人均粮食需求和耕地粮食生产能力等因素的影响,耕地需求与耕地粮食生产能力成反比,与粮食自给率、人口数量和人均粮食需求均成正比例关系。因此,耕地可以用此模型计算:

$$S = \frac{D \cdot r}{n \cdot k \cdot m}$$

式中：S 为耕地需求量；D 为粮食需求量；r 为粮食自给率；n 为粮食作物播种面积占农作物总播种面积的比例；k 为复种指数；m 为粮食播面单产。

显然，在耕地生产能力不变而人均粮食消费水平及粮食自给率较高时，要求有较大的耕地面积；在保持一定粮食自给率和粮食消费水平条件下，提高耕地粮食生产能力可以降低耕地要求。而提高耕地粮食生产能力可以通过提高粮播与总播比、复种指数或者是粮食单产水平等途径实现。

从人均粮食需求、复种指数、粮经播种比例等预测未来耕地需求量如下：

① 粮食需求量　根据我国《人口发展"十一五"和 2020 年规划》(2007)，规划至 2020 年，人口总量控制在 14.5 亿以内，同时根据近期国家人口与计生委测算我国在 2033 年前后人口将达到 15 亿的高峰(李斌，2009)的人口预测，且根据相关学者和机构对未来 30 年不同时期人均消费粮食水平的测算结果，取各项研究成果的平均值，得出 2020 年粮食需求量 62000 万吨，2030 年 69000 万吨。

② 粮食自给率　根据国家粮食安全中长期规划纲要(2008 年)中提出的 2020 年不低于 95％的粮食自给率，结合已有学者的相关研究成果，选择 95％和 90％两个自给率水平分别进行测算。

③ 粮食单产　主要根据中国粮食单产的统计数据进行对数曲线按惯例估计，同时考虑到随着农业技术水平的提高、农田设施的改善和农业政策的激励，粮食单产有继续增加的潜力，并结合纲要中测算数据，最终确定 2020 年粮食单产 5350 kg/hm²，2030 年 5900 kg/hm²。

④ 复种指数　根据 1996 年后国土资源部国土资源公报数据对复种指数进行预测，2020 年复种指数为 1.39，2020 年为 1.43，考虑到菜地等复种指数较高及撂荒等情况，最终确定 2020 年的复种指数为 1.32，2030 年为 1.39。

⑤ 耕地需求量预测　根据以上数据，采用公式测算耕地需求量。

测算结果如表 9-1 所示。

表 9－1 2020、2030 年的耕地需求量预测

	粮食需求量 （10⁴ t）	粮食单产 （kg/hm²）	复种指数	粮播比例 （%）	自给率 （%）	耕地需求量 （10⁴ hm²）
2020	62000	5350	1.32	68	95	12265.31
	62000	5350	1.32	68	90	11619.77
2030	68000	5900	1.39	66	95	11934.98
	68000	5900	1.39	66	90	11306.83

粮播比例数据取自：中国农业大学：《全国土地利用总体规划（耕地保护专题报告）》，2004。

二是，基于大食物观的耕地需求量预测修正。我国的粮食安全面临三大潜在危机：一是耕地减少，粮仓不保；二是增产有限，人均粮食趋降；三是人畜争粮，矛盾加剧（李毓堂，2009）。针对这些危机，我们一方面要贯彻落实"合理珍惜利用土地，切实保护耕地"的基本国策，积极发展农业科技，提高农业产量，另一方面应合理有序地利用粮食，科学引导人均膳食比例，调整粮食消费结构，积极寻找粮食的替代品，实现资源的有效利用。根据国家食物与营养咨询委员会对我国食物安全的研究，至 2020 年（全面小康社会时期）我国粮食人均占有 437 公斤，油料人均占有 29 公斤，糖料人均 116 公斤，水果人均 55 公斤，肉类人均 53 公斤，禽蛋人均 22 公斤，奶类人均 26 公斤，水产品人均 39 公斤；2030 年（向富裕阶段过渡时期）我国粮食人均占有 472 公斤，油料人均 33 公斤，糖料人均 125 公斤，水果人均 59 公斤，肉类人均 53 公斤，禽蛋人均 24 公斤，奶类人均 33 公斤，水产品人均 40 公斤。（卢良恕，2003）。

我国对粮食的需求主要有以下几个方面：食用粮、饲料用粮、工业用粮、种子用粮。根据鲜祖德等人的研究，从 1995—2005 年，我国食用粮消费占粮食产量的比重从 61.85% 下降至 52.52%，同期饲料用粮需求量从 25.93% 上升至 32.78%，工业用粮从 8.28% 上升至 11.46%。近年来这一趋势还在加剧。

表 9－2 近年粮食消费结构表 （单位：万吨，%）

年代	粮食总预测需求量	食用粮预测需求量	占粮食总预测需求量	饲料用粮预测需求量	占粮食总预测需求量	种子用粮预测需求量	占粮食总预测需求量	工业用粮预测需求量	占粮食总预测需求量
1995	45280.3	28007.4	61.85	11740.4	25.93	1782.5	3.94	3750.0	8.28
1996	46051.0	27713.9	60.18	12481.1	27.1	1762.6	3.83	4093.4	8.89

续　表

年代	粮食总预测需求量	食用粮预测需求量	占粮食总预测需求量	饲料用粮预测需求量	占粮食总预测需求量	种子用粮预测需求量	占粮食总预测需求量	工业用粮预测需求量	占粮食总预测需求量
1997	46406.0	27379.6	59.00	12708.9	17.39	1814.4	3.91	4503.1	9.70
1998	47032.5	27450.6	58.37	13316.4	28.31	1758.5	3.74	4507.1	9.58
1999	47320.0	27193.5	57.47	13708.9	28.97	1689.4	3.57	4728.3	9.99
2000	47703.5	26962.5	56.52	14249.8	29.87	1613.1	3.38	4878.1	10.23
2001	48251.4	26877.1	55.7	14744.6	30.56	1664.5	3.45	4965.3	10.29
2002	48634.0	26685.5	54.87	15142.6	31.14	1645.4	3.38	5160.5	10.61
2003	49188.5	26573.5	54.02	15611.5	31.74	1638.6	3.33	5364.9	10.91
2004	49661.9	26476.9	53.31	16028.4	32.28	1634.1	3.29	5522.5	11.12
2005	50211.9	26369.7	52.52	16459.4	32.78	1629.4	3.25	5753.4	11.46

资料源于鲜祖德:《中国粮食安全问题研究》,中国统计出版社,2003年,第237页。

2004年饲料粮的缺口已超过2000万吨,预计2010年缺口将达到3000万吨,2008年,我国饲料用粮所占比重已超过1/3。饲料用粮主要消耗在家畜养殖、饵料养殖等方面。如生产1 kg猪肉需要消耗3 kg粮食(李飞,2008)。美国是产粮大国,2003年猪肉产量只占全世界的9%,而中国是贫粮国,猪肉产量却接近世界总产量的一半(47.18%),国际上猪肉的平均消费占肉类消费的30%左右,牛肉在30%以上,羊肉在20%以上。而我国牛、羊肉消费不到肉食品消费总量的25%(常平凡,2005)。我国肉食消费中猪肉比重大,超过肉食品消费总量的60%。长期的"人畜共粮""粮—猪农业"不仅为粮食生产带来了巨大压力,同时也限制了农业的均衡发展,阻碍了中国人口食物结构优化的进程(任继周,2007)。因此,我国一方面应当调整不同肉类生产比例,另一方面拓宽养殖饲料的来源。应统筹考虑碳水化合物、油脂和蛋白质等主要营养要素的生产和供给,既要向耕地要"粮",也要向林、草、水要"粮";既要考虑眼前食物生产,也可考虑可持续性。

保守计算,按照卢良恕的预测,至2020年我国需生产7685万吨肉类产品(人口按14.5亿计算),如果将猪肉生产所占比例下降至50%~55%,即下降5%~10%的比例,则我国可节省粮食1150万~2300万吨;2030年我国需生产7850万吨肉类产品(人口按15亿计算),如果将猪肉生产比例下降至45%~50%,则我国可节省粮食 2300 万～3500 万吨。而我国可利用面积约 40 亿亩的草原,按照任继周的研究成果,以 40 亿亩可用草地的 8%建立人工草地,足以提供牛、羊等草食动物的饲料用粮,并且我国种植业作物秸秆资源对畜牧业同样具有巨大的支撑能力,据计算中国主要农作物秸秆能量 2006 年未被充分利用的主要作物秸秆可以转化为肉类食品 5952.76 万 t,相当于当年肉类食品产量的 73.93%(曹志宏,2009),我国完全有能力实现饲料用粮的低耗粮。

水产品养殖转化率高于肉禽生产,一般 1～3 kg 饲料就可养 1 kg 鱼,贝类、藻类等养殖品种则不消耗人工饲料。水产品中鱼消费比例按照 1/3 计算,取公约数 2 kg 可养 1 kg 鱼,则 2020 年水产品饲料用粮约 3730 万吨,2030 年水产品饲料用粮约 3960 万吨。全国有适宜养殖的浅海滩涂 3900 万亩,目前仅利用了 1/4,还有 300 多万 km² 的海域,外海和远洋渔业有一定的开发潜力。通过合理开发利用这些既不与粮食争地又不与畜牧争草的渔业资源、提高其生产水平,是开拓新的农业资源、增加食物总量、减少粮食的直接消费、保障我国粮食安全的战略措施。2020 年通过海洋资源解决 30%～50%的水产品养殖,可节约饲料用粮 1120 万～1860 万吨;2030 年通过海洋资源解决 40%～60%的水产品养殖,可节约饲料用粮 1500 万～2240 万吨。

综上所述,基于大食物观的角度,充分发展替代产业,发挥粮食替代功能,2020 年和 2030 年我国不同粮食自给率下的耕地面积需求量如下表所示。

表 9-3 95%自给率下耕地面积需求量

规划期	替代功能模式	通过粮食替代实际需粮量	粮食单产(kg/hm²)	复种指数	粮播比例(%)	自给率(%)	耕地需求量(10⁴ hm²)
2020 年	替代功能传统模式	62000	5350	1.32	68	95	12265.31
	替代功能低速发展	59730	5350	1.32	68	95	11816.25
	替代功能适中发展	58800	5350	1.32	68	95	11632.27
	替代功能快速增长	57840	5350	1.32	68	95	11442.35
2030 年	替代功能传统模式	68000	5900	1.39	66	95	11934.98
	替代功能低速发展	64200	5900	1.39	66	95	11268.03
	替代功能适中发展	63230	5900	1.39	66	95	11097.78
	替代功能快速增长	62260	5900	1.39	66	95	10927.53

表 9 - 4 90%自给率下耕地面积需求量

规划期	替代功能模式	通过粮食替代实际需粮量	粮食单产（kg/hm²）	复种指数	粮播比例（%）	自给率（%）	耕地需求量（10⁴hm²）
2020 年	替代功能传统模式	62000	5350	1.32	68	90	11619.77
	替代功能低速发展	59730	5350	1.32	68	90	11194.34
	替代功能适中发展	58800	5350	1.32	68	90	11020.04
	替代功能快速增长	57840	5350	1.32	68	90	10840.12
2030 年	替代功能传统模式	68000	5900	1.39	66	90	11306.83
	替代功能低速发展	64200	5900	1.39	66	90	10674.97
	替代功能适中发展	63230	5900	1.39	66	90	10513.68
	替代功能快速增长	62260	5900	1.39	66	90	10352.40

从大食物观的角度来看，充分利用海洋、林业、草业等资源可以替代粮食的消耗量，有效减轻耕地保护的压力。但大食物观的实现是一个长期的过程，目前尚有大量的难题需要破解。

三是，新时期耕地需求量的确定。在人均粮食需求、复种指数、粮经播种比例和国际农产品贸易的基础上，根据我国粮食播种面积比例、复种指数、人均粮食需求、人口预测等数据分析，在粮食自给率 95%的情况下，2020 年我国耕地需求量为 12265.31 万公顷，2030 年我国耕地需求量为 11934.98 万公顷；若粮食自给率控制在 90%，2020 年我国耕地需求量为 11619.77 万公顷，2030 年我国耕地需求量为 11306.83 万公顷。

基于大食物观的基础上对耕地需求量修正，则在 95%的粮食自给率下，根据粮食替代产业发展程度的不同，2020 年我国耕地需求量区间范围为 11442.35 万～11816.25 万公顷，2030 年我国耕地需求量区间范围为 10927.53 万～11268.03 万公顷；在 90%的粮食自给率下，2020 年我国耕地需求量区间范围为 10840.12 万～11194.34 万公顷，2030 年我国耕地需求量区间范围为 10352.40 万～10674.97 万公顷。

需要强调的是，替代粮食产业的发展涉及产业结构的各个方面。对于草原、林业、海洋、工业能源等涉及粮食消费的产业，需要调整传统的生产方式，优化产业结构，合理安排产业布局，积极发挥粮食替代产业的作用，才能切实落实粮食安全。

（2）耕地供给预测分析

经济社会的快速发展对我国耕地资源变化产生了重要的影响。随着工业化、城市化进程加快,以二、三产业为主的非农产业得到迅速发展,经济增长对耕地占用的压力增大,耕地流失速度随经济发展水平的提高而增快;在经济发展到稳定增长的较高阶段时,随着人们保护耕地意识的增强和对绿色开敞空间的需求,伴随着技术进步和产业结构优化,经济增长对耕地需求的内在压力逐渐趋于缓和（杨克等,2009）。经济增长"慢—快—平稳"的过程与耕地资源"保守—激进—合理"的变化趋势相对应,不同的经济增长阶段,耕地资源数量变化的特征不同（李永乐等,2008a）。理清工业化、城市化进程中的耕地变化规律,可为我国今后一段时期内适时调整经济社会发展战略与耕地保护政策提供理论支撑,对实现我国经济又好又快发展具有重要的政策意义。

从理论上分析,耕地流失与经济增长的关系应当是符合倒"U"形库兹涅茨曲线规律（蔡银莺等,2005）。不同的经济发展水平和经济增长阶段,有着不同的耕地数量变化的特征。发达国家、发展中国家和欠发达国家的国际比较表明耕地数量变化与经济增长速度、经济发达程度的相关性大体上呈现经济高度发达低增长型、经济不发达低增长型和经济中等发达高增长型特征（吴群等,2006）。随着经济快速发展,我国耕地减少与经济增长关系呈现出阶段性变化特征。自 1952 年以来,我国的经济增长和耕地资源数量变化经历了三个阶段:互为因果（1952—1978 年）,前者是后者的 Granger 原因（1978—1992 年）和后者是前者的 Granger 原因（1992—2004 年）。第三阶段为经济高速增长阶段,工业化、城市化快速发展,占用了大量耕地资源,耕地资源作为投入要素支撑了经济的快速增长,因此耕地数量减少成为经济增长的 Granger 原因。值得注意的是,作为一种投入要素,土地要素的投入会带来经济增长,经济总量的增长对土地的需求会相应增加,但耕地资源稀少的我国,不应该以牺牲大量耕地资源换取经济增长,而应投入经济增长所必需的耕地资源（李永乐等,2008b）。

我国现阶段耕地资源加速减少的规模之中,33% 是经济高速发展所必须付出的合理的代价,其余 67% 的耕地减少属于不必要或过度性损失（李效顺等,2008）。消减耕地过度性损失成为我国耕地保护制度实施的历史使命。倘若国家暂缓生态退耕并且消除过度性损失，耕地代价性损失规模将小于耕地补充数量，从而使我国理想耕地保护目标有增加的趋势。

耕地占用与 GDP 增长脱钩研究成为试图缓解我国耕地占用问题的重大实践。1998—2005 年，中国及其多数省份建设占用耕地规模已呈现相对于经济增长、城镇化发展以及总人口增长的退耦过程（郭琳等，2007）。近几年来，通过耕地占补平衡、促进土地集约利用等政策措施提高了土地资源利用效率和土地集约利用程度，单位土地面积占用的 GDP 值和单位土地的投资密度不断提高。这就为经济增长与耕地占用"脱钩"提供了可能与条件，但是目前还没有出现绝对"脱钩"的趋势。

研究表明，我国耕地非农化基本呈逻辑斯蒂增长（Logistic growth）过程，据此，推算出我国耕地非农化两个拐点出现时间分别在 1980 年和 2050 年，前者是从缓慢到加速的转折点，后者是从增长到停滞的转折点，其间还有一个耕地非农化速度由加速到减缓的拐点，将出现在 2015 年（蔡运龙，2009）。因此，若工业化、城市化对耕地的占用遵循逻辑斯蒂增长过程，则其最终将趋于停滞；相应地，保证粮食安全的耕地供给将趋于稳定。城市化、工业化用地需求与粮食安全用地需求应该也可以兼顾。

对耕地可供给量的预测，包括耕地增加供给估算（包括开发、整理、复垦和农业结构调整）和耕地减少供给估算（包括建设占用耕地、生态退耕、农业结构调整和灾害毁地）。我国对建设占用耕地实行严格的占补平衡制度，耕地保有量可视为现有耕地减去生态退耕、农业结构调整净减少耕地、灾毁耕地的剩余数量，因此，可根据对未来农业结构调整、灾毁和生态退耕的发展估算，来预测耕地供给量。2008 年我国耕地保有量为 12172 万公顷（18.2574 亿亩），预计 2009—2020 年农业结构调整、灾毁和生态退耕净减少耕地数量分别为 48 万公顷、30 万公顷和 10 万公顷；2020—2030 年分别为 45 万公顷、25 万公顷和 15 万公顷，则 2020 年和 2030 年耕地可供给量将分别达到 12084 万公顷（18.13 亿亩）和 11999 万公顷（17.99 亿亩）。可见，2020 年我国耕地保有量 18 亿亩的目标基本可以实现。

9.2.2 耕地保护的目标

（1）总体目标

我国人口众多，人均耕地资源少，解决我国人民的温饱问题一直是国家的工作重点之一。因此，耕地保护的目的在很长一段时间里界定为保障粮食安全。但随着经济社会发展、科技进步及城市化进程的快速推进，耕地保护的目标在发生拓展。首先，解决吃饭问题是根本，粮食安全仍然是耕地保护的重要目标之一。其次，城市化是一个渐进过程，即便实现了60%的城市化水平，也不可能吸收所有农村剩余劳动力，耕地仍然是农民的重要社会保障，保护耕地是保障社会稳定的基础。再者，耕地是土地生态系统的一个重要的子系统，有着净化空气、保持水土等重要作用，是生态安全链的重要环节，发挥着重要生态服务价值。保护耕地是实现社会经济可持续发展的重要保障。随着耗竭性能源的加快消耗，生物性能源开发加快所引起的农用地乃至耕地需求问题也引起了国际社会的关注。因此，中国现行耕地保护的科学内涵是以粮食安全为基础的保障社会稳定和可持续发展的综合目标体系。

（2）具体目标

近期目标。根据《全国土地利用总体规划大纲（2006—2020）》，至2020年我国耕地保有量为18.05亿亩。国土资源"十一五"规划纲要中指出，我国耕地保护的目标是："耕地保有量保持在1.2亿公顷和粮食综合生产能力达到5亿吨左右，确保基本农田总量不减少，用途不改变，质量不降低。"而根据这一宏观目标，在当前的经济社会条件下，保护耕地的关键点是要处理好经济发展与耕地保护之间的矛盾，在发展中保护。在近期发展目标中，耕地保有量保持在1.2亿公顷（18亿亩），是耕地保护工作的刚性指标，是最基本的要求。而从当前耕地保护实施的效果看，数量上的占补平衡在实践中落实相对较好，质量保护却往往被忽视。因此，近期需要重视耕地质量的占补平衡，将质量较好的耕地，如有良好水利和水土保持设施的耕地、正在改造的中低产田、蔬菜生产基地等划作基本农田，实行刚性的保护。同时，不但要严格控制建设用地过度占用耕地，同时也应为保障国家经济平衡、持续、健康的发展提供合理规模的土地资源，在发展中保护，在保护中促发展。

远期目标。根据耕地需求预测分析,至 2030 年我国在粮食自给率 95％ 的情况下,我国耕地需求量为 11934.98 万公顷;若粮食自给率控制在 90％,2030 年我国耕地需求量为 11306.83 万公顷。经历 20 年快速发展之后,我国的基础设施建设已经基本达到饱和,产业结构得到进一步优化升级。这一时期的耕地资源保护工作应重点考虑资源的利用效率;设置用地的消费方相应的制约条件,提高用地门槛;考虑如何循环利用耕地资源。需要强调的是,这里所测算的指标只是在各测算因素处于理想条件下的综合判定结果,在实际情况中可能会有偏差。测算的依据主要是出于粮食安全的考虑,而耕地资源肩负着社会保障、生态安全等方面的功效,耕地资源仍需要开展严格保护的工作。历史的经验告诉我们,一旦放开土地的闸门,损失的不仅是耕地本身,更危害我国经济长远、持久的发展。

9.3　耕地保护制度改革与机制创新的重点

保护耕地就是保护我们的生命线,是关系我国经济和社会可持续发展的全局性战略问题。研究我国耕地保护制度的变迁轨迹不难发现,我国耕地保护政策的力度越来越大,实行的是世界上最严格的耕地保护制度。毋庸置疑,最严格的耕地保护制度在一定程度上起到了抑制耕地损失的作用。但是,耕地资源继续损失的态势没能根本扭转。值得一提的是,我国台湾和日本的工业化、城镇化经验表明,经济发展过程中的耕地非农化是不可避免的现象,但保护耕地应该有一个合理的界限,不能以牺牲经济发展为代价来保护耕地(简新华等,2006)。因此,如何在保证经济发展和兼顾生态安全的前提下更理性地保护耕地资源,成为研究的热点。

中国现阶段耕地资源加速减少的规模之中,33.44％ 是经济高速发展所必须付出的合理代价,其余 66.56％ 的耕地减少属于不必要或过度性损失(李效顺等,2009)。由此可以得出我国耕地保护的首要使命应该是消减耕地资源的过度性损失,保障科学发展,以土地政策和利用方式来促进经济发展方式转变,推动全面、协调、可持续发展。因此,在新形势下,有必要对我国的耕地保护制度进行梳理分析,明确基本思路,改革完善耕地保护制度体系框架。

9.3.1 营造有利于耕地保护的外部制度环境

一是完善土地产权制度。目前,土地产权对于土地使用制约作用的缺失问题十分突出。由于我国耕地资源的所有权属于农民集体和国家,农民只有承包权和经营权,很容易导致耕地的廉价征收、征用,地方政府只要花费相对很少的安置费就可获得土地的支配权,导致地方政府为了促进经济发展、大力招商引资等不惜采用粗放的土地利用模式。根本的原因就是产权的约束不明显。明晰集体土地产权、营造有利于耕地保护的外部制度环境成为首要任务。因此,应该赋予集体土地产权"国民待遇",进一步明晰农村集体土地所有权和使用权,允许集体建设用地流转,完善农用地流转机制,充分实现集体土地的产权。

二是改革现行的财税体制。财税政策与土地利用政策有着密切的联系。我国现行财税体制对土地利用有较大的影响。在分税制的财政体制下,地方政府的财力有限,要想促成地方更快发展,只有通过土地出让获得大量出让金进行。同时,生产性增值税对地方重复建设起了助推作用。因此,改革现有财税体制,建立财权与事权相匹配的财政体制才能促使地方政府不再对土地财政产生依赖,保证县、乡(镇)地方政府必要的财政开支,特别是乡镇政府,应做到财权与事权的统一,按照"小政府、大服务"的目标和"政企分开、政事分开"的原则,转变政府职能,精简政府机构,减少政府开支,为耕地保护提供良好的外部制度环境。

三是完善现行干部考核制度。特别是应彻底改变只注重经济发展数量的政府政绩考核机制,把以人为本和可持续发展思想真正落实在政府考核之中。要增加资源消耗,特别是把耕地占用计入国民经济的成本核算之中,刹住"只对上负责不对下负责"的领导作风,消除培养"形象工程""政绩工程"的土壤,杜绝急功近利的短期行为。

9.3.2 推进土地资源市场化配置,调整土地收益分配关系

长期以来,我国土地市场不完善,地价信号混乱,妨碍了正常市场信号的传导,打乱了市场经济秩序。尤其是地方由于占用耕地的成本较低,为地方政府制定低价政策提供了便利;而耕地转用后的价格较高,又致使地方政府存在追求短期效益的行为,使土地市场受到了过多的政府干预。因此要推进土地资源市场化

配置,在征地制度改革方面,调整征地中国家与农民之间的利益关系,让农民充分享受到工业化、城市化带来的土地增值(黄贤金,2014)。

同时,要调整用地者取得增量土地与使用存量土地的经济成本,落实《土地管理法》的有关规定,确保新增建设用地的有关费用按照标准落实、缴足,提高新增建设用地特别是占用耕地的总费用;降低取得城市存量土地的成本,促使用地者尽可能使用存量土地,合理调整利益分配关系,建立占用耕地的自我约束机制。

9.3.3 完善耕地保护责任考核体系

现行的法律法规,对中央政府与地方政府以及相关部门的耕地保护责任都有规定,但是缺乏有效的责任追究制度,尤其是缺乏对中央政府和相关部门的责任追究制度,因此,要完善和重塑耕地保护责任考核与监督体系。

关于耕地数量考核方面,严格执行土地利用总体规划和年度计划是实现耕地保护数量目标的有效手段。明确耕地数量保护的调查统计、监测、规划计划、审批、考核、监督检查等责任。耕地质量保护方面,要明确防治耕地污染、防治土壤退化、地力监测等责任。

政府是耕地保护的行政责任主体,对本区域耕地保有量负总责,耕地保护责任要纳入政府年度综合目标考核。政府主要领导为第一责任人,分管领导为直接责任人。政府组成部门在党委、政府领导下,负有参与监督管理责任。国土资源部门执行耕地保护的各项法律、法规和方针政策,全面履行管理职责;发改、规划、建设、交通、水利等部门要正确处理耕地保护与发展建设关系,严格土地使用标准,在编制规划、审批项目时做好方案比选,在项目建设时优化施工方案,节约集约利用土地。

对年度耕地保护责任目标考核不合格,土地管理秩序混乱的,启动行政首长问责,对政府、部门主要领导和其他负有责任的领导实行问责;建立耕地保护监管体系,充分发挥行政执法监管、群众监督、舆论监督和社会监督作用,构建全方位、多渠道、多关口、网络化的耕地保护监管体系;建立耕地保护激励机制,运用市场手段,实行耕地保护责任目标的异地调剂和利益补偿,提高各级政府保护耕地的积极性;加大耕地保护工作投入,加强耕地保护工作基础建设等。

9.3.4 构建耕地保护共同责任机制

耕地保护是全民族、全社会的共同责任，对确保粮食安全、维护社会稳定、保护生态环境和促进经济社会可持续发展具有十分重要的意义。构建耕地保护共同责任机制，就是要明确不同责任主体的职责，促使不同责任主体落实保护责任，实现耕地保护从"一家管、多家用"转向"多家管、多家用"。耕地保护共同责任机制的目标就是要实现严格耕地占用审批，使非法占用耕地能够得到及时制止，耕地保护工作真正做到"违法必究，执法必严"；保护不力的责任能够得到追究。

落实耕地保护的共同责任，需要完善干部考核办法和内容，建立和完善耕地保护领导责任追究制度；建立部门联动管理责任机制，从联合审批、联合执法两个方面以及联合监管角度入手，明确各部门在耕地保护管理链条中位置及各自职责；建立耕地保护的经济补偿制度，探讨建立耕地保护基金体系的可能及其相关管理制度，建立对直接用地者的耕地保护激励制度；逐步建立用地者依法依规开发利用、节约集约利用土地的诚信制度，与银行、工商、税务等部门联合建立用地者信用征集体系、评级发布制度以及失信惩戒制度；以传播耕地危机意识为重点，探讨有助于耕地保护政策制度传播的手段；建立耕地保护宣传计划制度，实施耕地宣传策划与实施的市场化运作；健全和完善耕地保护督察制度，采取有效手段督促地方政府、地方土地管理部门以及其他相关部门切实履行耕地保护的责任；建立和完善土地利用变化动态监测制度，使对土地利用变化尤其对耕地利用变化的监测日常化，将土地利用动态变化监测与建设用地管理工作相结合；建立耕地保护社会监督制度，实现社会监督与政府监督相结合，形成全社会共同管理国土资源、共同关注耕地保护的氛围。

9.3.5 实施差别化的耕地保护机制

我国地域广阔，不同地区所面临的经济社会发展阶段以及耕地保护形势差异很大。全国统一的土地政策总会带来一定的效率损失，因此，为了保住18亿亩耕地红线，有必要区别对待处于不同发展阶段的地区，在进一步实施土地用途管制制度的基础上，形成差别化保障机制，即东部地区耕地保障的红线控制主导机制；中部地区耕地保障的综合整治主导机制；西部耕地保障的产能提升主导机制。

东部地区处于我国东部沿海地区,区位条件优越。尤其是,改革开放三十年来,我国采取了非均衡增长的经济发展模式,重点保障率先发展东部地区,东部地区的经济发展因此取得了非常巨大的成就。然而,东部地区的经济发展也付出了较大的资源环境代价,建设占用耕地明显较多,耕地减少较快,加之后备耕地资源有限,东部地区的耕地保护形势最为严峻。研究发现,尽管经济发达程度高的地方用地效率高,具有较高非农产业 GDP 增长率,但是由于建设用地总量变化速度控制力度不够,建设用地总量的变化率也会较高。因此,在经济发达程度较高的东部地区,必须构建耕地保障的红线控制主导机制。要严格保护现有耕地和基本农田,确保现有耕地数量长期不减少。通过创新土地利用模式,加速建设用地的内涵挖潜和优化整合,控制城镇和工业用地外延扩张,形成节约集约用地的倒逼机制,迫使经济增长与耕地建设占用的脱钩。在耕地质量的保护上,发挥经济优势,加大对耕地质量建设的投入,尤其是加强水田等优质耕地的保护和建设,支持发展都市农业、观光农业和平原生态农业,促进现代农业发展。保护和合理利用沿海滩涂资源,防止非农建设盲目侵占滩涂资源。

东北地区作为老工业基地,经济社会发展质量有待进一步提高。东北地区耕地资源丰富,水土资源匹配程度较好,是重要的商品粮基地,东北地区的耕地保护应进一步调整优化,在保障科学发展用地的基础上,要进一步加强耕地、基本农田的整理和建设,强化粮食基地建设的支持力度。耕地质量的保护上,主要是积极开展黑土地水土流失治理、东北西部荒漠化综合治理。通过数量上的严格保护、质量上的积极建设,提高耕地利用效益,在继续巩固国家粮食基地的基础上,把东北地区建设成为耕地保护的优势集中区。

中部地区是我国重要粮食生产基地、能源原材料基地、装备制造业基地和综合交通运输枢纽,在全国经济社会发展格局中占有重要地位。耕地保护要以加大耕地整理力度,促进粮食生产基地建设为主导,合理安排科学发展用地,促进中部地区崛起。中部地区水土资源较为丰富,要积极推进农用地整理,提高耕地质量,引导农业结构合理调整,支持、促进稳产高产商品粮棉油基地建设。

西部地区经济社会发展相对落后,生态环境比较脆弱,但耕地资源及耕地后备资源均较为丰富。西部地区的耕地保护工作,要以提升耕地的综合生产能力为核心,以水定地、稳定耕地面积,提高耕地质量。统筹安排基础设施、生态环境建设、特色优势产业发展和承接产业转移用地,逐步提高集约用地水平。

9.3.6 健全耕地保护的社会约束机制

耕地保护是全社会的责任。中央政府历来重视耕地保护问题,但是由于体制性因素,我国耕地保护长期倚重于单一土地行政管理体制,耕地保护问题并未从根本上得到解决。其中一个重要原因,就在于我们对耕地的公共属性认识不够,没有建立起一套耕地保护的社会约束机制。所谓耕地保护社会约束机制,可以理解为是一种为实现耕地数量和质量的保护目标,由政府、公民个体、企业、和社会性组织等多方面社会力量共同参与,综合运用行政、经济、法律和技术等多种手段,对全社会耕地利用行为及其价值观念进行引导、激励、监督、强制和惩罚,促使社会全体成员自觉承担耕地保护的社会责任,最终建立具有耕地保护文化氛围、能够自动运行并产生约束效果的耕地保护秩序,是耕地保护约束主客体、各类约束手段、各种政策措施相互作用的统一体(邹晓云等,2009)。

耕地保护社会约束机制的构建,要更新现行耕地保护政策制定的思路,改变传统的行政手段主导的单一局面,将现行的耕地保护政策改革为以相关法律法规为硬约束,以经济激励机制为引导,以行政、技术手段为保障,耕地保护信息公开,人大、政府、非政府组织、企业和公民等全社会参与的新局面。因地制宜、差异化的耕地保护机制是资源禀赋、经济社会发展等客观条件约束下的保障机制,耕地保护共同责任机制是多部门共管共用的行政管理体制,而耕地保护的社会约束机制则是在上述机制构建的基础上,所要最终形成的具有耕地保护文化氛围、能够自动运行并产生约束效果的耕地保护新局面。通过构建耕地保护的社会约束机制,在全社会达成耕地保护的共识,形成"人人有责、人人参与"的耕地保护氛围和"收益共享、成本共摊、风险共担"的社会权责体系,从而从根本上遏制破坏耕地、浪费耕地等行为。

9.4 重大的耕地保护制度创新研究

9.4.1 完善基本农田保护制度

《土地管理法》规定,我国实行基本农田保护制度。1989年,原国家土地管理局和农业部在湖北省监利县召开基本农田保护工作现场会,标志着我国基本农田保护制度的确定。1994年国务院正式发布《基本农田保护条例》,成为我国基本农田保护制度进入法制管理阶段轨道的重要标志。1998年重新修订的《基本农田保护条例》规定,"基本农田,是指按照一定时期人口和社会经济发展对农产品的需求,依据土地利用总体规划确定的不得占用的耕地","省、自治区、直辖市划定的基本农田应占本行政区域内耕地面积的80%以上"。

基本农田保护制度是我国实行"世界上最严格的耕地保护制度"中的一项重要内容。迄今为止,我国正式开展基本农田保护工作已有20年,基本农田保护经历了试点划定、全面划定和示范区建设三个重要阶段,逐渐形成了以基本农田保护责任制度、基本农田保护区用途管制制度、占用基本农田审批制度、占用基本农田补充制度、基本农田定期监督检查制度、基本农田保护区地力建设制度、基本农田污染监测制度等位主要内容的基本农田保护制度内容体系,基本农田保护取得了一定的成效。随着经济社会的快速发展,我国基本农田保护工作面临着许多的新的挑战,有必要探索新形势下的基本农田保护制度创新,努力完善市场经济条件下的基本农田保护制度。

(1) 探索建立永久基本农田保护制度

党的十七届三中全会通过的《中共中央关于推进农村改革发展若干重大问题的决定》提出:"坚持最严格的耕地保护制度,层层落实责任,坚决守住十八亿亩耕地红线。划定永久基本农田,建立保护补偿机制,确保基本农田总量不减少、用途不改变、质量有提高。""永久"二字对基本农田保护来说,具有刚性与约束性,凸显了我国基本农田保护的重大战略意义。划定永久基本农田,进一步表明了党中央、国务院实施世界上最严格的耕地保护政策的决心,是现行基本农田保护制度的健全和完善,也是落实我国最严格耕地保护制度的重要手段。划定永久基本农田,必须总结现行基本农田保护中存在的问题和经验,准确界定其内涵,确定符合我国国情的实施模式,并制定出一套行之有效的管理制度。

《中共国土资源部党组关于认真学习贯彻党的十七届三中全会精神的通知》提出:"划定永久基本农田。结合县级、乡级土地利用总体规划修编,在按照上级规划下达指标划定的基本农田保护区中,将粮棉油生产基地,有良好水利和水土保持设施的高产、稳产、优质耕地划为永久基本农田,实行特殊的保护。"《通知》精神进一步明确了永久基本农田保护的工作思路,从可持续发展战略意义和生产利用双重角度来看,划定永久基本农田就是为了保证国家基本的粮食安全,对优质基本农田严禁占用和调整,实行永久保护。

首先,永久基本农田保护制度的基本要求。

建立永久基本农田保护制度,首先要对基本农田保护的合理规模进行科学测算,并对全国区域内的保护目标进行合理分解,依据数量、质量、区位等要素制定永久基本农田划定的标准;在国家层面上确定战略性的永久基本农田保护集中区,在区域层面上按照两个"最严格"的要求,合理布局严抓落实;加强对永久基本农田的划定模式、具体落位等问题的科学研究,通过切实有效的模式划定永久基本农田以及永久基本农田整备区,落实到地块和农户,并形成永久基本农田保护的图册资料,做到地块、农户、图册"三落实"。同时,建立基本农田建设集中投入制度,加大公共财政对粮食主产区和永久基本农田保护区建设的扶持力度,大力开展基本农田整理,改善基本农田生产条件,提高基本农田质量。综合运用经济、行政等手段,积极推进永久基本农田保护工作的开展。

其次,构建永久基本农田保护制度实施保障机制。

完善有关法律法规,确定永久基本农田的法律地位。目前,我国已基本形成了基本农田保护的制度框架,但是对于永久基本农田的配套保护措施还远远不够。现阶段,应在中央有关精神指导下,通过修订《土地管理法》《基本农田保护条例》等法律法规将永久基本农田的基本内涵、划定规则与方式、保护工作的具体要求、监管措施等加以明确,确定永久基本农田的法律地位,进一步提高基本农田保护的规范性和权威性,也为改革完善我国耕地保护制度提供法律支撑。

建立永久基本农田建设的集中投入制度。划定的永久基本农田,要进一步加大政府对农田基础设施建设的投入,保证农民经营基本农田的经济收益。永久基本农田作为粮食主产区和主要农产品生产基地,理应优先获取公共财政的建设扶持资金。要将永久基本农田保护与惠农政策有机结合起来,财政、农业、水利等部门的农业综合开发、耕地质量建设、农田林网建设等各类支农资金优先投入永久基本农田的基础建设,如农田水利基础设施建设、改土增肥、先进农业技术推广等项目的实施,均应优先落户永久基本农田,促进永久基本农田质量的提高,使农民在经营基本农田中的经济收益实现实质性突破。同时,制定扶持政策,积极鼓励农民自愿出资出劳,调动起农民保护永久基本农田的积极性与自觉性。

构建永久基本农田保护经济补偿机制。建立永久基本农田保护补偿机制,制定出永久基本农田的优先优惠政策,加大对永久基本农田保护的财政补贴力度,将耕地保有量、基本农田面积和永久基本农田保护面积作为国家确定一般性财政转移支付规模的重要依据,实行保护责任与财政补贴相挂钩,充分调动基层政府保护耕地和基本农田的积极性。同时,探索建立永久基本农田保护基金,制定有关永久基本农田保护的补偿标准和方式,对农户保护永久基本农田进行直接补贴,充分调动农民保护永久基本农田的积极性与主动性。

完善各项管理制度,建立永久基本农田监管体系。在现有基本农田保护制度的框架下,进一步完善永久基本农田的划定、审核、养护、监管等各项管理制度,建立永久基本农田保护监管体系,构建多部门联动的共同责任机制。同时,设立统一规范的界桩和保护标志,建立永久基本农田保护监管信息系统,备案永久基本农田基础信息,并向社会公开保护区坐标位置和保护政策,公开统一网络举报系统和举报电话。充分利用卫星遥感等现代科技手段,通过"天上看、地上查、网上管、群众监",构建完善的永久基本农田动态巡查与公众监督制度,形成"政府主导、部门配合、多方参与"的综合防控体系,真正让永久基本农田得到长期有效的保护。

加快农村土地产权制度改革步伐,调动农民和农村集体经济组织保护基本农田的积极性。只有作为耕地产权的微观所有者和使用者的农村集体经济组织和农户,真正意识到保护耕地和基本农田的重要性,自觉维护自身权利,才能对违法占用、破坏耕地和基本农田的单位和个人起到有效的监督和制约作用。应加快农村土地产权制度改革步伐,稳定和完善农村集体土地家庭承包责任制,进一步明晰农村集体土地产权的主体与法人,明确界定各权利主体的责、权、利,调动起农民和农村集体经济组织的积极性。

(2) 构建基本农田分级保护体系

参考系统管理学中的"分级管理"体制,可按照系统管理学原理,从区域生态系统的角度对基本农田进行分级保护,构建基本农田分级保护体系(王万茂等,2006;沈悦等,2015)。

首先,基本农田分级保护体系的基本框架。

分级标准。在对全国基本农田进行分级时,要综合考虑自然和社会经济两方面的因素,一是充分考虑地域气候、地址、土壤、水文等自然条件和基本农田保护区自身的形状、大小、集中度等,仔细研究它们对基本农田系统本身及其持续生产的影响,综合评定基本农田质量;二是认真考虑当地社会经济发展和区位条件,科学预测当地社会经济发展速度和农地转用速度,并综合考虑区域比较优势,评定它们对基本农田保护的影响;三是综合各项指标,确定基本农田保护区的规模和等级。

级别划分。按照基本农田保护区保护对象的性质、重要程度及分级管理需要,将保护区分成4种级别:一级为绝对保护的国家级基本农田保护区,主要包括全国重要的粮棉油生产生产基地,可跨省级行政界线;二级为省级基本农田保护区,主要包括国除国家级保护区外的省域内重要的粮食生产基地,可以跨地市级行政区划;三是地市级基本农田保护区,主要保护国家级和省级以外的,市域范围内的重要粮食产区,可跨县域;除以上三级保护区外的重要粮食生产地段可划为县级基本农田保护区。

管理机制。为对不同级别的基本农田保护区实施严格保护,分别由国家级、省级、地市级及县级人民政府牵头,以国土资源管理部门和农业部门为主要参与机构设立基本农田保护联席办公机构,自上而下层层管理控制。国家级基本农田保护区的建设与保护以国家财政为主,省级为辅,严格用途管制,注重经济激励;省级基本农田保护区的建设与保护则以省级财政为主,国家为辅,用途管制与经济手段并重;市级基本农田保护区的建设与保护以市级财政为主,省级为辅,强调用途管理与经济手段并重;县级基本农田保护区的建设与保护以县级财政为主,市级为辅,在保护手段上可进行多手段的创新。国家土地督察机构作为重要的监督力量,对各级基本农田保护区进行重点监督检查。

其次,基本农田分级保护的保障措施。

规划管制。基本农田保护区规划作为土地利用总体规划的重要内容,是对各级基本农田保护区进行规划管制的主要依据。规划编制要综合考虑区域自然、经济、社会等各方面因素,由于基本农田保护区可能跨越行政界线,因此规划的编制实施还要统筹各方意见,确保规划编制的科学性、实施的严肃性与有效性。

政策协调与经济激励。基本农田的分级保护体系与划定永久基本农田相结合开展,不同等级的基本农田保护区均可依据具体条件划为永久基本农田,国家与省级基本农田保护区则优先划为永久基本农田。构建基本农田保护经济补偿机制,制定出不同等级基本农田的优先优惠政策,加大对基本农田保护的财政补贴力度,将基本农田面积和永久基本农田保护面积作为国家确定一般性财政转移支付规模的重要依据,实行保护责任与财政补贴相挂钩,并设立保护基金对农户进行激励,充分调动基层政府和农民保护耕地和基本农田的积极性。

9.4.2 实施耕地保护经济补偿机制

目前,耕地保护外部性的存在已经是广大学者的普遍共识,耕地保护涉及耕地保护主体的经济利益,过于依赖行政法律手段难以对耕地实行有效保护,将经济手段引入耕地保护是现有法律、行政手段外的有力补充和治本之策。通过实施相应的经济补偿措施,协调耕地保护主体之间的收益关系,形成有效的耕地保护激励约束机制,可对耕地资源的高效利用和保护产生积极的影响。依据耕地保护外部效益发挥作用的范围,耕地保护的经济补偿可分为直接经济补偿和区际经济补偿(卢艳霞,2013)。

(1) 耕地保护的直接经济补偿

耕地保护的直接经济补偿思路是,对耕地生态服务功能与社会效益的外溢效益进行经济评价,据此对耕地保护进行适当的外部性补贴,激励耕地所有者、使用者和管理者去保护耕地,增加耕地保护的微观动力和积极性。耕地的生态服务价值产生于耕地利用过程中,补贴对象为耕地保护的直接贡献者——农民,应以补贴的形式按照耕地经营面积直接补偿给农户。

耕地保护的直接经济补偿机制中,农民和农民集体作为耕地的经营使用者和所有者,是经济补偿的接受主体。理论上来讲,获得耕地保护的生态与社会效益的非耕地利用和经营者应作为经济补偿的支付方。在实际的补偿机制中,省级或县级地方政府可通过财政转移支付、建设用地使用费、征收耕地保护机会成本税等方式募集耕地保护基金,作为本行政区内耕地保护补偿的支付资金来源。

耕地保护直接经济补偿的标准应采用替代—成本法、市场价格法和条件价值法等多种方法进行科学的综合测算,确定补偿下限和补偿上限,具体的补偿金额标准要综合考虑经济社会的发展和人民生活水平进行动态确定。另外,还要通过完善落实现有承包耕地的确权发证工作,将《集体土地耕地承包使用权证》作为农民利用与保护耕地的法律依据,赋予农民使用、保护耕地的权利与责任。在此基础上,通过构建耕地保护费制度或耕地保护基金制度,对农民保护耕地的行为进行经济激励。

(2) 耕地保护的区际经济补偿

目前,我国耕地保护空间上差异较大,形成了保护耕地无利(限制了建设占用耕地,一定程度上影响了经济增长)、占用耕地得发展(建设占用耕地较多,发展空间较大,发展则较快)的利益分配不均衡的状态。因此,通过区域间的转移支付来补偿耕地保护区域的发展机会成本丧失和保障粮食安全的社会效益成为耕地保护经济补偿机制中的重要内容。通过区域间的耕地保护补偿,降低耕地占用的巨大获益,平衡中央、耕地保护区以及非耕地保护区之间的利益关系,最终形成不同区域间耕地保护与经济发展的协调发展。

耕地保护区域间补偿的基本思路是,承担较多耕地保护责任的地区给全社会提供了粮食安全保障,但在一定程度上丧失了发展机会,理应作为补偿的接受主体,该地区的农民、集体与政府均可作为接受主体。经济发达、耕地保有量少的地区作为耕地保护外部性的受益方,理应为接受主体支付经济补偿资金,中央政府在区域间起调控作用。

耕地保护的区际经济补偿的标准,可通过计算不同地区之间耕地生态社会效益的盈余/赤字来确定,区域的层次划分可根据我国现有的行政层级分为省级区域间的补偿、地(市)际经济补偿、县(市)际补偿三个层次,在某些经济发达地区,也可具体落实到乡(镇)级。在具体操作环节,应首先根据经济发展水平、土地资源禀赋条件、耕地保有量、基本农田面积、粮食产销情况等指标,确定不同区域间的差异程度;其次在合理测算省际耕地生态社会效益盈余/赤字基础上,确定耕地保护的省际经济补偿量;再次在地级区域间确定经济补偿量;最后确定县级区域间的补偿量。

耕地保护区际经济补偿方式应以资金补偿为主,以农资等实物补偿及技术智力补偿为辅,构成一个有机的、多样化的区际补偿方式。

(3) 相关配套措施建设

首先,颁布实施耕地保护经济补偿法律法规体系。

耕地保护经济补偿的立法是建立和实施经济补偿机制的法律保障,以法律的形式明确补偿范围、对象、方式、补偿标准。法律法规的制定和实施具体可以分三步走:① 可先出台《国务院关于耕地和基本农田保护的经济补偿若干政策措施的指导意见》;② 总结《意见》实施过程中存在的问题,出台《耕地和基本农田保护的经济补偿条例》;③ 颁布实施《耕地和基本农田保护的经济补偿法》。

其次,建立与耕地保护经济补偿相协调的土地利用规划体系。

科学合理的土地利用规划是耕地保护经济补偿的依据和基础。尤其是,土地利用总体规划作为土地用途管制的重要手段,对耕地保护经济补偿机制的构建起重要的基础性作用。耕地保护区域内直接补偿就是依据土地利用总体规划补偿不同土地利用分区的比较利益差异和机会成本等经济问题补偿。区域间的耕地保护经济补偿则需上一级土地利用总体规划来协调指导。耕地保护经济补偿机制的构建对土地利用规划编制的科学性、合理性,以及与经济社会发展的协调性提出了更高的要求。因此,在土地利用总体规划以及土地开发整理复垦等专项规划的编制中,均须将耕地保护的经济补偿问题考虑其中,保障耕地保护的经济补偿机制的良好运行。

再次,建立耕地价值及其补偿的评估标准体系。

耕地资源具有经济产出、社会承载和生态环境服务等多种功能,因此具有经济、社会和生态价值。耕地保护经济补偿机制的建立，必须有与之配套的耕地价值评估标准体系，在此基础上构建耕地保护区域间经济补偿的评估标准体系。

9.4.3 探索建立耕地发展权有偿转移制度

（1）耕地发展权有偿转让制度的理论基础

我国的耕地发展权有偿转移制度借鉴美国耕地保护中的可交易发展权模式。该模式的理论基础是，土地权利是包括采矿权、地表权、空间权和发展权等一系列权利在内的权利束，而这些权利是相互独立的。发展权转移政策允许土地所有者将其所属土地上的发展权转让给另外一个权利主体。根据规划，有的地区因耕地保护需要被限制开发，而有些地区则允许开发，但不同地区之间的开发权是平等的。因此，允许开发地区需要向被限制开发地区购买发展权。即那些地块禁止进行开发，当因为发展权转移而使该地块的价值下降时，土地所有者会获得补偿（赵学涛，2004）。土地发展权的转移制度实质是将"发送区"的某一地点或一块面积的开发权转移到"接收区"的另一地点或另一块面积上，其中，"发送区"指的是正在寻求土地保护、降低开发密度的地区，"接收区"则是指需要适度进行土地开发的地区；地方政府在"发送区"与"接收区"的设定，以及土地发展权转移计划的规划上有很大的授权弹性。有些地区通过建立开发权"银行"，担任中介的角色，向"发送区"的农民购买开发权，然后出售给"接收区"的农民。土地开发权转移制度的目的在于保护自然景观与农业质量，强化地区的文化、历史、景观特性；有效率的土地发展权转移计划可以在最低的土地开发成本下，达到保护农地的目的，农民也可以借由开发权的出售而得到补偿。

在发展权交易中，政府并不直接对农民耕地保护进行补偿，而是处于一个居间位置，组织"发送区"和"接收区"之间的协商，由"接收区"通过发展权转移协议对"发送区"进行补偿。这实际上分散了耕地保护补偿的责任，让不同区域、开发商等不同主体共同分担耕地保护补偿责任。

（2）基于发展权有偿转移的耕地异地代保机制的基本框架

首先，目前耕地异地代保机制的实践探索。

由于资源禀赋及经济发展阶段的不同，不同地区所面临的耕地保护形势迥异。异地代保是将本应由本地区保护的耕地数量转移给其他地区代为保护。目前的主要表现形式为耕地占补平衡中的异地指标调剂。

自国家实行"耕地总量动态平衡"的耕地保护政策以来，各省、自治区、直辖市为实现本辖区内耕地的总量动态平衡，采取了很多行之有效的措施。但在各种举措中，最引人注目的还是"异地指标调剂"的创新。目前官方和学术界并没有明确一致的"异地指标调剂"概念界定。而且，由于政策、法律的限制，"异地指标调剂"工作目前只在省域范围内进行。通过省域范围内的"异地指标调剂"，沿海经济发达省份在一定时期内、一定程度上解决了"吃饭"和"发展"的矛盾，实现了辖区内耕地总量的动态平衡。但是，随着耕地后备资源的日益匮乏，突破"异地指标调剂"省域限制、"异地指标调剂"跨省实行的呼声越来越高（臧俊梅等，2008）。基本农田的异地代保和"异地指标调剂"都是将本应该由本地区保护的耕地数量转移给其他地区代为保护，实际上是本地区耕地保护义务的转移。

由于土地在数量、质量、区位等方面存在较大差异，不同区域的耕地转用成本和收益是不同的，从而耕异地代保也存在区域差异。接受耕地保护任务转移的地区（承保区）承担了额外的耕地保护任务就意味着放弃了耕地转用的机会，并且为全国的粮食安全及生态安全贡献了较高的效益。因此，耕地保护任务的转出方（投保区）理应将本区耕地转为建设用地收益差额及所获取的粮食安全、生态安全效益通过一定的方式对承保区进行补偿。尽管省域内的耕地异地代保已经存在，但操作过程中存在补偿金额难以确定、补偿金额分配不均、责权利不清等诸多问题。

其次，基于发展权有偿转移的耕地异地代保机制构建。

通过引入发展权有偿转移的模式，可以构建一个基于政府管控与市场机制相结合的制度框架来开展省域内及跨省域的耕地异地代保工作（赵哲远，2007）。

具体思路为：首先，明确区域耕地保护的目标和任务。以耕地保有量现状为基础，结合区域未来一段时期经济社会发展规划，科学核算确定区域应承担的耕地保护责任和义务，以此量化明确具备资格的承保区（出售发展权的区域）和投保区（购买发展权的区域）。其次，制定全国平均的耕地资源综合价值标准体系，确定各区域提供耕地提供这一公共产品的基本成本以及各区域耕地转用后的增值变化，以此为依据参照国有土地出让的协议、招标、拍卖、挂牌等方式，制定区域间的耕地发展权市场价格,构筑区域间耕地异地代保的市场体系。最后,通过试点试验的方式逐步完善异地代保机制,条件成熟后逐步推广。同时,要赋予土地督察、土地执法系统新的监督、执法权能,在耕地异地代保机制的运转过程中全程监督检查,确保异地代保机制朝着耕地保护与经济社会协调发展的方向运转。

（3）耕地异地代保机制的优点、不足及配套政策

优点:通过设立可转让的耕地发展权,可提供一个基于政府管控与市场机制相结合的政策来处理耕地的非农占用及区域调控问题,能够区别对待不同发展阶段的地区,消除或减少统一的土地政策带来的效率损失。并且,基于发展权转移的异地代保机制可全面体现耕地资源的综合价值,有助于协调区域间的耕地保护利益分配机制。

不足:实施发展权有偿转移也存在着一定的不足之处,主要表现在发展权价格的制定尚处于探索阶段,科学合理的核算耕地资源价值及发展权转移价格难度较大。同时,异地代保规模的控制、区域间权责利的协调等尚需进一步的探索与实践。

配套措施:首先,要完善有关法律法规对发展权的创设、权利内涵等进行规定,做到有法可依。其次,构建发展权价格评估标准体系以及对发展权转移条件、步骤等进行合理设计安排,并通过设立政策试验区的方式进行尝试,不断改进。最后,改进土地利用规划、土地利用年度计划编制与管理,加强耕地占补平衡制度实施的全程监管,促使发展权转移制度与现有的耕地保护制度框架融合为一体。

9.4.4　构建耕地优势利用的集中保护机制

不同地区具有差异的自然地理条件,对耕地利用产生基础性的约束作用。同时,区域经济社会发展程度的不同也对耕地利用与保护产生重要的影响。因此,基于比较优势原理,根据我国的农业生态区划、种植业区划,确定耕地利用的优势区域。同时,根据经济社会发展对耕地利用与保护的影响程度,统筹全局,对全国耕地利用与保护的空间格局进行优化,确定耕地利用与保护的优势集中区成为提高耕地利用效益、强化耕地保护效果的新手段。

（1）耕地利用与保护优势集中区划定的基本原则

比较优势原则。比较优势理论在科学合理地利用自然资源、调整产业结构、

提高产业综合效益等方面具有重要的指导作用。这种指导作用一般通过绝对优势、相对优势、最大优势与最小劣势等原则体现出来。农业是对要素禀赋具有强烈依赖性的产业部门。不同农作物在不同的地区具有不同的比较优势,因此区域间具有比较优势的耕地资源,尤其是具备特殊资源环境条件的耕地资源能产生相对较高的利用效益,理应得到优先保护与利用。但值得注意的是,尽管耕地转为建设用地的经济效益要远高于耕地农用的效益,且经济发达地区耕地转用效益相对高于经济发展落后地区,但鉴于耕地资源价值是经济、社会与生态价值的综合,考虑到生态与社会效益的发挥,耕地转用的数量要合理,经济发达地区与落后地区的转用数量要协调。

因地制宜原则。综合考虑自然地理与经济社会发展状况,不能为了集中而集中。比如,新疆后备耕地资源丰富,但若过度开发利用,则会造成水资源更加短缺、生态更加恶化,故要因地制宜地划定集中区。

集中成片原则。耕地资源的集中成片、利于管理、保护,尤其是遵循集中成片原则的情况下,结合新形势下农村土地流转的开展,可充分发挥成片耕地的规模效益,提高单位面积耕地经济产出。

(2) 耕地利用与保护优势集中区的划定方法

首先,紧密结合农业生态区划、种植业区划等基础资料,分析种植业基本空间格局,确定耕地利用的优势区域。其次,分析各区域耕地资源禀赋、经济社会发展条件,结合主体功能区规划确定其未来发展方向。最后,结合"十二五"规划的开展,尝试划定耕地优势利用的集中保护区。

在"十三五"规划编制中,紧密结合全国及各省市区的主体功能区规划,在明确区域主体功能的基础上,对区域经济社会发展水平、耕地资源禀赋、未来耕地保护压力等指标进行深入分析,在全国宏观尺度、省级区域内分别确定不同层次的优势集中区,通过完善耕地保护的经济补偿机制,提高优势集中区的耕地利用效益;通过协调经济社会发展规划,确保优势集中区的经济发展健康可持续。

(3) 耕地利用与保护优势集中区的配套措施

首先,对耕地利用与保护的优势集中区,中央政府应加强财政转移支付力度,在完善耕地保护经济补偿机制的基础上,对集中区的农户加大经济激励力度,继续强化完善粮食直补政策,努力提高农民收入水平。

其次,对耕地保护集中区的地方经济发展进行科学合理的规划、引导,加大扶持力度,支持耕保集中区的农业产业化、与二三产业协调发展,促使耕保集中区的地方经济向资源节约集约的方向发展,实现保护耕地资源与保障经济发展的双赢。

另外,结合耕地发展权有偿转让制度创新,政府可优先安排耕地保护集中区的发展权转移计划,使耕保集中区以此为途径获得大量的经济社会发展资金,为进一步的农田基础设施建设和区域经济社会发展提供资金支持。

最后,改革地方政府绩效考核指标体系,耕地利用与保护优势集中区的地方政府考核中弱化 GDP 指标,将耕地资源的公共物品特性考虑其中,避免不正确的政绩观影响耕保集中区建设。

10　土地宏观调控与供给侧改革

　　20 世纪 90 年代初,针对土地开发的过快发展,尤其是房地产的快速发展,我国中央政府积极实施土地调控政策,以期通过有效的宏观调控,实现土地、房地产开发的有序推进,从而实现经济社会的全面协调可持续发展。但 20 多年来,土地调控对于经济发展的影响如何? 土地制度面临哪些自身的障碍? 土地储备政策转型的影响有哪些? 如何通过有效的改革,完善土地调控机制? 笔者就此做些探讨。

10.1　土地调控与经济发展:
究竟是异频消振还是同频共振?

　　自应对 1992—1993 年房地产热的土地调控以来,土地调控业已经历了从单项用地调控到土地市场调控、土地宏观调控的发展转变。20 世纪 90 年代,土地调控侧重于对房地产开发、工业发展等用地的土地供应调控,为"用中国人的地养中国人"提供积极保障;20 世纪 90 年代末至 2004 年间,政府主导的土地市场调控得到加强,形成了政府统一规划、统一征用转用、统一开发、统一供应的土地调控管理机制,尤其是实现了经营性土地使用权出让全部纳入市场的制度规范;2004年国务院下发了被称为"世界上最严格土地管理制度的纲领性文件"——《关于深化改革严格土地管理的决定》,这也标志着我国土地宏观调控体系得到构建,土地调控也因此渗透到经济社会发展的各重要领域,并于 2006 年建立了国家土地督察制度,进一步强化对于省级人民政府和计划单列市人民政府的土地政策执行督察;在强化政府、市场共同作用、推进土地调控的同时,2008年召开的十七届三中全会《中共中央关于推进农村改革发展若干重大问题的决定》,进一步丰富了土地宏观调控的农民土地权益保护内涵。

从上述分析可以看出,土地调控的目的,就是在经济快速增长时,能够有效抑制经济过热;经济不够景气时,能够通过有效的土地政策,增强经济发展活力,即通过土地调控的"异频消振"作用,保障经济发展的健康运行和可持续性。但自20世纪80年代以来,我国每隔7~10年就会出现较为严重的以产能过剩、地产闲置等为主要特征的重复建设问题,而每一次的重复建设,无论是土地市场化改革,还是最严格的土地管理制度,似乎都对重复建设难以有更有效的抑制作用,从而使得本来应该表现为"异频消振"作用的土地调控,反而对重复建设起到了"同频共振"的作用。具体:

一是20世纪80年代中期土地调控缺位的重复建设。这一时期,中央积极放权让利,各地方政府为争取经济翻番,纷纷增加固定投资和刺激消费需求,导致货币流通量过快增长,造成经济关系全面紧张。由于《土地管理法》尚未出台,因此,土地调控对于这一阶段的重复建设也是缺位的。

二是20世纪90年代初期滞后效应的土地调控。1992—1994年各地开发区建设遍地开花,房地产开发、汽车、钢产业蜂拥而上,家用电器业发展异常迅速,自20世纪80年代以来我国进入了新一轮的重复建设。虽然这一时期,《土地管理法》业已于1986年颁布实施,然而由于农田保护制度还未形成,规范的土地市场制度尚处于建设阶段,土地调控似乎难有作用。但1994年美国未来研究所《谁来养活中国?》一下子惊醒了中国人,以最严格的耕地保护制度和土地用途管制制度为核心的土地调控机制得以建立。

三是21世纪初期难有作为的土地调控。虽然实行最严格的耕地保护制度和土地用途管制制度,但依然难挡21世纪初的重复建设。2003年我国钢铁、水泥、电解铝行业的投资分别增长96.6%、121.9%和92.9%,大量的建设项目规模过大,浪费了很多土地资源。究其缘由,这一时期,农村土地产权主体地位与政府作用不够平衡,政府仍然是土地配置的主体,即便是最严格的制度,也未能防止重复建设。

四是近年来土地资本功能主导的重复建设。2006 年出台了针对省级政府和计划单列市政府土地决策和利用行为的国家土地督察制度,同时,农民土地权益保护等一系列政策得以出台。但 2009 年提出的"保发展,保红线"策略,为了保障发展空间,使得国土资源部积极推行了有关地区探索的城乡建设用地增减挂钩、三旧改造等土地政策创新,并深受地方欢迎。加之土地资产与金融资本的深入融合,使得 2010 年开始地方债务问题凸显,住宅、工业地产业的过度超前开发供应,也使得"鬼城"、产能过剩等问题较为突出,导致这一结果的原因与本职职能缺位的双保行动不无关系。

由于对于土地市场缺乏前瞻性的科学判断,土地供应调控往往为虚假的土地市场繁荣所"迷惑"。例如,虽然近年来全国出现了较为严重的住房空置问题,而作为土地调控重要手段的土地供应计划,也没有对过热的房地产起到"异频消振"的作用,反而积极地且过量地投入建设用地指标以满足市场的虚热。从全国住房用地供应计划落实情况来看,2010—2013 年间计划供应量为 72.61 万公顷,但实际供应量仅为 70%,即 51.03 万公顷。

其实,全国住房用地供应计划,当年就达到 70%还是比较高质量地完成了计划目标。因为,国土资源部对各地当年用地计划的考核指标仅为 40%,这也在客观上导致各地每年都有 60%的剩余指标。这说明土地调控"充分"地考虑了地方的用地需求,宽松地实施了用地供应计划,这样土地占用不用、低效开发较为普遍的问题也有不言而喻了。这也说明,由于有意或无意地缺乏对土地供应市场的科学预期,也在难免会一定程度上偏离"异频消振"的土地调控目标,而导致"同频共振"的效果。

10.2 土地调控的制度掣肘

虽然我国耕地保护、土地市场制度、国家土地督察制度等土地调控政策都在一定程度上保障了土地资源可持续利用,也在一定程度上保障了经济社会全面协

调可持续发展。但为何还有"同频共振"的作用,距离"异频消振"目的尚有距离?关键在于土地调控也面临以下制度掣肘,具体是:

10.2.1   歧视性的土地产权制度安排

十七届和十八届三中全会,都提出了集体建设用地和国有建设用地"同权"的原则要求,但现行土地政策中,农村集体土地实质上是国有土地的异化形式,即政府是农村集体土地的事实所有者,集体及农户对于农村集体土地的利用及管理等缺乏决策权乃至参与权,土地利用、土地市场、土地价格、土地管理等政策设计方面均存在对于农村集体土地的歧视性规定。例如,农村集体土地,即便符合城市规划,也不能直接用于城市建设,而必须经过征用。尤其是农村村干部并纳入基层政府体系,使得农民在土地权益维护上更显"孤独"。这一歧视性产权制度以及以此为基础的土地政策体系,为政府几乎没有障碍地获得用地空间提供了积极支撑,这在也在很大程度上使得地方政府更有"资本"忽略重复建设所导致的经济、社会以及生态成本,更难以形成农村集体、农户与政府在农村土地利用决策中的权益制衡。

10.2.2   服务地方经济发展的土地管理制度安排

从土地管理制度来看,仍然是着眼于服务地方经济发展,而不是着重调控经济发展。突出表现在:一是突出服务经济发展的制度设计—批次用地制度。城市规划圈内按需供地,从而客观上为城镇扩张、开发区圈地提供了制度保障。二是突出服务经济发展的制度修正—土地规划修改。土地规划容易在空间上和建设用地规模上被调整,例如虽然尚未到2020年,但不少地区2020年的建设用地总规模这一"天花板"早已被突破,相关部门也已开展土地利用总体规划的原则性修改。三是土地调控的政府管制俘虏。部门利益的实现对于地方政府土地利用与管理行为的依赖性强,从而客观上造成在制度设计时突出服务地方政府的目标。例如,"一个部门管水、一个池子储水、一个龙头出水"的土地储备制度,不仅满足了地方政府土地财政保障的需要,也强化了土地管理部门的权利,还有缺乏充分信息公开和更广泛公众参与的土地执法、督察制度等,都使得国土资源部门利益能够通过地方政府行为达到最大化。

10.2.3　限制公平竞争和公共利益保障的土地市场制度安排

20世纪90年代以来,土地市场制度得到了积极的推进,但总体来看,土地市场主体不够多元,客观上造成了土地市场的政府垄断主体地位,从而弱化了土地市场的竞争性。突出表现在:一是政府的利益取向,尤其是对于土地财政的依赖性,导致农村集体建设用地市场制度建设停滞难前。二是对待农村集体建设用地市场的公正性不够,北京等地利用集体建设用地建设租赁房,为"良策",而基层政府或农村集体利用集体建设用地建设住房,则为具备违法性质的小产权房。三是地方政府过分注重了新城市建设,但公共利益用地保障相对欠缺。例如,地方政府促进人口集聚,并通过学校撤并方式,减少学校用地供应,但这也增加了居民享受义务教育等公共利益保障的成本。

综述所述,现行土地产权制度、土地管理制度及土地市场制度均难以与土地调控政策形成合力,从而在一定程度上影响了土地调控效力。从三者之间的作用关系来看,歧视性土地产权制度安排是造成土地调控效力减弱的根本性原因,使得政府能够在土地调控中"随心所欲",而不必过多顾及土地产权主体的权益保障,从而使得服务经济发展的土地管理制度能够"顺利"地得以实施,即便是世界上最严格的耕地保护制度和土地用途管制制度,也难以阻挡部门及政府通过土地政策创新来"保发展";尤其是土地市场制度的"工具性"地位,使得地方政府更能"游刃有余"地驾驭市场,从而顺利地实现增长财政、吸引投资的目标,当然,最终这也影响了土地调控效力的有效发挥。

10.3　土地储备政策的转型影响及新型机制构建

10.3.1　土地储备政策转型及其影响

2016年实施的《关于规范土地储备和资金管理等相关问题的通知》(以下简称"通知"),较之2007年颁布实施的《土地储备管理办法》(以下简称"办法"),具有四个方面的特征,具体是:

1. 实现了土地储备部门从"管用一体"到"管用分离"的转变。2007年以来,土地储备机构,既是土地资产的管理者,又是土地资产的使用者、经营者;既是土地抵押登记部门,又用所储备土地进行抵押。这种"管、用一体"的土地储备机制,虽然强化了政府对于土地储备市场的既"超市场"、又"超政府"的管控能力,但不仅所面临的金融风险大,也加剧了政府与原有土地产权主体的权益冲突。因此,土地储备机构管、用分离的建立既是土地储备市场机制决定性作用发挥的客观要求,也是城乡土地权益关系规范化的客观要求。

2. 实行了土地储备职能从边缘化到法制化的转变。从《担保法》来看,财政部门及以公共利益为目的的土地储备机构,不能作为保证人,但现实情况下,财政部门、商业银行、土地储备机构签订储备贷款三方协议,就可以办理土地储备贷款手续,不仅缺乏法律效益,而且商业银行单凭政府信用进行贷款,在市场条件下也欠规范。更重要的是,由于商业银行土地储备资金发放,后于土地储备行为,地方政府往往将土地储备贷款当作城市建设资金,从而违背了土地储备贷款的性质和用途要求。由此也助长了政府的违法抵押行为,一些地方甚至将公益性用地,乃至无中生有的土地与银行"合谋"抵押,更加剧了政府债务以及金融风险。本次《通知》要求,各类城投公司等一律不得再从事土地储备;土地储备机构中现有从事政府融资、土建、基础设施建设、土地二级开发业务部分,要剥离出去或转为企业,阻断了风险关联。这一制度为土地储备职能的法制化、规范化奠定了制度基础。

3. 实现了土地储备机构从经营型到服务型的转变。2007 年颁布实施的"办法",使得政府经营土地资产的职能得以实现,尤其是"办法"明确,将依法取得土地、开发、储备的行为主体规定为"市、县人民政府国土资源管理部门",并明确了土地储备机构(通常为借款申请人)负责"具体实施"工作。但根据国土资源部"三定"方案,国土资源部门具有"承担规范国土资源市场秩序的责任。监测土地市场和建设用地利用情况,监管地价……"因此,2016 年的"通知",使得土地储备机构得以回归为服务型政府的职能,从而实现了"政府的归政府、市场的归市场、银行的归银行、社会的归社会",真正形成一个权力行使有限,政府、市场、社会职能与权力边界清晰的土地储备市场治理体系,符合国土资源管理改革创新,以及国家治理体系和治理能力现代化的战略部署。

4. 实现了储备土地价格从高频振动到价值回归的转变。由于以往政府土地储备,更加突出了以土地财政效益最大化的特征,因此,可能存在价高惜售、价低"促销"的土地市场运作;体制内部,不同土地储备平台之间又存在土地市场竞争;此外,对于国有企业、民营企业大型投资项目等,往往又有另行政策规定,从而导致土地储备市场秩序不够规范,城市土地市场运行的规律容易被打破,城市地价波动的规律性也不够显著。2016 年"通知"要求,每个县级以上法定行政区划原则上只设一个土地储备机构,隶属于国土资源主管部门,划为公益一类事业单位,则将更有利于加强城市储备土地市场及价格监管,将更有利于按照城市土地市场及价格运行规律运作,而且,土地储备市场也将由"膨胀型"逐步回归其本来特征。因此,城市储备土地市场价格将更多地围绕价值中心运行,也将更多地体现城市发展规律。

10.3.2　基于供给侧结构性改革的土地储备政策转型机制构建

从上述四个转变中可以看出,"通知"体现了土地市场治理乃至政府土地治理的方向,是对土地储备制度改革所作出的长期性、战略性安排的第一步。当前,各级地方政府仍然是土地供应一级市场的主体,如何围绕"通知"精神,进一步推进供给侧结构性改革,完善土地储备制度,不仅使得"通知"的自身要求得以落实,还使得"通知"的精神得以落实,这样才使得土地储备制度日臻完善,并更精准地体现城市发展规律,引导城乡健康发展。为此,这里基于供给侧结构性改革,就构建土地储备政策转型机制提出如下建议:

一是探索土地储备的资本结构。地方政府退出土地储备的直接融资,不仅为民营资本进入土地储备提供了更为直接的平台,同时,也为土地金融产品的金融创新提供了更大空间。因此,土地储备的资本结构更得到多样化,土地储备市场的风险管理和应对能力也将得到积极增强。为此,需要:(1)制定适应土地储备资本结构多样化特征、引导土地储备资本市场规范运作的规则;(2)强化土地储备机构市场秩序监管职能,制定土地储备市场秩序监管规则;(3)引入公共参与的治理体系现代化路径,建立土地储备市场参与主体的信息公开机制,引导土地储备市场健康、可持续发展。

二是改革储备土地的产权结构。土地储备政策的转型,客观上形成了"藏地于社会"的格局,也为构建体现多类型产权结构的土地储备机制提供了可能。

（1）城市更新、改造区域土地使用主体的剩余产权,可以参与储备土地经营或形成股权;（2）具有经营收益的新增土地的储备,农村集体土地产权主体可以直接参与或形成股权,从而使得农村集体、农民等可以分享工业化、城镇化发展红利;（3）制定城、乡土地储备市场一体化的制度规则,推进十八届三中全会"同权同价"改革政策落地。

三是完善储备土地的治理结构。政府直接介入土地储备,一定程度上更有利于实现"涨价归公"。但退出机制,可能使得土地储备的循环机制较长,市场参与主体更多地获得了土地增值,但也承担了经营风险,增强了其决策的谨慎性,也影响了其参与开发的积极性。为此,建议进一步完善储备土地的治理结构:（1）可以探索建立隶属国有资产管理委员会的、专门性自然资源或土地资产经营机构;（2）建立"涨价归公"的土地增值收益分配机制;（3）建立地产经营的信用评价机制。

四是优化储备土地的战略结构。清理压缩现有土地储备机构,进一步规范土地储备行为。每个县级以上法定行政区划原则上只设一个隶属于国土资源主管部门且为公益一类事业单位的土地储备机构,为地方政府遵循城市发展规律和土地市场规律,谋划土地储备战略提供了可能。为此,建议:（1）转变"市长"导向的土地储备安排,制定全域土地储备规划,形成城市规划引导、城乡一体、更新改造与生态环境协调的全域土地储备规划;（2）转变经营导向的土地储备,建立包括:经营性用地、准经营性用地、公益性用地等于一体的大储备战略,统筹城市发展规律与城市土地利用规律;（3）制定体现城市发展规律的土地储备计划,引导城市土地市场有序、均衡发展。

10.4 土地制度改革的建议

如何通过土地制度改革,改善土地调控? 还是需要在确立产权平等、市场决定原则的基础上,积极推进土地制度改革,增强土地调控效能,主要建议:

10.4.1 界定政府的为与不为，退出市场自律作用，发挥他律作用，强化市场决定作用的土地调控机制

十八届三中全会《决定》，将市场配置资源的作用由"基础性"升级为"决定性"，既是回归市场经济的本质，遵循市场经济规律的体现，也是我国政府拥有驾驭市场能力的体现。同样，土地市场是我国当前最为活跃、制度也最为规范的自然资源和环境要素市场，尤其是在1993年十四届三中全会确立了国有土地出让市场制度的基础上，2013年的十八届三中全会所提出了农村集体建设用地市场制度的建立，更体现了我国政府驾驭城乡土地市场运行的能力。

随着我国经济体制改革的推进，土地市场的自律性规则不断完善，政府需要摒弃歧视性土地产权制度安排，并逐步退出"一个部门，一个池子，一个龙头"这一调控主导的土地市场制度，确立起产权主体多元、平等、公正的土地市场体系，但政府退出直接调控土地市场的作用，确立政府与土地产权主体、土地投资主体对等的经济主体地位，发挥守夜者的他律作用，防止侵犯土地权益人利益、垄断土地市场、违法违规占用土地资源等行为，并加强以公共利益为目标的用地储备制度建设，同时，注重信息公开，尤其是加强对于土地交易异常区域的信息公开，引导社会参与，从而保障市场决定作用的土地资源高效配置。

建立城乡一体化土地市场制度后，需要改革土地批次供应制度，政府也需要主动通过市场机制实行土地调控，如政府可通过优先购买权制度来规范农村非农用地市场行为，以防止土地出售者竞相压价而造成土地市场秩序紊乱以及土地收益不当流失等问题。

10.4.2 以土地税制体系完善为基础，规范土地权益，优化基于市场决定作用的土地收益分配关系，弱化政府对于土地出让财政的过度依赖

政府干预土地市场尤其是决定土地资源配置，看起来是土地权益关系不够明晰，给政府主导的土地权益分配留下了更大的话语权和行为空间，其实与作为理性人的政府，对于公共投资回报的执着追求有很大关系，由于担心公共财政进行土地投资而造成资产流失，地方政府往往通过当前在土地征收、出让等方面所起到的决定作用，来实现公共财政的回报，从而不仅引致了其他土地产权主体的不满，也增加了社会投资的进入风险，同时，尤其是造成了4.30万亿元的被征地农

户权益损失,以及由此引致的社会成本等问题。

据此,需要进一步改善土地财政结构,降低政府对于土地出让金过度依赖的财政风险,加快土地税制改革,形成具有可持续性和更为稳固基础的土地税收体系。主要是,完善土地取得、保有、流转环节的收益分配关系,建立量出为入的土地税收制度,强化土地保有环节的税收征收,完善公共财政投入产出的良性循环机制,从而通过土地税收调节,形成政府投资增值的涨价归公机制,优化土地增值分配关系,从而优化各类土地资源时空的优化配置同时,为政府依托市场配置资源提供财税制度基础。

10.4.3　重视长期性的土地制度改革,建立抑制重复建设的新型土地所有制度,增强土地调控活力

改革国有土地所有制度。当前国有土地事实上业已为各级政府所有,但是,就是没有土地属于中央政府所有。因此,有必要根据土地的自然地理、生态环境及经济功能等,确定各级政府所有土地的范围。如大江、大河、大湖等流域用地,重要的生态保护区,文化遗产等用地,就应该属于中央政府所有,不仅有有利于防止地方政府乱建码头、乱开发房地产等不合理的乃至重复性的建设行为,而且,也可以保护生态环境;越是基层政府,则其所有的土地,越具有经营性职能,从而倒逼地方政府在合理的地域空间开展土地利用与经营。

完善矿产资源产权制度。矿产开发的重复建设与生态破坏,一定程度上与当前的矿产资源产权制度有关,农村集体土地所有者不能分享矿产资源开发的收益,却承担了由于矿产资源开发可能带来的资源环境风险。因此,需要建立地表、地下一体化的立体土地产权制度,明确土地所有者对于地下矿产资源的收益分享权,从而进一步协调土地利用与矿产开发的关系。

实施无权占有制度。针对当前土地多占少用、占而不用问题,建立无权占有制度,即若征用征收土地占用不用,而被他人使用,且这一公开且持续的行为不存在经济关系,持续若干年后,则使用者就成为法律上的占有者,从而从制度上抑制土地多占少用、占而不用的问题。

参考文献

［1］Neufville I. J.. The Land Use Policy Debate in the United States［M］. New York：Plenum Press，1981.

［2］丁向华.城镇化进程中我国城市与农村土地集约利用的策略研究［J］.生态经济，2009(1).

［3］李钦涌.社会政策分析［M］.台北：巨流图书公司，1999：54.

［4］林毅夫.再论制度、技术与中国农业发展［M］.北京：北京大学出版社，2000.

［5］舒尔茨.制度与人的经济价值的不断提高［M］；罗纳德·H.科斯，等.财产权利与制度变迁：产权学派与新制度学派译文集［M］.上海：格致出版社、上海三联书店、上海人民出版社，2014.

［6］王万茂.土地利用总体规划与可持续发展［J］.国土经济，2001(4).

［7］中国土地矿产法律事务中心.土地政策参与宏观调控探索［M］.北京：地质出版社，2007.

［8］Chen Z. G.，Wang Q.，Huang X. J.. Can land market development suppress illegal land use in China? ［M］. Habitat International，2015，49：403－412.

［9］Walder A. G.. The state as an ensemble of economic actors：some inference from China's trajectory of change ［M］//Nelson J M，Tilly C，Walder L，et al.. Transforming Post-Communist Political Economy. Washington，D C：National Academy Press，1997：432－452.

［10］北京天则经济研究所"中国土地问题"课题组.土地流转与农业现代化［J］.管理世界，2010(7).

［11］蔡继明，苏俊霞.中国征地制度改革的三重效应［J］.社会科学，2006(7).

［12］陈克峰.城镇化背景下对我国宅基地使用权流转的反思与制度重构［J］.经营管理者，2010(23).

［13］陈路阳.我国土壤污染现状及防治措施［J］.科技风，2011(3).

［14］陈霄，叶剑平.对基于权利束分离城市土地金融之思考［J］.金融理论与实践，2009(11).

［15］陈莹，谭术魁，张安录.基于供需理论的土地征收补偿研究——以湖北省为例［J］.经济地理，2010(2).

［16］程世勇.城乡建设用地流转:体制内与体制外模式比较［J］.社会科学，2010(6).

［17］崔凯，李坚.当前我国城镇化快速发展阶段土地利用存在的问题及其对策［J］.国土资源，2011(8).

［18］丁向华.城镇化进程中我国城市与农村土地集约利用的策略研究［J］.生态经济，2009(1).

［19］杜朝晖.我国农村土地流转制度改革——模式、问题与对策［J］.当代经济研究，2010(2).

［20］杜新波.我国城镇化过程中土地问题研究［J］.国土经济，2003(7).

［21］丰雷，李莉，黄晓宇.土地金融对中国宏观经济的影响［J］.中国土地科学，2010(12).

［22］高向军，彭爱华，彭志宏，王克强，朱莉萍.农村土地综合整治存在的问题及对策［J］.中国土地科学，2011(3).

［23］龚晓红，庞新军.土地要素、土地资本化与经济增长——基于重庆统筹城乡视角的实证研究［J］.新疆农垦经，2010(10).

［24］辜胜阻.创新土地制度促城镇化健康发展［J］.农村工作通讯，2010(23).

［25］何为，修春亮.吉林省城市土地集约利用的空间分异研究［J］.自然资源学报，2011(8).

［26］何志军.农村经济发展的必然选择——农村土地资本化［J］.农村经济与科技，2010(8).

［27］宏观经济研究院"经济体制改革动态跟踪与改革建议"课题组.我国征地制度特点、问题及改革建议［J］.宏观经济管理，2010(9).

［28］侯学平，黄鹏.关于工业用地"招拍挂的研究"［J］.广东土地科学，2008(5).

［29］黄贤金，陈志刚，钟太洋.土地经济学［M］.北京:科学出版社，2009.

［30］黄贤金.土地制度的建设与改革［J］.群言，2009(5).

[31] 黄祖辉,王朋.农村土地流转:现状、问题及对策——兼论土地流转对现代农业发展的影响[J].浙江大学学报(人文社会科学版),2008(2).

[32] 霍荟阁,姜广辉,李睿涛.缓解"两栖"占地需适时合理[J].中国土地,2011(9).

[33] 冀县卿,钱忠好.中国农业增长的源泉:基于农地产权结构的视角分析[J].管理世界,2010(11).

[34] 蒋华东.基于土地制度改革的农村集体产权住房开发与流转研究[J].经济体制改革,2010(1).

[35] 晋洪涛,史清华,俞宁.谈判权、程序公平与征地制度改革[J].中国农村经济,2010(12).

[36] 康建宁.开发区土地利用经济效益评价研究[D].西安:长安大学硕士学位论文,2010.

[37] 李锐.土地增值税征管难点与对策分析[J].中国税务,2010(6).

[38] 李秀彬.对加速城镇化时期土地利用变化核心学术问题的认识[J].中国人口·资源与环境,2009(5).

[39] 李郇,徐现祥.转型时期城中村演变的微观机制研究[J].城市与区域规划研究,2008(1).

[40] 李扬章.试论土地利用总体规划编制程序的完善——提高程序的民主性[J].中国土地科学,2010(12).

[41] 林蒲田.土壤污染不容忽视[J].湖南农业,2011(8).

[42] 刘帮友,张安明,郭欢欢,庞静.中国土地出让市场性质探究[J].经济研究导刊,2008(2).

[43] 刘守英.直面中国土地问题[M].北京:中国发展出版社,2014.

[44] 卢新海.开发区土地资源的利用与管理[J].中国土地科学,2004(2).

[45] 吕维娟.新一轮土地利用总体规划的创新与问题[J].中国土地,2011(11).

[46] 马贤磊,曲福田.新农地制度下的土地产权安全性对土地租赁市场发育的影响[J].中国土地科学,2010(9).

[47] 曲福田,田光明.城乡统筹与农村集体土地产权制度改革[J].管理世界,2011(6).

[48] 沈建新.城镇化进程中的土地利用管理问题及对策探析[J].改革发展,2010(12).

[49] 唐茂华.中国不完全城市化问题研究[M].北京:经济科学出版社,2009.

[50] 万勇.旧城的和谐更新[M].北京:中国建筑工业出版社,2006.

[51] 王青,陈志刚,陈逸,叶依广.土地市场运行对经济增长的影响:作用机理与实证评价[J].资源科学,2008(10).

[52] 王世元.新型城镇化之土地制度改革路径[M].北京:中国大地出版社,2014.

[53] 王文.土地资源市场配置与政府职能定位[J].首都经济贸易大学学报,2008(1).

[54] 温国勇.城镇化进程中的土地管理战略[J].中国党政干部论坛,2010(8).

[55] 吴次芳,谭荣,靳相木.中国土地产权制度的性质和改革路径分析[J].浙江大学学报(人文社会科学版),2010(6).

[56] 吴靖.中国征地问题研究综述与思考[J].经济学动态,2010(7).

[57] 伍友琴.农村土地股份制与城镇化发展[J].改革与战略,2011(5).

[58] 肖碧林,王道龙,陈印军,陈静,钟志君,陈学渊.我国农村宅基地置换模式、问题与对策建议[J].中国农业资源与区划,2011(3).

[59] 肖大伟.关于实施土地流转补贴政策的研究[J].中国土地科学,2010(12).

[60] 徐万刚,杨少垒.城市化视角下的农村宅基地流转制度分析[J].社会科学家,2009(3).

[61] 徐占忱.全球化变局与中国新一轮对外开放[M].北京:中国经济出版社,2014.

[62] 薛凤旋,杨春.外资:发展中国家城市化的新动力——珠江三角洲个案研究[J].地理学报,1997(3).

[63] 严金明,王晨.基于城乡统筹发展的土地管理制度改革创新模式评析与政策选择——以成都统筹城乡综合配套改革试验区为例[J].中国软科学,2011(7).

[64] 严金明,夏方舟,杨丹凤.新型城镇化背景下中国土地整治的转型发展研究[J].土地经济研究,2014(1).

[65] 杨保军,靳东晓.快速城镇化进程中的土地问题透视[J].城市与区域规划研究,2008(1).

[66] 叶剑平,丰雷,蒋妍,罗伊·普罗斯特曼,朱可亮.中国农村土地使用权调查研究——17省份调查结果及政策建议[J].管理世界,2008(1).

[67] 叶剑平,宋家宁.基于产权视角的中国土地问题探析[J].人民论坛,2011(3).

[68] 袁铖.城乡一体化进程中农村土地承包经营权流转制度创新研究[J].宏观经济研究,2010(10).

[69] 袁崇法.城镇化过程中的土地问题[J].农业部管理干部学院学报,2011(3).

[70] 郧文聚,杨红.农村土地整治新思考[J].中国土地,2010(Z1).

[71] 张海峰.城市化进程中我国土地征用问题研究[D].长春:吉林大学硕士学位论文,2006.

[72] 张莱楠.农村土地资本化是释放内需增长长期的动力[N].中国经济时报,2010-5-14.

[73] 张晓芳,陈龙乾,张晓冬.基于土地发展权的征地补偿机制浅探[J].经济研究导刊,2010(13).

[74] 张毅,张红.集体建设用地流转管理:主要特征、启示借鉴与法律规制——基于广东和成都两地实践与管理办法的对比[J].土地经济研究,2015(1).

[75] 张占录.征地补偿留用地模式探索——台湾市地重划与区段征收模式借鉴[J].经济与管理研究,2009(9).

[76] 赵康.关于土地市场建设的思考[J].云南农业大学学报,2008(3).

[77] 赵珂,石晓平,曲福田.我国土地市场发育程度测算与实证研究——以东、中、西部为例[J].经济地理,2008(5).

[78] 赵燕菁.关于土地财政的几个说明[J].北京规划建设,2011(1).

[79] 中国土地矿产法律事务中心调研组.惠民多赢的助推器——广东省佛山市"三旧"改造调研报告[J].国土资源通讯,2011(4).

[80] 周其仁.农地产权与征地制度——中国城市化面临的重大选择[J].经济学季刊,2004(4).

[81] 周天勇,张弥.城乡二元结构下中国城市化发展道路的选择[J].财经问题研究,2011a(3).

[82] 周天勇,张弥.中国土地制度的进一步改革和修法[J].财贸经济,2011b(2).

[83] 朱海明.城市工业用地节约利用及其评价研究[D].武汉:华中科技大学硕士学位论文,2007.

[84] 朱木斌.中国农村土地市场制度探析[J].地理与地理信息科学,2008(3).

[85] 陈倩倩,王辑慈.论创意产业及其集群的发展环境——以音乐产业为例[J].地域研究与开发,2005(5).

[86] 陈舒雯.上海创意产业集聚区发展现状及区位特征研究[D].上海:同济大学硕士学位论文,2009.

[87] 陈伟达.现代服务业区域协调发展研究[M].北京:科学出版社,2013.

［88］褚劲风,高峰,马吴斌.上海城市与创意园区协调发展研究[J].中国人口·资源与环境,2007(6).

［89］黄昌勇.上海:工业遗产与文化创意产业[G]//中国社会科学界第四届学术年会青年文集(2006年度).2006.

［90］黄鹤.文化及创意产业的空间特征研究[R].城市发展与规划国际论坛论文,2008.

［91］黄贤金,张安录.土地经济学[M].北京:中国农业大学出版社,2008.

［92］黄智雯.上海创意产业园区发展运营新模式探索研究[D].上海:华东理工大学硕士学位论文,2011.

［93］李栋.北京构建文化创意产业之城 优先保障用地需求[N].中国房地产报,2014-8-4.

［94］林琳.岭南文化创意园建设的战略思考与项目策划[D].广州:广东工业大学硕士学位论文,2014.

［95］乔为国.现代服务业政策问题研究[M].北京:社会科学文献出版社,2013.

［96］阮毅娟.试论创意产业及其在我国的发展[D].厦门:厦门大学硕士学位论文,2007.

［97］石忆邵,刘玉钢,尹昌应,等.国内外大都市服务业用地发展研究[M].北京:中国建筑工业出版社,2012.

［98］宋泓明.文化创意产业集群发展研究[J].上海经济研究,2007(12).

［99］宋阳.行业协会与香港文化创意产业的发展及其对深圳文化行业协会的启示[J].中国文化产业评论,2012(2).

［100］孙新华.浅议生产性服务业的用地用房[J].上海房地,2012(6).

［101］汤培源,顾朝林.创意城市综述[J].城市规划学刊,2007(3).

［102］汪飞,张敏,刘学.南京文化创意企业空间分布研究[R].中国地理学会2007年学术年会,2007.

［103］王伟年,张平宇.创意产业与城市再生[J].城市规划学刊,2006(2).

［104］温家宝.让科技引领中国可持续发展[N].新华社,2009-11-23.

［105］肖雁飞,沈玉芳.创意产业区发展的经济空间动力机制很创新模式研究[M].上海:华东师范大学,2007.

［106］徐建国.2005—2006世界服务业重点行业发展动态[M].上海:上海科学文献出版社,2005.

[107] 严建强.广东省文化创意产业园区的发展思考[J].中国文化报,2009(6).

[108] 杨刚强,张建清,江洪.差别化土地政策促进区域协调发展的机制与对策研究[J].软科学研究成果与动态,2012(10).

[109] 张光照.国外创意产业园区的五种模本[J].文化月刊(下旬刊),2012(5).

[110] 张京成.中国创意产业发展报告(2008)[M].北京:中国经济出版社,2008.

[111] 张一钒.北京市文化创意产业关联效应分析[D].北京:北京邮电大学硕士学位论文,2010.

[112] 赵云飞.创意产业园区公共空间整合研究[D].长沙:中南大学硕士学位论文,2009.

[113] 郑斌,刘家明,杨兆萍.基于"一站式"体验的文化旅游创意产业园区研究[J].旅游学刊,2008(9).

[114] 周莉华.试论新的经济增长点——创意产业[J].南方经济,2005(1).

[115] Cadisch G R, Schunke M, Giller K Z. Nitrogen cycle in monoculture grassland and Legume-grass mixture in Brazil Redsoil[J].Trop Grasslands,1994(28):43-52.

[116] Dunn C P, Stearns F, Guntenspergen G R, et al.. Ecological benefits of the conservation reserve program [J]. Conservation Biology, 1993, 7(1):132-139.

[117] Gao Y J, Huang D M, Zhu PL, et al.. Long-term impact of soil management microbial biomass C, Nand Pinrice-based cropping system[J]. Pedosphere, 2001, 11(4):356.

[118] Glasener K M, Wagger M G, Mac Kown C T,et al..Contributions of shoot and root-nitrogen-15 labeled, legumeit rogen sources to asequence of three cereal crops [J].Soil Sci Soc Am J, 2002(66):523-530.

[119] Haze D, Deckers J, Raes D, et al.. Environmental and socio-economic impacts of institutional reforms on the agricultural sector of Vietnam land suitability assessment for Robusta coffee in the dak Gan region [J]. Agriculture Ecosystems and Environment, 2005, 105(1):59-76.

[120] Karlen D L, Rosek M J, Gardner J C. Conservation reserver program effects on soil quality indicators [J]. Journal of Soil and Water Conservation, 1999, 54(1):439-444.

[121] Lant C L. Potential of conservation reserve program to control agricultural surface-

water pollution [J]. Environmental Management，1991，15(4)：507－518.

[122] Land graf D，Bohm C，Makeschif. Dynamicof different C and N fracions in a Cambisol under five year succession fallow in Saxony(Germany)[J]. Joural of Plant Nutrition Snd Soil Science，2003，166(3)：319－325.

[123] Randall G W，Huggins D R，Russelle M P. Nitrate losses through subsurface tile drainage in conservation reserve program，alfalfa，and row crop system[J].Journal of Environmental Quality，1997，26(5)：1240－1247.

[124] Shearer G,Kohl DH.N2-fixation in field setting:estimations based on natural 15 Nabundance [J].Australian J Plant Physiol,1986,13:699－756.

[125] Steiner F. The food security act of 1985：land use planning implications for the United States[J]. Land Use Policy,1989，6(2)：132－140.

[126] Swason D A，Scott D P，Risley D L. Wildlife befits of the conservation reserve program in Ohio[J].Jounal of Soil and Water Conservation，1999，54(1)：390－394.

[127] USDA. Conservation reserve program sign-up 26 environmental benefits index[EB/OL]. www.Fs. Usda. Gov/internet/ fsa_file/crpebio3.pdf.

[128] 安凤春,莫汉宏,郑明辉,等.DDT污染土壤的植物修复技术[J].环境污染治理技术与设备,2007(7).

[129] 常学秀,施晓东.土壤重金属污染与食品安全[J].云南环境科学,2007(20).

[130] 揣小伟,黄贤金,钟太洋.休耕模式下我国耕地保有量初探[J].山东师范大学学报,2008(3).

[131] 陈颐.论"以土地换保障"[J].学海,2000(3).

[132] 蔡运龙,傅泽强,戴尔阜.区域最小人均耕地面积与耕地资源调控[J].地理学报,2002(2).

[133] 戴星翼.走向绿色的发展[M].上海:复旦大学出版社,1998.

[134] 杜娟,郑新奇.基于Lindo模型的济南市粮食安全与耕地保护研究[J].山东师范大学学报(自然科学版),2006(1).

[135] 傅崇兰,陈光庭,董黎明,等.中国城市发展问题报告[M].北京:中国社会科学出版社,2003.

[136] 封志明.中国未来人口发展的粮食安全与耕地保障[J].人口研究,2007(2).

[137] 高亚军,朱培立,黄东迈,等.水旱轮作地区土壤长期休闲与耕地的肥力效应[J].中国生态农业学报,2001(9).

[138] 国家农业部.中国统计年鉴[M].北京:农业出版社,(历年).

[139] 黄贤金,陈龙乾.土地政策学[M].徐州:中国矿业大学出版社,1995:246.

[140] 胡普辉.退耕还林(草)工程对西部生态环境的影响分析[J].陕西林业科技,2007(1).

[141] 黄祖辉,蒋文华.农业与农村发展的制度透视——理论评述与应用分析[M].北京:中国农业出版社,2002.

[142] 黄贤金,濮励杰,尚贵华.耕地总量动态平衡政策存在问题及改革建议[J].中国土地科学,2001.

[143] 黄贤金.论质量农业[J].农业现代化研究,2000(2).

[144] 黄贤金,陈志刚,钟太洋,等.土地经济学[M].北京:科学出版社,2009.

[145] 黄小彪.我国农地金融制度建设的思考[J].南方农村,2002(3).

[146] 黄贤金,彭补拙,张建新,等.区域产业结构调整与土地可持续利用关系研究[J].经济地理,2002(4).

[147] 黄贤金.WTO框架下我国耕地保护的政策选择[J].江苏国土资源,2002(19).

[148] 蒋先军.重金属污染土壤修复的有机调控研究[J].土壤,2000(2).

[149] 孔祥斌,刘灵伟,秦静,等.基于农户行为的耕地质量评价指标体系构建的理论与方法[J].地理科学进展,2007(4).

[150] 罗昀,黄贤金,濮励杰,等.区域土地利用结构变化与土地可持续利用研究——以江苏省原锡山市为例[J].土壤,2003(4).

[151] 卢良恕,孙君茂.加强现代化农业建设满足食物与营养需求[J].中国食物与营养,2003(4).

[152] 李宁,郑新奇.济南市人均耕地警戒线探讨[J].山东师范大学学报(自然科学版),2004(1).

[153] 卢布,陈印军,吴凯,等.我国中长期粮食单产潜力的分析预测[J].中国农业资源与区划,2005(2).

[154] 马德仓,杨正兰,孙玉文.退耕还林(草)工程建设对彭阳县水土流失的影响[J].安徽农学通报,2007(2).

[155] 孟祥舟.建立'农地收购储备制度'的基本构想[J].国土资源与环境,2002(2).

[156] 潘盛洲.农民收入问题:现状、原因及对策研究[J].经济研究参考,2003(6).

[157] 谭淑豪,曲福田,黄贤金.市场经济环境下不同类型农户土地利用行为差异及土地保护政策分析[J].南京农业大学学报,2001(2).

[158] 徐更生.美国农业政策[M].北京:中国人民大学出版社,1991.

[159] 向青,尹润生.美国环保休耕计划的做法与经验[J].林业经济,2006(1).

[160] 肖主安.欧盟环境政策与农业政策的协调措施[J].世界农业,2004(5).

[161] 严瑞珍,程漱兰.经济全球化与中国粮食问题[M].北京:中国人民大学出版社,2001.

[162] 钟农簿.美国怎样保护耕地[J].经济日报.农村版,2006.

[163] 庄小琴主编.农业政策学[M].北京:气象出版社,2000.

[164] 张景樽.冬春休闲田蓄草养草肥田技术[J].农村实用工程技术,1999(9).

[165] 中国科学院国情分析研究小组.两种资源、两个市场——构建中国资源安全保障体系研究[M].天津:天津人民出版社,2001:158-162.

[166] 张琳,张凤荣,姜广辉,等.我国中低产田改造的粮食增产潜力与食物安全保障[J].农业现代研究,2005(1).

[167] 赵其国,周炳中,杨浩,等.中国耕地资源安全问题及相关对策思考[J].土壤,2002(6).

[168] 钟太洋,黄贤金,马其芳,等.区域人均基本农田需求面积测算模型及应用[J].自然资源学报,2006(5).

[169] 张利庠,彭辉,靳兴初.不同阶段化肥施用量对我国粮食产量的影响分析:基于1952—2006年30个省份的面板数据[J].农业技术经济,2008(4).

[170] 周炳中,赵其国,杨浩.江苏省耕地变化及其驱动机制的数理探讨[J].土壤学报,2003(5).

[171] 赵其国,周生路,吴绍华,等.中国耕地资源变化及其可持续利用与保护对策[J].土壤学报,2006(4).

[172] 周明建,叶文琴.发达国家确保粮食安全的对策及对我国的借鉴意义[J].农业经济问题,2005(6).

[173] 章国荣,盛来运.城乡居民收入差距扩大化及对策[J].调研世界,2003(6).

[174] 《江苏省地图集》编纂委员会.江苏省地图集[M].北京:中国地图出版社,2005.

[175] Antonio Gómez Sal, Alberto González García..A comprehensive assessment of multi-functional agricultural land-use systems in Spain using a multi-dimensional evaluative model[J].Agriculture, Ecosystems and Environment,2007,120:82 - 91.

[176] Costanza R.,Arge R.,Groot R.etc.The value of the world's ecosystem services and natural capital[J].Nature,1997,386:253 - 260.

[177] Daily G. C. et al.. Nature's Services:Societal Dependence on Natural Ecosystems [M].San-Francisco: Island Press.1997.

[178] Holder, Jand Ehrlich P. R.. Human population and global environment[J]. American Scientist,1974,62:282 - 297.

[179] Wackernagel M.,Rees W. E..Our Ecological Footprint:Reducing Human Impact on the Earth[M].Gabriola Island:New Society Publishers,1996.

[180] Wackernagel M.,Rees W.E..Perceptual and structural barriers to investing in natural capital:Economics from an ecological footprint perspective[J].Ecological Economics, 1997,20(1):3 -24.

[181] Westman W.E..How much are nature's ervices worth? [J]. Science, 1977, 197: 960 - 964.

[182] 邓伟志,李叔君.土地的生态价值与制度安排——论人与土地的和谐共处[J].社会科学战线,2008(4).

[183] 郭守亭,王建明.垃圾外部性:本质特征、经济解释和管制政策[J].管理世界,2007(9).

[184] 何可,张俊飚,田云.农业废弃物资源化生态补偿支付意愿的影响因素及其差异性分析——基于湖北省农户调查的实证研究[J].资源科学,2013(3).

[185] 胡瑞法,冷燕.中国主要粮食作物的投入与产出研究[J].农业技术经济,2006(3).

[186] 江苏提高水资源费征收标准支撑重点治污工程建设[N].新华日报,2006 - 4 - 8.http://www.gov.cn/gzdt/2006 - 04/08/content_248848.htm.

[187] 况伟大.土地用途、外部性与土地税[J].中国土地,2005(10).

[188] 李文华,李世东,李芬,刘某承.生态补偿的意义与研究进展——以林业为例[R].中国生态学会 2006 学术年会,2006.

[189] 李秀彬.全球环境变化研究的核心领域——LUCC 的国际研究动向[J].地理学报,

1996(6).

[190] 连云港市统计局.连云港统计年鉴[M].北京:中国统计出版社,2008.

[191] 刘纪远,刘明亮,庄大方,张增祥,邓祥征.中国近期土地利用变化的空间格局分析[J].中国科学(D辑),2002(12).

[192] 刘纪远.中国土地利用变化现代过程时空特征的研究[J].第四纪研究,2003(3).

[193] 吕昌河,程量.土地利用变化与生态服务功能冲突——以安塞县为例[J].干旱区地理,2007(3).

[194] 南通市统计局.南通统计年鉴[M].北京:中国统计出版社,2008.

[195] 秦建明,安志美,史春风,杨珩.对退耕还林补偿标准和补偿年限的思考[J].内蒙古林业调查设计,2006(1).

[196] 宋开山,刘殿伟,王宗明,张柏,金翠,李芳,刘焕军.1954年以来三江平原土地利用变化及其驱动力[J].地理学报,2008(1).

[197] 苏臣,吴立潮,彭保发,吴双双.基于生态足迹的常德市土地生态安全研究[J].湖南文理学院学报(自然科学版),2008(3).

[198] 孙鹏,等.沈阳市交通生态足迹的时间序列分析[J].资源科学,2008(6).

[199] 孙新章,谢高地,甄霖.泾河流域退耕还林(草)综合效益与生态补偿趋向——以宁夏回族自治区固原市原州区为例[J].资源科学,2007(2).

[200] 汤国安,杨昕.ArcGIS地理信息系统空间分析试验教程[M].北京:科学出版社,2008.

[201] 王丹君,万军,吴秀芹.区域尺度生态服务评估方法与应用研究[J].安徽农业科学,2011(3).

[202] 王向阳.重庆市生态补偿机制研究[J].经济研究参考,2010(11).

[203] 王新华,张志强.黑河流域土地利用变化对生态系统服务价值的影响[J].生态环境,2004(4).

[204] 魏晶雪.农村土地制度的产权缺陷及改革思路[J].宏观经济,2008(1).

[205] 谢高地,鲁春霞,冷允法.青藏高原生态资产的价值评估[J].自然资源学报,2003(2).

[206] 谢高地,甄霖,鲁春霞,肖玉,陈操.一个基于专家知识的生态系统服务价值化方法[J].自然资源学报,2008(15).

[207] 徐中民,程国栋,张志强.生态足迹法:可持续定量研究的新方法——以张掖地区

1995 年的生态足迹计算为例[J].生态学报,2001(9).

[208] 徐中民,张志强,程国栋.中国 1999 年生态足迹计算与发展能力分析[J].应用生态学报,2003(2).

[209] 盐城市统计局.盐城统计年鉴[M].北京:中国统计出版社,2008.

[210] 杨光梅,李文华,闵庆文.生态系统服务价值评估研究进展——国外学者观点[J].生态学报,2006(1).

[211] 张宏军.西方外部性理论研究述评[J].经济问题,2007(2).

[212] 张涛.森林生态效益补偿机制研究[D].北京:中国林业科学研究院博士学位论文,2003.

[213] 张志强,徐中民,程国栋.生态足迹的概念及计算模型[J].生态经济,2000(10).

[214] 赵景柱,徐亚骏,肖寒,等.基于可持续发展综合国力的生态系统服务评价研究:13 个国家生态系统服务价值的测算[J].系统工程理论与实践,2003(1).

[215] 赵军,杨凯.生态系统服务价值评估研究进展[J].生态学报,2007(1).

[216] 赵同谦,欧阳志云,郑华,王效科,苗鸿.中国森林生态系统服务功能及其价值评价[J].自然资源学报,2004(4).

[217] 中国生态补偿机制与政策研究课题组.中国生态补偿机制与政策研究[M].北京:科学出版社,2007.

[218] 钟太洋,等.土地税收与城市土地利用关系的理论分析[J].中国地质大学学报(社会科学版),2007(6).

[219] 庄大方,刘纪远.中国土地利用程度的区域分异模型研究[J].自然资源学报,1997(2).

[220] 庄国台,高鹏,王学军.中国生态环境补偿费的理论与实践[J].中国环境科学,1995(6).

[221] Kanner A.. The Public Trust Doctrine, Parens Patriae, And the Attorney General as the Guardian of the States Natural Resources[J].Duke Environmental Law&Policy Forum,2005,16(1):57.

[222] Bowes R. D.,Ihlanfeldt R. K..Identifying the Impacts of Rail Transit Stationson Residential Property Values[J].Journal of Urban Economics,2001,50(1):1-25.

[223] Cohen R. L.. The Public Trust Doctrine: An Economic Perspective[J]. California

Western Law Review,1992.

[224] Dear M..Understanding and overcoming the NIMBY syndrome[J].Journal of the American Planning Association,1992,58(3):288-302.

[225] Mike Nahan, Herald Sun.Toll Roads Are Good Policy[M]//Economic Freedom of the world. The Institute of Public Affairs of Australia,2000.

[226] Rosen S..Hedonic pricing and implicit markets:product differentiation in pure competition[J]. Journal of Political Economy,1974,82(1):34-55.

[227] WHO.Making a difference[R].The World Health Report,1999.

[228] 蔡斌.公共地役权性质初探[J].广西政法管理干部学院学报,2004(2).

[229] 陈华彬.物权法[M].北京:法律出版社,1998.

[230] 陈莉.轨道交通对沿线房地产价格影响的研究[J].特区经济,2007(8).

[231] 高富平.土地使用权和用益物权[M].北京:法律出版社,2001.

[232] 高景芳,赵宗更.行政补偿制度研究[M].天津:天津大学出版社,2005.

[233] 哈特穆特·毛雷尔(德)著,高家伟译.行政法学总论[M].北京:法律出版社,2000.

[234] 何剑华.用 hedonic 模型研究北京地铁 13 号线对住宅价格的效应[D].北京:清华大学硕士学位论文,2004.

[235] 胡存智.土地估价理论与方法[M].北京:地质出版社,2006.

[236] 黄德秀.补偿对邻避现象的影响:以乌丘低放射性废料场址为例[D].台北:台北大学硕士学位论文,2001.

[237] 黄岩,文锦.邻避设施与邻避运动[J].城市问题,2010(12).

[238] 李乐.政府信息公开方式的研究[J].《商业环境》2009(2).

[239] 李明.轨道交通综合开发对沿线土地价值影响研究[D].武汉:华中科技大学硕士学位论文,2007.

[240] 李晓晖.城市邻避性公共设施建设的困境与对策探讨[J].规划师,2009(12).

[241] 李晓新.论我国行政补偿制度构建的理论基础[J].同济大学学报(社会科学版),2008(3).

[242] 李玉光.公共地役权初探[J].法学研究,2009(4).

[243] 刘贵文,胡国桥.轨道交通对房价影响的范围及时间性研究——基于重庆轨道交通二号线的实证分析[J].城市经济,2007(2).

[244] 刘琼.行政补偿制度研究[D].合肥:安徽大学学位论文,2004.

[245] 陆效平,孙伟.区域土地利用的效率与公平及其政府职能[J].国土资源科技管理,2007(5).

[246] 罗建.我国土地利用的过度管制问题——以公共地役权为解决方案[J].中国不动产法研究,2013.

[247] 沙宇航.《中华人民共和国物权法》地役权的理解[J].今日科苑,2008(20).

[248] 石忆邵,郭惠宁.上海南站对住宅价格影响的时空效应分析[J].地理学报,2009(2).

[249] 史尚宽.物权法论[M].北京:中国政法大学出版社,2000.

[250] 苏永钦.走入新世纪的私法自治[M].北京:中国政法大学出版社,2002.

[251] 汤长极.对公共地役权立法的建议[J].中国土地,2006(12).

[252] 陶鹏,童星.邻避型群体性事件及其治理[J].南京社会科学,2010(8).

[253] 王德利,杨青山.北京城区交通便捷性空间分异特征及问题分析[J].经济地理,2012(10).

[254] 王凯.城市轨道交通外部成本分析[D].北京:北京交通大学硕士学位论文,2007.

[255] 王明远.天然气开发与土地利用:法律权利的冲突和协调[J].清华法学,2010(1).

[256] 王太高.行政补偿制度研究[M].北京:北京大学出版社,2004.

[257] 王卫国.中国土地权利研究[M].北京:中国政法大学出版社,1997.

[258] 王永莉.国内土地发展权研究综述[J].中国土地科学,2007(3).

[259] 王泽鉴.民法通则·用益物权·占有[M].北京:中国人民大学出版社,2001.

[260] 肖丽群,张东祥,朱锦.地役权价值评估的探讨[J].理论导报,2009(6).

[261] 肖宇.对中国"公共地役权"制度的探讨和立法建议[J].中国土地科学,2009(9).

[262] 肖泽晟.社会公共财产与国家私产的分野——对我国"自然资源国有"的一种解释[J].浙江学刊,2007(6).

[263] 谢邦宇.罗马法[M].北京:北京大学出版,1990.

[264] 谢远富.建立建筑施工噪声污染危害补偿制度的设想[J].环境监测管理与技术,1996(2).

[265] 谢哲胜.准征收之研究——以美国法之研究为中心财产法专题研究(二)[M].北京:中国人民大学出版社,2004.

[266] 许光建,戴李元.实施可持续发展战略对交通运输价格的影响分析[J].铁道运输与经

济,2009(1).

[267] 叶霞飞.城市轨道交通开发利益的计算方法[J].同济大学学报,2002(4).

[268] 尹田.法国物权法[M].北京:法律出版社,1998.

[269] 张敏.论准征收与土地发展权[D].苏州:苏州大学硕士学位论文,2010.

[270] 张蔚昕.行政补偿标准研究——以财产损失补偿为视角[M].北京:中国政法大学,2010.

[271] 张向和.垃圾处理场的邻避效应及其社会冲突解决机制的研究[D].重庆:重庆大学博士学位论文,2010.

[272] 张耀东.油气长输管道通过权研究[D].武汉:华中科技大学硕士学位论文,2008.

[273] 郑捷奋,刘洪玉.深圳地铁建设对站点周边住宅价值的影响[J].铁道学报,2005(5).

[274] 朱传广,唐焱,吴群.基于 Hedonic 模型的城市住宅地价影响因素研究——以南京市为例[J].地域研究与开发,2014(3).

[275] 祝平衡,伍新木.土地发展权价值研究[J].生态经济,2009(3).

[276] 庄焰,郑贤.轨道交通对站点周边商业地价的影响[J].中国土地科学,2007(4).

[277] 梁红裕.管道通行权与用地补偿[J/OL].国土资源网,[2005 - 6 - 27].http://www.clr.cn/front/chinaResource/read/news-info.asp?.

[278] 叶青.土地抵押价格与地役权价格评估[J].福建建筑,2001(4).

[279] 朱道林,林瑞瑞.论土地增值的形成及其分配关系[J].土地经济研究,2015(1):10 - 20.

[280] 陈江龙,陈会广,徐洁.国外土地征用的理论与启示[J].国土经济,2002,2:43 - 45.

[281] 党胜利.国外征地经验对我国征地制度的启示[J].中外企业家,2015(5):232 - 233.

[282] 黄贤金.还权能于农民归配置于市场——论中共十八届三中全会土地制度改革设计[J].土地经济研究,2015(1):1 - 8.

[283] Blanchard O., Shleifer A.. Federalism with and without Political Centralization: China versus Russia[J]. NBER Working Paper, 2000(7616).

[284] David W. S., Wong Jay Lee.Statistical Analysis of Geographic Information with Arc View GIS and ArcGIS[M].John Wiley and Sons, 2005:337.

[285] Rey S., Montouri B..US regional income convergence:A spatial econometric[J].Regional Studies Association Perspective,1999(33):146 - 156.

[286] Robert Haining.Spatial Data Analysis：Theory and Practice[M]. London：Cambridge University Press,2003：20－30.

[287] Tsui K.，Wang Y.. Between Separate Stoves and a Single Menu：Fiscal Decentralization in China[J].China Quarterly,2004,177：71－90.

[288] Xavier Sala-i-Martin. The classical approach to convergence analysis[J]. Economic Journal，1996,106(437)：1019－1036.

[289] Zhong T.Y.，Huang X.J.，Ye L.F.，Scott S..The impacts of illegal farmland conversion of adopting remote sensing technology for land inspection in China [J]. Sustainability，2014,6：4426－4451.

[290] 陈奇星.行政监督新论[M].北京：国家行政学院出版社,2008.

[291] 陈志刚,王青.经济增长、市场化改革与土地违法[J].中国人口·资源与环境,2013(8).

[292] 陈志刚,王青,赵小风,黄贤金.中国土地违法现象的空间特征及其演变趋势分析[J].资源科学,2010(7).

[293] 洪国志,胡华颖,李郇.中国区域经济发展收敛的空间计量分析[J].地理学报,2010(12).

[294] 靳诚,陆玉麒.基于县域单元的江苏省经济空间格局演化[J].地理学报,2009(6).

[295] 李春华.行政管理学[M].天津：南开大学出版社,2008.

[296] 梁若冰.财政分权下的晋升激励、部门利益与土地违法[J].经济学(季刊),2010(1).

[297] 刘爱民.违法用地中的政府行为[J].国土资源,2007(9).

[298] 龙开胜,陈利根.中国土地违法现象的影响因素分析——基于1999年—2008年省际面板数据[J].资源科学,2011(6).

[299] 曲福田,盛邦跃.行政管理学[M].南京：南京大学出版社,2003.

[300] 汤其琪,黄贤金,马奔.国家土地督察制度与城乡规划督察制度比较[J].国土资源科技管理,2013(8).

[301] 唐正国,付梅臣,张建军,张占录,郑谊鸽.青海省土地督察区域级别评定[J].中国土地科学,2011(4).

[302] 王诗均.我国土地督察制度研究[D].武汉：华中科技大学硕士学位论文,2008.

[303] 王伟林.土地违法对经济增长的影响研究分析[J].中国农学通报,2010(18).

[304] 王永钦,张晏,章元,等.中国的大国发展道路:论分权式改革的得失[J].经济研究,2007(1).

[305] 詹晨晖.基于完全信息静态博弈的土地督察制度分析[J].中国农业资源与区划,2010(5).

[306] 张晏,龚六堂.分税制改革、财政分权与中国经济增长[J].经济学(季刊),2005(1).

[307] 陈成,李蕾,万宝英.东陇海产业带土地开发利用研究[J].国土资源情报,2007(11).

[308] 国家海洋局.中国海洋政策[M].北京:海洋出版社,1998.

[309] 韩美琴.城乡结合部土地利用结构变化与可持续利用研究[D].武汉:华中农业大学硕士学位论文,2007.

[310] 金巨刚,周生路,张燕,等.江苏省土地利用协调性空间差异研究[J].水土保持研究,2009(3).

[311] 李君,李小建.国内外农村居民点区位研究评述[J].人文地理,2008(4).

[312] 毛政元,李霖.空间模式的测度及其应用[M].北京:科学出版社,2004.

[313] 王千,金晓斌,周寅康.江苏沿海地区耕地景观生态安全格局变化与驱动机制[J].生态学报,2011(20).

[314] 王涛,杨强.基于RS和GIS的城市扩展特征及驱动机制差异性分析——以南通地区为例[J].遥感技术与应用,2011(3).

[315] 王婉晶,揣小伟,黄贤金,陈志刚,钟太洋,李丽.基于空间吻合性的土地利用总体规划实施评价方法及应用[J].农业工程学报,2013(4).

[316] 王万茂,韩桐魁.土地利用总体规划学[M].北京:中国农业出版社,2003.

[317] 王万茂.土地利用总体规划与可持续发展[J].国土经济,2001(4).

[318] 吴涛.城市化进程中城乡结合部土地利用问题研究[D].重庆:西南大学硕士学位论文,2009.

[319] 余向克,邓良基,李何超.土地利用总体规划实施评价方法探析[J].国土资源科技管理,2006(1).

[320] 赵小敏,郭熙.土地利用总体规划实施评价[J].中国土地科学,2003(5).

[321] 朱雪欣,王红梅,袁秀杰等.基于GIS的农村居民点区位评价与空间格局优化[J].农业工程学报,2010(6).

[322] 蔡银莺,张安录.耕地资源流失与经济发展的关系分析[J].中国人口·资源与环境,

2005(5).

[323] 蔡运龙,汪涌,李玉平.中国耕地供需变化规律研究[J].中国土地科学,2009(3).

[324] 曹志宏,郝晋珉等.作物秸秆对中国居民食物安全的支撑能力[J].农业工程学报,
     2009(4).

[325] 常平凡.我国动物蛋白食物消费与饲料用粮供求分析[J].中国食物与营养,2005(2).

[326] 陈百明,周小萍.中国粮食自给率与耕地资源安全底线的探讨[J].经济地理,2005
     (3).

[327] 陈玲玲,林振山,郭杰,等.基于 EMD 的中国粮食安全保障研究[J].中国农业科学,
     2009(1).

[328] 邓大才.论粮食自给率的构成与安全数量确定[J].粮食问题研究,2005(3).

[329] 傅崇兰,陈光庭,董黎明,等.中国城市发展问题报告[M].北京:中国社会科学出版
     社,2003.

[330] 郭琳,严金明.中国建设占用耕地与经济增长的退耦研究[J].中国人口·资源与环
     境,2007(5).

[331] 黄贤金.还权能于农民 归配置于市场[J].土地经济研究,2014(1).

[332] 黄小彪.我国农地金融制度建设的思考[J].南方农村,2002(3).

[333] 黄小虎.新时期中国土地管理研究(上卷)[M].北京:当代中国出版社,2006.

[334] 黄祖辉,蒋文华.农业与农村发展的制度透视—理论评述与应用分析[M].北京:中国
     农业出版社,2002.

[335] 简新华,张国胜.日本工业化、城市化进程中的"农地非农化"[J].中国人口·资源与
     环境,2006(6).

[336] 柯炳生.我国粮食自给率与粮食贸易问题[J].农业展望,2007(3).

[337] 李斌.中国储备粮库存比世界平均多一倍[J].农业技术与装备,2009(5).

[338] 李飞.美国农业保险的发展历程与经验及其对中国的启示[J].中国与世界,2008(6).

[339] 李效顺,曲福田,谭荣,等.中国耕地资源变化与保护研究[J].自然资源学报,2009
     (3).

[340] 李永乐,吴群.经济增长与耕地非农化的 Kuznets 曲线验证[J].资源科学,2008a(5).

[341] 李永乐,吴群.经济增长与耕地资源数量变化:协整分析及其 Granger 因果检验[C]
     //2008 年中国土地学会学术年会论文集,2008b.

[342] 李毓堂.确保我国粮食安全的战略途径[J].草业科学,2009(2).

[343] 卢良恕.畅谈未来30年食物安全发展目标[EB/OL].中国食品产业网[2003 - 10 - 16].

[344] 卢艳霞.我国耕地保护补偿机制研究[M].北京:科学出版社,2013.

[345] 任继周,林惠龙.发展草地农业确保中国食物安全[J].中国农业科学,2007(3).

[346] 沈悦,严金明,王晨.大都市边缘区三级基本农田集中保护区分级划定及调控机制[J].农业工程学报,2015(20).

[347] 史培军,杨明川.中国粮食自给率水平与安全性研究[J].北京师范大学学报,1999(6).

[348] 谭术魁,彭补拙.粮食安全的耕地保障检讨及近期耕地调控思路[J].不动产纵横,2000(4).

[349] 唐健.我国耕地保护制度与政策研究[M].北京:中国社会科学出版社,2006.

[350] 王万茂,李边疆.基本农田分级保护政策体系构想[J].南京农业大学学报社会科学版,2006(1).

[351] 吴群,郭贯成,万丽平.经济增长与耕地资源数量变化:国际比较及其启示[J].资源科学,2006(4).

[352] 鲜祖德.中国粮食安全问题研究[M].北京:中国统计出版社,2003.

[353] 杨克,陈百明,宋伟.河北省耕地占用与GDP增长的脱钩分析[J].资源科学,2009(11).

[354] 臧俊梅,张文方,李景刚.耕地总量动态平衡下的耕地保护区域补偿机制研究[J].农业现代化研究,2008(3).

[355] 赵其国,周炳中,杨浩,等.中国耕地资源安全问题及相关对策思考[J].土壤学报,2002(6).

[356] 赵学涛译.拉丁美洲的教训—对过去20年土地管理计划的评价[J].国土资源情报,2004(1).

[357] 赵哲远.土地利用规划调控技术研究[D].杭州:浙江大学学位论文,2007.

[358] 中国科学院国情分析研究小组.两种资源、两个市场—构建中国资源安全保障体系研究[M].天津:天津人民出版社,2001.

[359] 张一鸣.耕地保护制度的转型与对策研究——构建以经济激励为核心的耕地保护

[J].中国农业资源与区划,2014(3).

[360] 张元红,刘长全,国鲁来.中国粮食安全状况评价及战略思考[J].中国农村观察,2015
(1).

[361] 周炳中,赵其国,杨浩.江苏省耕地变化及其驱动机制的数理探讨[J].土壤学报,2003
(5).

[362] 庄小琴.农业政策学[M].北京:气象出版社,2000.

[363] 邹晓云,张琦,王宏新.耕地保护社会约束机制建设研究之一:理论来源及异域经
验[J].中国土地,2009(10).

[364] 房维中.20 世纪 80 年代中国经济的发展历程和陈云的经济指导思想[J].当代中国
史研究,2005.

[365] 何为,黄贤金,陈志刚,等.1991—2010 年中国城镇化进程中农民土地权益损失估算
[J].土地经济研究,2014(1).

[366] 黄贤金,章波,张丽君.低水平重复建设的土地制度诱因及对策建议[R].中国自然·
资源学会 2004 年学术年会,2005.

[367] 黄贤金.地权理论探析[J].南京农业大学学报,1996(1).

[368] 黄贤金.还权利于农民 归配置于市场[J].土地经济研究,2014(1).

[368] 黄贤金,徐玉婷.土地调控的重点在于理顺政府和市场的关系[J].土地科学动态,
2014(3).

[370] 魏晓航.钢铁水泥电解铝行业投资过度增长[N].民营经济报,2004 - 4 - 13.

[371] 杨遴杰.以市场化取向改革供地计划[J].土地科学动态,2014(3).

[372] 周才裕.论我国的重复建设[J].经济改革与发展.1998(4),2011(3).

[373] 朱道林,林瑞瑞.论土地增值的形成及其分配关系[J].土地经济研究,2014(1).

索　引

后　　记

在经济社会深度转轨、深化改革的时期,中国政府前所未有地高度重视和积极试验土地政策与制度的重大改革,包括"三块地改革"、农村土地所有权制度实现方式创新、土地储备新政实施、建设用地规模与强度的"双控"制度,以及自然资源管理体制及用途管制制度改革等,这都使得我们需要进一步反思现行土地政策与制度,如何进一步完善土地政策与制度设计,以更好地推进土地政策与制度改革创新。

为此,我们结合土地政策与制度设计关注的主要问题,进一步梳理了相关研究成果,形成本书。有关研究得到了国家科技支撑计划项目课题(2013BAJ13B02)资助。本书由南京大学国土资源与旅游学系黄贤金、陈志刚拟订大纲。具体由南京大学、中国土地勘测规划院及曲阜师范大学等有关人员共同完成。

具体分工如下(工作单位除标注外,均为南京大学国土资源与旅游学系):

第一章:陈志刚、黄贤金;第二章:何为;第三章:王伟林、姚丽(中国土地勘测规划院);第四章:陈昌春、赵雲泰(中国土地勘测规划院)、揣小伟;第五章:胡初枝、黄贤金、钟太洋;第六章:高敏燕;第七章:彭佳雯、黄贤金、张晓玲(中国土地勘测规划院);第八章:王婉晶、陈志刚、黄贤金;第九章:吕晓(曲阜师范大学)、赵雲泰(中国土地勘测规划院);第十章:黄贤金。

感谢南京大学国土资源与旅游学系博士研究生李焕、徐玉婷等为本书编撰所做的细致工作。

编者

2016 年 9 月